Ismail Kadare
Die Geschichte

Dieses Werk des Religionswissenschaftlers Elbogen ist die erste Gesamtdarstellung der Geschichte der Juden in Deutschland. Beginnend mit der Ansiedlung jüdischer Menschen während der Römerzeit folgen die Schilderungen der wirtschaftlichen und sozialen Verhältnisse der Juden im Mittelalter, der Verfolgung zur Zeit der Kreuzzüge und des Schwarzen Todes.

Untersucht werden die Rückwirkungen des Humanismus und der Reformation, die schwierige Lage der Judenschaften und Hoffaktoren unter der Staatsraison des absolutistischen Regimes und, übergehend in das Zeitalter der Aufklärung, der Kampf um die rechtliche und politische Emanzipation im 19. Jahrhundert. Weiterhin werden die wirtschaftliche Lage der Juden im Kaiserreich und in der Weimarer Republik, sowie die religionsgeschichtlichen Motive des politischen Antisemitismus im Rahmen der Gesamtpolitik analysiert.

Eleonore Sterling hat das 1935 erstmals erschienene Buch neu bearbeitet und erweitert. Es endet mit der Geschichte der Verfolgung und der Vernichtung der Juden in Deutschland.

Ismar Elbogen
Eleonore Sterling

Die Geschichte der Juden in Deutschland

athenäum

CIP-Titelaufnahme der Deutschen Bibliothek

Elbogen, Ismar:
Die Geschichte der Juden in Deutschland / Ismar Elbogen ;
Eleonore Sterling. – Frankfurt am Main : Athenäum, 1988.
  (Athenäums Taschenbücher Die kleine weiße Reihe ; Bd. 111)
  ISBN 3-610-04711-9

NE: Sterling, Eleonore [Bearb.]; GT

athenäum^s taschenbücher
Band 111
September 1988

Athenäum Verlag GmbH, Frankfurt am Main 1988
Alle Rechte vorbehalten.
© der Erstausgabe: 1966 by Europäische Verlagsanstalt, Frankfurt
Umschlaggestaltung: Karl Gerstner, Basel
Motiv: David ben Abraham Oppenheimer (1664-1736)
Landesrabbiner von Böhmen in Prag
Druck und Bindung: DVG, Darmstadt
Printed in Germany
ISBN 3-610-04711-9

Vorwort

Die Bearbeitung und Ergänzung von Ismar Elbogens »Geschichte der Juden in Deutschland« rief lebhafte Erinnerungen wach. Der kleine Band, erschienen im Jahre 1935 im Lichtenstein Verlag (Berlin), gehörte zu den wertvollsten Schätzen meiner Kindheit in jener Zeit nazistischer Gewaltherrschaft. Als ich ihn nunmehr, fast dreißig Jahre später, wieder in Händen hielt, war ich von Dankbarkeit erfüllt. Er hat mir damals ein erstes Wissen von der Geschichte meiner Vorfahren vermittelt und schon im kindlichen Alter ein Bewußtsein gestärkt, das half, den Verleumdungen der Unterdrücker zu widerstehen. Elbogen selber hat schriftlich niedergelegt, in jenen Jahren sei es das Ziel all seiner wissenschaftlichen und pädagogischen Tätigkeit gewesen, das jüdische Geschichtsbewußtsein zu kräftigen. Vor allem habe er denjenigen Menschen, die sich in Deutschland, assimilatorischen Tendenzen nachgebend, vom Judentum entfernt hatten, den Weg zur Wiederentdeckung und Rückkehr bahnen wollen. »Unsere Lage ist nur dann verzweifelt«, schrieb er nach dem Boykott-Tag im April 1933, »wenn wir selber verzweifeln. Eine Gemeinschaft geht nicht unter, außer sie gibt sich selber auf ... Unsere Ahnen trugen ihr Los mit Heldenmut, mit Würde und religiöser Hingabe. Laßt uns von ihnen lernen[1].«

Was wenige Jahre später geschah, konnte der liberal-bürgerlich, humanitär denkende Historiker nicht ahnen. Die Verfolgung

---

[1] C.-V.-Zeitung, 6. April 1933.

nahm ein Ausmaß an, welches die über 1600jährige Geschichte der Juden in Deutschland noch niemals verzeichnet hatte. Die jüdische Glaubensgemeinschaft in Deutschland ist untergegangen. Die Juden und ihre Gemeinden wurden von außen her und mit physischer Gewalt vernichtet. Trotzdem hat Elbogen teilweise recht behalten: Sie selber haben sich nicht aufgegeben. Den Entkommenen ist dies zwar kein Trost, aber die Quelle fast übermenschlicher Überwindungskraft.

Zu den Dokumenten des geistigen Widerstandes der Juden gegen die Gewalt gehört auch Elbogens »Geschichte«. Sie spricht für die würdevolle, wenn auch stark resignierte Haltung maßgeblicher jüdischer Kreise. Wer sich für diese Frage interessiert, sollte die Originalausgabe nachlesen.

Die vorliegende Fassung von Elbogens Werk will die neue Aufgabe erfüllen, jüdische und nicht-jüdische Leser in die Geschichte der deutschen Juden einzuführen. Ein großer Teil weiß leider nur wenig davon: die einen, weil sie ihre Geschichte in Deutschland als abgeschlossen, die Emanzipation als gescheitert betrachten; die anderen, weil sie immer noch nicht recht erkannt haben, daß die Entwicklung der kleinen jüdischen Minderheit mit der deutschen Gesamtgeschichte eng verbunden ist. Mögen viele Juden heute auch glauben, ihre Geschichte in Deutschland sei beendet, und die wiedererstandenen kleinen Gemeinden seien nur Übergangsgebilde, es wäre dennoch ein großer Fehler, sich einer Vergangenheit zu verschließen, die so viele Reichtümer birgt. Zweifellos zeugt die Geschichte der Juden in Deutschland von Verfolgung und menschlicher Erniedrigung; ihre Merkmale sind aber auch Lebenswille, Tapferkeit und Hoffnung. Die jüdische Geschichte bezeugt die Kraft einer Glaubensgemeinschaft, die trotz aller Unterdrückung und oft bestialischer Verfolgung menschlich blieb und den Mut besaß, unter beträchtlichen Gefahren Zerstörtes immer wieder von neuem aufzubauen.

Warum Deutsche sich so wenig mit jüdischer Geschichte befaßten — es sei denn, sie waren Judenhetzer und suchten in ihr irgendwelche jüdischen Schandtaten —, ist ein Rätsel. Auch heute noch wird sie im Unterricht, wenn überhaupt, isoliert behandelt[2]. Wer sich aber einmal näher mit ihr beschäftigt hat, weiß, wie stark sie die allgemeine deutsche Geschichte widerspiegelt. Die Lage der jüdischen Minderheit erhellt die Widersprüche und Mängel der jeweiligen Gesamtgesellschaft. Wo immer die Juden in Deutschland zum Grund aller Übel erklärt und zum Ventil für Unzufriedenheit und Erbitterung gemacht worden sind, müßte es auch möglich sein, umgekehrt, also ausgehend von der Situation der Verfolgten, die den Judenhetzen jeweils zugrundeliegenden allgemeinen Mißstände zu untersuchen. Unter dem Gesichtspunkt dieser Wechselwirkung könnte das Studium der Geschichte der Juden auch zur Entwicklung eines wirklich freien und menschlichen Deutschland beitragen.

Wie die Originalausgabe, so kann und will auch die neue Fassung nicht für sich beanspruchen, mehr als eine Einführung in das Wissensgebiet zu geben. Die Neubearbeitung erwies sich als schwieriger, als ursprünglich anzunehmen war. Da Ismar Elbogen sein Werk in verhältnismäßig kurzer Zeit verfaßt hatte, gab seine Darstellung teilweise kein einheitliches Bild. Auch sprachlich mußte manches geändert werden, da gewisse Formulierungen aus einer anders gearteten Zeit dem heutigen Leser nicht mehr verständlich sind, zuweilen sogar floskelhaft erscheinen müssen. Ferner war es notwendig, neue Forschungsergebnisse einzubeziehen, was oft schwierig war, denn es bedeutete mehr als nur bloße Ergänzung mit empirischen Daten. Neue, in den Sozial- und Politikwissenschaften erprobte Methoden haben den Blick für geschichtliche Ursachen und Zusammenhänge erweitert, die vor Jahrzehnten entweder kaum sichtbar oder noch völlig verdeckt waren. Wichtig in der neueren Literatur ist vor allem die weit stärkere Berücksichtigung der Verflechtung von deutscher und jüdischer Geschichte. Auch die jüdische Historiographie war ghettoisiert. Ismar Elbogen zählte zu den wenigen, die die Unfruchtbarkeit

---

[2] Vgl. hierzu Saul Robinsohn und U. Chaim Schatzker, Jüdische Geschichte in den deutschen Geschichtslehrbüchern, Braunschweig 1963; Ekkehart Krippendorff und Dieter Bielenstein, Erziehungswesen und Judentum, München 1960.

dieser geistigen Einengung erkannten. Die neuen Perspektiven gehen bis ins Mittelalter zurück. Sie machen sich aber um so stärker bemerkbar, je näher die Geschichte sich auf die Moderne zubewegt.

Die Bearbeitung sollte grundsätzlich im Sinne Elbogens durchgeführt werden. Dabei wurde es jedoch für vertretbar gehalten, seine zuweilen recht apologetischen Ausführungen fallen zu lassen. Bestimmend war hierbei die Überzeugung, daß dieser einsichtsvolle, weltoffene Gelehrte wohl selber mit der jüngeren Generation Schritt gehalten hätte. Diese glaubt heute nicht mehr, die Sonderheit des Judentums gegenüber einer nur angeblich christlichen Umwelt rechtfertigen zu müssen. Sie ist auch nicht mehr bereit, die seit Jahrhunderten an Juden verübten Verbrechen resigniert als »jüdisches Los« zu deuten.

Auch ist eine umfassende Neubearbeitung dadurch gerechtfertigt, daß Ismar Elbogens Originalmanuskript der Zensur unterlag und der Genehmigung durch die vom nationalsozialistischen Propagandaministerium eingerichteten Überwachungsstelle. Es ist heute nicht mehr feststellbar, wie weit die Arbeit hierdurch im einzelnen beeinträchtigt wurde. Jedenfalls mußte der Historiker über vieles schweigend hinweggehen; oder er konnte Wichtiges nur derart zwischen den Zeilen andeuten, daß zwar nicht die Überwachungsbehörden, doch aber die Opfer der Verfolgung verstanden, was gemeint war. Die Neufassung bemüht sich deshalb, offensichtliche Auslassungen, wo immer möglich, einzubeziehen. Das Buch mußte 1935 ohne Quellen- und Literaturangaben erscheinen. Möglicherweise verfolgten die damaligen Behörden hiermit die Absicht, seine Wirkung — auch bei etwaigen nicht-jüdischen Lesern — zu schmälern. In der gegenwärtigen Veröffentlichung sind die Quellen weitgehend zitiert; außerdem ist ein Literaturverzeichnis beigefügt, das dem Leser zu intensiverem Studium behilflich sein möge.

Daß Elbogens Darstellung so abrupt mit dem Jahre 1914 endete, dürfte ebenfalls auf einen Eingriff der Zensur zurückgehen. Die beiden letzten Kapitel — über die Epoche der Weimarer Republik und über die nationalsozialistische Vernichtungspolitik — erschei-

nen erstmalig in der vorliegenden Veröffentlichung. Bei ihrer Abfassung war ich mir bewußt, daß sie kaum gelingen würden: weil sich das Ungeheuerliche dem menschlichen Verständnis entzieht, aber auch, weil trotz der Fülle des vorliegenden dokumentarischen Materials immer noch die wissenschaftlichen Vorarbeiten fehlen, die für eine wirkliche Einsicht notwendig wären.
Ich bin Dr. E. G. Lowenthal (Frankfurt), einem Mitarbeiter des ehemaligen Centralvereins, für viele Hinweise über diese Epoche zu Dank verpflichtet. Ich gedenke der lebhaften Gespräche mit Professor Dr. Kurt Wilhelm, Oberrabbiner von Stockholm. Noch wenige Tage, bevor ihn so plötzlich am 19. Mai dieses Jahres der Tod ereilte, sprachen wir über die Themen dieses Buches, besonders über Gemeindeorganisation, Wissenschaft des Judentums und über seinen ehemaligen Lehrer — Ismar Elbogen.
Ismar Elbogen wurde am 1. September 1874 in Schildberg (Posen) geboren. Er promovierte 1898 zum Dr. phil. und absolvierte ein Jahr später das Rabbinerseminar in Breslau. Drei Jahre lang wirkte er als Dozent für jüdische Geschichte und Bibelexegese am Collegio Rabbinico Italiano in Florenz. 1902 erfolgte seine Berufung an die Lehranstalt (später Hochschule) für die Wissenschaft des Judentums in Berlin. Deren Fakultät gehörte er bis zu seiner Auswanderung im Jahre 1938 an. Elbogen hat auf eine ganze Generation von Rabbinern, jüdischen Lehrern und freien Wissenschaftlern eine entscheidende Wirkung ausgeübt, als Historiker ebensosehr wie als väterlich fürsorglicher Studienberater. Für ihn war die »Wissenschaft des Judentums« keine rein akademische Angelegenheit; vielmehr sah er in der Erforschung der Lehre und Geschichte des Judentums einen wesentlichen Bestandteil jüdischen Glaubens und Lebens.
Zu Professor Elbogens wichtigsten Veröffentlichungen gehören das Standardwerk »Der jüdische Gottesdienst in seiner geschichtlichen Entwicklung« (1913), eine »Geschichte der Juden seit dem Untergang des jüdischen Staates« (1919/1920) sowie die im amerikanischen Asyl entstandene »Geschichte der Juden im letzten Jahrhundert« (»A Century of Jewish Life«, Philadelphia 1944).

Über 400 Artikel zu den verschiedensten Einzelthemen stammen aus seiner Feder [3].

Elbogen war auch Redakteur und Mitarbeiter von mehreren enzyklopädischen Werken, dem fünfbändigen »Jüdischen Lexikon« (1927–1930), der »Encyclopaedia Judaica« (1928–1934). Er war an der »Germania Judaica« beteiligt, war Gründer und Mitherausgeber der »Zeitschrift für die Geschichte der Juden in Deutschland« (Berlin 1929—1938). Jahrzehntelang wirkte er als Vorstandsmitglied des Gesamtarchivs der deutschen Juden (Berlin), als Vorsitzender der Erziehungsabteilung des Preußischen Landesverbandes jüdischer Gemeinden, nach 1933 auch der Reichsvertretung der deutschen Juden. Ismar Elbogen starb am 1. August 1943 in New York [4].

Seine »Geschichte der Juden in Deutschland« beendete Elbogen 1935 mit den folgenden Worten: »Wieder einmal stehen die deutschen Juden vor der Frage der Bewährung, wieder ergeht an sie der Prophetenruf ›Ihr seid meine Zeugen, spricht der Ewige‹. Es ist an ihnen, mit dem alten Wort der Bereitschaft zu antworten: ›Hier bin ich‹.«

Eleonore Sterling

---

[3] Vgl. Regi Elbogen, »Ismar Elbogen 1874–1943. A Bibliography«, in Historia Judaica, Vol. VIII, No. 1, April 1946, 69–94.
[4] Erwin Rosenthal, »Ismar Elbogen and the New Jewish Learning«, in Leo Baeck Year Book (1963), 3–28.

1. KAPITEL

Jüdische Siedlungen in Deutschland

Wann zum ersten Male Juden sich auf deutschem Boden ansiedelten, ist nicht genau bekannt. Im Mittelalter ging in Worms die Legende um, am Ende der Richterzeit, also schon in vorchristlicher Ära, hätten Israeliten aus dem Stamme Benjamin sich daselbst niedergelassen. Esras Aufforderung zur Rückkehr ins Heimatland sei von ihnen abgelehnt worden, hätten sie doch am Rhein ein »neues Jerusalem« gefunden. Die Regensburger Juden erzählten, schon 300 Jahre vor Christi Geburt seien ihre jüdischen Vorfahren daselbst ansässig gewesen. Sie behaupteten überdies, daß sie eine Reliquie von Moses' steinernen Gesetzestafeln besäßen, die sie später bei ihrer Vertreibung aus der Stadt im Jahre 1519 im Toraschrein mittrugen. In Worms erzählte man auch, der dortige Judenrat habe sich mit einer Bitte an König Herodes gewandt, die Kreuzigung Jesu zu verhindern. In Worms, Regensburg, Ulm und in Schwaben sprach man von einem Sendschreiben aus Jerusalem, das den Gemeinden die Verurteilung Jesu mitteilte und sie vor den Umtrieben seiner Jünger warnte. Vielerorts wollte man dieses Dokument gesehen haben, entweder in lateinischer, deutscher, französischer oder in hebräischer Sprache. Tatsächlich hat es ein solches Schreiben wohl nie gegeben. Die lange Ansiedlung der Juden wurde zuweilen als gerichtliches Beweismaterial verwendet. In einem Rechtsstreit mit dem Bischof bemerkte der Rat der Stadt Mainz 1432: »dann die Judden In zyt so sie zu Mentz gewest sind Nemlich funfzehenhundert Jar und lenger und ee der Stift zu Mentz gepuwe(n) worde(n) ist.« In einer Eingabe an den Kaiser im Jahr 1636 beriefen sich die Juden von Worms darauf, daß sie seit 1700 Jahren in der Stadt wohnten. In beiden Fällen hielt man die Ansässigkeit der Juden vor Christi Geburt für eine unbestrittene Tatsache.

Alle Erzählungen hatten das gemeinsam, daß sie immer nur von solchen Orten am Rhein und an der Donau sprachen, die alte römische Heerlager oder Befestigungen gewesen waren und an der verschanzten großen Grenzlinie, dem Limes, lagen. Das weist darauf hin, daß Juden von Gallien her ins Land kamen, wenn vielleicht nicht schon in vor-, so aber gewiß in frühchristlicher Zeit. Als Kolonisten, Kaufleute oder Handwerker, möglicherweise auch als Soldaten kamen sie mit den Römern[1].

Als nach den Siegen der Kaiser Titus und Hadrian Hunderttausende von Juden in die Sklaverei verkauft wurden, mögen viele auch nach Deutschland gekommen sein. Jedenfalls gab es darüber seltsame Berichte: Einer aus dem Geschlecht der Dalbergs soll zahlreiche Juden aus Palästina mitgebracht und dreißig von ihnen an Worms für einen Silberling verkauft haben. Die Stadt habe sie lange als Sklaven gehalten, dann aber freigelassen. Einem anderen Bericht zufolge wurden Vangionen aus dem Wormsgau, die im Heer des Titus gekämpft hatten, mit schönen jüdischen Mädchen beschenkt. Sie verschleppten sie an den Rhein, so erzählte man, hinderten sie aber nicht, ihre Kinder jüdisch zu erziehen. So erklärte man den Ursprung der Gemeinde Worms und begründete damit ihr Heimatrecht.

Mancherorts behauptete man, Denkmäler aus grauer Vorzeit zu besitzen. Bei einer Verfolgung in Worms wurden im Jahre 1615 jüdische Grabsteine zertrümmert; darunter soll einer fünfzehnhundert Jahre alt gewesen sein. In Mainz will man um 1400 einen elfhundertjährigen Grabstein gefunden haben. Solche Behauptungen verdienen wenig Glauben, zumal feststeht, daß es um das Jahr 100 bzw. 300 jüdische Grabsteine und datierte Grabinschriften nach Art der später üblichen nicht gab. Vor einigen Jahrzehn-

---

[1] A. Altmann, Das früheste Vorkommen der Juden in Deutschland, Berlin 1932; S. Levi, »Frühgeschichtliche Spuren der Juden in Deutschland«, in Zeitschrift für die Geschichte der Juden in Deutschland (1929), Bd. I.

ten wurden in Heilbronn Reste jüdischer Grabdenkmäler entdeckt, die auf jüdische Katakomben hinwiesen. Wenn dies zutrifft, müßte auf frühe jüdische Siedlungen auch am Neckar geschlossen werden.
Für die ersten Jahrhunderte sind wir lediglich auf Vermutungen angewiesen. Die römische Kolonialpolitik, die allgemeine deutsche Siedlungsgeschichte und die Ausbreitung des Christentums sprechen aber dafür, daß es frühzeitig jüdische Siedlungen in Deutschland gab. Die Juden lebten wohl als römische Bürger mit allen deren Pflichten und Rechten. Ein urkundliches Zeugnis über das Bestehen einer jüdischen Gemeinde auf deutschem Boden besitzen wir erst aus dem Anfang des vierten Jahrhunderts. Demnach lebte in Köln eine größere Anzahl Juden, die in einer Gemeinde zusammengeschlossen waren. An ihrer Spitze, so heißt es, standen »Priester, Archisynagogen, Synagogenväter« und andere Beamte. Unter den Juden gab es Grundbesitzer, die zu den städtischen Ämtern herangezogen werden konnten, was anscheinend von den Kölnern Bürgern, da es wohl mit Abgaben verbunden war, als äußerst lästig betrachtet wurde. In einem Edikt vom 11. Dezember 321 an den Kölner Magistrat verfügte Kaiser Konstantin, daß jeweils nur zwei oder drei Juden das Vorrecht zu gewähren sei, »durch keinerlei Berufung in Anspruch genommen zu werden«[2].
Das ist die älteste, aber auch die einzig sichere Nachricht über eine jüdische Gemeinde in Deutschland in der Römerzeit. Mit ziemlicher Sicherheit darf eine solche auch in Trier angenommen werden, der westlichen kaiserlichen Residenz, wo sich frühzeitig ein Gemeinwesen entfaltete, wo auch die christliche Mission rasch Fuß faßte – was meist das Vorhandensein einer jüdischen Gemeinde voraussetzte. In Trier wurde bei Ausschachtungen in der Stadt eine Terrakotte in Gestalt eines siebenarmigen Leuchters, des alten jüdischen Symbols, gefunden. Damit ist aber noch nicht bewiesen, daß der Leuchter einem in Trier ansässigen Juden ge-

---

[2] Theodosiani libr. XVI, Hrsg. Mommsen-Meyer, Berlin 1905, Band I, Teil 2, 887 f., 896.

hörte (er kann auch von auswärts dorthin gebracht worden sein), noch weniger, wie man vermutete, daß die Juden in Trier solche Terrakotten einführten und damit dem heimischen Töpfergewerbe Konkurrenz machten. Auch scharf ausgeprägte Karikaturen mit orientalischen Gesichtszügen, die man in Trier auf Terrakotten gefunden hat, müssen sich nicht unbedingt auf Juden beziehen, sondern können z. B. auch Syrer darstellen. Daß Valentinian II. von Trier aus im Jahre 368 untersagte, Synagogen mit Einquartierungen zu belegen, beweist nicht, daß er damit eine Synagoge in der kaiserlichen Residenz Trier selbst meinte, wenn dies auch nicht ausgeschlossen ist. Ebensowenig bezeugt die Tatsache, daß um 350 ein Simeon jüdische Herkunft Bischof von Metz wurde, daß dort eine jüdische Gemeinde gelebt hat, denn der Bischof konnte auch von anderswoher gekommen sein. Es ist jedoch anzunehmen, daß es an einem so wichtigen Verkehrspunkt wie Metz früh eine jüdische Gemeinde gegeben hat. In Regensburg haben topographische Forschungen zu der Überzeugung geführt, daß das Judenviertel von 1519 bereits zur Römerzeit eine Judensiedlung war.

Damit kommen wir zu der Frage nach dem Schicksal dieser Judenniederlassungen beim Untergang des Römischen Reiches und während der Völkerwanderungen. Wir wissen nichts Bestimmtes darüber, nehmen aber an, daß ein großer Teil der jüdischen Bevölkerung mit der römischen zugrunde gegangen ist. Die Überlebenden bildeten den Kern der späteren jüdischen Gemeinden. Was von Regensburg vermutet wird, ist in Köln mit Sicherheit nachzuweisen: Die spätere Judenstadt lag innerhalb der alten römischen Stadtmauern, während unter anderen die Friesen sich nur außerhalb dieser ansiedelten. Das beweist, daß die Juden ohne Unterbrechung in der Stadt wohnen blieben. Ähnlich haben wohl in Mainz, in Worms und in anderen römischen Gründungen Teile der Bevölkerung, darunter auch der jüdischen, den Wandel der Zeiten überdauert. Es finden sich jedoch keine Berichte darüber, wie sich die Juden dieser ersten Jahrhunderte in den Städten ernährten. Es ist anzunehmen, daß sie sich, wie überall im Römerreich, außer als Händler auch als Handwerker, Bauern und Winzer betätigt haben[3].

Wir wissen nicht, wie die Frankenherrschaft die Lage der Juden beeinflußt hat. Man kann vermuten, daß die Bestimmungen der Synoden von Clermont, Orléans u. a., welche die gesellschaftlichen Beziehungen zwischen Juden und Christen unterbinden sollten, auch in Deutschland verkündet wurden. In jenen Jahrhunderten war aber das Christentum auf deutschem Boden noch keine Macht. Die Konzilsbeschlüsse wurden offenbar nicht befolgt[4].

---

[3] Vgl. hierzu Hermann Kellenbenz, »Die Juden in der Wirtschaftsgeschichte des rheinischen Raumes«, in Monumenta Judaica, Handbuch, Köln 1963, 199 ff.
[4] Julius Aronius, Regesten zur Geschichte der Juden im fränkischen und deutschen Reiche bis zum Jahre 1273, Berlin 1902.

2. KAPITEL

Jüdisches Leben im Mittelalter

Der Aufstieg der Gemeinden

Von einer fortlaufenden Geschichte der Juden auf deutschem Boden kann erst seit der Zeit der Karolinger die Rede sein. Was die Überlieferung von Juden berichtet, bezieht sich noch auf die westliche Hälfte des Reiches. Die gesetzlichen Bedingungen für ihre Niederlassung hier galten aber sicher auch für die östlichen Gebiete. Karl der Große (768-814) ließ Juden in seinem Reich zu. Einem Juden vertraute er sogar die hohe Mission an, seine Gesandtschaft zum Kalifen Harun al Raschid nach Bagdad zu begleiten. Der Zufall fügte es, daß der Jude Isaak als einziger Überlebender von der Gesandtschaft zurückkehrte und dem Kaiser die Botschaft des Kalifen nebst vielen Geschenken nach Aachen überbrachte (802). Durch Deutschland zogen sich die wichtigen Verkehrsstraßen, die von Italien über die Alpen am Rhein entlang oder von Gallien über Maas und Mosel zur Nordsee, vom Mittelmeer über Rhone, Rhein und Donau nach dem Schwarzen Meer oder nördlicher vom Rhein über Main, Saale und Elbe nach den Ländern der Slaven führten. Auf diesen Straßen fand ein lebhafter Handel statt. Sie wurden von Juden viel befahren, und gar mancher Kaufmann aus Gallien oder Spanien, aus Italien oder dem Balkan ließ sich an den Mittelpunkten des Verkehrs nieder. Die Durchgangsstädte Metz und Trier, die Messestadt Köln, das Handelszentrum des Rheingau, Worms, die Ausgangspunkte der großen Verkehrsstraßen, Mainz und Regensburg sowie der Stapelplatz für den Osten, Prag, erhielten jüdische Siedlungen. Vor 876 gab es bereits ein Gewohnheitsrecht jüdischer Kaufleute, die ihre Waren von Bayern nach der Ostmark brachten. Ein Jahrhundert später finden wir sie unter den Pionieren der deutschen Siedlungen an der Saale und der Elbe. Otto der Große, so ist überliefert, machte die Juden sowie die Kaufmannschaft in Magdeburg und Merseburg den dortigen Bischöfen zum Geschenk. Mit dem Wachstum dieser Städte entwickelten sich auch die jüdischen Niederlassungen (in Mainz und Köln wird es um 1090 etwa je 2500 jüdische Seelen gegeben haben). Auch vermehrten sich die Siedlungen. Bamberg und Würzburg am Main, Erfurt in Thüringen, beide an der Verbindungsstraße nach dem Kolonialgebiet, traten im elften Jahrhundert hervor.

Die Juden im Reich Karls des Großen waren frei. Sie durften Grund erwerben und Waffen tragen. Aber als Fremde waren sie schutzlos, wenn nicht der König, der »Schirmherr der Schwachen«, sie unter seine Schirmherrschaft stellte. Karl der Große und Ludwig der Fromme taten dies, und zwar in der Form von Schutzbriefen. Das Privileg war im Mittelalter die übliche Rechtsform für die Begründung von Berechtigungen, die vom allgemeinen Rechtszustand abwichen. So konnten auch einzelne Kirchen, Geistliche, Kaufleute oder Frauen den besonderen Königsschutz erhalten. Es gab bei der Verleihung solcher Schutzbriefe keinen Unterschied, der etwa jüdische Kaufleute benachteiligt hätte. Da immer ganz konkret einzelne Juden oder Gemeinden privilegiert wurden, handelte es sich noch nicht um ein spezifisches Judenrecht, nicht um die Unterdrückung einer ganzen sozialen Gruppe, wie es sich später nach den Kreuzzügen herausbildete. Erst nachdem sich während der Verfolgungen die bisherige Privilegierung für den Schutz der jüdischen Untertanen als unzureichend erwiesen hatte, hielt man es für notwendig, die Stellung der Juden nicht bloß als Kaufleute, Handwerker oder auch Gemeindegruppen, sondern als Nicht-Christen durch besondere Gesetze zu regeln. Im 9. Jahrhundert sicherten Karl der Große und Ludwig der Fromme (814—840) den von ihnen aufgenommenen Juden den Schutz ihres Lebens, ihrer Ehre, ihrer Religionsausübung und ihres Eigentums zu, gewährten ihnen Freiheit des Handels und erließen ihnen zuweilen Binnenzölle, Straßenabgaben und Dienstleistungen. Dem Handelsmonopol für Getreide, Wein und andere Lebensmittel wurden auch die Juden unterworfen. Handel mit Kirchengeräten wurde ihnen verboten. Es war ihnen gestattet, heidnische Sklaven zu besitzen, die, entgegen römischem Recht, nicht durch Überredung zur Taufe gebracht und ihren jüdischen Besitzern entzogen werden durften. Den Juden war der Handel mit fremdländischen Sklaven, die als Arbeitskräfte damals als unentbehrlich betrachtet und aus den östlichen Nachbarländern in großer Zahl auf die Märkte gebracht wurden, gestattet; ebenso die Beschäftigung christlicher Lohnarbeiter außer an Sonn- und Feiertagen [1].

Wie andere Fremde in den germanischen Ländern erhielten auch die Juden das Recht, ihre Zivilstreitigkeiten nach eigenem Recht zu entscheiden. Bei Prozessen mit Christen aber konnten sie ihre Forderungen nur durch christliche Zeugen erhärten, während christliche Kläger gegen sie den Beweis durch je drei geeignete christliche und jüdische Zeugen bringen mußten. Für den Eid der Juden gab es, wahrscheinlich nach dem Muster des byzantinischen Rechts, absonderliche Regeln und Formeln. Für ihren Schutz sollten die Juden dem König eine jährliche Abgabe zahlen, die ein Zehntel ihres Handelsgewinns betrug und kaum höher war als die der christlichen Kaufleute. Der König erhielt auch das für den Tod oder die Verwundung eines Juden zu zahlende Wergeld. Ein Jude konnte an das Gericht des Königs appellieren, wenn er glaubte, daß ihm Unrecht geschehen war [2].

Wenn der Kaiser, wie in Magdeburg, die Juden dem Bischof schenkte, so bedeutete dies, daß dieser nunmehr alle Rechte und Pflichten des Schirmherrn übernahm, also ihr oberster Richter wurde, für ihre Sicherheit zu sorgen hatte und ihre Abgaben einzog. Allmählich erhielten wohl die Bischöfe aller oben genannten

---

[1] Georg Caro, Sozial- und Wirtschaftsgeschichte der Juden im Mittelalter und in der Neuzeit, Frankfurt 1924, 1.
[2] Guido Kisch, Jewry-Law in Medieval Germany, New York 1949; ders., The Jews in Medieval Germany, A Study of their Legal and Social Status, Chicago 1949; ders., Forschungen zur Rechts- und Sozialgeschichte der Juden in Deutschland während des Mittelalters, Stuttgart 1955.

Städte – sie waren ja alle Bischofssitze – die Hoheit über ihre Judenschaften. Wegen der damit verbundenen Einnahmen legten sie großen Wert auf ihren Besitz.

In den Städten wohnten die Juden in eigenen Straßen, was mittelalterlichem Brauch entsprach, denn Gruppen, die durch kommerzielle und gewerbliche Interessen, durch gleiche Rechte und Lasten miteinander verbunden waren, pflegten in eigenen Gassen zusammenzuleben. Die Juden verband noch mehr: das Ritualgesetz, der gemeinsame Gottesdienst, die Sabbatheiligung und die Erziehung ihrer Kinder. Sie waren aber dadurch nicht von den Bürgern abgesondert. Dazu waren die Städte viel zu klein und die Judengassen zu nahe am Mittelpunkt des Verkehrs, dem Markt oder dem Hafen. (Die Absonderung der Juden von der Bürgerschaft, die zum Ghetto führte, vollzog sich in Deutschland erst im 14. Jahrhundert.) In Köln wurde das alte Rathaus »inter Judaeos«, das heißt Wand an Wand mit den Judenhäusern gebaut. Die Beziehungen zwischen Bürgern und Juden waren freundschaftlich und nachbarlich. Man war sich der Verschiedenheit der Herkunft und des Glaubens wohl bewußt. Christlicherseits wurde viel von Bekehrungsversuchen an Juden berichtet, aber auch davon, daß Geistliche wie der alemannische Diakon Bodo zur Zeit Ludwigs des Frommen (837) oder Wezelin, der Hofgeistliche des Kaisers Heinrich II. (1010), zum Judentum übertraten. Das kirchliche Recht gestand den Juden Sicherheit des Lebens und Eigentums zu, verlangte aber die Einschränkung des Verkehrs zwischen Juden und Christen. So verboten die Konzilien des 6. und 7. Jahrhunderts den Juden, »von Gründonnerstag bis Ostersonntag auf den Straßen und auf dem Markt sich wie zum Hohn zu zeigen«. Im großen und ganzen aber scheint die Geistlichkeit in Deutschland tolerant gewesen zu sein. Ihre Synodalbestimmungen bemühten sich, eine mittlere Linie einzuhalten und dem Religionsstreit zu steuern[3]. Einen wirtschaftlichen Gegensatz zwischen Juden und

---

[3] Diese Haltung gründete wohl nicht nur auf religiöser Duldsamkeit, sondern auch auf der Tatsache, daß die sozialen Verhältnisse einer Feindschaft noch keine Grundlage boten.

Christen gab es nicht. Wie alle anderen waren die Juden Ackerbürger, Kaufleute, Handwerker, Ärzte. Sie besaßen Häuser, Gärten und Weinberge. Besonders geeignet waren sie für den Warenhandel durch ihre weltweiten Beziehungen und ihre Kenntnisse orientalischer Sprachen, ebenso durch den Kredit, den sie unter ihren weit verstreuten Glaubensbrüdern besaßen. Es entwickelte sich eine gesellschaftliche und wirtschaftliche Interessengemeinschaft zwischen jüdischen und christlichen Einwohnern, obwohl bei all dem die Lage der Juden als religiöse Minderheit nie ungefährlich war.

Die Mainzer schätzten den Handel der Juden. Als der Doge von Venedig und der Patriarch von Grado den Erzbischof von Mainz und alle Bischöfe jener Gegend überzeugen wollten, die Taufe der Juden anzuordnen oder im Weigerungsfalle ihnen zu verbieten, »das Zeichen des Kreuzes an irgendeinem Metall, Tuch oder Ware mit den befleckten Händen zu berühren«, predigten sie tauben Ohren. Die Mainzer ahnten wohl, daß hinter diesem frommen Eifer Konkurrenzneid steckte und daß die Venezianer den Wettbewerb der Juden beim Handel in östlichen Ländern ausschalten wollten. In Mainz ließ sich gegen Ende des 10. Jahrhunderts das Geschlecht des Kalonymus da Lucca nieder, und zwar, wie uns Bischof Thietmar von Merseburg berichtet, nach folgender Begebenheit: Nach der Niederlage in der Sarazenenschlacht bei Cotrone in Kalabrien (982) wurde Otto II. durch die Hilfe des Kalonymus gerettet, der ihm sein Pferd für die Flucht an den Strand gab. Vergeblich versuchte der Kaiser, schwimmend ein Schiff zu erreichen. Als er verzweifelt umkehrte, fand er am Ufer den Juden Kalonymus, der dort ausgeharrt hatte, um der Rettung des geliebten Herrn sicher zu sein, und der ihm nun weiterhalf. Dem Retter seines Lebens, schreibt der Bischof, gewährte der Kaiser eine Gunst. Kalonymus scheint sich das Recht der Niederlassung in Mainz erbeten zu haben, wo seine Familie Handelsbeziehungen hatte. Dieses Geschlecht stellte den Gemeinden in Mainz und Speyer lange Zeit Führer und Gelehrte. Reste eines vornehmen, frühromanischen Wohnhauses mit ausgedehnten Kellergewölben und Warenplomben, die den Kaiseradler als Wappen trugen, wurden auf dem Gelände der alten Judenstadt in Mainz ausgegraben und gehörten wohl zum Besitz dieser Familie.

Dieses freundschaftliche Verhältnis ist im großen und ganzen für jene Zeit charakteristisch. Es kam unter anderem in der tiefen Trauer der Juden um die hingeschiedenen Bischöfe von Magdeburg und Metz (um 1010) zum Ausdruck. In einem Gedicht zur Thronbesteigung Heinrichs II. (1002) wurde betont, daß auch die Juden dem neuen Kaiser in hebräischer Sprache Wünsche für die Beständigkeit seiner Regierung darbringen wollten. Von demselben Herrscher wurde zehn Jahre später berichtet, daß er die Juden aus Mainz vertrieben hätte. Dafür wurde keine Ursache angegeben. Und bald waren die Juden in Mainz wieder anzutreffen. Jüdische Quellen sprechen von einer blutigen Verfolgung, die mit Zwangstaufen verbunden war. Nach diesen Metzeleien wurde ein jüdischer Friedhof in Mainz angelegt.

In Notzeiten genügte jedenfalls immer wieder ein kleiner Funke, um den Haß gegen die »Fremden« zu entzünden. Als in Mainz 1084 eine Feuersbrunst ausbrach, entlud sich die Panik der Bevölkerung in einem Überfall auf die Juden. Die aus Mainz geflohenen Juden fanden jedoch sofort freudige Aufnahme in Speyer. Der Bischof Rüdiger, der den Weiler in eine Stadt umwandeln wollte, nahm die Juden gern in einem neuen Ortsteil auf, weil er überzeugt war, so »das Ansehen des Orts tausendfach zu erhöhen«. Das Gelände für ihre Ansiedlung, das dem Bischof gehörte, überließ er ihnen gegen einen jährlichen Zins. Aus dem Besitz des Domkapitels erhielt die Gemeinde auch einen Platz für ihren Friedhof. Im September 1084 gewährte ihnen der Bischof, wie er selber bekundete, »Gesetze..., die besser sind als die Judenschaft in irgendeiner Stadt des deutschen Reiches besitzt«[4]. Als im Februar 1090 Kaiser Heinrich IV. in Speyer weilte, führte der greise Bischof – es war drei Tage vor seinem Tode – die Vertreter der

---

[4] Remling, Urkundenbuch zur Geschichte der Bischöfe von Speyer, 157; Kisch, Forschungen, a.a.O., 53 ff., 124 f.

Judengemeinde bei ihm ein, damit er ihre Rechte bestätige. Judas ben Kalonymus, David ben Meschullam und Moses ben Jekutiel legten ein altes Privileg ihrer Familien vor und erreichten, daß der Kaiser es für sie, ihre Nachkommen und ihre Gemeinde anerkannte. Im wesentlichen stimmte die Urkunde mit dem Privileg der Karolinger überein, war aber in einigen wichtigen Punkten günstiger für die Juden. Es sicherte ihnen Schutz ihres Lebens zu, sowie ihres Eigentums an »Höfen, Häusern, Gärten, Weinbergen, Äckern, Sklaven oder sonstigem beweglichen oder unbeweglichen Besitz«, gewährte ihnen das Recht, ihr Eigentum im Rahmen des Gesetzes frei zu tauschen, innerhalb des Reiches frei umherzuziehen, es erlaubte ihnen Handel zu treiben, ohne zur Verzollung, zu irgend einer öffentlichen oder privaten Abgabe, zu Herberge und Vorspann herangezogen zu werden. Niemand, so hieß es, soll ihre Kinder zwangsweise taufen; wer dies dennoch tue, müsse eine Geldbuße zahlen. Juden, die freiwillig zur Taufe kommen, sollen sich einer dreitägigen Probezeit unterziehen, sollen auch, entgegen den Rechtssätzen römisch-christlicher Kaiser, ihr Erbteil verlieren; Juden dürfen keine christlichen Sklaven kaufen, wohl aber heidnische und diese auch dann in ihren Diensten behalten, wenn sie christlich geworden sind. Christen dürfen von Juden gegen Lohn beschäftigt, Dienstboten und Ammen in die Häuser genommen werden. Die Bestimmungen über Gerichtsbarkeit blieben die alten, wurden jedoch so geändert, daß zu einer Beweisführung gegen einen Juden neben christlichen auch jüdische Zeugen erforderlich waren. Dem talmudischen Recht entsprechend wurde den Juden gestattet, Entschädigung zu fordern, wenn die von ihnen gutgläubig erworbenen Gegenstände, die dem ursprünglichen Besitzer entwendet worden waren, von diesem reklamiert wurden. Dieses Hehlerrecht, das für die Juden im Augenblick günstig war, sollte gegen Ende des Mittelalters eine schwere Geißel für sie werden [5].

Etwa um dieselbe Zeit verlieh Heinrich IV. den Juden in Worms,

---

[5] Remling, a.a.O., I, 65.

die durch ihren »Judenbischof« Salman vertreten waren, die gleichen Rechte. Die Wormser Juden standen bei ihm in besonderer Gunst, hatten sie ihn doch gemeinsam mit den Bürgern im Streit gegen den Bischof unterstützt. Seit 1073 gab es in Worms keine geordnete bischöfliche Gewalt mehr. »Um die Bürger von Worms für ihre Treue zu belohnen«, erließ ihnen Heinrich IV. den Zoll, den sie, Juden und Christen, bisher an allen der kaiserlichen Gewalt unterstehenden Orten, nämlich in Frankfurt, Boppard, Hammerstein, Dortmund, Goslar und Angern, zahlen mußten. Hier wurden die Juden gleichberechtigt neben den Bürgern, ja sogar vor ihnen genannt. Die gleiche kaiserliche Gunst sprach aus der Gewährung des Judenprivilegs an die Wormser Gemeinde, das ungefähr dem von Speyer entsprach. Eine ähnliche Urkunde besaßen auch die Juden in Regensburg, und gleiches Recht scheint für die Gemeinden in Mainz und an anderen Orten gegolten zu haben.

Die Judenschaften dieser Orte bildeten eigene Körperschaften unter ihren Vorstehern oder Judenbischöfen (hebräisch: Parnes). Diese waren vom Herrscher anerkannte Persönlichkeiten, die den städtischen Schultheißen gleichstanden. Später hießen sie auch Judenmeister. Sie waren für die Leitung der Judenschaft verantwortlich. In der Führung der Gemeindegeschäfte hatten sie Vorsteher, für die Gerichtsbarkeit die Rabbiner zur Seite. Die Juden konnten aber neben dem jüdischen auch das städtische, bischöfliche oder ein aus jüdischen und christlichen Richtern zusammengesetztes Gericht anrufen. Die Gemeinden besaßen Synagogen, von denen die Kölner als erste, nämlich 1012, erwähnt wird. Die Wormser Synagoge wurde 1034 erbaut. Ihr ältester Teil war frühromanisch, der ein Jahrhundert jüngere Anbau frühgotisch. Einzelheiten der Ausführung verrieten deutlich die Abhängigkeit von den Wormser kirchlichen Bauten. Offenbar war der Stil fast aller Synagogen des Mittelalters von ihrer Umgebung beeinflußt. Neben der Synagoge stand das Bad der Gemeinde, das in Worms heute noch zu sehen ist. Die erhaltenen Reste in Andernach, Speyer und Friedberg sind Anlagen nach römischem Muster. Zu den religiös geweihten Stätten gehörten auch die Friedhöfe. Die ältesten heute noch erhaltenen befinden sich in Worms und Prag. Daneben hatten die Gemeinden ein eigenes Back- und Tanzhaus. Größere Gemeinden besaßen auch Krankenhäuser. Von der Gemeinde in Augsburg ist ein Siegel (leider nicht ganz vollständig) erhalten, das mit einer teils lateinischen (Judeorum August...), teils hebräischen Inschrift (Kehal Jehudim) versehen ist und einen Doppeladler mit einem spitzen Judenhut darüber zeigt.

Die Gemeinden behielten im allgemeinen die überlieferte jüdische Verfassung bei und schufen die traditionellen jüdischen Einrichtungen. Um die Mitte des zehnten Jahrhunderts entstanden in Mainz und Worms Lehrhäuser, die bald hohes Ansehen erlangten. In ihnen wurden Bibel und Talmud ausgelegt und rabbinisches Recht erforscht. Es war in jenen Zeiten nicht einfach, korrekte Abschriften eines so umfangreichen Werkes, wie der Talmud es ist, zu beschaffen. Auch war es schwer, ein Werk, das in einer ganz anderen Zeit und Umgebung entstanden und in einem vielfach rätselhaft kurzen Stil gehalten war, richtig zu verstehen und auszulegen. Die Juden erzählten, daß Karl der Große persönlich einen angesehenen und gelehrten Mann namens Machir aus der Heimat des babylonischen Talmuds nach Narbonne gebracht habe, damit er die Juden seines Reiches belehre. Narbonne muß direkte Verbindung mit dem Orient gehabt und die dortige Lehre nach dem Norden weitervermittelt haben. Auch die Familie Kalonymus brachte aus Italien das alte jüdische Schrifttum und die Kunst seiner Auslegung mit. So gewannen die Lehrhäuser am Rhein große Bedeutung und zogen Jünger von weit her an. Der Berühmteste von ihnen wurde Salomo ben Isaak (Raschi) aus Troyes (1040-1105), der hier die Anregung zu seinen Kommentaren empfing. Allerlei Wormser Legenden und die (fälschlich) nach ihm benannte Raschi-Schul erinnern an seinen dortigen Aufenthalt[6].

Von den führenden Männern jener Zeit wurde auch die synagogale Dichtung bereichert. Die Gebetbücher der aschkenasischen

---

[6] Die Raschi-Schul wurde von Nationalsozialisten im November 1938 zerstört, nach dem Krieg wieder aufgebaut und im September 1959 eingeweiht.

(mitteleuropäischen) Juden enthielten die Gesänge der Kalonymiden, des Simon ben Isaak aus Mainz und des Vorbeters Meir ben Isaak aus Worms.

Große Bedeutung erlangten die Anordnungen (Takkanot) des Gerschom ben Jehuda (ca. 950–1028), der in Mainz lehrte. Er erließ zunächst ein Verbot, mehr als eine Frau zu haben, was zwar ohnehin selten vorkam, aber nach talmudischem Recht immer noch erlaubt war. Alle Juden im Abendland nahmen diese Verordnung an und behielten sie auch bei, obwohl sie ursprünglich befristet war. Eine weitere Maßnahme verbot, ohne Zustimmung der Ehefrau eine Ehescheidung zu vollziehen. Ein Artikel suchte das Briefgeheimnis, ein anderer die Ordnungsmäßigkeit der Rechtsprechung zu sichern. Das Strafmittel gegen Zuwiderhandelnde war der Bann, der den Betroffenen gesellschaftlich und wirtschaftlich ächtete. Wer Gerschom die Vollmacht erteilt, welche Autorität die Anerkennung seiner Gebote durchgesetzt hat, wissen wir nicht. Jedenfalls genoß er das höchste persönliche Ansehen, wurde Rabbenu, das heißt »unser Lehrer«, genannt und mit dem Beinamen Meor ha Gola, »Leuchte der Diaspora«, geehrt.

Die Gemeinden verwalteten sich selbst, aber dreimal im Jahr trafen ihre Vertreter bei den großen Messen in Köln zusammen und besprachen gemeinsame Angelegenheiten. Vornehmlich waren das Fragen des Ehe- und Erbrechts, der Besteuerung, der Gerichtsverfassung, des Unterrichts der Kinder, der Armenpflege, der Beziehung zu den weltlichen und kirchlichen Behörden.

Die Kreuzzüge

Die gesellschaftliche und geistige Entwicklung stimmte die Juden so hoffnungsvoll, daß Ende des elften Jahrhunderts manche die messianische Erlösung in nächster Zeit erwarteten. Da trafen die apokalyptischen Reiter in anderer Gestalt ein. Ende Dezember 1095 gelangten aus Frankreich Mitteilungen an den Rhein, daß sich Kreuzfahrer in großen Mengen versammelt und den Juden ihre Austilgung angedroht hätten, wenn sie sich nicht bekehrten. Die Gemeinden richteten an ihre Schwestergemeinden am Rhein die Bitte, Fasten anzuordnen und für ihre Errettung aus der Hand der Feinde zu beten. Die Mainzer antworteten, daß alle Gemeinden tief bestürzt seien und für ihre Schwestern in Frankreich fasten und beten würden. Was sie selbst anlange, so seien sie frei von jeder Befürchtung. Sie hätten weder früher noch jetzt das geringste Zeichen einer Gefahr bemerkt. So sorglos traten die rheinischen Juden in das Jahr 1096 ein. Als aber eine Drohung Gottfried von Bouillons, des Führers der Kreuzritter, bekannt wurde, daß er das Blut Christi an den Juden rächen und keinem von ihnen das Leben lassen wollte, mußten sie das Schrecklichste befürchten. Der Vorsteher der Mainzer Gemeinde, Kalonymus ben Meschullam, schickte Eilboten zu dem in Italien weilenden Kaiser Heinrich IV. und erinnerte ihn an sein Schutzversprechen. Der Kaiser erließ sofort ein Edikt an alle weltlichen und geistlichen Fürsten, in dem er sie nachdrücklich aufforderte, die Juden zu schützen und ihnen nichts Böses antun zu lassen. Das machte zunächst Eindruck. Gottfried versicherte, nie böse Absichten gehabt zu haben, und ließ sich in Köln und Mainz durch Geldsummen beschwichtigen. Wenige Wochen später erschien Peter von Amiens mit seiner Schar in Trier. Er brachte Empfehlungsschreiben aus Frankreich mit, daß die Juden ihm überall für seine Reise ins Heilige Land mit Wegzehrung zu helfen hätten. Nachdem die Juden sich losgekauft hatten, verhielt er sich friedlich und zog nach Ungarn weiter. Inzwischen spannte sich die Lage in Lothringen. Nochmals konnten die Juden ihr Leben durch Bezahlung ihrer Feinde retten. Aber es kamen neue Scharen. Diese setzten sich aus Bauern und Stadtvolk zusammen, aus jüngeren Söhnen ritterlicher Familien und auch aus Straßenräubern und verbrecherischem Gesindel. Sie waren bußfertig, fanatisch-fromm und habgierig – und hatten keine große Eile, ins Heilige Land zu kommen. Der jüdische Chronist Salomon bar Simson berichtet: »Als die Kreuzfahrer in die Städte kamen, in denen Juden wohnten, sprachen sie untereinander: Sehet, wir ziehen den weiten Weg, um die Grabstätte aufzusuchen und uns an den Ismaeliten zu rächen, und siehe, hier wohnen unter uns Juden, deren Väter ihn unverschuldet umgebracht und gekreuzigt haben! So laßt uns zuerst an ihnen Rache nehmen und sie austilgen unter den Völkern, daß der Name Israel nicht mehr erwähnt werde; oder sie sollten unseresgleichen werden und zu unserem Glauben sich bekennen[7].«

Dies war die religiöse Ursache der Verbrechen, die nunmehr begangen wurden: Bekehrungseifer, Rache an den Mördern Christi, in seltsamer Weise verknüpft mit Hoffnungen auf das Heil der eigenen Seele. Und bald hieß es im Volk: »Wer einen Juden tötet, erhält Vergebung seiner Sünden.« Es fielen die ersten Opfer. In Metz wurden 22 Juden getötet und zahlreiche gewaltsam getauft. In Trier flohen die Juden in die Bischofspfalz. Ihre Torarollen, die sie in ein befestigtes Haus gebracht hatten, wurden von den frommen Kreuzfahrern ihres Schmuckes beraubt und zertreten. Die Menschen selber konnten sich, unter Opferung ihres Besitzes, noch bis zur Pfingstzeit retten. Als die Lage immer auswegloser wurde, töteten einige Juden ihre Kinder; Mütter stürzten sich in die Mosel »zur Heiligung des göttlichen Namens«, wie es in den jüdischen Märtyrerchroniken heißt. Der Erzbischof, getreu dem kaiserlichen Edikt, aber auch dem kanonischen Recht gehorchend, predigte für die Juden, wurde jedoch mit Schlägen bedroht und mußte flüchten. Er versuchte, die Juden zur Taufe zu überreden, und einige leisteten ihm Folge[8].

Eine andere Kreuzzüglerschar bildete sich am Mittelrhein, geführt von dem Nahegrafen Emicho von Leiningen, gefolgt von einer Menge Abenteurer und verstärkt durch die Bauern des Rheingaus. Emicho ließ sich, anders als die meisten anderen Fanatiker, nicht durch Proviant und Geld besänftigen. Am 3. Mai, einem Sabbat,

---

[7] Adolf Neubauer und Moritz Stern, Hebräische Berichte über die Judenverfolgungen während der Kreuzzüge, Berlin 1892; S. Schiffmann, »Die deutschen Bischöfe und die Juden zur Zeit des ersten Kreuzzuges«, in Zeitschrift der Geschichte der Juden in Deutschland (1931).

[8] E. L. Dietrich, »Das Judentum im Zeitalter der Kreuzzüge«, in Saeculum (1952), Heft 4.

überfielen seine Scharen die Juden in Speyer. Der Bischof Johannes schützte sie, so daß der Gemeinde der Verlust von mehr als zehn oder elf Menschen erspart blieb. Schlimmeres aber ereignete sich zwei Wochen später in Worms, wo es keine starke bischöfliche Gewalt gab. Ein Teil der Gemeinde floh in die Bischofspfalz; andere blieben in den Häusern und wurden als erste überfallen und einzeln umgebracht. Ihre Häuser und die Synagoge wurden ausgeplündert. Einige Wochen später kamen die Verfolger mit Verstärkungen wieder und überfielen die Bischofspfalz. Das Geschick ihrer Brüder vor Augen, beschlossen die Juden, selbst Hand an sich zu legen: »Alle nahmen ungeteilten Herzens das himmlische Verhängnis an und, indem sie ihre Seelen dem Schöpfer übergaben, riefen sie: ›Höre Israel, der Ewige ist unser Gott, der Ewige ist einzig!‹« Ihre Leichen wurde ausgeplündert und geschändet. Nur ganz wenige Juden wurden durch christliche Freunde oder durch Taufe gerettet. 800 Tote zählte man am Ort.

Am schrecklichsten war das Blutbad in Mainz. Seit Wochen sah die Gemeinde den Tod herannahen und bemühte sich, das Unheil abzuwehren. Der Erzbischof Ruthard, ein Gegner des Kaisers, war nicht bedingungslos geneigt, sie zu schützen. Er hieß sie, all ihren beweglichen Besitz in seiner Pfalz in »Verwahrung« zu geben und versprach, die Pfalz und die darin aufgenommenen Juden mit Waffen zu verteidigen, wenn sie die Kosten für die Söldner trügen. Er selber gedachte im entscheidenden Augenblick die Stadt zu verlassen. Die Bürgerschaft nahm mit Entschiedenheit Stellung für die Juden. Erst unter der zunehmenden Hetze gegen die »Feinde Christi« und unter den Drohungen des aufgewiegelten armen Volkes ging auch sie, selbst in Angst um Leben und Besitz, zu den Angreifern über. Es kam zu einem Kampf beim Stadttor an der Rheinbrücke, wo die Bürger noch neben den Söldnern des Bischofs gegen die Belagerer kämpften. Als aber Verräter das Tor öffneten, hieß es: »Sehet, das Tor hat sich von selbst geöffnet. Das hat der Gekreuzigte für uns getan, jetzt lasset uns sein Blut an den Juden rächen.« Die Scharen rückten vor den bischöflichen Palast, wo sie von den bewaffneten Juden unter

Führung des Kalonymus erwartet wurden. Nach einem blutigen Handgemenge mußten die Verteidiger der Übermacht weichen. Die Soldaten des Bischofs ließen sie im Stich. »Auch der Bischof«, schreibt Salomo, »floh aus seiner Kirche, denn sie wollten auch ihn töten, weil er für die Juden gesprochen hatte.« Emichos Scharen hatten jetzt freie Bahn. Es gab für die Juden nur die Wahl zwischen Tod und Taufe, und sie überlegten nicht lange, welchen Weg sie gehen wollten. »Laßt uns mit aller Macht das Joch der heiligen Religion tragen! Denn nur für kurze Zeit werden die Feinde uns durch das Schwert töten; wir werden aber fortleben, unsere Seelen werden fortdauern in strahlender Seligkeit immer und ewig!« Dann, so berichtet Salomo, riefen sie mit lauter Stimme: »Nun dürfen wir nicht mehr länger zögern, denn schon fallen die Feinde über uns her. Laßt uns schnell handeln und uns dem Ewigen als Opfer darbringen!« Eltern töteten ihre Kinder, Männer ihre Frauen, Frauen ihre Männer. An der Burg wiederholte sich das gleiche grausige Schauspiel, ebenso in einigen Privathäusern, die Juden eine Zuflucht gewährt hatten. Geistliche, die Juden bei sich aufgenommen hatten, konnten sie nicht retten. Gering war die Zahl derer, die sich der Zwangstaufe unterzogen hatten. Die Überlebenden ruhten nicht, bis sie für eine würdige Bestattung der 1100 Toten gesorgt hatten. Die Bürger, die sich des Entsetzlichen schämten, halfen ihnen dabei. Vielen Juden kam nunmehr die Reue. Einer der Vorsteher der Gemeinde, Isaak ben David, der sich hatte taufen lassen, um seiner alten Mutter das Leben zu retten, schlich sich des Nachts mit Uri ben Josef in die Synagoge. Sie zündeten das Gebäude an und kamen in den Flammen um. Dabei wurde ein großer Teil der Judengasse zerstört. Den Vorsteher Kalonymus und 53 Gefährten hatte der Bischof des Nachts im Schiff nach Rüdesheim bringen lassen, um sie dort zu verteidigen. Als er ihnen jedoch alsbald die Taufe nahelegte, wählten sie alle den Tod[9].

In Köln erschien eine Kreuzfahrerschar Anfang Juni. Der Bischof

---

[9] Neubauer, Stern, a.a.O., 94 ff., 179 ff.

Hermann war bereit, die Juden zu schützen, und verteilte sie auf seine Burgen. Aber eine nach der anderen fiel den Belagerern in die Hände, und überall war das Geschick der Juden das gleiche. Sie waren entschlossen, ihren und ihrer Kinder Tod der Taufe vorzuziehen. Ähnlich erging es den Juden in Regensburg, in Prag und überall, wo die frommen Kreuzzügler hinkamen.

Die Juden waren ihrem Glauben treu geblieben. Abrahams letzte Hingabe an den Schöpfer war ihr Beispiel: die Akeda, die Vorbereitung seines Sohnes Isaak zum Opfer; »Akeda« – als Hingabe des eigenen Lebens, als Hingabe der Teuersten, Nächsten, das rief während der furchtbaren Tage einer dem andern zu. Sie brachten ihr Leben als Opfer dar, sicher des Jenseits, in das sie einziehen würden. Die Überlebenden zeichneten die Namen der Märtyrer auf, verlasen sie aus ihren Memorbüchern beim Seelengedächtnis, nannten sie »die Heiligen«, weil sie durch ihre letzte Entscheidung den Namen Gottes geheiligt hatten und bereit waren, »schneller als Adler, stärker als Löwen, zu vollführen, was wohlgefällig ihrem Schöpfer, was erwünscht ihrem Hort«.

Diejenigen, die in die Taufe eingewilligt hatten, kamen bald wieder zur Besinnung. Kaum war die unmittelbare Lebensgefahr vorüber, so wandten sie sich von dem ihnen aufgezwungenen christlichen Glauben ab. Bürgerschaft und Geistlichkeit, unter denen das Grauen über alles Geschehene herrschte, nahmen daran keinen Anstoß, war doch die Zwangstaufe auch durch kaiserliches und kirchliches Recht verboten. Als der Kaiser wieder in Deutschland eintraf, erlangte Moses ben Jekutiel aus Speyer von ihm die Erlaubnis, daß alle zwangsweise Getauften sich straflos wieder zum Judentum bekennen durften. Papst Clemens III. forderte den Bischof von Bamberg auf, mit seinen Amtsbrüdern schleunigst gegen dieses »frevelhafte« Vorgehen einzuschreiten. Es scheint aber, daß die deutschen Bischöfe selbst die gewaltsame Bekehrung nicht billigten und daher die Lossagung vom Christentum keineswegs als Abfall betrachteten [10].

---

[10] Peter Browe, Die Judenmission im Mittelalter und die Päpste, Rom 1942.

Heinrich IV. veranstaltete nach seiner Rückkehr nach Deutschland eine strenge Untersuchung der Vorgänge, forschte nach dem Vermögen der getöteten Juden und machte seine Rechte darauf geltend. Der Bischof Ruthard von Mainz wurde der unerlaubten Bereicherung angeklagt und mußte fliehen. Das Entsetzen über die Vorfälle wirkte bei Juden und Christen noch lange nach. Die lateinischen Annalen jener Zeit berichten von ihnen mit Abscheu. Die Juden selber stellten die Frage des Warum und glaubten, die Antwort sei: »Um unserer Sünden willen«.

Die Ausschreitungen hatten auch politische Folgen. 1103 wurde in Mainz ein neuer Reichslandfrieden beschworen, nach dem nicht mehr nur Geistliche, Mönche, Frauen und Kaufleute, sondern zum ersten Male auch Juden als schutzbedürftige und besonders »befriedete« Personen genannt wurden. Hier zählte man die Juden zum ersten Male unter denen auf, die keine Waffen tragen und sich nicht selbst schützen können. Zum ersten Male wurde ihre besondere Schutzbedürftigkeit als Juden schlechthin und nicht als besondere Personen oder Gruppen hervorgehoben [11].

Die erste bekannte Bulle eines Papstes, in der die Haltung der Kurie gegenüber den Juden zusammengefaßt und diesen ausdrücklich Schutz des Lebens, des Eigentums und der Religion zugesichert wird, datiert aus dem Jahre 1119 (Sicut Judaeis). Von diesem Zeitpunkt an gab es ein besonderes »Judenrecht« [12].

Allmählich zog wieder Ruhe ein. Die Überlebenden kehrten in ihre Wohnsitze zurück. Die Gemeinden erholten sich, neue entstanden. Die Lehrhäuser arbeiteten weiter und neue wurden in Speyer, Bonn, Regensburg, Würzburg und Prag gegründet. Da rief der Papst 1146 zu einem neuen Kreuzzug auf. Diesmal war der neue Kaiser, Konrad III., selbst bereit, das Kreuz zu nehmen. Ein Mönch, Radulf vom Kloster in Clairvaux, predigte in Frankreich und Deutschland gegen die Juden, die als Feinde der christlichen Religion getötet werden müßten. Wieder wurden zahlreiche

---

[11] Kisch, a.a.O., 57.
[12] Moritz Stern, Urkundliche Beiträge über die Stellung der Päpste zu den Juden, Kiel, 1839 ff.

Menschen umgebracht. Eine Panik bemächtigte sich der Juden. Sie wurden vom König in seiner festen Stadt Nürnberg und an anderen sicheren Orten aufgenommen. Als die Zahl der Kreuzfahrer sich im Herbst vermehrte, suchten die Juden Schutz in den Türmen und Festen der Ritter. Der Bischof von Köln beherbergte sie in der Wolkenburg bei Königswinter, »die stärkste von ganz Lothringen«. Die Kreuzfahrer zerstreuten sich. Bernhard von Clairvaux[13] trat der Hetze Radulfs mit Nachdruck entgegen. Er eilte nach Deutschland, um die Kreuzfahrer an ihre Aufgaben im Heiligen Land zu erinnern. Seinem Eingreifen ist es zu danken, daß die Morde von 1096 sich nicht wiederholten. Aber in Würzburg, wo die Juden sich sicher geglaubt und keinen Schutz gesucht hatten, kamen 22 Menschen ums Leben.

Die kaiserliche Kammerknechtschaft

In den Schriften des zwölften Jahrhunderts ist zum ersten Male vom »jüdischen Wucher« die Rede. Bernhard von Clairvaux bemerkte hierzu, daß überall da, wo es keine jüdischen Geldleiher gäbe, die Christen es weit schlimmer trieben als die Juden. Aber auch er prangerte das Gewerbe mit dem Wort »iudaicare« (jüdisch handeln) an. Diese verhängnisvolle Verknüpfung mit dem Geldhandel sollte dem Namen Jude noch über die Jahrhunderte anhaften[14].

Wie heute, so gab es auch damals an den Geschäften der Juden nichts besonders »Jüdisches«. Wie bereits erwähnt, spielten die Juden auf Grund ihrer Kenntnisse und Beziehungen eine wichtige Rolle im Handel mit dem Osten. So erwähnt z. B. die Raffelstetter Zollordnung jüdische Kaufleute, die seit der Zeit Ludwigs des Deutschen (vor 876) häufig nach den Slavenländern reisten.

---
[13] Bernhard von Clairvaux, Von Kreuzzug, Krieg und von den Juden, zwei Briefe, München 1948.
[14] Max Naumann, Geschichte des Wuchers in Deutschland bis zur Begründung der heutigen Zinsgesetze, Halle 1865, 12 ff., 28 ff., 292 ff.; auch Léon Poliakov, Les Banchieri Juifs et le Saint-Siège du XIII e au XVII e Siècle, Paris 1965.

Um 960 überbrachte ein Isak ben Elasar aus dem Lande der Nemeter (wahrscheinlich war Speyer gemeint) eine Botschaft des Königs der Chasaren von der Wolga nach Cordova. Mainz war der Ausgangspunkt für Handelszüge nach dem Osten. Jüdische Kaufleute waren auf der Straße nach Kiew heimisch. Regensburger Juden rüsteten im 11. und 12. Jahrhundert Karawanen zu Wasser und zu Lande nach Kiew aus. Diese Tätigkeit wurde später nach Prag und Wien verlegt, deren jüdische Gemeinden dadurch an Bedeutung gewannen. Nach Westen bestanden Handelsbeziehungen mit Frankreich und Spanien. Nach England wurden Weine ausgeführt, von dort Wolle und Tuch zurückgebracht. Für den Binnenhandel waren vor allem die Kölner Messen maßgebend, die dreimal im Jahr von Juden aus vielen Ländern besucht wurden. Außer durch Handel verdienten die Juden sich vielfach ihren Unterhalt mit der Bestellung von Grund und Boden. Manche besaßen selber Landgüter und Weinberge. Andere ernährten sich durch ein Handwerk. Die Urkunden nennen jüdische Fleischer, Bäcker, Schneider, Schuhmacher und andere [15].

Bis ins elfte Jahrhundert waren es noch die Klöster, zum Teil auch syrische Kaufleute, welche als die großen Geldgeber fungierten. Von den Juden erwähnen die Urkunden zunächst nur Darlehen an Juden, zum Beispiel Vorschüsse für die Kölner Messen oder Anleihen auf Pfänder. Das erste schriftlich bekundete Geldgeschäft mit Christen wurde im Jahr 1107 getätigt. Damals entließ Kaiser Heinrich V. den Herzog Swatopluk von Böhmen gegen ein Lösegeld aus der Gefangenschaft. Zur Aufbringung dieses Geldes versetzte der Prager Bischof fünf Pallien aus kirchlichem Besitz bei Regensburger Juden für den Betrag von 500 Mark Silber.

In der Folgezeit kam es wiederholt vor, daß hohe Geistliche für ein Darlehen Ritualgeräte verpfändeten, und vermutlich wandten sie sich hierfür vorzugsweise an Juden, weil christliche Geldgeber wohl schwerlich heilige Geräte als Pfänder angenommen hätten. Ein gewisser Judas aus Köln erzählte um 1125, wie er sich eines

---

[15] Raphael Straus, Die Juden in Wirtschaft und Gesellschaft, Frankfurt 1964.

Darlehens wegen längere Zeit beim Bischof von Münster aufhielt und schließlich als Prämonstratensermönch Hermann endete. Er gab an, daß die Juden sich dem Warenhandel widmeten und überschüssiges Geld gegen Pfänder verliehen. Auch weltliche Fürsten und Ritter brauchten für Kriegsausrüstungen, für den Erwerb von Ämtern und für die Ausstattung ihrer Kinder bares Geld. In der wachsenden Wirtschaft waren Kredite notwendiger denn je zuvor. Den Klöstern wurde aber seit der kluniazensischen Reform das Geldgeschäft immer mehr erschwert und schließlich ganz verboten. So bot sich den Juden eine neue Erwerbschance, die sie wohl oder übel ergreifen mußten. Denn seit christliche Kaufleute im Gefolge der ersten Kreuzzügler die Verbindungen mit dem Orient selber aufgenommen hatten und christliche Genossenschaften bildeten, von denen sie die Juden ausschlossen, und seit die Handwerker sich zu Zünften zusammengeschlossen hatten, blieb den Juden fast nur noch das Geldgeschäft und die Pfandleihe als Erwerbsquelle. Dabei gerieten sie selber in Gewissensnot. »Wenn jemand eine andere Erwerbsmöglichkeit hat«, so schreibt das »Buch der Frommen« um 1200 vor, »soll er nicht Geld auf Zins leihen.« Auch war diese Tätigkeit nicht konkurrenzlos. Die neue kirchliche Gesetzgebung betonte zwar sehr nachdrücklich, daß Geldleihen kein Gewinn abwerfen dürfe, und drohte den Christen, die es dennoch taten, die härtesten Kirchenstrafen an. Trotzdem wurde das Zinsgeschäft auch weiterhin, teils auf Schleichwegen, aber auch offen von Christen betrieben. Man denke zum Beispiel nur an die Lombarden und Caorsiner. Papst Innozenz III., der die energischsten Maßnahmen gegen das Zinsgeschäft ergriff, soll geäußert haben, daß er die Kirchen schließen müßte, wenn er alle, die das Verbot mißachteten, ausstoßen wollte. Auf deutschem Boden beschloß eine Provinzialsynode in Trier 1227, daß kein Geistlicher einem Juden Bürgschaft leisten und Kirchenschmuck oder Bücher verpfänden dürfe. Einige Jahre später mußte es nachdrücklich untersagt werden, Geld des Gewinns halber bei Caorsinern oder Juden anzulegen – was als Zeichen dafür gelten kann, wie verbreitet diese Praxis wohl war.

Den Juden wurde durch diese kirchlichen Maßnahmen ein Sonderrecht von zweifelhaftem Wert zugewiesen. Der Kredit war immer mehr eine wirtschaftliche Notwendigkeit geworden, und die Juden waren die einzigen, die ihn direkt und mit Genehmigung aller Behörden erteilen durften, ja erteilen mußten. Oft bekamen sie ausschließlich zu diesem Zweck die Niederlassungserlaubnis.
1199 und 1213 forderte Innozenz III. die deutsche Christenheit wiederum zu einem Kreuzzug auf und befahl den Juden, den Kreuzfahrern die Zinsen zu erlassen. Das war ganz praktisch, wenn auch rigoros, als eine Erleichterung für die Kreuzfahrer gedacht und noch nicht ausdrücklich mit einer Anklage gegen die Juden verbunden. In den Beschlüssen des IV. Laterankonzils (1215) aber hieß es, daß die Juden durch ihre Geldgeschäfte die Christen aussaugten. Um diese dagegen zu schützen, sollten die Juden, welche »unmäßige Zinsen von den Christen erpreßten«, in Zukunft vom Verkehr mit letzteren ausgeschlossen werden, bis sie genügende Entschädigung geleistet hätten. Die Christen sollten nötigenfalls durch kirchliche Zensur gezwungen werden, dem Verkehr mit ihnen zu entsagen [16].
Der sehr dehnbare Begriff der »übertrieben hohen« Zinsen ließ willkürliche Auslegungen zu. Da der Zinsfuß im Mittelalter wegen des hohen Risikos überhaupt sehr hoch war, konnte er jederzeit als Vorwand für Anklagen und Angriffe gegen jüdische Kreditoren vorgebracht werden. Die weiteren Bestimmungen des Synodaldekrets über den sozialen Verkehr der Juden mit Christen, über ihren Ausschluß von öffentlichen Ämtern sowie die Kleidervorschriften (vgl. S. 38, 51) lassen vermuten, daß es dem Konzil weniger um das angeblich unlautere Gebaren der Juden im Geldgeschäft ging, sondern daß es vielmehr Ziel der Kirche geworden war, die »verworfenen Juden« aus dem öffentlichen Leben auszuschalten und sozial zu entrechten. Auch den Fürsten wurde anbefohlen, die Beschlüsse zu unterstützen und sich den Juden entgegenzustellen. Diese scheinen aber zunächst nicht geneigt gewesen

---

[16] Stern, a.a.O., II, 4 ff.

zu sein, das Dekret tatkräftig zu unterstützen. Erst um die Mitte des 13. Jahrhunderts, während einer Wirtschaftskrise, begannen weltliche Behörden, von der drückenden Zinslast und der Ausbeutung von Christen durch Juden zu sprechen [17].
Im Zeitalter der Hohenstaufen erlangten immer mehr Ortschaften das Markt- und Stadtrecht. Viele – sicher nicht ohne Einwilligung der Gründer – wurden von Juden bewohnt. Eine Steuerliste aus dem Jahre 1242 zählte 25 Städte auf, aus denen Steuern der Judengemeinden eingegangen waren. In der Hauptsache befanden sich diese Ortschaften am Rhein, von Basel bis Aachen, und in Schwaben [18].
Aber die Liste nannte nicht alle Judensiedlungen. Es fehlten nicht nur Regensburg, Nürnberg und Würzburg, sondern alle weiter nördlich und östlich gelegenen Judenschaften sowie die Orte der Erzdiözese Mainz, die von der Steuerleistung an den Kaiser befreit waren. Ferner gab es in jener Zeit eine Anzahl von Herkunftsbezeichnungen für Juden, die vielleicht nicht auf das Vorhandensein einer Gemeinde, sondern nur auf die Niederlassung einzelner Juden hinweisen [19].
Die Steuerbelastung der einzelnen Gebiete schwankt zwischen zwei und 200 Mark Silber, je nach der Größe und Wohlhabenheit der Gemeinde. Der jüdische Anteil betrug 857 Mark Silber bei insgesamt 7127½ Mark Silber Reichseinnahmen, von denen 4290 aus den Städten kamen. Das bedeutet, daß die Judengemeinden etwa 12 Prozent zu den Reichseinnahmen beitrugen, bzw. etwa 20 Prozent der städtischen Steuerabgaben zahlten [20].
Das Leben der Juden in den Städten wurde immer mehr erschwert.

---

[17] Caro, a.a.O., Band I.
[18] Aufgezählt sind: die Wetterau (einschließl. Frankfurt und Oppenheim), Oberwesel, Boppart, Sinzig, Aachen, Düren, Kaiserswerth, Duisburg, Dortmund, Worms, Speyer, Hagenau, Straßburg, Basel, Rothenburg, Schwäbisch Hall, Schwäbisch Gmünd, Eßlingen, Donauwörth, Bopfingen, Ulm, Konstanz, Lindau, Überlingen. Augsburg war von der Steuer befreit.
[19] Ahrweiler, Andernach, Bergheim, Düren, Erkelenz, Frankenhausen, Geldenake, Iserlohn, Koblenz, Monheim, Niedeggen, Neuss, Siegburg, Werden. Von der Diözese Mainz gehörte mindestens Erfurt hierher.
[20] Caro, a.a.O., Bd. I; Kellenbenz, a.a.O., 208 ff.

Wir können dies anhand des Grundbesitzes in den einzelnen Gebieten verfolgen. In Köln z. B. wurde der Grundbesitz von Juden und Christen ursprünglich in den Gerichts-(Schreins-)büchern ohne Unterschied eingetragen. Seit etwa 1150 wurde sorgfältig geschieden. Anfangs hielten die Juden Grundbesitz innerhalb der Laurenzpfarre, wo die Mehrzahl von ihnen wohnte, und in der angrenzenden Martinspfarre. Später bekunden die Eintragungen für die Martinspfarre nur noch Verkäufe, da offenbar die Tendenz dahinging, den Grundbesitz der Juden dort zu vermindern. Die Kirche wollte verhindern, daß Grundbesitz aus christlichen Händen in jüdische überwechselte, damit ihr der von den Häusern gezahlte Zehnt nicht entging. Sie zwang daher, wo sie konnte, auch die jüdischen Besitzer, ihn zu entrichten. Aus Würzburg erfahren wir, wie das Fensterrecht der Juden geschmälert wurde, wenn ihre Grundstücke an einen Klosterhof oder an andere kirchliche Gebäude angrenzten. Auch hier bekunden die Akten von einem bestimmten Zeitpunkt an nur noch Verkäufe von Grundstücken. Manchmal bedienten sich die Juden eines Treuhänders, des Salmans, von dem sie ihre Grundstücke gegen Entgelt zu treuen Händen empfingen und ohne dessen Zustimmung sie nicht darüber verfügen durften. Wer ganz sicher gehen wollte, vertraute sein Grundstück einem Kloster an, von dem er es dann gegen einen Jahreszins als »Leihgabe« wieder in Empfang nehmen konnte.

Auch die wenigen Berufe, die den Juden noch offen standen, wurden erschwert. So warnte man kirchlicherseits vor jüdischen Ärzten und ihren Arzneien. Die Bürger von Wien und der Wiener Neustadt ließen sich vom Kaiser Friedrich II. den Ausschluß der Juden aus allen Ämtern verbriefen (1237), nachdem kurz zuvor der von ihnen vertriebene Herzog Friedrich den Juden seine Zoll- und Finanzverwaltung übertragen hatte. Bei anderen Herren oder Bischöfen fungierten Juden als Münzmeister oder Münzpächter. Das verstieß freilich gegen die Bestimmungen des Laterankonzils, die man aber, da sie offensichtlich den wirtschaftlichen Notwendigkeiten widersprachen, in Deutschland vorerst nicht allzu streng beachtete. Auch die im Synodaldekret vorgeschriebene Kleiderordnung, die Juden und Sarazenen kenntlich machen und von der christlichen Umwelt trennen sollte, wurde nicht eingeführt. Trotz dem kirchlichen Verbot hielten Juden immer noch christliche Dienerschaft in ihren Häusern[21]. Gegen all diese Verstöße wendete sich die Beschwerde des Papstes Gregors IX. an die deutsche hohe Geistlichkeit über die »frechen Übergriffe« der Juden. Sie hätten christliche Sklaven, die sie beschneiden ließen und gewaltsam zu Juden machten. Einige, die nur dem Namen nach Christen wären, begäben sich freiwillig zu ihnen, ließen sich gar ihrem Ritus gemäß beschneiden und bezeichneten sich öffentlich als Juden. Obgleich Konzilsbeschlüsse verboten hätten, daß die Lästerer Christi öffentliche Ämter bekleideten, würden ihnen dennoch weltliche Würden und öffentliche Ämter anvertraut, die sie benützten, um gegen die Christen zu wüten und einige zu ihrem Glauben zu bekehren. Auch hätten sie in ihren Häusern christliche Ammen und Dienerinnen, die mit Juden im geschlechtlichen Verkehr stünden, was einen Christenmenschen mit Schrecken und Abscheu erfülle. Trotz der Konzilsvorschrift, daß die Juden beiderlei Geschlechts in allen christlichen Ländern sich jederzeit durch die Kleidung von anderen unterscheiden sollten, sei in gewissen Gegenden Deutschlands überhaupt kein Unterschied zu bemerken. Es sei unwürdig, daß die Christen durch den Verkehr mit den Ungläubigen befleckt und die christliche Religion bedrängt würde. Darum befahl der Papst den Geistlichen, die genannten und ähnliche Ausschreitungen der Juden gänzlich zu unterdrücken. Besonders aber verbot er Religionsgespräche, damit nicht einfältige Leute auf die Wege des Irrtums gerieten. Nötigenfalls solle dabei die Hilfe der weltlichen Macht in Anspruch genommen werden.

Die Juden hatten aber keinen Anlaß, übermütig zu werden, denn oft genug bekamen sie zu spüren, daß sie die »Fremden«, die »Ungläubigen« waren. Jedesmal wenn zu einem Kreuzzug aufgerufen wurde, gab es Tote unter den Juden. War irgendein Verbrechen,

---

[21] Guido Kisch, »The Jellow Badge in History«, in Historia Judaica (1942) Heft 4.

etwa ein Mord verübt und noch nicht aufgeklärt, so konnte mit einem Überfall der Bevölkerung gerechnet werden. Ohne nähere Untersuchung wurde dann die ganze jüdische Gemeinde für schuldig erklärt und zum Tode verurteilt. Wünschten die Juden eine gerichtliche Untersuchung gegen ihre Feinde, so mußten sie zunächst eine bestimmte Summe Geld dafür bezahlen, und die Bestrafung der Angreifer bestand, wenn überhaupt, ebenfalls in einer Geldbuße – jedoch nicht an die Juden, sondern an den Gerichtsherrn.

Ende 1235 wurde zum ersten Male in Deutschland die Blutbeschuldigung gegen die Juden vorgebracht. In Fulda war zu Weihnachten eine Mühle niedergebrannt, wobei in Abwesenheit der Eltern ihre kleinen Kinder im Feuer umgekommen waren. Es waren gerade Kreuzfahrer in der Stadt. Schnell verbreiteten diese das Gerücht, daß zwei Juden die Kinder getötet hätten, um ihr Blut als Heilmittel zu sammeln. Daraufhin wurden 32 jüdische Männer und Frauen auf der Stelle erschlagen und die Anklage des Mordes gegen alle Juden des deutschen Reiches erhoben. Die Leichen der Kinder wurden nach Hagenau zu Kaiser Friedrich II. überführt, damit er sich von der Untat überzeuge. Aber der Kaiser war skeptisch und soll die Worte gesprochen haben: »Wenn sie tot sind, geht und begrabt sie, da sie zu anderem nicht taugen.«

Doch konnte sich der Kaiser der allgemeinen Erregung sowohl unter den Christen als auch unter den Juden nicht entziehen und leitete, obwohl er von der Unschuld der Juden überzeugt war, eine gründliche Untersuchung ein. Damit beauftragte er eine Versammlung von Fürsten und Edlen des Reiches, von Äbten und frommen Männern. Diese konnten sich nicht einig werden und erteilten ihm den Rat, Gesandte zu allen Königen des Abendlandes zu schicken und aus deren Reichen gelehrte getaufte Juden herbeiholen zu lassen. Nach langer gründlicher Forschung befanden diese schließlich, daß weder das Alte noch das Neue Testament den Gebrauch von Menschenblut vorschrieben. Vielmehr sei es den Juden durch die Gesetze Mosis und des Talmud ausdrücklich verboten, sich mit irgendwelchem Blut zu beflecken. Auch sei bei der Widernatürlichkeit der Sache nicht anzunehmen, daß diejenigen, denen sogar der Genuß des Blutes von Tieren verboten ist, nach Menschenblut verlangten. »Es spricht gegen diesen Vorwurf seine Scheußlichkeit, seine Unnatürlichkeit und das natürliche menschliche Gefühl, das die Juden auch den Christen entgegenbringen [22].«

Infolgedessen sprach der Kaiser, nach Einholung des Rates der Fürsten, alle Juden Deutschlands von der Beschuldigung frei und verbot jedermann, bei welcher Gelegenheit auch immer, die Anklage gegen die Juden zu wiederholen. Dem Freispruch wurde eine Urkunde angehängt, in der Kaiser Friedrich II. das alte Privileg, das Heinrich IV. im Jahre 1157 den Wormser Juden erteilt hatte, erneut bestätigte und auf »alle Juden Deutschlands«, als unmittelbar der kaiserlichen Kammer gehörige, ausdehnte (1236)[23]. Hier tauchte zum ersten Male der Ausdruck »servi camerae nostrae« auf. Mit dieser Rechtsinstitution der Kammerknechtschaft der deutschen Judenheit war der vorläufige Höhepunkt einer Entwicklung erreicht, die nach dem ersten Kreuzzug begonnen hatte, als Heinrich IV. im Mainzer Reichslandfrieden (1103) die Juden ausdrücklich den schutzbedürftigen und »befriedeten« Personen (darunter auch Frauen und Geistliche) zuordnete.

Dieser Sonderschutz, der den Juden nach den grauenhaften Ereignissen der Kreuzzüge zuteil wurde, hatte eine Kehrseite. Er hing eng zusammen mit dem Waffenverbot, das sich nunmehr gegen die Juden durchsetzte. Wer im Mittelalter das Waffenrecht verlor, war besonders schutzbedürftig, aber auch in seiner rechtlichen und sozialen Stellung herabgesetzt. Nach germanischer und mittelalterlich-deutscher Auffassung war er Unfreier und Knecht. Er kam damit in die vollständige Abhängigkeit von seinem Herrn. In den Urkunden Friedrich Barbarossas war schon wiederholt von der Zugehörigkeit der Juden zur kaiserlichen

---

[22] Kisch, Forschungen, a.a.O., 259.
[23] Kisch, a.a.O., 59 ff.; Jacob R. Marcus, The Jew in the Medieval World, Philadelphia 1960.

Kammer oder zum kaiserlichen Schatz die Rede. Aber im Privileg Friedrichs II. fand der Begriff der Kammerknechtschaft, ausgedehnt auf die Gesamtheit der Juden im Reiche, erstmals die scharfe Ausprägung, die nunmehr während des ganzen Mittelalters üblich blieb. Mit der Benennung »servi camerae« waren die Juden jetzt offiziell unter ein Sonderrecht gestellt und in eine direkte Abhängigkeit vom Kaiser gebracht. Wenn auch dieses Recht in der Folgezeit vielfach ausgehöhlt und verschiedenen Gewalten übertragen wurde, so blieb es doch (in der Theorie wenigstens) ein kaiserliches Regal, das andere nur kraft einer Verleihung ausüben konnten. In der kaiserlichen »Kammerknechtschaft« setzte sich nunmehr die kirchliche Auffassung von der Untertänigkeit und Erniedrigung der Juden als Strafe für ihre Verwerfung Christi durch, so wie dies etwa in dem oben erwähnten Synodalbeschluß des 4. Laterankonzils (1215) zum Ausdruck gekommen war. Ursprünglich hatte die patristische Lehre die »servitus Judaerum« rein spirituell aufgefaßt. Sie sah Israel als das verblendete Volk, das sich der göttlichen Gnade widersetzte, als besiegte Synagoge, wie sie etwa am Portal des Straßburger Münsters mit verbundenen Augen und gebrochenem Stab gegenüber der siegreichen, gekrönten Kirche steht. Im 13. Jahrhundert aber erhielt der Begriff »servus« immer mehr rechtliche und weltliche Bedeutung. So sollten die »widerspenstigen und ungläubigen« Juden auch im wirtschaftlichen und sozialen Bereich von ihrer Verwerfung Zeugnis ablegen. Ihre Zurücksetzung sei göttlicher Wille und sollte ihr Leben so unerträglich machen, daß sie sich zum »wahren Glauben« bekehrten[24].

Das kaiserliche Judenprivileg des Jahres 1236 übernahm nunmehr den kirchlichen Gedanken der Verwerfung und prägte ihn juristisch aus. »Servitus camerae« bedeutete im Rechtssinne persönliche und wirtschaftliche Abhängigkeit vom Kaiser. So waren die Juden zu besonderen Leistungen an die kaiserliche Kammer – und nur an diese oder an die von ihr Beauftragten – verpflichtet. Solche Leistungen waren die für die Reichseinnahmen wichtige

---

[24] Hierzu Willehad Eckert, »Das Verhältnis von Christen und Juden im Mittelalter und Humanismus«, in Monumenta Judaica, Handbuch, Köln 1963, 135 ff.

Jahressteuer sowie außerordentliche Abgaben und Bußen, welche später oft zu einer unerträglichen Last wurden, vorerst sich aber noch in verhältnismäßig bescheidenen Grenzen hielten. In der Folgezeit, nach Einführung der Kopfsteuer für Juden im 14. Jahrhundert und unter der Fürstenwillkür in den deutschen Territorien, wurde die von den Staufern noch juristisch gefaßte Kammerknechtschaft immer mehr zur tatsächlichen persönlichen Unfreiheit und zum Ausnahmestatus der Juden [25].

Wie ertrugen die Betroffenen diesen Niedergang ihrer rechtlichen, sozialen und wirtschaftlichen Stellung? Außer den zahlreichen Berichten über ihre Verfolgungen haben sie uns darüber nur wenig überliefert. Rabbinische Schriften berühren manchmal Einzelheiten aus dem täglichen Leben, ohne aber dazu Stellung zu nehmen. Es steht jedoch fest, daß die Juden trotz des Sonderrechts sich als Einheimische empfanden. Sie sprachen deutsch und nahmen die Sitten ihrer Umgebung an. Süßkind von Trimberg (um 1215) dichtete nach der Art der Minnesänger, zog an den Höfen umher, fand sich jedoch arg enttäuscht. Von seinem Tun wolle er lassen, sich »einen langen Bart wachsen (lassen) von grauen Haaren«.

> »Nach alter Judensitte will ich fortan leben
> Und stille meines Weges ziehen.
> Der Mantel soll umfahn mich lang
> Tief unter meinem Hute,
> Demütiglich sei nun mein Gang,
> Und nie mehr sing ich höfischen Gesang,
> Seit mich die Herren schieden von dem Gute.«

Die Regel aber war, daß die Juden ihre geistigen Kräfte in der eigenen Mitte und im Sinne ihrer Tradition entwickelten. Dies erklärt sich aus ihrer auch sonst im Mittelalter allgemein üblichen autonomen Verwaltung. Kleinere jüdische Niederlassungen schlossen sich den größeren an, bildeten mit ihnen Friedhofsgemeinschaften. Die Gemeinden sorgten für die Verwaltung, Gerichts-

---

[25] Kisch, a.a.O., 59 ff.

barkeit und Erziehung. Sie waren unter anderem befugt, die Strafe des Bannes zu verhängen, das heißt, in soweit die Betroffenen sich nicht unter den unmittelbaren Schutz eines Fürsten stellten und sich so dem Gerichtsstand der Gemeinde entzogen. Die Vertreter der Gemeinden vereinigten sich des öfteren zu Synoden, deren Beschlüssen sich die Gemeinden allgemein fügten. Die Verordnungen der drei Gemeinden Speyer, Worms, Mainz (SCHUM) sind besonders bekannt geworden. Ihr Geltungsbereich erstreckte sich weit über den Rhein hinaus [26].

Mit der Zahl der Gemeinden wuchs die der Lehrhäuser. Schulen gab es alsbald nicht nur in Köln, Bonn, Mainz, Worms und Speyer, sondern auch weiter östlich in Würzburg, Rothenburg, Regensburg, in Prag und Wien. Die Reaktion der Juden auf die Verschlechterung ihrer Lage fand in einer gesteigerten geistigen Tätigkeit und in einer Vertiefung und Verinnerlichung ihrer Frömmigkeit Ausdruck. Die Erklärung der Bibel schien durch Raschis Werk sicher gestellt. Der Talmud aber bot noch viele Probleme der Erläuterung und Zusammenfassung, an denen ständig eifrig gearbeitet wurde, und zwar nach der Methode der Tosaphot (Zusätze, Glossen), die sich in Raschis Schule entwickelt hatte. An Ansehen und Wirkung wurden die Weisen Deutschlands von denen in Frankreich zunächst überflügelt, aber Gelehrte wie Elieser ben Nathan in Mainz (der die Schrecken des ersten Kreuzzuges beschrieben und die des zweiten vielleicht noch erlebt hat), Ephraim ben Isaak oder Baruch ben Isaak in Regensburg genossen auch unter den Tosaphisten hohes Ansehen. Ihre Erläuterungen und Entscheidungen zu Fragen des rabbinischen Brauches und Rechts wurden weithin anerkannt. Petachja aus Regensburg (um 1160) unternahm eine Fahrt nach dem Orient. In seinem »Sibub« (Reise um die Welt) berichtete er in naiver Gläubigkeit über all die seltsamen Dinge, die ihm unterwegs begegnet waren. Aus Regensburg zog auch Samuel ben Jehuda in die weite Ferne, dieser jedoch aus Motiven der Askese und Weltflucht. Er stammte aus

---

[26] Kurt Wilhelm, Von jüdischer Gemeinde und Gemeinschaft, Berlin 1938.

der Mainzer Familie Kalonymus. Es trieb ihn nach Südfrankreich und Spanien, wo er sich mit Theologie und Theosophie befaßte. Er und sein Sohn Jehuda (gest. 1217) widmeten sich einem hohen Ideal tiefinnerlicher Frömmigkeit. Dem Rationalismus des Talmudstudiums abhold, versenkten sie sich in das Wesen Gottes und seiner Beziehung zur Kreatur. Sie wollten Gott nicht nur erfassen, sondern erleben, sehnten sich nach seiner Nähe und Liebe. Durch Demut der Gesinnung, Andacht des Gebetes und wirkliche Menschenliebe wollten sie der Seligkeit in Gott inne werden. Die Welt war ihnen mit Engeln und Dämonen bevölkert. Durch Gläubigkeit, aber auch – der Zeit entsprechend – durch allerlei Aberglauben und Zauber wollten sie ihrer Herr werden. Samuel und Jehuda erhielten den Beinamen »he Chassid«. Ihre Lehren wurden im Sefer Chassidim, dem Buch derer, die nach wahrer Frömmigkeit streben, gesammelt.

Ihr Jünger und Verwandter war Eleasar ben Jehuda aus Worms, nach seinem Hauptwerk »Rokeach« genannt. Im November 1196 drangen zwei Kreuzfahrer in sein Haus, töteten seine beiden Töchter und seine Frau. Er selbst, sein Sohn, der Hauslehrer und dessen Schüler wurden verwundet. Seine Frau war die Ernährerin der Familie gewesen und hatte ihrem Manne die Hingabe zum frommen Leben und zur Gelehrsamkeit ermöglicht. Eleasar verfaßte Auslegungen zur Bibel und zu den Geboten im Sinne der Mystik. »Den tieferen Sinn«, »das Geheimnis« ihres Inhalts wollte er begreifen. Sein Rokeach (= der Salbenmischer, so genannt nach dem Zahlenwert seines Namens Eleasar) ist eine Zusammenfassung von Sätzen der Halacha über Erlaubtes und Unerlaubtes, über Sabbat, Gebete usw. Er beginnt mit einer Anleitung zur Gottesfurcht, zur Demut und Tugend: »Keine Krone überragt Demut, kein Denkmal einen guten Namen, kein Gewinn die Beobachtung der Tora. Das beste Opfer ist ein zerknirschtes Herz, die höchste Weisheit die Weisheit der Lehre, die schönste Zierde Schamhaftigkeit, die schönste Eigenschaft, Unrecht verzeihen. Liebe das gute Herz, hasse den Hochmut, bleibe fern von dem Prahler. Die größte Klugheit ist der Widerstand gegen die Versuchung, die größte

Stärke Frömmigkeit. Heil dem, der stets sorgsam seines Schöpfers
gedenkt, nach seiner Gnade sehnsüchtig betet, liest, lernt. Er trägt
die Bürde seines Glaubens, verachtet die Weltgenüsse, ist bescheidnen Sinnes, beherrscht seine Begierden und hat Gott stets vor
Augen.«
Dieses Beispiel Eleasars wurde für die halachischen Schriftsteller
der Folgezeit maßgebend. Sie nahmen seine Tugendlehre auf
und bemühten sich, das Volk in diesem Sinn zu erziehen. Das
Verlangen nach Verinnerlichung des religiösen Lebens, die Bereitwilligkeit zum Martyrium trug in der damaligen Welt den deutschen Juden den Namen der »Frommen von Aschkenas« ein.

Unterdrückung, Hetze und Verfolgung

Der Niedergang des Stauferreichs, durch den die zentralen Gewalten sehr geschwächt wurden, sollte sich auch für die Juden verhängnisvoll auswirken. Die fremden Fürsten, die nunmehr sich
um die Kaiserkrone bewarben, wetteiferten miteinander in der
Verteilung kaiserlicher Rechte und kaiserlicher Einnahmen an
diejenigen, auf deren Wahlstimmen und Heerfolge sie angewiesen waren. Die kaiserlichen Kassen waren fortan immer leer. Auch
das Judenregal (vgl. S. 40 ff.) wurde zum Handelsobjekt. Es wurde
stückweise verpfändet, verschachert, verschenkt, vererbt, vertauscht. Auch wenn die Übertragung nur für kurze Zeit gelten
sollte, kam es nie zu einer Rückgabe. Im Gegenteil, das Objekt
wurde weiter aufgeteilt, an Dritte und Vierte weitergegeben. Das
Ergebnis war, daß die Judenschaft ein und desselben Ortes die verschiedensten Herren haben konnte, denen allen sie Steuern zahlen
mußte. Schließlich wußte keiner mehr genau über die Zugehörigkeit der Juden Bescheid.
Nach seiner Krönung im Jahr 1273 versuchte Rudolph von Habsburg, die kaiserlichen Rechte wieder herzustellen. Aber der Verfall war bereits zu weit vorgeschritten. Die Goldene Bulle des
Jahres 1356 verlieh den Kurfürsten das Hoheitsrecht über die

Juden. Bezeichnend ist, daß diese Belehnung in einem Atemzug mit der Bergwerksnutzung erwähnt wird, waren doch die Juden gleichfalls Ausbeutungsobjekt. Später galt das Recht des Judenschutzes als Bestandteil jeder Landeshoheit und wurde von allen Territorialherren in Anspruch genommen. Für die Juden bedeutete der Zerfall des Reiches, daß sie dadurch landesherrliche oder städtische Kammerknechte wurden, und daß man ihre Freizügigkeit – waren sie doch Einnahmequellen – auf kleine und kleinste Gebiete beschränkte. Als den Trägern des Hoheitsrechts das Bewußtsein der mit diesem verbundenen Schutzverpflichtung immer mehr verloren ging, blieb nur noch die Vorstellung von der völligen Abhängigkeit und Gebundenheit der Juden übrig.

Die Verschlechterung der Lage der Juden wird auch deutlich, wenn wir die Gesetzbücher vergleichend betrachten. Der Sachsenspiegel, aufgezeichnet zwischen 1224 und 1233, stand sowohl zum kaiserlichen Judenrecht als auch zur kirchlichen Judenpolitik im Widerspruch. Der Verfasser, Eike von Repkow, betrachtete die Juden, gleich Geistlichen und Frauen, als besonders Schutzbedürftige. Er vertrat aber die Auffassung, daß sich daraus keine Unfreiheit ergebe, da eine solche dem göttlichen Recht entgegenstehe, nach dem alle Menschen als Gottes Ebenbild geschaffen seien. Für den von ihm geforderten Rechtsstatus der Juden gab Repkow eine merkwürdige Begründung: Vespasian habe die ärztlichen Künste des jüdischen Gelehrten Flavius Josephus (37 bis ca. 110) durch besondere Rechte belohnt und daher ließen die deutschen Könige, als Nachfolger des römischen Kaisers, weiterhin ihren Schutz über den Juden walten [27].

Der Schwabenspiegel, abgefaßt um das Jahr 1275, als die Kammerknechtschaft bereits zur Rechtsinstitution geworden war, enthielt zahlreiche Verbote und entwürdigende Bestimmungen, welche die Juden, kanonischem Recht folgend, von der christlichen Bevölkerung möglichst scheiden sollten. Der Judenschutz erschien dem Verfasser nicht als Quelle der Freiheit und der Rechte der

---

[27] Kisch, a.a.O., 16 ff., 62 ff. Vgl. auch Ernst Ludwig Ehrlich, Geschichte der Juden in Deutschland, Düsseldorf 1957, 23 f.

Juden, sondern fast nur noch als notwendige Begleiterscheinung
ihrer Knechtschaft[28].

Als Folge der Verschleuderung der Judensteuern wurde das Defizit in des Kaisers Kassen immer größer. Zur Gewährleistung einer festen Einnahme von den Juden verordnete Ludwig der Bayer eine Kopfsteuer, den Güldenpfennig (Goldener Opferpfennig). Das bedeutete, daß jeder Jude und jede Jüdin im Alter von mehr als 12 Jahren und im Besitz von mindestens 20 Gulden Vermögen, dem König jährlich einen Gulden Zins zahlen mußten – ganz gleich, welcher sonstigen Obrigkeit sie zugehörten. Dafür erklärte der Kaiser, die Juden fortan besser schirmen und schützen zu können. Obgleich die Betroffenen schlechte Erfahrungen mit solchen Versprechen gemacht hatten, legten sie Wert auf die durch Reichssteuer bestätigte Verbundenheit mit dem Kaiser. Des öfteren ließen sie es sich verbriefen, daß ihre Abgaben ungeschmälert beim Reich verblieben. Das chronische Geldbedürfnis der Kaiser brachte es zwar mit sich, daß auch diese Steuer zeitweilig gegen Darlehen übertragen wurde, aber in den Reichsstädten blieb sie bis zum Ende des Heiligen Römischen Reiches Deutscher Nation (1806) bestehen.

Je mehr die kaiserlichen Herren gewahr wurden, daß sie ihre ordentlichen Einnahmen verloren hatten, desto intensiver waren sie nunmehr bemüht, sich außerordentliche zu verschaffen. Bei den jüdischen Kammerknechten ergaben sich günstige Gelegenheiten. Wo auch immer man die Juden schonte, geschah dies für eine begrenzte Zeit und in der Absicht, später um so größere Summen aus ihnen herauszuholen. Die Juden, erklärte Rudolph von Habsburg, gehören mit ihrer Person und ihrem gesamten Eigentum unserer Kammer. Wenn sie sich ohne Einwilligung ihres Herrn entfernen und sich ihrem wahren Herrn entziehen, ist es unser Recht, ihr gesamtes Hab und Gut, das sie zurückgelassen haben, zu beschlagnahmen. Ludwig der Bayer beseitigte mit einem Federstrich sämtliche Schulden, die einer seiner Günstlinge bei fünfund-

---

[28] Kisch, a.a.O., 84 ff.; Ehrlich, a.a.O., 27 f.

achtzig jüdischen Geldverleihern gemacht hatte. Er begründete
dies mit den Worten, daß die Juden »uns und dem Reich mit Leib
und mit Gut angehören und wir mit ihnen schaffen, tun und handeln mögen, wie wir wollen und wie uns gut dünkt« (1343). Ganz
ähnlich begründete Karl IV. seine Verpfändung der Frankfurter
Juden an die Stadt (vgl. S. 61) damit, „daß alle Juden mit Leib
und mit Gut in unsere Kammer gehören, und in unserer Gewalt
und Hand sind, daß wir in unserer Allmacht mit ihnen tun und
lassen mögen, was wir wollen« (1348).

In der Zeit, in der die kaiserliche Macht zerfiel, kamen die Städte
als neue Mächte auf. Sie griffen zur Selbsthilfe und schlossen sich
zur besseren Sicherung des Friedens und der Ordnung in Städtebünden zusammen. Der bürgerschaftlichen Tradition getreu, und
nicht zuletzt, weil in der sich ausbreitenden Wirtschaft der jüdische Geldhandel eine wichtige Rolle spielte, traten die alten Reichsstädte auch für die Juden ein. Sie wurden überall in den Landfrieden mit eingeschlossen, da sie innerhalb der städtischen Mauern
gemeinsam mit den christlichen Bürgern wohnten. Auch wo die
Juden-Hoheit den Bischöfen zustand, verwendeten sich die Bürgerschaften bei diesen oder verbürgten sich für den Schutz der
Juden, wozu das ihnen übertragene Militärrecht sie auch ermächtigte. In den Städten herrschte ein Bewußtsein der Zusammengehörigkeit aller Bewohner. Der Friede, um den sie besorgt waren,
mußte für alle gelten, da Gewalt gegenüber einer rechtlosen
Gruppe rasch übergreifen und die ganze Stadt schädigen konnte.
Die bürgerlichen Behörden betrachteten es als Ehrenpflicht, für
Recht und Ordnung innerhalb der Stadtmauern zu sorgen. Gewalt, Rechtsbruch, Lynchjustiz oder unrechte Besteuerung sollten
nicht aufkommen. Die Juden waren daher nicht mehr und nicht
weniger als die Christen verpflichtet, zu den Lasten und zur Verteidigung der Stadt beizutragen. Bezeichnend für bürgerliche Gesinnung jener Zeit war die Begründung, mit der sich der Rat von
Regensburg der Judenverfolgung widersetzte. »Die Bürger von
Regensburg wollten ihre Stadt dadurch ehren, daß sie es verboten,
die Juden ohne Richterspruch zu töten und zu verfolgen. Wenn

Gott selbst den Tod der Juden wolle, würden sie sich nicht widersetzen, aber sie wollten erst größere Gewißheit darüber abwarten, daß ihnen von Gott diese Strafe auferlegt sei.« (1298) Tatsächlich finden wir in den großen Städten bis zum Jahre 1348 keine Judenverfolgungen. Im Gegenteil, die Städte waren bemüht, die Fürsten oder Bischöfe an der rücksichtslosen Ausnutzung ihrer Macht gegenüber den Juden zu hindern. Von 1300 an traten die Juden sogar oftmals in ein festes Schutzverhältnis zu den Städten; sie wurden Judenbürger, das heißt freie Bürger, aber ohne Anteil an der städtischen Verwaltung. Zu Verfolgungen in den Städten kam es erst im 14. Jahrhundert, als das den Juden freundlich gesinnte Patriziat an Macht gegenüber den mittleren und unteren Zünften einbüßte.

Der wirtschaftliche Anlaß dieser Verfolgungen war die einseitige Beschäftigung der Juden mit dem Geldhandel. Zwar waren sie aus dem Warenhandel und den Gewerben nicht völlig verdrängt worden, aber ihre Stellung im Geldhandel war augenfällig. Der Zinssatz wurde von den Behörden festgelegt. Der rheinische Städtebund setzte 1255 den Höchstzins bei wöchentlichen Darlehen auf $43^{1}/_{3}$ Prozent, bei jährlichen auf $33^{1}/_{3}$ Prozent fest. Dies blieb lange Zeit der gesetzliche Durchschnittszins in Deutschland. Aber je nach der Geldknappheit und Unsicherheit konnte er verdoppelt werden. In der Realität aber lagen die Dinge noch komplizierter. Die hohen Herren, die von den Juden große Summen entliehen, besaßen die Macht, ihre Bedingungen nach eigenem Gutdünken zu diktieren, und griffen, wenn es an die Rückzahlung ging, zu mancherlei Gewaltmittel, um diese zu umgehen. Der Großkaufmann und Unternehmer hingegen, der Betriebskredit brauchte, pflegte seine Zinsen zu zahlen, denn sein Handel brachte sie ihm mit Gewinn wieder ein. Kritisch aber war die Lage der Kleinhändler und Handwerker, die immer mehr in Schulden gerieten, als sie mit der allgemeinen wirtschaftlichen Entwicklung, die den Großkaufleuten und Großunternehmern zugute kam, nicht mehr Schritt halten konnten. Wenn sie den hohen Wochenzins nicht aufbrachten, wurde dieser auf ihren kleinen Besitz geschlagen, so daß Zins und Zinseszins oft das Pfand und Handwerkszeug verschlangen[29]. Dabei waren die Geldleiher nicht nur Juden. So verurteilte der Volksprediger Bertold von Regensburg die geizigen christlichen Wucherer und fragte, was sie Gott zur Antwort geben wollten beim Jüngsten Gericht, wenn die armen ausgeplünderten Gotteskinder gegen sie klagten. Und später erklärte der Stadtschreiber Purgeldt von Eisenach, daß die Juden keinen anderen Beruf haben dürfen, »darum müssen sie wuchern, und das ist ihre Entschuldigung; aber die christlichen Wucherer haben keine Entschuldigung, denn es ist ihre Gier und ihre verzweifelte Bosheit, die sie antreibt.«

Es ist anzunehmen, daß das Schuldrecht gegenüber den Ärmeren strenger und häufiger zur Anwendung kam als gegenüber den Reichen und Mächtigen und daher den jüdischen Geldverleihern nichts anderes übrigblieb, als eben dort ihre Zinsen einzustreichen, wo sie mit dem geringsten Widerstand rechnen konnten. Auch viele Bauern, die unter dem Druck der Feudalherren zu leiden hatten, waren verschuldet. Als sie ihre Schulden an Adel und Juden nicht zahlen konnten, flohen sie in die Städte. Dort bildeten sie gemeinsam mit den verarmten Kleinbürgern ein verbittertes Proletariat. Es kam bald zu Aufständen, die sich gegen das städtische Patriziat richteten, aber deren erstes Opfer die Juden wurden.

Den Juden blieb vom angeblich so hohen »Wuchergewinn« nur wenig übrig, da die Ansprüche ihrer Schutzherren mit jeder Konjunktur stiegen und sie mit dem hohen Zinssatz andere Verluste und Risiken decken mußten. Da die Kirche nachdrücklich lehrte, daß Zinseinnahmen verbotenen Ursprunges seien, hatte man auch keine Gewissensbedenken, diese den Juden zu entwenden, gleichviel ob dies von seiten der Großen auf »rechtmäßigem« Wege der Besteuerung, oder von den Kleinen durch Ausplünderung jüdischer Häuser geschah. Hier verbanden sich religiöse Motive mit wirtschaftlichen Ursachen.

---

[29] Vgl. hierzu Straus, a.a.O., S. 69 ff.

Der Klerus lenkte ständig Haß gegen die »ungläubigen« Juden. Das Ausmaß ihrer Judenfeindschaft wurde dabei von zwei Faktoren bestimmt: von der Bedrohung der kirchlichen Machtposition durch weltliche Autoritäten und von der zunehmenden Glaubenslosigkeit unter den Christen. Der »christliche Judenhaß« erwies sich als Ausdruck eigener, freilich kaum je eingestandener Schwäche sowohl im Bereich des Politischen als auch des Glaubens. Das Ziel der Kirche, die völlige soziale Isolierung der Juden, hatte sich nicht durchführen lassen. Die Bestimmungen des Laterankonzils von 1215 wurden ständig verletzt. Eine Synode in Fritzlar (1259) verfügte für die Diözese Mainz das Anlegen einer Tracht, die Juden von Christen deutlich unterscheiden sollte, und drohte strenge Strafen bei Nichtbeachtung an. Auch sollten die Juden bestraft werden, wenn sie mit den Gläubigen verkehrten. Am Karfreitag war ihnen verboten, sich auf der Straße oder an der Tür eines Hauses oder am Fenster zu zeigen. Diese Bestimmungen mußten von allen Geistlichen, in deren Bezirk Juden wohnten, an einigen Sonntagen während der Messe in deutscher Sprache bekanntgegeben werden. Aber die strenge Einschärfung erzielte die gewünschte Wirkung nicht. 1265 entsandte Papst Clemens IV. einen eigenen Kardinallegaten nach dem Norden und dem Osten Deutschlands. In Bremen, Breslau und Wien berief er Synoden, um die Beschlüsse nochmals nachdrücklich einzuprägen. Allen Christen wurde verboten, mit Juden oder Jüdinnen zu essen oder zu trinken, bei ihren Hochzeiten, Neumondfesten, Spielen und Gelagen mit ihnen zu tanzen. Juden durften weder die Bäder noch die Wirtsstuben der Christen besuchen. Christen sollten kein Fleisch und keine Lebensmittel bei Juden kaufen. Die Juden hätten den gehörnten Hut, den sie früher getragen, aber – dreist genug – wieder abgelegt hatten, erneut zu tragen, damit man sie deutlich von den Christen unterscheiden könne. Den Juden wurde streng verboten, offen oder geheim vor Christen von ihrem Glauben zu reden. Christen sollten überhaupt nicht mit den Juden sprechen. Da die Juden, dank ihrer Belesenheit in der Bibel im Vorteil seien, sollten in der Öffentlichkeit nur gelehrte Meister

mit ihnen diskutieren. An die Schmach der Juden sollten auch
bildliche Darstellungen an weit sichtbaren Stellen erinnern, an
Domen und Kirchen die gefesselte, niedergebeugte Synagoge, an
Rathäusern die Judensau und anderes mehr. Für die Gnesener
Kirchenprovinz wurde, »da das Christentum in jenen Gebieten
noch eine junge Pflanzung ist« und zu befürchten stehe, »daß die
Christen von dem Aberglauben und den schlechten Sitten der
unter ihnen wohnenden Juden ergriffen werden«, darüber hinaus bestimmt, daß die Juden »nicht vermischt unter den Christen
wohnen, sondern in einem abgesonderten Teile der Stadt oder
des Dorfes ihre Häuser eines neben dem anderen haben sollen,
und zwar so, daß das Judenviertel von den gemeinsamen Wohnungen der Christen durch einen Zaun, eine Mauer, oder einen
Graben getrennt ist«. Das war das Vorbild des späteren Ghettos,
das dann auch in Gebieten, wo das Christentum keine »junge
Pflanze« war, verordnet wurde. Ungeachtet der genauen Verfügung über ihre Bekanntmachung und trotz der angedrohten
Strafen kamen auch diese Bestimmungen erst nach und nach zur
Ausführung. Dies ist einmal darauf zurückzuführen, daß die weltlichen Behörden nicht ohne weiteres bereit waren, ihre Ausbeutungsobjekte durch Isolierung derart zu schwächen, daß sie nicht
mehr zahlen konnten; zum anderen war die Struktur der mittelalterlichen Gesellschaft so vielfältig – und seit dem Verfall des
Reiches in so viele autonome Einheiten aufgeteilt –, daß es schwerlich gelingen konnte, eine zentrale Anweisung mit einem Male
durchzusetzen. Aber wie bereits oben erwähnt, übernahm der
Schwabenspiegel schon um 1275 die meisten der trennenden
Bestimmungen. Früher oder später wurden sie allerorts eingeführt[30].

Wo eine solche Stimmung herrschte, war es nicht zu verwundern,
wenn die geringste Erregung zu blutigen Überfällen auf die Juden
führte. Es verging kaum ein Jahr ohne Judenschlächterei. Die
Blutbeschuldigung wurde ungeachtet der wiederholten Zurück-

---

[30] Eckert, a.a.O., 139 ff.

weisung durch Kaiser und Päpste [31] auch von Gelehrten wiederholt. Man wollte wissen, daß die Juden alljährlich in jedem Lande losten, welcher Ort alle anderen mit Christenblut zu versorgen habe. Es gäbe eine Weissagung unter den Juden, daß sie von der Marter, die sie erduldeten, nur durch Christenblut befreit werden könnten [32]

Aber nicht Christen, sondern Juden waren die Opfer des Aberglaubens. 1265 wurden in der Synagoge zu Sinzig 72 Juden getötet, zwanzig Jahre später in München die ganze Gemeinde mit 180 Menschen verbrannt. 1286, nach dem Tod des »guten Werner« in Bacharach, fanden Verfolgungen in der Moselgegend statt, die mehr als 100 Menschenleben forderten. Auch starben Proselyten, so 1270 in Augsburg ein »Abraham aus Frankreich, einst Prior aller Barfußmönche, von hoher Abkunft« [33].

Eine neue Beschuldigung kam hinzu. Die Juden, hieß es, hätten die heilige Hostie geschändet, sie mit Messern und Pfriemen durchstochen mit der Absicht, den Leib Christi von neuem zu quälen. Der Hostienglaube war innerhalb des Christentums stark umstritten. Man klagte allgemein über Hostienfrevel, den Christen verübten, erzählte auch viel von Wundern, die sich um die Hostie, besonders bei Schändungen, eingestellt hätten. Kapellen mit derart wundertätigen Hostien wurden Wallfahrtsstätten. Gegen die Juden wurde nun die Anklage des Hostienfrevels erhoben. Mitunter wurden die Anschuldigungen wissentlich erfunden, wie z. B. in Klosterneuburg 1298, wo nachgewiesen werden konnte, daß Geistliche selber ins »Wunder« eingegriffen und die Hostie mit Blut gefärbt hatten. Wenn überhaupt die Anklagen eine Grundlage hatten, so wohl darin, daß sich auf den Hostien, die in den bei Juden verpfändeten Monstranzen lagen, rötliche Flecken fanden. Diese stammten aber nicht von jüdischen Schandtaten, sondern von einem Spaltpilz, der auf teighaltigen Speisen Kolonien

---

[31] u. a. Papst Innozenz IV. (1247), Gregor IX. (1274), in Stern, Die päpstlichen Bullen über die Blutbeschuldigungen, München 1900.
[32] Hierzu Eckert, a.a.O., 157 ff.
[33] Heinrich Graetz, Geschichte der Juden, Leipzig 1888, Bd. VII; Simon Dubnow, Weltgeschichte des jüdischen Volkes, Berlin 1925, Bd. V.

bildet. Was die moderne Wissenschaft bakteriologisch erklärt, war aber im Mittelalter Wunder und Beweis jüdischer Verbrechen. Jede »blutende« Hostie konnte höchste Erregung erzeugen und war in der Hand von christlichen Fanatikern, aber auch wirtschaftlichen Neidern der Juden, ein willkommener Anlaß zur Volksverhetzung und Verfolgung der Juden [34].

Aufgewiegelte, fanatisierte Scharen zogen durch die süddeutsche Landschaft, um Juden zu morden und zu berauben. Während des Bürgerkrieges zwischen Adolph von Nassau und Albrecht von Österreich, 1298, hatte in Röttingen in Franken ein angebliches Wunder die Schändung der heiligen Hostie durch die Juden des Orts aufgedeckt. Ein dortiger Edelmann, namens Rindfleisch, bewaffnete den bei ihm zusammenströmenden Pöbel und zog mit ihm durch ganz Franken. Er hielt sich für vom Himmel berufen, die Juden für ihre Schandtaten zu vernichten. Vom Frühjahr bis zum Herbst dauerte Rindfleischs Mordbrennerei, die sich auch auf Bayern und Österreich ausdehnte. 146 Gemeinden wurden vernichtet. Die Juden ergriff die Verzweiflung. »Männer und Weiber mit hartnäckigem Sinn«, berichtet die Chronik, »stürzten sich samt den kleinen Kindern mit Gütern und allem Hausrat mitten ins Feuer.« Die blühende Gemeinde in Rothenburg wurde innerhalb von vier Wochen dreimal überfallen. Das erstemal waren es 54 Tote; dem zweiten und dritten Überfall fiel die ganze Gemeinde zum Opfer. Etwa 500 Tote nennt die Chronik mit Namen. Ein großer Teil der Juden fiel kämpfend in der Burg, in die sie sich geflüchtet hatten. Andere stürzten sich in das Schwert; oder sie kamen in den Flammen um, singend und tanzend, als gingen sie zu einem Freudenfest. Am nächsten Tag vernichtete Rindfleischs Horde die Würzburger Gemeinde. Hier waren es gegen 1000 Tote, darunter hundert Auswärtige. Eine Familie – Vater, Mutter und sieben Kinder – wurde in einem Brunnen, andere im Judenbad ertränkt. Zehn Tage später war Nürnberg das Opfer. Auch dort hatten sich die Juden in die Burg zurück-

---

[34] Eckert, a.a.O., 160 f.

gezogen, wo sie sich mit Hilfe von christlichen Bürgern verteidigten, bis sie der Übermacht erlagen. 618 Namen der Toten sind uns überliefert, unter ihnen ein Proselyt, der während der Verfolgungszeit zum Judentum übergetreten war, und Rabbi Mordechai ben Hillel, seine Frau und fünf Kinder. Nur die Juden von Augsburg konnten sich loskaufen, und in Regensburg war der Bürgerrat nach Kräften bemüht, die Ehre der Stadt gegen die Mordbrenner zu wahren.

Die Chroniken aus jener Zeit, die von den Ungeheuerlichkeiten berichten, lassen erkennen, daß es nicht nur der sogenannte Pöbel war, der Verbrechen beging. Auch Fürsten nahmen Juden gefangen, beraubten sie und nahmen ihnen das Leben. Gottfried von Ensmingen schätzte die Zahl der Toten auf 100000. Die hebräischen Klagelieder hingegen erzählen von 20000. Die Klage des jüdischen Dichters zeugt von Verzweiflung und Kraft zugleich:

»O Himmel, sind wir denn schlimmer als andere Völker?
Ist aus Erz unser Leib,
Ist denn unsere Kraft die Kraft eines Steins,
Können wir so schweres Unheil tragen?«

Und der Frankfurter Konrektor J. J. Schudt schrieb später: »Doch ist wohl niemals weil Juden in der Welt gelebet, ihnen ein härteres Saeculum als das XIV. gewesen, (so) daß zu verwundern, wie noch ein einziger Jude in Teutschland bei solcher grausamen massacre können überleben [35].«

Als Albrecht von Österreich zur Macht gekommen war, bemühte er sich, die Ruhe wieder herzustellen. Er forderte Rechenschaft für den Mord an seinen Kammerknechten, legte den schuldigen Städten Geldstrafen auf, verpflichtete diejenigen, die bei den getöteten Juden Schulden hatten, diese nunmehr an seine Kammer zu zahlen.

Die Ständekonflikte innerhalb der Städte und die Streitigkeiten

---

[35] J. J. Schudt, Frankfurter Merkwürdigkeiten, Frankfurt 1714; Graetz, a.a.O., Band VII; Dubnow, a.a.O., Band V.

zwischen Stadt und Land spitzten sich immer schärfer zu und entluden sich in gefährlichen Aufständen. Diese konzentrierten sich mit besonderer Wucht auf die Juden, die eigentlich nur die Stellvertreter der wirklichen Widersacher der Aufständischen waren. Wenn die Bauern sich gegen die Juden aufmachten, erhoben sie sich im Grund gegen die neue städtische Wirtschaft und die adeligen Grundbesitzer, welche sie so auspreßten, daß sie von den Juden Geld leihen mußten. Die Verfolgung der Juden kam einer Rebellion gegen den Kaiser gleich, dessen Kammerknechte diese waren: Die stellvertretend gegen die Juden gewendete Erhebung war aber für die Bauern mit geringeren Gefahren verbunden, denn mit schneller kaiserlicher Hilfe für die Juden war nicht zu rechnen, und überdies konnten sie, wenn sie die »Ungläubigen« niedermachten, der Rückendeckung durch den Klerus gewiß sein. Die Kaiser standen diesen Aufständen immer machtloser gegenüber. In den Jahren 1335/37 organisierte sich eine Schar von Bauern, die sich »Judenschläger« nannten. An der Spitze dieser Horden stand der »König Armleder«, ein heruntergekommener Edelmann. Er gab vor, einen königlichen Befehl empfangen zu haben, daß er ausziehen soll, die Folter und den Tod Jesu an den Juden zu rächen. Als dies unter den Leuten bekannt wurde, hatte er großen Zulauf. »Die Bauern ließen alles liegen und stehen«, heißt es in einer Chronik, »kamen mit Äxten, Karsten, Schaufeln, Schippen, Schwertern, Dreschflegeln, Jägerspießen und was sie hatten. Mit den 5000 Mann, die er mit sich führte, ängstigte er die Juden so sehr, daß viele sich selbst und ihre Kinder erwürgten, von hohen Orten stürzten oder erdrosselten, deren Leiber entweder ins Wasser geworfen oder auf Haufen gelegt und verbrannt wurden. Es wurden der Juden etliche Tausend erschlagen.« Während Armleders Bande in Franken, Schwaben, Österreich und der Steiermark mordbrennend umherzog, suchte ein anderer Trupp unter dem Gastwirt Joh. Zimberli das Elsaß und den Rheingau heim. Im Elsaß traten schließlich die Territorialherren und Städte den Aufrührern entgegen, insbesondere da auch viele adelige Grundbesitzer zu den Opfern zählten. Im übrigen Reich befahl

Ludwig der Bayer, die Juden zu schützen, aber erst im August
1339 wurde die Armleder-Bande bezwungen. In dieser rechtlosen
Zeit organisierten die Behörden selber Überfälle auf die Juden.
In Deggendorf in Bayern beschloß der Rat im geheimen, die Juden
zu berauben. Zur Vorbereitung wurde das Gerücht eines Hostienfrevels verbreitet, und zu verabredeter Zeit fielen Volk und Rat
unter Glockengeläute über die Juden her. Zum Andenken an die
Vernichtung der Deggendorfer jüdischen Gemeinde erbaute man
dann die Kirche zum Heiligen Grab, erklärte sie zum Wallfahrtsort und stellte die Hostie dort als Reliquie auf [36].

Anders war es in Regensburg und Wien, wo die Bürger ihre Juden
schützten. Herzog Albrecht von Österreich – gewarnt durch einen
nachgewiesenen Betrug mit einer Hostie – sprach es in einer Beschwerde an den Papst offen aus, daß die Anklage der Hostienschändung nur ein Vorwand sei, die Juden zu berauben. Nirgendwo habe ein Rechtsverfahren einen jüdischen Hostienfrevel nachgewiesen. Albrecht erklärte es für wahrscheinlich, daß Priester,
um das Volk zu erregen, des öfteren Hostien mit Blut befleckt und
in die Nähe von Judenwohnungen geworfen hätten.

In den Jahren 1348 bis 1349, als die Pest über Europa hereinbrach, kam es für die Juden noch schlimmer. In ihrer Panik verfolgte die Bevölkerung die Juden. Man beschuldigte sie, daß sie
die Brunnen vergiftet und dadurch den Schwarzen Tod über das
Land verbreitet hätten. Mit solchen Anklagen hatte man ein Menschenalter vorher in Südfrankreich die Aussätzigen verfolgt und
auch diese schon bald die bezahlten Werkzeuge der Juden genannt. Den Juden warf man vor, sie hätten sich mit dem maurischen König von Granada verschworen, die gesamte Christenheit
zu vernichten. Als nun die Pest die Menschen dahinraffte, ersann
eine krankhafte Phantasie bis ins kleinste, wie die Juden dieses Gift
brauten, es in die einzelnen Orte brachten und in die Brunnen
warfen. Die Erzählung wurde geglaubt, vor Gericht verhandelt,
eidlich beschworen, von Juden unter der Folter bestätigt. Papst

---

[36] Graetz, a.a.O., Band VII; Dubnow, a.a.O., Band V.

Clemens VI. trat dem Gerücht in einer Bulle entgegen, was aber nicht verhinderte, daß es sich weiter verbreitete und gläubige Aufnahme fand. Nach Deutschland kam die Anklage über Genf. In der Schweiz hielt sich hartnäckig die Legende, und man gab sogar an, die Giftmischer gefaßt zu haben. In Bern, Zürich und zahlreichen Orten bis zum Bodensee begann man, Juden zu verbrennen. Ihre Niederlassung wurde für immer verboten. Im September 1348 griff der Papst nochmals ein und erklärte die Pest als eine Geißel Gottes. Die Beschuldigung gegen die Juden sei schon dadurch widerlegt, daß auch unter ihnen die Plage Todesopfer gefordert hätte. Aber weder diese Erklärung noch der Einspruch des Kaisers fanden Gehör. Conrad von Megenberg aus Wien schrieb 1349 ein Buch über die Natur und betonte darin, wie unsinnig die Beschuldigung gegen die Juden sei. In Wien seien so viele Juden an der Pest gestorben, daß sie ihren Friedhof erweitern mußten. Der Geschichtsschreiber Cyriacus Spangenberg kam im 16. Jahrhundert allmählich zu der Erkenntnis, daß die Anklagen nicht stimmen konnten, hielt aber dennoch die Verfolgung für gerecht. »Es ließ Gott seine Strafe Anno 1349 über die ungläubigen verstockten Juden gehen. Ob sie aber die Brunnen vergiftet haben, an allen Orten, weiß ich nicht; sonderlich daß daraus die Pestilenz sollte durch ganz Europa kommen, ist nicht glaublich. Denn Gift bringt ja nicht Pestilenz, sondern den gewissen Tod.« Der Chronist des Klosters Hirsau schrieb: »Ob die Juden mit Recht oder unbillig solche Verfolgungen ausgestanden, will ich nicht sagen, sondern wundre mich, wer der Urheber dieses Argwohns gewesen, da doch die Juden einerlei Wasser mit den Christen gebraucht und ihrer auch viele derzeit von der Pest sind aufgerieben worden ... Es bedünkte viele derzeit unmöglich zu sein, daß die kleine Anzahl der Juden, wenn sie schon gewollt hätten, alle Brunnen der Welt, wie man sie getan zu haben beschuldigte, hätten sollen vergiften oder eine so große Menge Gift finden sollen. Deshalb hielten viele dafür, die Christen, die diese Verfolgung gegen die Juden erreget, seien dazu mehr durch Geiz als

Liebe zum Gottesdienst oder Eifer der Gerechtigkeit bewogen worden [37].«

Die Konstanzer Weltchronik sprach davon, daß man die Juden um ihrer Habe willen verfolgte. Der Straßburger Chroniker bemerkte einsichtsvoll: »Ihr bares Geld war die Vergiftung, welche die Juden tötete [38].«

Damals kam es auch zu den ersten Judenverfolgungen in den Städten, und zwar im Zusammenhang mit den Aufständen der mittleren und unteren Zünfte gegen die Patrizier. Die Juden galten als Finanzverbündete der oligarchischen Ratsherrschaft und an sie waren Kleinkaufleute und Handwerker verschuldet. Von ihrer Vernichtung und der Ausplünderung ihrer Häuser erwartete man eine beträchtliche Ausbeute, konnte man doch zugleich die Schuldscheine der umwohnenden Ritter in die Hände bekommen und diese damit zur Befestigung des neuen Zunftregimentes verpflichten. In Nürnberg zum Beispiel, wohin die Pest überhaupt nicht gekommen war, begannen die Überfälle während der Zunftherrschaft. Das unmittelbare Ziel war, die während des Aufstandes leer gewordenen städtischen Kassen wieder zu füllen [39]. Der Haß gegen die Juden wurde weiter genährt durch die religiöse Bewegung der Flagellanten. Aus Bittprozessionen zur Abwendung der Pest, aus Bußübungen, die in Selbstzüchtigungen bestanden, bildeten sich die Scharen der Geißler, die von der Steiermark aus sich über ganz Deutschland verbreiteten und den religiösen Fanatismus bis zum Wahnsinn trieben. Vielfach hetzten sie direkt gegen die Juden, machten aber auch gegen die Kirche Opposition, so daß der Papst im Oktober 1349 ihr Auftreten verbot [40].

Wirtschaftliche Bedrängnis des einfachen Volkes auf dem Land und in den Städten, Angst vor dem Schwarzen Tod und christlicher Fanatismus waren die Ursachen der Verfolgungen, die sich

---

[37] R. Hoeniger, Der Schwarze Tod in Deutschland, Berlin 1882, 7, 39 ff.
[38] Jakob von Könighoven, Die Älteste Teutsche sowohl Allgemeine Als insbesonderheit Elsassische und Strassburgische Chronicke, Straßburg 1698, 293 ff.
[39] Caro, a.a.O., Band II.
[40] Hoeniger, a.a.O., 39 ff.

immer weiter ausbreiteten. Sie begannen in Schwaben und Bayern im Winter 1348 und setzten sich am Oberrhein zu Anfang des Jahres 1349 fort. Die Magistrate einiger alter Reichsstädte bemühten sich, die Ordnung aufrecht zu erhalten. Sie wußten recht wohl, daß die Aufstände auch ihnen galten und daß das Morden nicht an den Toren der Judengasse haltmachen würde. Bürgermeister und Schöffen von Straßburg bestanden auf einem normalen Gerichtsverfahren, als die aufgewiegelte Volksmenge die Juden der Brunnenvergiftung beschuldigte. In Basel widerstand der Magistrat dem Drängen der Zünfte, die Juden zu vertreiben. Auf einer Beratung der Städte und Barone mit dem Bischof von Straßburg konnte die Stadt jedoch nichts mehr ausrichten. Es wurde beschlossen, alle Juden aus dem oberen Rheingebiet zu vertreiben. Ein Feldzug begann gegen sie. Ohne jeglichen Prozeß wurden am 9. Januar 1349 auf der Rheininsel bei Basel Hunderte von Menschen verbrannt. Am 16. Januar wurden die Freiburger Juden, nach einem durch Folter erzwungenen Geständnis, umgebracht. Zuvor zeichnete man die Namen der Schuldner auf, damit die Stadt ordnungsgemäß die Forderungen der Getöteten einziehen konnte. Der Straßburger Rat aber bemühte sich weiterhin um die Verteidigung der Juden und versuchte, bei anderen Bürgerschaften die dortige Stimmung zu erkunden. Erhalten ist die bezeichnende Anwort des Kölner Bürgerrats, daß er die Juden schützen wolle, solange ihre Unschuld feststehe. Er fürchte, daß sich diese Aufstände noch ausweiten würden, womit er wohl meinte, daß sie sich gegen den Rat richten könnten. Die Pest sei eine Geißel Gottes. Auf bloße Gerüchte hin würde der Rat es aber nicht zulassen, daß man den Juden ein Leid antue. Treu der Überlieferung der Väter, würden die Bürger Kölns die Juden schirmen und schützen [41].

Der Straßburger Rat wurde von den Zünften des Einvernehmens mit den Juden beschuldigt und abgesetzt. Der neue Rat ließ 2000 Juden einkerkern, sie am 16. Februar 1349 auf dem Friedhof ver-

---

[41] E. Weyden, Geschichte der Juden in Köln, Köln 1867, 188 ff.

brennen und ihren Besitz unter die Handwerker verteilen. Der Kölner Rat wurde ebenfalls das Opfer des Aufstandes. Die Mehrheit der jüdischen Bevölkerung wurde am 23. August ermordet. Ihr Vermögen verteilte man getreulich zwischen Stadt und Erzbischof. Zu Gewalttaten kam es während des Jahres 1349 auch in anderen Reichsstädten, darunter Speyer und Worms. In Worms ist heute noch das Grab der zwölf christlichen Gemeindevorsteher zu sehen, die bei der Verteidigung der Juden erschlagen wurden [42].

Was tat in dieser schweren Zeit der Kaiser, der Schirmherr seiner jüdischen Kammerknechte? Karl IV. sah die Verfolgung nahen, tat aber nichts zur Abwehr, sondern traf Anstalten, seinen Gewinnanteil am Raub sicherzustellen. Mit einzelnen Städten schloß er Verträge ab, die ihnen Straflosigkeit für bereits verübte, aber auch für noch bevorstehende Judenmorde zusicherten und dem Kaiser dafür eine Geldentschädigung einbrachten. Für »15200 Pfund Heller guter Währung« verpfändete Karl IV. an Schöffen, Rat und Bürger der Stadt Frankfurt, »ihr Leib und ihr Gut, ihre Höfe, Häuser, Kirch- und Schulhof, ihr Eigen und ihr Erbe« (25. Juni 1349). Er sicherte Straflosigkeit zu für den Fall, daß die Juden »von Todes wegen abgingen, daß sie verderbt oder erschlagen würden oder die Stadt verließen, es wäre, wovon es wäre, oder käme, wovon es käme«, und die Bürger sich des Gutes bemächtigten. Die Stadt verpflichtete sich überdies, den Überschuß aus dem Ertrag des Judenguts an den Kaiser auszuzahlen. Einen Monat später trat das Erwartete ein. Die überfallenen Juden wehrten sich, indem sie ihre Häuser in Brand steckten, wobei auch die benachbarten Straßen gefährdet wurden. Der verbliebene Besitz wurde von der Stadt beschlagnahmt [43].

In Mainz griffen die Juden zu den Waffen. Mehrere Tage dauerte der Kampf im Ghetto. Als ihre Lage verzweifelt wurde, legten auch sie Feuer an ihre Häuser und stürzten sich in die Flammen.

---

[42] Königshoven, a.a.O., 293 ff.
[43] Isidor Kracauer, Urkundenbuch zur Geschichte der Frankfurter Juden, Frankfurt 1911.

Zum Schrecken der Bürger griff der Brand auf die Nachbarhäuser über, und es löste sich, wie ein schlechtes Omen, in der Hitze die Glocke des Doms und fiel herab.
Nach Erfurt hatten sich viele Juden aus Thüringen geflüchtet, da der Rat versprach, sie zu schützen. Als aber die Zünfte die Oberhand gewannen, wurden 3000 Menschen getötet.
Am 6. Dezember starben 570 Juden in Nürnberg. Auch hier hatte der Kaiser, wie in Augsburg, seine Kammerknechte vorher verschachert und den Freibrief für ihre Tötung erteilt. Standhaft blieb wiederum nur die Stadt Regensburg, und dies, obwohl der Herzog von Bayern ihr ebenfalls einen Freibrief anbot, mit den Juden zu verfahren, wie sonst in den bayrischen Landen geschehen war. Rat und Gemeinde erklärten, wie einst im Jahre 1298, »sie an Leib und Gut zur Freiheit und Ehre der Stadt beschirmen und befrieden zu wollen, treulich, ohne Gefährden«. Nur die Stadt Wien bewies die gleiche Festigkeit. Sonst bot keine mehr dem Verbrechen Einhalt. Für die Juden gab es kein Entrinnen. Gemeinden vom Bodensee bis nach Preußen, von Flandern bis nach Schlesien wurden vernichtet. Zehntausende – Frauen, Männer und Kinder – wurden »erschlagen, ertränkt, verbrannt, gerädert, gehenkt, vertilgt, erdrosselt, lebendig begraben und mit allen Todesarten gefoltert wegen der Heiligung des göttlichen Namens«. Es gab nur ein Mittel, dem Tode zu entrinnen: die Taufe. Sie hätte sogar von der Anklage der Brunnenvergiftung den Freispruch erwirkt. Aber nur wenige suchten die Rettung auf diesem Wege. Die Flagellanten metzelten mancherorts auch Täuflinge nieder, wo sie keine Juden mehr fanden. Christliche Chronisten wunderten sich über den Mut der Juden angesichts des sicheren Todes. Jean de Belans aus Lüttich berichtete von Menschen, die in den Tod gingen »unter Singen und Hüpfen, so freudig, als zögen sie zum Hochzeitsmarsch«.
Bei früheren Verfolgungen wurden von den Überlebenden die Namen der Opfer aufgezeichnet. Diesmal war die Vernichtung vollkommener. Nur wenige Todeslisten sind überliefert, dafür aber die langen Listen der vernichteten Gemeinden. Auch gab es

kaum einen Dichter, der noch die Kraft gehabt hätte, seinem Leid Ausdruck zu geben. Verzweifelt anklagend und dennoch gläubig rief einer aus:

> Seufzen, Wimmern,
> Jammerklagen!
> Schwerter klirren,
> Die mein armes Volk erschlagen,
> Das die Mörder
> Noch zu höhnen wagen,
> Die Entsetzten, Müdgehetzten
> Aus dem Lande jagen!
> Felsenriffe
> Bluten, wo wir sterbend lagen –
> Kannst du, Herr! Kannst du's ertragen?
>
> Feinde pflanzen
> Zahllos auf die Zeichen,
> Schleudern Speere,
> Die das Herz erreichen,
> Raufen, schänden das Gesicht mit Bränden,
> Füllen Gruben mit den Leichen.
> Wenn im Tale
> Tiefgeduckt wir schleichen,
> Spähn die Schergen von den Bergen
> Auf uns loszuschlagen –
> Kannst du, Herr! Kannst du's ertragen?

Damit war die mittelalterliche Siedlung der Juden in Deutschland vernichtet. Nur wenige Menschen überlebten. Alle materiellen und geistigen Güter, die Synagogen, die Lehrhäuser, die Ratsstuben mit ihren Beständen an Torarollen, Büchern, Urkunden und Kostbarkeiten waren Opfer der Brände und des Raubes geworden. Selbst die Friedhöfe wurden nicht verschont; Grabsteine wurden herausgerissen und bei Kirchen, Rathäusern, Stadtmauern

als Bausteine verwendet. Die Zahl der jüdischen Gelehrten in
Deutschland war zwar nicht besonders groß, ihre Eigenart nicht
besonders ausgeprägt gewesen. Die Unsicherheit der jüdischen
Gemeinden hatte die Wissenschaft nicht blühen lassen, und die
Gelehrten standen kaum in Verbindung mit den Juden außerhalb
des Deutschen Reiches. Es ist bezeichnend, daß sich im 13. Jahrhundert der deutsche Meister Ekkehart in wichtigen Teilen seiner
Gotteslehre an den spanischen Juden Moses Maimonides anschloß,
während die jüdischen Lehrhäuser in Deutschland kaum etwas
von diesem großen Denker erfahren hatten. Ihre Gelehrten pflegten in treuer Sorgsamkeit das Erbgut, das sie aus biblischer und
talmudischer Weisheit empfangen hatten, ohne aber viel Neues
hinzuzutun.

Viele Meister der deutschen Juden wurden ermordet, oder sie
waren besondere Objekte der Verfolgung. Der bekannteste von
allen war Rabbi Meir ben Baruch, der um 1215 in Worms geboren
wurde, in Frankreich den Talmud studierte und dann in verschiedenen großen Gemeinden, am längsten in Rothenburg o. d. Tauber,
wirkte. Seine Talmudschule war stark besucht, seine Gutachten
waren von weit her, sogar aus Frankreich und Italien, eingeholt
worden. Von ihm sind über tausend Responsen erhalten, die einen
Einblick in das jüdische Leben jener Zeit geben. Sein Lehrgebiet
war der Talmud, den er nach der Methode der Tosaphisten bearbeitete. Er ging aber seine eigenen Wege, zeichnete sich durch
große Klarheit der Auffassung und Darstellung aus und bemühte
sich, den überreich gewordenen Stoff systematisch zu verarbeiten.
Seine Elegie auf die Verbrennung hebräischer Bücher, die 1242 in
Paris erfolgt war, wurde unter die Klagelieder für den 9. Ab aufgenommen. Als er 1286 mit seiner Familie nach dem Heiligen
Land wandern wollte, wurde er in einer Stadt in Tirol erkannt
und verhaftet. König Rudolph von Habsburg, der seine Auswanderung als Schädigung der königlichen Kammer betrachtete, ließ
ihn nach der Festung Ensisheim im Elsaß bringen, wo er bis zu
seinem Tode (1293) gefangen gehalten wurde. Ein Lösegeld hätte
dem Gelehrten die Freiheit gebracht, aber er lehnte diesen Han-

del ab, weil er fürchtete, damit einen Präzedenzfall zu schaffen. Seine Leiche wurde erst nach vierzehn Jahren gegen ein Lösegeld freigegeben. Die Gräber Rabbi Meirs und Alexander Wimpfens, des Frankfurter Juden, der das Lösegeld zahlte, sind heute noch nebeneinander auf dem Wormser Friedhof zu sehen [44].

Einer von Meirs bedeutenden Jüngern war Mordechai ben Hillel. Er hinterließ ein umfangreiches Werk, das seinen Namen trägt: eine halachische Zusammenfassung des Talmuds, in die er alle ihm bekannten Erklärungen und Entscheidungen, insbesondere die zahlreichen ihm zugänglichen Responsen deutscher Rabbiner aufnahm. Er wollte damit ein Handbuch für Rabbiner und Richter schaffen. Da er zahlreiche Fälle aus der Praxis seiner Zeit erwähnt, ist sein Werk eine wichtige Quelle der Kultur- und Gelehrtengeschichte. Rabbi Mordechai wurde 1298 in Nürnberg umgebracht. Sein Schwager und Mitschüler Ascher ben Jechiel aber konnte sein Leben retten. Am Niederrhein zu Hause, ein angesehener Talmudist, wurde er Mitglied des Rabbinatskollegiums in Worms an der Seite seines Lehrers Meir ben Baruch. Nach der von Rindfleisch geführten Mordbrennerei hielt er in Worms eine Synode ab, deren Ziel es war, die verworrenen Besitz- und Erbschaftsverhältnisse zu regeln. Er wollte aber im »Lande der Verfolgung« nicht bleiben. Mit seiner Familie suchte er in Savoyen oder Südfrankreich Zuflucht. Dort geriet er mitten in den Streit um die Angängigkeit des Studiums der Philosophie und schloß sich – ahnungslos, wie er dieser Frage gegenüberstand – den Gegnern an. Er mußte weiter wandern und wurde schließlich von der Gemeinde Toledo zum Oberhaupt des Rabbinatskollegiums ernannt. Der Bürgermeister seiner Heimatstadt lud ihn später zur Rückkehr ein und sicherte ihm bewaffneten Schutz von der Grenze an zu. Aber er konnte sich zur Rückkehr nicht entschließen. Rabbi Ascher starb 1327 in Toledo. In seiner Lehre blieb er auch in Spanien den Traditionen der deutschen Juden treu. In sein Hauptwerk, dem er

---

[44] H. J. Zimmels, Beiträge zur Geschichte der Juden in Deutschland im 13. Jahrhundert, insbesondere auf Grund der Gutachten des R. Meir von Rothenburg, Frankfurt 1926.

den kurzen Talmud des Isaak Alfasi zugrunde legte, verflocht er die Lehren der rheinischen Schulen, so daß diese auch in Spanien bekannt wurden. Dieses Werk machte ihn später zu einem der drei maßgebenden Autoritäten des »Schulchan aruch«. Es ist ihm zu danken, wenn die Überlieferung der Juden Deutschlands in der Halacha ebenfalls zu ihrem Rechte kam. Zu seinen Schriften gehörte auch ein Vademecum für einen tugendhaften Wandel, der die weltüberwindende, selbstlose, hohe sittliche Auffassung eines Weisen bezeugt, dem es um die Heiligung des Lebens ernst ist, der nach allen bitteren Erlebnissen weiterhin glaubensfest und gottergeben im Dienst der Menschenliebe steht.

Für lange Zeit war Ascher der letzte große jüdische Lehrer in Deutschland. Den Gelehrten nach ihm, wie Menachem aus Merseburg oder Oser aus Schweidnitz, war keine Ruhe mehr vergönnt, Werke zu verfassen und ihre Lehrtätigkeit zu entfalten. Beide wurden 1349 getötet.

Vertreibung und Ausbeutung

Der »Nachlaß«, die geraubten Güter der toten Juden, war schwer zu ordnen. Die Juden hatten ja nicht nur Vermögen, sondern auch Schulden, deren Gläubiger nun Forderungen anmeldeten. Auch hatten sie Pfänder gehalten, die von den Besitzern zurückverlangt wurden. Überdies lagen die Rechtsverhältnisse der Juden sehr verwickelt. Zu viele und zu verschiedene Herren glaubten, Ansprüche an sie zu haben. Alle erinnerten sich jetzt »ihrer« Juden und forderten Rechenschaft für deren Tötung sowie den Anteil am Erlös aus ihrer Beraubung. Man begann zu feilschen und zu schachern. Es kam zu jahrelangen Prozessen, die den Städten viel Verdruß und hohe Kosten bereiteten.

1349/50 hatten die Städte beschlossen, auf 100 beziehungsweise 200 Jahre oder auf ewig, keine Juden mehr in ihren Mauern zu dulden. Kaum waren die Juden getötet und vertrieben, bereute man den Beschluß und suchte nach den wenigen, die ihr Leben durch die Flucht hatten retten können. Zu diesen knüpfte man wieder Beziehungen an, zunächst wegen der überaus verwickelten Liquidation des Nachlasses der Getöteten, später, um sie wieder zur Ansiedlung zu bewegen. Man verspürte peinlich das Fehlen der Steuerzahler, das Fehlen der Geldverleiher. Der Bischof von Augsburg erhielt schon wenige Wochen nach der »Judenschlacht«, am 22. Dezember 1348, das Recht, einige Juden, die vorher dort gewohnt hatten, wieder aufzunehmen; und 1350 durfte er beliebig viele Juden im Stift ansiedeln. 1355 erhielt auch die Stadt dieselbe Erlaubnis für zwölf Jahre. Zwischen 1352 und 1355 berichteten die Urkunden wieder von Juden in Erfurt, Nürnberg, Ulm, Speyer, Worms und Trier. 1360 ließ Frankfurt sie zu, 1362 Basel (Luzern sogar schon 1349), 1365 Mainz, 1372 Köln und Dortmund und 1375 die Grafschaft Thüringen. So öffneten sich nacheinander die Tore auch solcher Städte und Landschaften, die »für ewig« ihre Juden ausgetrieben hatten. Aber sie gewährten ihnen jetzt nur noch ein befristetes Asyl und nicht mehr eine Heimat [45].

Gleichwohl waren die zugelassenen Juden wie ehedem Objekte der Ausbeutung. Für ihre Behandlung war nicht menschliches Recht, sondern lediglich der Nutzwert maßgebend. Die Städte hatten das Recht auf die Juden um teures Geld erworben und wollten ihren Kaufpreis gut angelegt wissen. Die Fürsten ihrerseits hatten in Geldnot und, wie sie jetzt sahen, übereilt den Judenschutz verpfändet. Auch sie wollten nicht auf ihre alten Einnahmen verzichten. So gerieten die Juden zwischen zwei Feuer und wurden von beiden gebrannt. Mitunter setzten sich die Städte energisch gegen ihre Ausplünderung durch die Fürsten zur Wehr. Bisweilen gingen Könige und Fürsten aus dem gleichen Grund streng gegen die Städte vor. Jeder aber schützte die Juden nur, damit sie von der anderen Partei nicht bereits völlig ausgebeutet waren, bevor er selber zugreifen konnte.

Die Städte nannten die wieder aufgenommenen Juden vielfach

---

[45] Ellen Littmann, Studien zur Wiederaufnahme der Juden nach dem Schwarzen Tod, Breslau 1928.

Bürger, »Zusammenbürger«. Ihre soziale Stellung aber war schlechter als je zuvor. Zunächst erfolgte die Aufnahme auf höchstens zehn bis zwölf Jahre. Die Befristung der Vertragszeit ermöglichte es, die Bedingungen, insbesondere das Aufnahmegeld und die jährlichen Abgaben immer wieder neu festzusetzen und zu verschärfen, oder eine neue Vertreibung der Juden auf legalem Wege zu vollziehen, und dies, ohne daß jemand, es sei der Kaiser oder ein anderer Herr, darüber hätte Rechenschaft fordern können. Wollten die Juden selbst die Stadt verlassen, mußten sie rechtzeitig kündigen, die Stadt entschädigen, Pfänder zur Einlösung anbieten und alle Schulden bezahlen.

Das Niederlassungsrecht wurde nicht mehr generell, sondern nur noch einzeln zugestanden, wobei die Höchstzahl begrenzt war. Den zugelassenen Juden wurden Wohnsitze zugewiesen, »wo es den Bürgern dünkt, daß es sich best fügt und nirgend anders«, wie die Nürnberger Chronik es ausdrückt. Abgesonderte Judenviertel hatte es auch vordem gegeben, aber diese waren von den Juden selbst nach den Erfordernissen ihres Berufs gewählt worden. Jetzt entstand das wirkliche Ghetto, in entlegenen Straßen und Winkeln, oft in ungesunden Stadtvierteln. Die Juden durften keinen Grundbesitz mehr erwerben. Die Häuser, in denen sie wohnten, wurden ihnen lediglich zur Miete überlassen. Sie blieben Eigentum der Stadt, die das alleinige Verfügungsrecht über sie hatte. Die Judengassen mußten durch Tore verschließbar sein, damit den Insassen der Verkehr mit der Stadt und der christlichen Bevölkerung erschwert sei. Diese weitere soziale Zurücksetzung der Juden vollzog sich an einigen Orten allmählicher als an anderen.

Die Judenordnungen der Städte wurden immer länger und reichhaltiger an Verboten. Ihr Ziel war nicht nur, alle Beziehungen zwischen Juden und Christen abzuschneiden, sondern auch die immer neue und anhaltende Demütigung der Menschen. Jeder freundschaftliche Verkehr zwischen Christen und Juden wurde untersagt. Sie durften das städtische Tanz- und Badehaus nicht gemeinsam benutzen. Der Einkauf von Lebensmitteln wurde für

Juden auf bestimmte Stunden beschränkt. Ein wichtiger Punkt war die Kleiderordnung (vgl. S. 35), die jetzt überall streng eingeschärft und genauestens geregelt wurde, »damit man sy vor Juden bekennen möge«. Der Rat von Köln erließ 1404 folgende Verordnung: »Auf welche Weise die Juden und Jüdinnen sich zur Unterscheidung von den Christen kleiden sollen: Ärmel sollen sie an den ihren Tabberten (Überwurf) und Röcken tragen, die nicht weiter als eine halbe Elle sind. Die Kragen an den Röcken und Heuken (Regentuch) dürfen nicht mehr als einen Finger breit sein. An ihren Kleidern darf kein Pelzwerk sichtbar sein. Schnürröcke dürfen sie nicht tragen. Die Prysen (Aufschläge) an den Ärmeln dürfen nicht weiter als bis auf die Hände reichen. Die Mäntel, welche gefranzt sein müssen, dürfen nicht kürzer sein, als bis zu den Waden. Die Heuken und Klocken dürfen nicht zu beiden Seiten offen sein. Die Klocken müssen bis auf eine Hand breit nahe der Erde reichen. Die Kogeln (eine Art Kapuze) einer jeden über 13 Jahre alten Mannsperson müssen mindestens eine Elle sein und die Zipfel dürfen nur anderthalb Ellen lang und ein halbes Viertel breit sein. Seidene Schuhe dürfen sie nicht tragen. Über dem Ohrläppchen dürfen sie sich nicht scheren lassen, wenn nicht der ganze Kopf geschoren wird. Kein Kind, welches über drei Jahre alt ist, darf geschlitzte oder gerippte Kleider tragen. Kein Mädchen darf ein Schippeil (Haarband) tragen, welches mehr als 6 Gulden wert und mehr als zwei Finger breit ist. An Werktagen dürfen die Frauen keine Ringe tragen, die mehr als 3 Gulden Wert wiegen; nicht mehr als einen Ring dürfen sie an jeder Hand haben. An Werktagen dürfen sie auch keine übergoldete Gürtel tragen, auch nicht andere, die über zwei Finger breit sind. An Feiertagen dürfen sie Gürtel und Ringe tragen, welche kostbar sind [46].«

Zu den Berufen der Juden gehörte in erster Linie der Geldhandel und die damit verbundene Pfandleihe. Vom offenen Handel und dem Zunfthandwerk waren sie ausgeschlossen. Zumeist hieß es in

---

[46] Carl Brisch, Geschichte der Juden in Cöln und Umgebung aus älterer Zeit bis auf die Gegenwart, Mühlheim 1879–1882, II, 26 ff.

den Verordnungen, daß sie nur für den »Wucher« aufgenommen würden. Es gab aber auch jüdische Fleischer, Bäcker und auffallend viele Ärzte. Die wirtschaftlichen Verhältnisse, und damit auch die Gepflogenheiten des Geldhandels, hatten sich geändert. Die Großkaufleute und Unternehmer begannen immer mehr, ihre Geschäfte selber zu finanzieren. Der jüdische Geldverleih konzentrierte sich fortan stärker auf die Ritter und Fürsten, die für ihre andauernden Kriegszüge, für den Hofdienst und für die Erweiterung ihres Besitzes ständig in Geldnöten waren. Während viele kleinere jüdische Geldverleiher zugrunde gingen, schlossen sich einzelne größere Geldhäuser zusammen. Die Familie Rapp von Nürnberg, Jäcklin von Ulm, Meier von Erfurt und einige andere beherrschten zeitweilig den süddeutschen Geldmarkt. Oft waren die Häuser miteinander verwandt und unternahmen gemeinsam, auch mit Unterstützung christlichen Kapitals, ihre geschäftlichen Transaktionen. Fürsten wie Bischof Balduin von Trier, der Onkel Karls IV., zogen jüdische Finanziers heran, um die Geschäfte ihrer Staaten zu ordnen. So gab Kurtrier das erste Beispiel einer geregelten staatlichen Finanzverwaltung in Deutschland. Auch die Magistrate der Städte bedienten sich jüdischer Häuser für die Planung und Finanzierung von Stadterweiterungen und für Bauprojekte. All dies machte die Stellung der Juden jedoch nicht sicherer; oft wurden Reiche gefangen genommen und erst dann wieder freigelassen, wenn sie ein hohes Lösegeld zahlten. In den Urkunden wurde das dann so dargestellt, daß der und der Jude sich freiwillig und gütlich zu jener Gabe erboten habe.

Karl IV. hatte durch seine Verträge die regelmäßigen Judensteuern verloren. Auf rechtmäßigem Wege konnte er aus den jüdischen Untertanen nicht mehr viel herausholen. Sein Sohn Wenzel (1378–1400) aber klügelte neue Methoden aus. Zweimal, in den Jahren 1385 und 1390, tilgte er Schulden an Juden. Dies diente aber keineswegs einer allgemeinen Entschuldung. 1385 lag ihm daran, den schwäbischen und rheinischen Städtebund für sich zu gewinnen; er schloß mit den schwäbischen Städten einen Vertrag, in dem er ihren Bund bestätigte und gleichzeitig eine Abmachung über die Außenstände der daselbst wohnenden Juden traf. Danach sollten von allen Schulden gegenüber jüdischen Gläubigern, Kapital und Zinsen zusammengerechnet, ein Viertel erlassen und nur der Rest bis spätestens 2. Februar 1388 zurückgezahlt werden. Zahlten die Schuldner nicht zur rechten Zeit, so durften die Städte die von den Juden gehaltenen Pfänder veräußern und gegen die Schuldner gerichtlich vorgehen. Die Städte verpflichteten sich dafür, dem König bis zum 2. Februar 1388 40 000 rheinische Gulden zu zahlen und ihm fortan die Hälfte der Judensteuer zu überlassen. Auf diese Weise füllten sich wieder des Königs Kassen und die Juden der betreffenden Städte verloren ihr ganzes Vermögen. In Nürnberg, wo ein besonderes Rechnungsbuch »Von dem Judenentgelt« angelegt wurde, ließ der Rat die Juden in Haft nehmen und nicht eher freigeben, als bis sie alle ihre Schuldscheine und Pfänder ausgeliefert hatten. Die Rechnung ergab 80 000 rheinische Gulden, von denen sofort 15 000 an den Kaiser gezahlt wurden. Die Schulden der eigenen Bürger waren dabei unerheblich im Verhältnis zu denen der Ritter und Fürsten. Nicht zuletzt darin lag für die Städte der Reiz der Aktion, bekamen sie doch so ihre alten Gegner in die Gewalt. Für den Schuldner war die gewährte Erleichterung gering. Für den geringen Kapitalerlaß tauschte er an Stelle des schwachen und darum stets nachgiebigen jüdischen Gläubigers den städtischen Rat ein. Unter dem Schutze des kaiserlichen Vertragspartners ließ dieser nun alle Härte walten.

Aber des Königs Geldbedarf war unbegrenzt und die Opfer waren stets die gleichen. 1390 entschied Wenzel, sich der Sache der Stände gegen die Städte anzunehmen. In einem neuen Vertrag wurden sämtliche Fürsten und Herren in Schwaben, Franken und Bayern, samt ihren Leuten und Landen, von der Begleichung aller Schulden, die sie bei Juden aufgenommen hatten, befreit. Dafür mußten sie sich verpflichten, Kaiser und Reich nach Mahnung »einen redlichen Dienst« zu leisten. Dies bedeutete unter anderem, daß der Herzog von Bayern, der Bischof von Würzburg und der Graf von Öttingen je 15 000 Gulden an den König abführen mußten. Die Leidtragen waren neben den Juden indirekt auch die Städte, deren jüdische Einwohner Kapital- und Steuerkraft einbüßten. Schließlich vereinbarte man, daß die Juden Schulden eintreiben durften, dafür aber die Städte dem König mehrere Tausend Gulden zahlen sollten. So war es hier der Partikularismus, der die Juden vor dem völligen wirtschaftlichen Ruin bewahrte. Die erste Folge der königlichen »Schulderlasse« war die schwere Erschütterung des Kredits. Der König mußte versprechen, hinfort von solchen Eingriffen (Tötbriefen) abzusehen. Die Geldbedürftigen verpflichteten sich, ihre Schulden zu bezahlen und sich weder durch des Kaisers und Königs Gebot, noch durch des Papstes Bann, noch durch Bündnisse und Freiheiten der Herren und Städte darin beirren zu lassen. Aber weder solche Zusicherungen noch die Versprechungen der Könige waren sichere Bürgschaften gegen zukünftige Übergriffe. Diese benachteiligten nicht zuletzt die Schuldner selber. Die allgemeine Unsicherheit bedeutete letztlich, daß die auferlegten Kreditbedingungen erschwert werden mußten.

König Ruprecht von der Pfalz (1400–1410), dem eine erfolgreiche Machtpolitik versagt geblieben war, versuchte wenigstens aus den Juden Kapital zu schlagen. Einen neuen »Schulderlaß« konnte er nach den Erfahrungen seines Vorgängers nicht verordnen. Dafür aber wollte er alte und neue Steuern um so gründlicher eintreiben. Die Juden sollten den »Opferpfennig«, die Judensteuer, die Gebühr für Ausfertigung und Bestätigung der Privilegien zahlen, ferner für die Kosten der Schutzbriefe einzelner aufkommen. Um auch die durch die Rabbiner nach jüdischem Recht verhängten Bußen wegen Vergehen gegen die jüdischen Gemeinden sicherer eintreiben zu können, ernannte Ruprecht einen Bevollmächtigten, »der Juden Hochmeister in den deutschen Landen«. Die Juden versagten diesem und seinen Steuereinziehern aber den Gehorsam, da deren vom König erhaltene Vollmacht der inneren jüdischen Gemeindeordnung widersprach. Immerhin konnte Ruprecht etwa 30 000 Gulden einziehen [47].

---

[47] Moritz Stern, König Ruprecht von der Pfalz in seinen Beziehungen zu den Juden, Kiel 1898, 7 ff.

Ruprechts Nachfolger Sigismund (1410-1437), dem man nachsagte, daß er überall, wohin er auch kam, bettelte und von fremdem Geld lebte, konnte an einer so ergiebigen Quelle, wie die Juden es waren, nicht vorübergehen. Er und sein Reichserbkämmerer Konrad von Weinsberg fanden kunstvolle Vorwände für eine Schatzung der Juden. Er war der erste, der von den Juden eine Krönungssteuer forderte, und dies gleich zweimal, bei seiner Krönung zum König und später bei der Krönung zum Kaiser. Inzwischen brauchte er einen Zuschuß zum Konstanzer Konzil und zum Hussitenkrieg, dann wieder einen zum Baseler Konzil für die Erwirkung päpstlicher Bullen. Wiederum wurde ein »oberster Rabbi« ernannt, der die Bußgelder einbringen sollte. Jüdische Bevollmächtigte wurden zur Einschätzung und Einziehung der hohen Umlagen verpflichtet. Diesmal aber erhielten die Juden eine Gegenleistung. Der Kaiser stellte ihnen ein Privileg aus, »damit sie unter unser und des Reichs Schutz von ihren Leidigern gnädiglich bedeckt und beschirmt werden«. Er versicherte sie gegen Willkür in der Besteuerung und Zollerhebung, sowie gegen Totsagung oder Stundung der Schulden; verordnete, daß sie bei Kriegen der Landesherren und Städte nicht verpfändet werden durften, da sie zur Reichskammer gehörten. Fürsten und Städte, welche die Juden »zu des Reiches Schaden« vertrieben hatten, wurden ersucht, diese wieder aufzunehmen. Darüber hinaus trat Sigismund bei dem neuen Papst für die Juden ein[48].

Mehrmals versicherte Papst Martin V. die Juden seines Schutzes. 1421 untersagte er die Zwangstaufe jüdischer Kinder, verbot geistlichen Richtern, Juden vor ihr Tribunal zu ziehen, es sei denn, daß es sich um kirchliche Dinge handelte. Ein Jahr später erklärte er sich entschieden gegen Prediger und Bettelorden, »die gebieten wollen, den Umgang mit den Juden schlechterdings zu meiden«. Dadurch werde allerlei Zwietracht zwischen Juden und Christen gesät. »In vielen Fällen haben auch Christen, um besagte Juden ihres Vermögens berauben und steinigen zu können, bei Gelegen-

---

[48] D. Kerler, »Zur Geschichte der Besteuerung der Juden durch Sigismund und Albert II.«, Zeitschrift für Geschichte der Juden in Deutschland (1889) 1 ff.

heit von Seuchen und anderen öffentlichen Unglücksfällen behauptet, die Juden hätten selbst Gift in die Brunnen geworfen und ihren Mazzen Menschenblut beigemischt; solche ihnen mit Unrecht vorgeworfenen Verbrechen aber gereichen zum Verderben der Menschheit. Durch dergleichen wird das Volk gegen die Juden aufgeregt, so daß sie dieselben töten und auf alle Weise verfolgen. In der Hoffnung auf die von den Propheten vorausgesagte einstige Bekehrung des heiligen Restes der Juden verbieten wir euch, allen hohen Weltgeistlichen und besonders den Oberen der vorgenannten Orden, ausdrücklich, solche Hetzpredigten gegen die Juden zu erlauben. Wir wollen, daß jeder Christ die Juden mit menschlicher Milde behandelt und ihnen weder an Leib noch an Gut ein Unrecht zufügt [49].«

Der unmittelbare Anlaß für diese Schutzbulle – sie wurde auf Drängen der frommen Prediger alsbald wieder außer Kraft gesetzt – waren die Verfolgungen der Wiener Juden im Jahre 1421. Aber dies war nicht das einzige Ereignis dieser Art aus jener Zeit. In Nördlingen hatte man 1384 »des Kaisers Juden«, 200 Menschen, ihrer Habe beraubt und ermordet. 1399 in Prag kostete es 80 Menschen das Leben, als beim Spiel jüdischer Kinder ein paar Körner Sand auf das Kruzifix eines Priesters gefallen waren. In der Schweiz waren wieder die Gerüchte von der Brunnenvergiftung verbreitet und daraufhin in Winterthur die Juden zu Tode gefoltert, in Schaffhausen 57 Menschen verbrannt worden. Nur der Rat von Zürich weigerte sich standhaft, ohne erwiesene Schuld gegen seine Juden vorzugehen. Die Predigten gegen die Hussiten schürten auch den Haß gegen die »ungläubigen« Juden in Böhmen und Österreich. Herzog Albrecht von Österreich bemühte sich vergebens, Tumulte seitens der fanatisierten Wiener Studenten zu verhindern. Da kam 1420 aus Enns die Anklage, die dortige Meßnerin habe nach dem Osterfest dem reichen Juden Israel Hostienteile verkauft, und die Juden hätten sie geschändet. Die Meßnerin

---

[49] Stern, Urkundliche Beiträge über die Stellung der Päpste zu den Juden, Kiel 1893, 26 ff.; Browe, a.a.O., 34 ff.

legte auf der Folter ein Geständnis ab; Israel und seine Angehörigen aber blieben standhaft. Zur Strafe ließ der Herzog am 23. Mai 1420 alle Juden verhaften und ihre Güter einziehen. Die Ärmeren wurden ausgewiesen, die Reichen zurückbehalten. Die Verzweiflung führte viele zum Selbstmord. Manche retteten sich durch die Taufe, fielen aber bald vom Christentum ab und wurden verbrannt. 1420 ließ der Herzog die Hussiten mancherorts verbrennen, ein Jahr später die in Wien noch verbliebenen Juden. Die Kinder brachte man in Klöster, wo sie getauft und christlich erzogen werden sollten. Die Synagoge wurde niedergerissen, ihre Steine für ein neues Universitätsgebäude verwendet.

Die Ruhmestat der Judenverbrennung, die Albrecht auf seinem Grabstein verewigen ließ, widersprach den Verordnungen und Beschwörungen des Papstes. Die Ursache des christlichen Glaubensfanatismus war die Glaubensschwäche. Der wirklich christlichen Stimme des Papstes schenkte man kein Gehör, denn jede Milde und Duldung gegenüber Andersgläubigen hätte der eigenen inneren Sicherheit bedurft. Die innerchristlichen Auseinandersetzungen hatten sich verschärft, und es war bequem, den Glaubenshaß auf die Juden abzulenken. Die Päpste waren schwach und zu sehr von den innerkirchlichen Machtverhältnissen abhängig, um die einmal eingeschlagene Linie des Judenschutzes einhalten zu können. Die Mönchsorden hetzten weiterhin gegen die Juden und forderten ihre Vertreibung. Der Franziskanerobservant Johannes von Capistrano (1386–1456), der ausgeschickt war, gegen die Hussiten zu predigen, trat zugleich als »Geißel der Hebräer« auf. Wo er hinkam, verbreitete der fromme Mann Haß gegen die Juden, in Bayern, Böhmen, Mähren, Österreich. In Schlesien kostete seine Anwesenheit Hunderte von Juden das Leben. Er schlug vor, alle Juden auf Schiffe zu bringen und diese »Feinde des Glaubens« auf hoher See auszusetzen. Bis dahin sollte man sich begnügen, sie zu vertreiben, zu töten, zu verbrennen, ihre Güter einzuziehen. »Ob dies göttlich sei oder nicht«, bemerkte der Breslauer Stadtschreiber in seiner Chronik der Judenverbrennung des Jahres 1453, »setze ich auf Erkenntnis der geistlichen Lehrer[50]«.

Es gab aber auch kirchliche Kreise, die versuchten, die tatsächlichen und weltlichen Ursachen der Verfolgungen zu erklären. Am fanatisch verkehrten Glauben, der in den Juden »Gottesmörder« sehen wollte, übten sie allerdings keine Kritik. Sie sahen die Ursache in der einseitigen Beschäftigung der Juden mit dem Geldhandel. In Wirklichkeit aber besaßen die Juden schon lange nicht mehr das Finanzmonopol. Geld wurde auch von Christen, wie den Lombarden und Kawertschen oder den aufblühenden Finanzdynastien der Fugger und Welser, offen ausgeliehen. Große christliche Bankhäuser hatten schon längst damit begonnen, den Juden Geld zum Ausleihen gegen Gewinnbeteiligung zu überlassen. Die Kirche hatte dem nicht widersprochen. Obwohl die breite jüdische Bevölkerung infolge der ständigen Ausbeutung und Beraubung verarmt war und kaum mehr als Geldgeber im großen Stil in Frage kam, waren die Juden weiterhin Zielscheibe der Angriffe der Bettel- und Predigermönche. In vielen Diözesen und Territorien wurde ihnen die Gewährung zinsbringender Darlehen, des öfteren der Aufenthalt überhaupt verboten. Als König Friedrich III. (1440–1493) den Juden Nürnbergs 1470 das Aufenthaltsrecht verlängerte, tat er es mit der Begründung, daß ohne das jüdische Kreditwesen die Christen Darlehen nur noch zu Wucherzinsen geben würden. Nürnberg liege auf sandigem, dürrem, unfruchtbaren Boden; Handel und Gewerbe könnten in der Stadt nicht ohne Wucher und Zinsen bestehen; daher sei das kleinere Übel zu wählen und den außerhalb der christlichen Gemeinschaft stehenden Juden der Wucher zu gestatten[51].

Vertreter der kirchlichen Reformpartei machten den Vorschlag, die Juden zu dulden, aber sie zum Handwerk und Ackerbau zu zwingen. Als jedoch die Juden Handarbeit leisten wollten, stießen sie auf den geschlossenen Widerstand der Zünfte, die ihre Konkurrenz fürchteten. Bezeichnend waren die Worte des Stadt-

---

[50] Browe, a.a.O., 36 ff.
[51] Hugo Barbeck (Hrsg.), Geschichte der Juden in Nürnberg, Nürnberg 1878.

schreibers Purgoldt von Eisenach: »Nun ist ihre Ordnung aber anders eingerichtet, da sie weder Landeigentum, noch erbliche Güter besitzen dürfen, und hätten sie die, so würde ihnen von den Leuten Schaden daran angerichtet werden. Arbeiten sie die Handwerke, so leiden das die Zünfte und Handwerksmeister nicht, die sie nicht in ihre Gesellschaften aufnahmen und sie nicht arbeiten ließen. Treiben sie Kaufmannschaft, so kauft niemand gern bei ihnen, und darum müssen sie Wucher treiben, und das ist ihre Entschuldigung; aber die christlichen Wucherer haben keine Entschuldigung, denn sie treibt ihre Gier und ihre verzweifelte Bosheit.« Auch Martin Luther tadelte in jüngeren Jahren, daß die Zünfte den Juden nicht gestatteten, das Handwerk auszuüben[52].

Die Hetze gegen die Juden gehörte zum ständigen Repertoire der Prediger. Als Feinde der christlichen Religion hatte man sie ohnehin gegeißelt. Nun kam ein neues Motiv hinzu: Die Beschuldigung, daß sie die Hussiten, später, daß sie die Türken unterstützten. So manche Bürgerschaft ließ sich in ihrer, wie es in den Urkunden hieß, »christlichen Seelennot« zu dem Beschluß hinreißen, die Juden auszuweisen. Auf Drängen der Zünfte und gegen den Widerstand des Erzbischofs vertrieb 1437 der Mainzer Patrizier Rat die Juden, weil sie das Christentum gelästert hätten. Sieben Jahre später, als die Zünfte zur Herrschaft gekommen waren, riefen sie die Juden zurück. 1462 aber mußten diese wegen einer Fehde zwischen der Stadt und dem Erzbischof Mainz wiederum verlassen. Der neue Bischof, Adolf II. von Nassau, nahm sie sodann wieder auf, um sie 1473 nochmals auszuweisen. Im eigenen Erzstift aber ließ er sie verbleiben. Ähnlich geschah es in anderen Bistümern. Während die Städte Köln, Trier, Straßburg u. a. »aus christlicher Seelennot« die Juden vertrieben, trugen die Bischöfe keine Bedenken, ihnen das Recht zu belassen, in den Bistümern zu wohnen und mit den Städten Handel zu treiben[53].

Wie ehedem wurde des öfteren die Beschuldigung der Hostien-

---

[52] Raphael Straus, Die Juden in Wirtschaft und Gesellschaft, Frankfurt 1964, 76 ff.
[53] J. S. Menczel, Beiträge zur Geschichte der Juden in Mainz im 15. Jahrhundert, Berlin o. J.

schändung erhoben. Hierzu kamen aber jetzt auch die Anklagen wegen Ritualmordes. Am Gründonnerstag 1475 war in Trient der zweijährige Simon verschwunden und wurde später in der Etsch tot aufgefunden. Die Haßpredigt des Bernardino da Feltre noch in den Ohren, erhoben die Bürger Anklage gegen die jüdische Gemeinde, den Knaben ermordet zu haben. Keine andere Spur wurde verfolgt, die Juden aber 15 Tage lang der Folter unterworfen, bis man von einigen das gewünschte Geständnis erlangt hatte. Der Herzog von Tirol und der Doge von Venedig erreichten die vorläufige Einstellung des Prozesses. Zwei Monate später aber wurde er wieder aufgenommen. »Nur ein alter, sehr betagter Mann, Namens Mosche, bekannte jene schmähliche Unwahrheit nicht und starb unter den Schlägen.« Hierauf verurteilte der Bischof die Juden. »Man verbitterte ihnen das Leben, indem man sie mit Zangen zwickte und dann verbrannte, so daß ihre reine Seele zum Himmel emporstieg, worauf der Bischof seinem Plan gemäß sich all ihre Habe zueignete.« Später forderte er den Papst auf, das Kind heilig zu sprechen, worauf dieser gegen den Willen des Bischofs eine Untersuchungskommission von sechs Kardinälen einsetzte. Nach einem dreijährigen Prozeßverfahren wurde der tatsächliche Mörder ergriffen [54].

Ähnliches ereignete sich in der Mark Brandenburg, wo 1510 38 Menschen auf dem Neuen Markte zu Berlin verbrannt wurden. In Bernau hatte der Kesselflicker Fromm eine Monstranz und zwei Hostien gestohlen und dies beim ersten Verhör ohne weiteres gestanden. Dann aber griff das kirchliche Gericht ein und erreichte durch die Folter ein Geständnis, daß Fromm nur die eine Hostie gegessen, die andere aber an einen Juden verkauft hätte. Auch dieser wurde auf die Folter gespannt, gestand und nannte seine »Mitschuldigen«. Diese nannten wiederum andere, bis schließlich 42 Geständnisse vorhanden waren. Als Fromm in der Beichte vor seiner Hinrichtung bekannte, daß er die Juden grundlos be-

---

[54] Emeq hab-bacha von R. Joseph ha Cohen, übersetzt von M. Wiener, Berlin 1858; Hermann L. Strack, Das Blut im Glauben und Aberglauben der Menschheit, 8. Auflage, Leipzig 1900.

schuldigt hatte, eilte der Geistliche zum Bischof von Brandenburg, um die Hinrichtung der Unschuldigen zu verhindern. Dieser aber gebot ihm Schweigen. Erst Jahre später, nach seinem Übertritt zum Protestantismus, machte der Geistliche von seinem Erlebnis Mitteilung, was Philipp Melanchthon 1539 in Gegenwart des Kurfürsten Joachim II. von Brandenburg bezeugte. Dieser zog daraus die Konsequenzen und lockerte das von seinem Vater nach dem Prozeß erlassene Durchzugsverbot. Tatsächlich war der Hostienschändungsprozeß ein politisches Mittel gewesen, das Bischof und Stände benutzten, dem Kurfürsten, der gerade mehr Juden ins Land gelassen hatte, diese Geldquelle zu nehmen und ihn in Abhängigkeit von den Ständen zu halten[55].

Die Kunde von der Trienter Affäre verbreitete sich schnell, insbesondere da Gutenbergs Erfindung nunmehr den Druck von Flugblättern und Bilderbogen ermöglichte. Was sich am äußersten Rand des Reiches begeben hatte, wurde Gesprächsstoff für alle Provinzen. Das Buchdruckerhandwerk gab der Judenhetze ein neues Gepräge. Ein Vorfall oder eine Anklage von lokaler Bedeutung erlangte schnell allgemeines Interesse. Schandbilder von Juden wurden in großen Mengen verbreitet, auch dort, wo es gar keine Juden gab. Flugblätter taten auch in Gegenden ihr Werk, wo man sich anschickte, die Juden zu vertreiben. So in Nürnberg und in Regensburg; nach dem Regierungsantritt Maximilians I. (1493 bis 1519) in der einen (1499)[56], nach seinem Tode (1519) in der anderen Stadt.

In Regensburg, wo die Bürgerschaft in allen früheren Katastrophen die Juden geschützt hatte, brauchte man nun einen Sündenbock, um den wirtschaftlichen Niedergang abzureagieren. Die Juden, so hieß es, seien Schuld an allen Schwierigkeiten. Die Bürger fürchteten eine neue Beteiligung der Juden am Warenhandel. Sie sprachen von der »Unredlichkeit« der jüdischen Kaufleute und

---

[55] Selma Stern, Der Preußische Staat und die Juden, Tübingen 1962, Teil 1, 5 ff.
[56] Andreä Würfel, Historische Nachrichten von der Judengemeinde Nürnberg, welche ehehin in der Reichstadt angerichtet gewesen, aber Anno 1499 ausgeschaffet worden, Nürnberg 1755, 149.

ließen nicht gelten, daß die von den Juden geübten Handelsmethoden auch ihrem eigenen kaufmännischen Gebaren entsprachen. In ihren gedruckten »Hantierungen« für werdende junge Kaufleute hatten sie die kalten Methoden »pour corriger la fortune« durchaus als berechtigt niedergelegt. Überdies war das jüdische Darlehnsmonopol durch das christliche Bankgeschäft schon längst gebrochen. Während es darum ging, die eigene Wirtschaft zu sanieren, hieß es, daß die Vertreibung der Juden die »Sitten der Stadt« reinigen und sie vor dem Niedergang retten würde [57].

Wie konnten Menschen in dieser Welt des Hasses und Verbrechens leben? Wie konnten die Juden immer wieder in die Städte zurückkehren, in denen sie so unmenschliche Qualen erlitten hatten? Nur ihr demütiger Glaube, ihre unbedingte Ergebung in das, wie sie meinten, von Gott gewollte Schicksal macht dies begreiflich. Den Juden der damaligen Zeit schien ihre Welt als ein notwendiges Durchgangsstadium, ihr Leben als eine Aufgabe, die erfüllt werden mußte. Sie lebten, tagtäglich und jede Stunde die Vernichtung vor Augen, aber in ihrer frommen Ergebenheit, im Glauben an den Einen, Einzigen Gott und waren bis zum Letzten entschlossen, das ihnen von Gott geschenkte Leben zu bewahren. Ihre Auffassung von der Heiligkeit des Lebens konnte keine von Menschen zugefügte Erniedrigung erschüttern. Das Streben der Juden nach Reichtum erklärt sich aus ihrer Bedrängnis. Weit mehr als für andere war er eine Voraussetzung des Daseins überhaupt. Ohne Geld war der Jude, dem keine Heimat gewährt wurde, der jeder Willkür ausgesetzt war, verloren. Aber auch der Reichtum rettete ihn nicht, denn nur selten konnte er sich von seinen Verfolgern loskaufen. Je reicher er wurde, um so mehr wurde er Zielscheibe des Hasses, um so stärker wurde das Verlangen, ihn – unter dem duldsamen Auge der christlichen Obrigkeit – zu töten, um seines Vermögens habhaft zu werden. Trotz allem war das Leben der Juden nicht freudlos. Frömmigkeit im Leid verlieh ihnen die Kraft zur Freude am Leben. Mit Freude begingen sie die

---

[57] Raphael Straus, Urkunden und Aktenstücke zur Geschichte der Juden in Regensburg 1453–1738, München 1960.

althergebrachten Feste in der Familie und in der Gemeinschaft. Daneben gab es merkwürdig viel Streit, der oft mit einer Hartnäckigkeit ausgefochten wurde, als hätten die Beteiligten nicht ihre schwere gemeinsame Not, als wüßten sie nichts von ihrer Schicksalsgemeinschaft. Aber all das galt nur der Erhaltung der körperlichen Existenz. Das wahre Leben sahen sie in der Befolgung des göttlichen Gebots und dafür waren sie eher bereit zu sterben als die Taufe zu empfangen.

Bei aller Verschiedenheit und Individualität, bei allen inneren Streitigkeiten hatten die Juden doch einen einheitlichen Willen, die altüberlieferte Lehre zu bewahren. Im Zeitalter der Verfolgung konnte diese sich nicht entfalten, aber sie wurde mit Hingebung gepflegt. Im 14. und 15. Jahrhundert wurden neue Lehrhäuser errichtet. Manche waren so stark besucht, daß die städtischen Bürgerschaften eingriffen, um die Besucherzahl zu begrenzen. Der Schwerpunkt verschob sich zeitweise vom Rhein nach dem Osten. Sachsen und Österreich wurden die bevorzugten Sitze der jüdischen Lehre, aber im 16. und 17. Jahrhundert gewannen wieder Augsburg, Nürnberg und Regensburg an Bedeutung. Bestimmte Methoden des Talmudstudiums wurden nach diesen Städten benannt. Bezeichnend für die Unsicherheit der Zeit ist, daß die großen Rabbiner viel auf Wanderschaft waren. Sie lehrten an verschiedenen und oft ganz entlegenen Orten. Anselm aus Köln, den Kaiser Sigismund zum Oberrabbiner ernannt hatte, (vgl. S. 73), wirkte in Frankfurt, Regensburg, Worms und Andernach. Jakob Weil war Rabbiner in Augsburg, Nürnberg und Erfurt, Mose Mainz (Menz) lehrte außer in seiner Heimatstadt auch in Frankfurt, Ulm, Würzburg, Bamberg und schließlich in Posen. Viele der Gelehrten wurden Opfer der Verfolgungen. Samuel Schlettstadt, der als Richter in eine Fehde der Ritter von Andlau gegen die Stadt Straßburg verwickelt war, wurde zuerst von einem anderen Ritter geschützt. Nachdem er 1376 dessen Burg verlassen und nach langen Wanderungen nach Straßburg zurückgekehrt war, wurde er während eines Überfalls auf seine Gemeinde umgebracht. Anselm war der Enkel eines Märtyrers

Lipman aus Osnabrück. Israel Isserleins Mutter starb mit der Gemeinde in Wien (vgl. S. 74), Israel Bruna war Jünger des Märtyrers Rabbi David aus Schweidnitz. Er selbst wurde in Regensburg auf Befehl des Kaiser Friedrichs III. verhaftet, damit er die Gemeinde durch seinen Bannspruch zur Zahlung einer Vermögensabgabe nötige, sodann des Ritualmordes beschuldigt und der Tortur eines Prozeßverfahrens unterworfen, schließlich aber doch wieder freigelassen.

Hohen geistigen Ertrag konnte die gelehrte Arbeit solcher Zeiten nicht erbringen. Wer überhaupt die Ruhe zu literarischer Arbeit fand, schrieb für den Bedarf des Tages und beschränkte sich auf Anweisungen zur Beachtung im täglichen Leben. Nur wenig von dem gelehrten Gut konnte gerettet werden. So sind vom viel gerühmten Werk des Rabbi Menachen aus Merseburg nur wenige Seiten erhalten. Die großen Rabbiner standen in gelehrtem Briefwechsel miteinander und tauschten Gutachten (Responsen) aus. Sie bemühten sich auch während der Verfolgung, durch gemeinsame Beratungen die Ordnung zu erhalten. Dabei waren ihre Zusammenkünfte nicht ungefährlich. So wurden sie 1386 nach der Rückkehr von einer Versammlung in Weißenfels überfallen. Ungeachtet der Geleitbriefe sächsischer Fürsten wurden sie von Raubrittern mißhandelt, gefangen gesetzt und nur gegen hohes Lösegeld wieder freigelassen. Charakteristisch war die Aussage eines der unter Anklage gestellten Räuber: die Juden, erklärte er, verdienten als Feinde der Kirche den Schutz der christlichen Obrigkeit nicht, und er würde die Feinde Christi weiterhin verfolgen und mißhandeln. »Die Antwort entzückte die Fürsten«, bemerkte der Chronist, und der Verbrecher wurde freigesprochen. Trotz aller Gefahren hielten Rabbiner und Gemeindevorsteher gemeinsame Beratungen ab, so oft es ihnen notwendig erschien. Die Gemeinden bestanden aber auf ihrer Autonomie. 1455 erhoben sie einen Proteststurm, als Rabbi Seligmann Oppenheimer in Bingen versuchte, die Gemeinden am Rhein unter seinen und seiner Schüler Willen zu zwingen.

Zu den beliebtesten und meist gelesenen Autoritäten der Zeit

gehörte Jakob Möllin (Maharil) aus Mainz (gest. 1427 in Worms).
Er beobachtete sorgfältig die Bräuche und Sitten, die Gebete und
Melodien der rheinischen Gemeinden. Sein Jünger Salmann aus
St. Goar schrieb sie nieder, und sie wurden wie ein Heiligtum gehütet und verehrt. Ihnen und ähnlichen Schriften verdanken wir
reiche Kunde des Volkslebens jener Zeiten. Ein angesehener und
durch seine Vielseitigkeit ausgezeichneter Zeitgenosse war Rabbi
Lipmann aus Mühlhausen in Thüringen. Er las viel in der Bibel,
verstand auch Lateinisch und las das Neue Testament so wie die
Kirchenväter. Er hatte freundschaftliche Auseinandersetzungen
mit christlichen Geistlichen, mußte aber schließlich auf Denunziation eines Apostaten das Judentum öffentlich verteidigen. Er
verfaßte eine Schrift »Nizzachon« (Disputation), in der er seine
Auffassung der umstrittenen Bibelstellen, nebst sonstigen Bibelstudien und Anleitungen zu einem gottesfürchtigen Leben, niederlegte. Er wollte »Irrtümer beseitigen, nicht Menschen«, so schrieb
er. Die Devise »Glaube oder Leben« sei nicht jüdisch. Bei allem,
was ihn vom Christen trenne, habe der Jude nie vergessen, daß jedermann Mensch und Gottes Geschöpf sei. Wenn aber die anderen
wie Unmenschen gegen die Juden wüteten, so hätten diese Tod oder
Vertreibung als den Willen Gottes auf sich genommen und sich
in ihr hartes Schicksal gefügt.

Wo fanden die vertriebenen Juden jener Zeit Zuflucht? Seit 1348
ging eine ständige jüdische Wanderung nach dem Osten. Über
Prag und Krakau oder über Kalisch und Posen zogen zahlreiche
Juden nach Polen, wo die Könige sie in dem großen Reich willkommen hießen und ihnen Privilegien verliehen. Das noch heute
unter den Juden des Ostens häufige Vorkommen der Familiennamen Mainz und Speyer, Günzburg und Landau, Heilbronn und
Öttingen usw. – in den verschiedenen Abwandlungen – zeugt von
der Abstammung der Vorfahren. Die jüdische Sprache, das sogenannte Jiddisch, mit seinen zahlreichen oberdeutschen Bestandteilen, das noch heute unter den Ostjuden gesprochen wird, bewahrte
den Dialekt der damaligen Wanderer. Manche alte deutsche Erzählung, wie die Geschichte vom Parzival oder von Dietrich von

Bern, nahmen sie in die neue Heimat mit und hielten sie jahrhundertelang lebendig. Andere Juden wanderten nach Italien aus, wo es noch heute aschkenasische Synagogen (scuola tedesca) gibt und z. B. der Name der Luzzatti an die Lausitz als Ursprungsland erinnert. Manche wanderten noch weiter bis in die Türkei, wo der Sultan Juden aus aller Welt herbeirief. Israel Zarfati in Konstantinopel lud in einem warmen Aufruf »den Überrest Israels in den Städten des Schwabenlandes, der Rheinlande, der Steiermark, Mährens und Ungarns« ein, sich vor den Gewalttaten in ihrer Heimat in das Land zu retten, in dem man freier atmen und nur noch einen kurzen Weg ins Heilige Land habe. Ein Konstantinopler Handelsvertreter des Hauses Fugger berichtete (um 1530), daß alljährlich auch viele deutsche Christen dorthin ausgewandert und zum Judentum übergetreten seien.

Aber ein Teil der – freilich nach dem Morden von 1348-1350 nicht mehr zahlreichen – deutschen Juden blieb im Lande. Ihr weiteres Überleben verdankten sie der Vielgliedrigkeit des Reiches und den verworrenen Herrschaftsverhältnissen, der Eifersucht der Fürsten und Städte untereinander. Wenn die Städte die Juden auswiesen, wurden sie von anderen, von geistlichen und weltlichen Fürsten aufgenommen, das heißt, wenn diese sich für ihre eigene Kasse und die Wohlfahrt ihrer Gebiete davon Nutzen versprachen. So kam es, daß jüdische Gemeinden, besonders im Westen und Süden, wo die Herrschaftsverhältnisse stark zersplittert waren, sich wieder bilden konnten. Aber stets waren sie gezwungen, das Aufenthaltsrecht, die sogenannte »Stättigkeit«, und das Privileg der Berufsausübung käuflich zu erwerben. Und immer blieben sie abhängig von der Willkür des Kaisers, der Fürsten und der Städte.

3. KAPITEL

Humanismus und Reformation

Johannes Reuchlin *und die Kölner Dominikaner*

Das Schicksal der Juden im sechzehnten Jahrhundert wurde durch die politischen Wandlungen und Glaubenskrisen bestimmt. Die Streitigkeiten zwischen dem Kaiser und den Fürsten berührten auch das Judenregal. Landesherren und Stände stritten sich über die Aufenthaltsrechte oder die Vertreibung ihrer Schutzbefohlenen. Theologische Fakultäten und Humanisten begannen, über die Bedeutung der talmudischen Literatur zu diskutieren. Die einen wollten sie verbrennen und die anderen sie erhalten. In den Augen der meisten Scholastiker waren die Juden und ihre heiligen Bücher mitverantwortlich für die christliche Glaubensspaltung. Sie fürchteten das Interesse, welches nunmehr der Kreis der Humanisten für die hebräische Sprache und die rabbinische Literatur bekundete. Die Reformatoren jener Zeit meinten, die Juden seien schuld am Türkenkrieg und am Sektierertum. In den damaligen Streitgesprächen brachte man die Juden jeweils mit der verketzerten Gegenseite in Zusammenhang. Manche gaben sich zeitweilig als Freunde und Verteidiger der Juden aus, so etwa die Humanisten in ihrem Streit mit den Spätscholastikern. Aber es zeigte sich doch bald, daß die meisten nicht die gegenwärtige Judenheit meinten, wenn sie für das Judentum eintraten, sondern das wieder neu entdeckte vorchristliche biblische Schrifttum.

Es muß seltsam erscheinen, wie sehr die Führer der damaligen Christenheit die unterdrückte kleine jüdische Bevölkerung fürchteten. Wirtschaftlich war deren Geldgewerbe verhältnismäßig unbedeutend geworden. In religiöser Hinsicht waren sie durchaus nicht bemüht, Proselyten zu werben. Gesellschaftlich hatte man sie erfolgreich von der Bevölkerung isoliert. Das Dasein der Juden, so gedemütigt sie auch waren, schien aber denjenigen, die sich im Grunde ihres eigenen Glaubens nicht sicher waren, eine ständige Bedrohung christlicher Lehren. Die Juden, die nicht an die Gottheit des christlichen Heilandes glaubten, waren dem Glauben ihrer Väter an den Einen, Einzigen Gott treu geblieben, weil sie im Trinitätsdogma einen Götzendienst sahen. Die fürchterlichsten Verfolgungen hatten daran gar nichts ändern können. Die jüdische Glaubensfestigkeit steigerte die Verfolgungswut der christlichen Fanatiker. Statt in ihr das Zeichen dafür zu sehen, daß den Juden auch nach dem Kommen des christlichen Heilandes der Bund Gottes mit seinem Volk Israel nicht gekündigt war, versuchte man nur um so heftiger, die Juden und die durch ihre Standhaftigkeit lebendig gehaltene Überlieferung zu vernichten. Nur das »Christentum« – und zwar, wie es sich jetzt zeigte, das spezifische Christentum der verschiedenen Orden und Fakultäten – sollte die göttliche Wahrheit haben. Der Glaube dieser Fanatiker »bewies« sich alsbald an der Vernichtung jüdischen Schrifttums. Schon 1239 hatte Gregor IX. eine Prüfung der jüdischen Bücher angeordnet. Als ihm die Verteidigung der Juden in öffentlichen Disputationen ungenügend erschien, ließ er die Schriften drei Jahre später in einem feierlichen Akt zu Paris verbrennen. Disputationen und Talmudverbrennungen fanden auch später während der Inquisition statt. Die Dominikaner, die neben der Ketzerverfolgung und der Heidenmission auch die Judenbekehrung als ihre besondere Aufgabe übernommen hatten, wollten nunmehr die »hartnäckige Unbelehrbarkeit« der Juden an der Wurzel angreifen. Ihr Schrifttum sollte der Lästerung Jesu und des ganzen Christentums überführt werden. Dem Eifer der Dominikaner, Schriften zu vernichten, konnte freilich im 16. Jahrhundert, nach der Erfindung der Buchdruckerkunst, kein ganzer Erfolg beschieden sein. Auch entzogen sich die vielen Schriften in mohammedanischen Ländern ihrem Zugriff [1].

---

[1] Wilhelm Maurer, Kirche und Synagoge, Stuttgart 1953, 33 ff.

Der Schützling der Dominikaner, der Konvertit Johannes Pfefferkorn (getaufte Juden hatten schon oftmals Dienste in der Judenmission und Verfolgung geleistet) war ein übel beleumdeter ehemaliger Fleischer aus Mähren. In den Jahren 1507–1509 veröffentlichte er im Auftrag des Kölner Ordens eine Reihe von Schmähschriften. Darin behauptete er, der Talmud enthalte Beleidigungen Christi und der Jungfrau Maria. Er lehre lästerliche Bräuche, und die Juden seien »Bluthunde«, die sich vom Schweiße der Christen Arbeit nährten. Man solle ihnen ihre Kinder nehmen, um sie zu taufen. Das Volk solle gegen sie aufstehen, damit die Fürsten sie aus dem Lande verjagten. 1509 erlangte Pfefferkorn ein Mandat vom Kaiser, das ihn ermächtigte, die Bücher der Juden zu beschlagnahmen. Maximilian, dem nachträglich Zweifel kamen, beauftragte einige Gelehrte, darunter den ersten Hebraisten jener Zeit, Johannes Reuchlin (1455–1522), mit einer genauen Untersuchung, ob die jüdischen Schriften tatsächlich gegen den Christenglauben gerichtet seien. In seinem Rechtsgutachten und in seinen Verteidigungsschriften, insbesondere im »Augenspiegel«, wandte sich Reuchlin entschieden gegen die Zwangstaufe und die Verbrennung der hebräischen Bücher. Er ging vom Gleichheitsgrundsatz des göttlichen und menschlichen Rechts aus. Gott war demnach der Schöpfer aller Menschen, gleich welchen Glaubens, und alle Menschen waren nach römischem Recht gleich. So widersprächen kanonisches sowohl als auch römisches Recht der Verfolgung von Juden, nur weil diese das Christentum ablehnen: »Das ist ihr Glaube, damit schmähen sie niemand.« Für ihren Glauben sind sie nur Gott unterworfen und, wie die Christen, nur ihm verantwortlich. Es gibt auch kein göttliches Verbot, mit Juden zu verkehren, mit ihnen zu handeln, Verträge abzuschließen. Vielmehr soll man mit ihnen disputieren und von ihnen lernen. »Zuletzt soll ein Christenmensch den Juden liebhaben als seinen Nächsten; das alles ist im Recht begründet.« Seinen Rat, daß der Talmud nicht verbrannt werden soll, gründete Reuchlin auf das Evangelium. »Denn unser Herr Jesus Christus hat gesagt: ›Ihr durchforscht die Schriften, weil ihr meint, in ihnen das ewige Leben zu haben; und diese sind es (doch), die von mir zeugen.‹ (Joh. 5, 39).« Und was die Juden und ihre Schriften heute betrifft, »was ist da anderes zu sagen, als was Kaiser und Päpste schon darüber geredet haben, daß man sie in ihren Synagogen, ihren Gewohnheiten, Sitten und Andachten gewähren lasse... So die Juden Frieden halten, soll man auch sie in Frieden lassen... Darum sollen wir ihre Kinder nicht ohne ihren Willen taufen. Daraus folgt, daß man ihre Bücher ihnen auch nicht ohne ihren Willen nehmen soll, denn Bücher sind manchen so lieb wie ein Kind«. Auch sind die Juden, genau wie die Christen, Untertanen des Heiligen Römischen Reiches. Sie sind »Glieder des Heiligen Reichs und des Kaisertums Bürger« und »mit uns in einem Reiches Bürgerrecht und Burgfrieden«. So bindet weltliches Recht »Christen und Juden jegliches nach seiner Gestalt«. Kaiserliche und königliche Rechte und fürstliche Satzungen haben festgelegt, daß niemand das Seine durch Gewalt verliere. So sollen die Juden ihre Synagogen »ohne Irrung und Eintrag« halten, so sind »solche Judenbücher noch nicht weder von geistlichen noch von weltlichen Rechten verworfen noch verdammt... Man soll nicht mögen solche Bücher den Juden abreißen und sie unterdrücken oder verbrennen [2].«

Den jüdischen Gemeinden erklang Reuchlins Stimme wie ein Anruf zur Menschlichkeit. Eine große Wende im Schicksal der Juden sei eingetreten, meinte Josel von Rosheim, ihr Führer und Sprecher (1480-1550 s. S. 97 ff.). Reuchlin erschien ihm als »ein Weiser, der Völker«, seine Verteidigung der jüdischen Lehre in der Zeit der Erniedrigung als »ein Wunder im Wunder« [3]. Bei der Verteidigung der Juden fand Reuchlin aber keineswegs die Unterstützung aller deutschen Humanisten, obwohl viele ihm gerade im Kampf gegen die Kölner Dominikaner beistimmten. Die literari-

---

[2] Ludwig Geiger, Johann Reuchlin. Sein Leben und seine Werke, Leipzig 1871; Guido Kisch, Zasius und Reuchlin, Konstanz und Stuttgart 1961, 25 f.; H. Rupprich, »Johannes Reuchlin und seine Bedeutung im europäischen Humanismus«, in Johannes Reuchlin. Festgabe, Pforzheim 1955, Hrsg. M. Krebs, 10 ff.; Willehad Eckert »Das Verhältnis von Christen und Juden im Mittelalter und Humanismus«, in Monumenta Judaica, Köln 1963, 181 ff.

[3] Selma Stern, Josel von Rosheim, Stuttgart 1959, 43.

sche Fehde weitete sich zu einer humanistisch-scholastischen Auseinandersetzung aus, in die auch die Universitäten Mainz, Köln und Erfurt hineingezogen wurden. 1510 trat der Erzbischof Uriel von Mainz an Kaiser Maximilian heran, er möge die Juden zum Verzicht der Bücher nötigen. Der Kaiser verlangte jedoch weitere Gutachten. Der dadurch bedingte Aufschub kam den Juden zugute. Noch im Jahre 1510 wurden ihnen die von Pfefferkorn in Frankfurt und Worms bereits beschlagnahmten Bücher wieder zurückgegeben. Eine endgültige kaiserliche Entscheidung aber wurde nicht gefällt, vielleicht, weil auch Maximilian Interesse an jüdischen Büchern gefunden hatte, oder aber auch, weil einer seiner Günstlinge, Herzog Erich von Braunschweig, seine Juwelen bei Frankfurter Juden versetzt hatte und sie am Verfallstag nicht einlösen konnte.

Die Gegner Reuchlins, insbesondere Johannes Pfefferkorn und die Dominikaner, aber ruhten nicht. Beschuldigungen wurden erhoben, Reuchlin habe sich von den Juden bestechen lassen. Neue Gutachten wurden eingeholt. 1513 forderte die Pariser Universität, nach dem Eingreifen Ludwig XII., die Einziehung des »Augenspiegels« und empfahl die Verbrennung des Talmud. Der Inquisitor Jacob Hochstraten strengte gegen Reuchlin einen Ketzerprozeß an, der schließlich von dem Bischof Georg von Speyer durchgeführt wurde und 1514 mit einem Freispruch endete. Im gleichen Jahr aber begann schon der zweite Prozeß in Rom, der wiederum von einer literarischen Fehde zwischen Humanisten und Scholastikern begleitet wurde. Sie fand unter anderem auch in den satirischen »Dunkelmännerbriefen« ihren Niederschlag. Reuchlin wurde fälschlicherweise bezichtigt, er sei ein Freund der Reformatoren. Am 23. Juni 1520 erfolgte seine Verurteilung und das Verbot des »Augenspiegels«[4].

Im Streit gegen die »Dunkelmänner« hatte Martin Luther (1483 bis 1546) die Partei der Humanisten ergriffen[5]. Mit der Begrün-

---

[4] Geiger, a.a.O., 252 ff.; Eckert, a.a.O., 187 f.
[5] Für Folgendes vgl. insbesondere Martin Stöhr, »Luther und die Juden«, in Evangelische Theologie (1960), Heft 4.

dung, daß man in Gottes Heilsplan nicht eingreifen dürfe, verwarf er die gewaltsame Bekehrung durch Zwangstaufen. Die Rückkehr Luthers zur Heiligen Schrift und seine Bemühungen, die Religion von Menschensatzungen zu bereinigen, erweckten bei einigen Juden Hoffnungen, könnte dies doch bedeuten, daß nunmehr die feindselige Christenheit wirklich, auch den Juden gegenüber, christlich werde. Manche glaubten sogar, daß sich das Christentum dadurch ihrem eigenen Glauben nähern würde. Als sich Luther 1521 in Worms aufhielt, um vor dem Reichstag seine Lehre zu rechtfertigen, erschienen zwei Juden bei ihm und meldeten sich zu einem Religionsgespräch. Ob diese Diskussion tatsächlich stattgefunden hat und wie die beiden frommen Männer hießen, wissen wir nicht. Sie scheinen aber in Luther das Verlangen geweckt zu haben, die Juden für seine Lehre zu gewinnen. Um die Annäherung zu fördern und um gegen etwaige Angriffe seine Rechtgläubigkeit zu verteidigen, verfaßte Luther die Schrift »Daß Jesus Christus ein geborener Jude sei« (1523). Den Juden empfahl er, Jesus zunächst nur als Messias zu huldigen, ihn aber dann später als Gottmenschen anzuerkennen. Er verurteilte den Judenhaß mit kräftigen Worten, wie sie kaum einer seit Jahrhunderten für die Juden gesprochen hatte. »Unsere Narren, die Päpste, Bischöfe, Sophisten und Mönche haben bisher also mit den Juden verfahren, daß, wer ein guter Christ wär gewesen, hätte wohl mögen ein Jude werden. Und wenn ich ein Jude gewesen wäre und hätte solche Tölpel und Knebel den Christenglauben regieren und lehren gesehen, so wäre ich eher eine Sau geworden als ein Christ. Denn sie haben mit den Juden gehandelt, als wären es Hunde und nicht Menschen. Und wenn wir gleich hoch uns rühmen, so sind wir dennoch Heiden und die Juden von dem Geblüt Christi, wir sind Schwäger und Fremdlinge, sie sind Blutsfreunde, Vettern und Brüder unseres Herrn[6].« Demgegenüber forderte Luther, »christlicher Liebe Gesetz« an den Juden zu »üben und sie freundlich annehmen, mitlassen erwerben und arbeiten« zu lassen »da-

---

[6] Martin Luther, »Daß Jesus Christus ein geborener Jude sei«, Werke, Weimarer Ausgabe, XI, 307 ff.

mit sie Gelegenheit und Raum gewinnen, bei und um uns zu sein, unsere christliche Lehre und Leben zu hören und zu sehen. Ob etliche halsstarrig sind, was liegt daran? Sind wir doch auch nicht alle guten Christen«[7].

Die Juden überhörten die missionarische Absicht Luthers nicht, aber sie knüpften große Hoffnungen an seine Lehre. So schickten die Marranen (zum Schein getaufte spanische Juden) in Antwerpen Luthers Schrift heimlich an die von der Inquisition bedrohten Glaubensbrüder in Spanien, »damit sie mögen Trost und Hoffnung daraus schöpfen«[8].

Die psychologische und theologische Wandlung, die sich bei Luther vollzog in der Zeit zwischen dieser ersten judenfreundlichen Schrift und seinen beiden letzten bösartigsten: »Von den Juden und ihren Lügen« und »Vom Schem Hamphoras« (1543) gibt heute noch Rätsel auf. An den Juden selber hatte sich freilich inzwischen nichts geändert. Die Erklärung, daß Luther sich im Alter durch Enttäuschung und Verbitterung zum Haß hinreißen ließ, ist sicherlich begründet. Die gleiche Umstellung vollzog sich auch in seiner Haltung gegenüber dem einfachen Volk. Der junge freiheitsliebende, ungestüme Luther wurde in seinem Alter zum verbitterten Gegner des »Pöbelhaufens« und zum Diener der Obrigkeit. Die Ursachen sind aber auch in der engeren Auslegung des Evangeliums zu suchen, die ebenso auf psychische wie soziale Wurzeln zurückzuführen wäre. Man könnte fast eine allgemeine Regel aufstellen, daß überall da, wo christlicher Glaube nicht mehr von Hoffnung getragen wird, wo er sich eng und unfrei nur noch auf Vergangenes stützt, die Juden zum Opfer werden. Wo keine Hoffnung auf die Wiederkunft des christlichen Messias mehr besteht oder wo diese in unerreichbare Ferne gerückt ist, bleibt fast alle christliche Religiosität beim Kreuzestod Jesu stehen, müssen Blut und Leid, statt Hoffnung und Freude, den Glauben bestimmen. Das erste Opfer dieses Blutglaubens sind dann die Juden als die »an allem Schuldtragenden«.

---

[7] Ebenda, 336 f.
[8] Stern, a.a.O., 128.

Der unmittelbare Anlaß, den die Juden selber dem Reformator für seinen Gesinnungswandel gaben, war, daß sie sich nicht durch seine freundlichen Worte bekehren ließen. Sie betrachteten Luthers Schrift als ein hoffnungsvolles Zeichen christlicher Erneuerung und Selbsterkenntnis; sahen mit Staunen, welche Bedeutung mit einem Male der hebräischen Bibel zugemessen wurde, wie zahlreiche Anhänger Luthers (zum Beispiel die Wiedertäufer) mit der Befolgung alttestamentlicher Lehren ernst machten. Aber warum sollten sie deshalb ihren Glauben an den Einen Gott für die christliche Lehre von der Dreieinigkeit eintauschen? Mit der Zeit wurde Luthers Ton gegenüber den Juden immer gereizter. Dies hing auch mit seinem Ärger über die vielen neuen Sekten, darunter die Antitrinitarier, deren Monotheismus der jüdischen Lehre verwandt schien, zusammen. In Schlesien begann 1528 eine kleine Gruppe von Täufern, die auf die nahe Wiederkunft des Messias hofften, den Sabbat einzuhalten. In seinem »Brief wider die Sabbather und einen guten Freund« (1538) polemisierte Luther gegen das jüdische Gesetz. In seinen Tischreden äußerte er, daß man die Juden nicht dulden dürfe. In den beiden Schriften »Von den Juden und ihren Lügen« und »Vom Schem Hamphoras« (1543) verleugnete er schließlich alles, was er zwanzig Jahre vorher geschrieben hatte. Während Luther in seiner Jugendschrift von einer Bruderschaft wirklich gläubiger Christen und Juden gegen die Päpste und Schriftverdreher gesprochen hatte, sprach er jetzt nur noch mit Christen, und vor allem mit den Obrigkeiten, den Fürsten, Geistlichen und Gemeinden. In den Juden sah er jetzt nur noch Verlorene und Verdammte, die auf keine Predigt zu hören bereit wären. Sie seien Teufelskinder, die an der Verkündigung, an der Gnade Gottes keinen Teil haben. Hatte Luther früher die Beziehungen zwischen Juden und Christen verbessern wollen, weil die Verhältnisse unmenschlich und unchristlich waren, so sah er jetzt in der Erniedrigung der Juden den Beweis des göttlichen Zorns und ihrer Verdammnis. »Hier in diesem Elende nicht eine Fliege mit einem Flügel ihnen zischet zum Trost. Heißt das nicht verlassen von Gott, so mag der Teufel auch rühmen, er sei noch nicht verlassen von Gott.« Später heißt es paradoxerweise in der gleichen Schrift: Die Juden »halten uns Christen in unserem eigenen Land gefangen... (Sie) sind also unsere Herren, wir ihre Knechte [9]«.

Woher die Furcht vor diesem kleinen erniedrigten Volk? Der Grund des ganzen Hasses war die Unsicherheit im eigenen Glauben, vielleicht die Furcht des Reformators, daß er die realen Auswirkungen seiner Kirchen- und Dogmenkritik nicht ertragen würde. Warum sollte einem gläubigen Christen auch nur für einen Moment das Beharren der Juden auf dem Glauben an den Einen Gott ein so großes Ärgernis sein? Wenn man sich vor den Juden so fürchtete, lag dies vielleicht in der nicht eingestandenen Erkenntnis, daß all das, was man ihnen antat, eine Sünde war. Denn tatsächlich waren die Juden, wenn man, wie Luther es wünschte, das Evangelium wirklich las, das »Volk Gottes« und »Blutsverwandte Christi«. Fürchtete man vielleicht, daß der Judenmord eine Nachvollstreckung der Kreuzigung des Gottessohnes sei? Fürchtete man sich etwa, nicht so sehr vor den Juden, sondern vor göttlicher Strafe wegen der eigenen Verbrechen oder schuldbeladenen Gedanken? Der Ausweg aus dem Dilemma war, die Opfer mit dem Fluch Gottes zu beladen, den man selber fürchtete. Der Juden Glaube wurde verteufelt, die eigene Bosheit auf sie projiziert. Die letzte Konsequenz war dann, daß die Juden, als Zeugen der Schuld, verbannt oder völlig vernichtet wurden. Luther forderte, daß man die Christen »um ihres Seelenheils willen« vor den Juden schützen solle. Die Juden trieben Zauber, sie seien ein »Schlangengezücht und Teufelskinder«. »Darum hüt dich vor den Juden und wisse, wo sie ihre Schulen haben, daß daselbst nichts anderes ist als ein Teufelsnest, darin eitel Eigenruhm, Hochmut, Lügen und Lästern. Und wo du einen Juden sehest und hörest lehren, da denke nicht anders, als daß du einen giftigen Basiliken hörest, der auch mit dem Gesicht die Leute vergiftet und tötet [10].«

---

[9] Luther, »Die Juden und ihre Lügen«, Werke, Band 53, 417 ff.
[10] Ebenda.

Die verzerrte Auslegung des Evangeliums – daß die Juden unter Gottes Zorn und außerhalb seiner Gnade stünden – bedeutete die Ausschließung der Juden aus der menschlichen, d. h. »christlich begnadeten« Gemeinschaft. Die letzte Folge daraus war das, was im nationalsozialistischen Deutschland 400 Jahre später geschah. Luthers sieben Vorschläge zum Schutz des christlichen Seelenheils nahmen die späteren Forderungen »zur Bewahrung der Reinheit der arischen Rasse« (vgl. S. 288 ff.) vorweg: Man solle die Synagogen und Schulen verbrennen und noch »höllisches Feuer hineinwerfen, damit Gott unseren Ernst und alle Welt solches Exempel sehe«. Man solle ihre Häuser zerstören und die Juden wie die Zigeuner »unter ein Dach oder Stall« tun, damit sie wissen, daß sie nicht Herr im Lande, sondern im Elend gefangen sind. Ihre Gebet- und Talmudbücher solle man ihnen abnehmen, auch die Bibel, denn sie gebrauchten sie nur zur Lästerung, und den Rabbinern verbiete man bei »Leib und Leben« das Lehren. »Geleit und Straße« soll man ihnen aufheben, »denn sie haben nichts auf dem Land zu schaffen, weil sie nicht Herrn, noch Amtleute, noch Händler, noch desgleichen sind, sie sollen daheim bleiben«. Den Geldhandel soll man ihnen verbieten und ihnen Barschaft und Kleinodien abnehmen. Die Jungen und Starken zwinge man, mit »Flegel, Axt, Karst, Spaten, Rocken, Spindel« zu arbeiten, um »ihnen das faule Schelmenbein aus dem Rücken zu vertreiben«. Am besten für alle sei es, bei »gemeiner Klugheit der anderen Nationen« zu bleiben und sie für immer aus dem Lande zu jagen. »Denn, wie gehört, Gottes Zorn ist groß über sie, daß sie durch sanfte Barmherzigkeit nur ärger und ärger, durch Schärfe aber weniger besser werden. Drum immer weg mit ihnen[11].«
Ein »grob unmenschlich buch mit scheldworten und laster« nannte Josel von Rosheim Luthers Hetze in einer Verteidigungsschrift an den Straßburger Magistrat. Dieser verbot den Druck in seinem Gebiet. Luthers Behauptungen und Vorschläge zur Behandlung der Juden waren in der Sache nicht neu. (Er wiederholte sogar

---

[11] Ebenda, 522 f.; vgl. hierzu Maurer, Kirche und Synagoge, 1953, 36 ff., 88 ff.

die »Historien« von gemordeten Kindern und vergifteten Brunnen, die Päpste und Kaiser des Mittelalters schon als unbeweisbar und widervernünftig verworfen hatten.) Sie hatten aber zunächst auch kaum einen unmittelbaren praktischen Einfluß auf die Landesfürsten. Die Synagogen und Lehrhäuser wurden nicht verbrannt; den Rabbinern wurde das Forschen und Lehren nicht verboten. Man zwang die Juden nicht zur Arbeit mit »Flegel und Axt« oder, wie der Reformator Martin Butzer 1538 dem Landgrafen Philipp von Hessen empfahl, zu den »mühseligsten und ungewinnlichsten Arbeiten als da sein der Bergknappen Arbeit, Graben, Walmachen, Stein und Holz hauen, Kalk brennen, Schornsteine und Kloaken fegen«.

Butzers fromme Begründung, daß es »göttlich Recht« sei, die Juden in den untersten Stand herabzudrücken, aus ihnen ein Exempel zu machen, um Christen »von der Gottlosigkeit abzuschrecken, deren Straf und Bußen den Juden so ernstlich vor Augen wär[12]«, war für die Fürsten letztlich nicht entscheidend. Bestimmend für ihre Maßnahmen war jetzt weit mehr die Staatsräson. Wer aus den Juden Nutzen ziehen wollte, tat besser daran, ihnen den Geldhandel und die Pfandleihe zu überlassen, auch das Wechslergeschäft, den Hausier- und Nothandel auf dem Lande. Hohe Schutzgelder, Steuern und Leibzoll brachten mehr Geld in die fürstlichen Kassen und halfen, die Unabhängigkeit der Fürsten von ihren Landständen weiterhin zu bewahren. Luthers Weisungen über die Behandlung der Juden – zumal diejenigen, die in seiner Altersschrift enthalten sind – übten jedoch eine starke ideologische Wirkung aus. Sie belasteten die neuen protestantischen Fürstenstaaten mit Dogmen der Unduldsamkeit. Diese waren eigentlich von Luther selber in seinen Frühschriften aufs schärfste verurteilt worden; aber die Reformation, die gegen das Dogma des Papsttums protestiert hatte, war innerhalb von wenigen Jahrzehnten selber intolerant geworden. Als nunmehr der protestantische Fürstenstaat daran ging, die Frage zu lösen, wie in seinem

---

[12] Wilhelm Maurer, »Martin Butzer und die Judenfrage in Hessen«, in Zeitschrift des Vereins für hessische Geschichte und Landeskunde (1953), Band 64, 39 f.

»christlichen« Staatswesen eine andersgläubige Gruppe zu behandeln sei, wurde gegenüber den Juden wiederum das alte Prinzip der Erniedrigung entscheidend. Luthers Judenschriften gaben den Landesherren bei der Abfassung der Judenreglements (die bis in das 19. Jahrhundert hinein den Ausnahmestatus festlegten) fortan eine »autoritative christliche« Rechtfertigung. Die Tatsache, daß man nicht etwa die Jugendschrift Luthers zum Wegweiser nahm, war wohl wirtschaftlich und politisch begründet: durch Erniedrigung war die Nützlichkeit der Juden vom Standpunkt der Staatsräson besser zu gewährleisten und zu kontrollieren. Auch dem Antisemitismus des 19. und 20. Jahrhunderts lieferten Luthers Schriften Argumente. In Auschwitz wurden sie verwirklicht. Warum in Deutschland Luthers Jugendschrift nicht ebensolche Autorität erlangte, warum hier überhaupt der obrigkeitstreue und nicht der freiheitsliebende Luther maßgebend wurde, wäre eine nähere Untersuchung wert.

Auch Butzers Haltung gegenüber den Juden war zwiespältig. Gleich Luther war er stark missionarisch. Die Juden hätten den Gottessohn verworfen und verloren darum auch die Vorrechte der Verheißung. Dennoch bleibe den Juden immer noch die Möglichkeit der Umkehr. Aber auch die Christen seien verworfen, so lange sie Christus verleugnen. Butzer berief sich auf die heilsgeschichtliche Sicht des Apostels Paulus im Römerbrief (Kap. 9-11) und legt diese wie folgt aus: Wie in der Zeit vor dem Erscheinen Christi auf Erden sich im jüdischen Volke viele Glaubende fanden, so gebe es auch in der Gegenwart Gläubige, die bereit seien, Christus zu empfangen. Sie seien ein Beweis für Gottes Treue. Gott habe sie erhalten, um sie in die Christenheit einzufügen wie den Wildling in den Ölbaum. Das Heil des Judentums und des Christentums sei aufeinander bezogen, denn erst die vollkommene Bekehrung des jüdischen Volkes werde die Christenheit vollenden. Andererseits aber werde die letzte Bekehrung des jüdischen Volkes erst dann stattfinden, wenn der letzte Erwählte aus den Heiden den Weg in die Kirche gefunden habe. »Wir müssen darauf warten, daß ganz Israel gerettet werde, und unter dieser Aussicht müssen wir dieses Volk schon jetzt ansehen als eines, das zum Heil bewahrt und würdig ist [13].«

Fürsprecher und Amtswalter der Judenschaften

Eine der interessantesten Erscheinungen unter den Juden der damaligen Zeit war Josel von Rosheim (ca. 1478–1554) [14]. Er war ein schlichter, aber gelehrter Mann und verdiente seinen Lebensunterhalt durch den Geldhandel in der Landvogtei Hagenau (Elsaß). Die Urkunden jener Zeit bezeichnen ihn als »Fürsprecher und Amtswalter (Schtadlan)«, als »gemeiner Judenschaft Befehlshaber und Regierer«. Diese Titel verdankte er seinem tapferen Eintreten für die jüdischen Gemeinden und seinem hohen Ansehen bei Bauern und Bürgern, bei städtischen Räten, Fürstenhöfen und in der kaiserlichen Kanzlei. Ein politisches Band, das die Juden in Deutschland zu einer einzigen Körperschaft vereinigt hätte, gab es nicht. Vielmehr trat Josel von Rosheim aus eigener Verantwortung als Fürsprecher und Bittsteller, als Ankläger oder Verteidiger während der Reichstage auf. Er verhandelte mit Maximilian, Karl V. und Ferdinand, mit Fürsten, Bischöfen und Städten, um alte Privilegien zu bestätigen, die Einhaltung von Verträgen zu fordern, Handelserleichterungen zu beschaffen und Ausweisungsbefehle rückgängig zu machen. Rastlos durchwanderte er vierzig Jahre lang das Reich vom Elsaß bis Böhmen und Schlesien, wenn es galt, Ritualmordprozesse niederzuschlagen, seine angeschuldigten Glaubensbrüder vor der Folter zu bewahren oder ihre Standhaftigkeit im Glauben und Martyrium zu bestärken. Er war den Juden juristischer und diplomatischer Fürsprecher und geistlicher Berater zugleich. »Für alles nahm er weder Dienst noch Belohnung«, so hieß es in einem der elsässischen

---

[13] Maurer, ebenda, 32.
[14] L. Feilchenfeld, Rabbi Josel von Rosheim, Straßburg 1898; Selma Stern, Josel von Rosheim, Stuttgart 1959.

Memorbücher. »Er tat es nur aus Liebe zu Gott und zu Israel [15].«
Im humanistischen Geiste glaubte Josel an ein unverbrüchliches
Recht aller Menschen auf Erden. Sein Entwurf einer »ehrbaren
Ordnung und Satzung« für die Judenschaft (1530) schloß mit der
Bitte an sämtliche Stände des Reiches, die Juden nicht zu vertreiben, »dan wir auch menschen, von Gott dem almechtigen auf der
erden ze wonen geschaffen, bei euch und mit euch ze wonen und
handeln [16].« Und in seinen Eingaben an die königlichen Kommissare standen Sätze, die das göttliche Recht beschworen: »Das Erdreich ist frei und von Gott, unser aller Schöpfer, den Menschen
zum Trost und zur Nutznießung übergeben [17].«
Josel erkannte auch das jüdische »Joch« des Zinsgeschäftes, die
unheilvolle Wechselwirkung von Wucher, Erpressung und Verfolgung. Er wußte, daß auch jüdische Satzungen das Zinsnehmen
verboten und die Juden durch die wirtschaftlichen Einschränkungen um der Lebenserhaltung willen gezwungen waren, gegen ihre
eigene Überzeugung zu handeln. »So man uns dasselbig schwere
Joche abtät, wollten wir leichter von solchem lassen«, schrieb er
in seiner »Trostschrift an seine Brüder wider Buceri Büchlein«,
»dann etliche Völker, die kein Spruch oder Fug haben zu wuchern.« Zugleich ermahnte er die Juden, sich von der Sünde der
Habgier nicht verführen zu lassen. Vielmehr sollten sie sich in
ihren Geschäften mit den Christen größter Ehrlichkeit befleißigen
und gegen Übertreter mit unnachsichtiger Strenge vorgehen [18].
Im Jahre 1530 gelang es Josel, Kaiser Karl V. (1519–1556) von
der Grundlosigkeit eines neuen Vorwurfes zu überzeugen, der
leicht wieder eine Katastrophe über die Judenschaft des ganzen
Reiches hätte heraufbeschwören können. Man hatte sie der
Spionage im letzten Türkenkrieg verdächtigt und verbreitete Gerüchte, daß sie insgeheim die Glaubensfeinde der Christen unterstützten. Gegen Luthers »Von den Juden und ihren Lügen« ver-

---

[15] Zit. nach Stern, a.a.O., 222.
[16] Stern, a.a.O., 100.
[17] Stern, a.a.O., 65.
[18] Stern, a.a.O., 142.

faßte Josel eine Verteidigungsschrift an den Straßburger Magistrat und erreichte in diesem Gebiet ein Verbot. Die Privilegien Karls V. aus den Jahren 1519, 1530 und 1544 waren nicht zuletzt den zahlreichen Eingaben und Vorstellungen Josels, wohl aber auch den hohen Beiträgen, die von den Judenschaften für des Kaisers Kriege gezahlt wurden, zu verdanken. In völligem Gegensatz zu Luthers Ratschlägen an die Fürsten bestätigte das Speyerer Privileg (1544) die Juden in ihren alten Rechten, gewährte ihnen Sicherheit des Geleits (freilich erst durch Zahlung eines »Leibzolles«) auf den Reichsstraßen, versprach Schutz ihres Handels und Wandels, verbot die Austreibung aus den Territorien und Reichsstädten sowie die Schließung der Synagogen und versprach, sie vor der Anklage des Ritualmordes zu beschirmen. Das Privileg gestattete ihnen sogar, höhere Zinsen »dann den Christen zugelassen ist« zu fordern, und zwar mit der Begründung, daß die Juden vom Reich viel höher besteuert würden, »aber daneben weder ligende güter noch andere stattliche handtierung, ampter oder handtwerk bei den Christen haben oder treiben, davon sie soliche anlagen erstatten und ire narung bekommen[19]«.

Dieses Privileg stellte das alte Hoheitsrecht der Krone, das kaiserliche Judenregal, wieder her. Josel von Rosheim hoffte wohl, daß sich aus der Kammerknechtschaft allmählich eine Form von uneingeschränktem Reichsbürgerrecht der Juden entwickeln würde Aber nur dem Wortlaut nach war der Kaiser »der Juden einiger Herr und Beschirmer auf Erden, obrigter Herr und Richter, dem die gemeine Judischheit ohne Mittel zugehörig«. Die Tatsache, daß der Kaiser seinen Juden ein rechtlich verbrieftes Dasein gewährte, kümmerte jetzt Stände und Städte nur noch wenig. Im neuen fürstlichen Territorialstaat wurde das Schicksal der Judenschaften weniger von kaiserlichen Privilegien als von den Gesetzen der Staatsräson und Wirtschaftspolitik bestimmt.

Eine ganz andersgeartete Persönlichkeit jener Zeit war Michel

---

[19] Stern, a.a.O., 160 f.; Feilchenfeld, a.a.O., Anhang.

von Derenburg. Luther erwähnte ihn als einen »reichen Jud«, den seine Glaubensgenossen einen »Kohab« (d. h. Stern, Anspielung auf 4. Moses 24, 17, bezogen auf den Messias) genannt hätten. Jedenfalls war Michel eine höchst seltsame Kombination von Finanzmann, Landsknecht und Politiker. Er war geboren in Derenburg bei Halberstadt und galt im Volk als unehelicher Sohn des Grafen von Regenstein. Mit berittenem Gefolge verteidigte er 1523 die Hildesheimer Bürgerschaft in der Stiftsfehde und erhielt zur Belohnung vom Rat jener Stadt, aus der die Juden 1457 vertrieben worden waren, die Wohnerlaubnis. Er war Finanzmann des Landgrafen Philipp zu Hessen-Kassel sowie des Herzogs Erich des Älteren von Braunschweig-Calenberg, unterhielt Beziehungen zum Kaiser sowie zu zahlreichen Fürsten und stand beim Kurfüsten Joachim II. von Brandenburg in besonderer Gunst. Seine Tätigkeit erstreckte sich auf die Vermittlung von Anleihen, Beschaffung von Kriegsmaterial, von Waren für Kriegslieferungen, sowie auf die Anwerbung von Reitern. Dafür erhielten er und seine Familie kaiserliche und fürstliche Privilegien, denn im Gegensatz zu Josel von Rosheim nutzte er alle Gunst für sich allein. Bei einem Überfall der Magdeburger auf Brandenburg wurde er auf einer Reise bei Torgau gefangen genommen, gewann jedoch durch einen kühnen Streich die Freiheit. 1549 kam er plötzlich durch einen Sturz ums Leben. Das erregte solches Aufsehen, daß man »von Michel Juden tode« dichtete und sein Ende mit Volksprophezeiungen in Verbindung brachte.

Ein nicht minder wunderlicher Zeitgenosse war Lippold, Michels Nachfolger am Hofe Joachims II. Er war ein armer Mann, als er aus Prag in die Mark einwanderte, erwarb sich aber durch seine Tüchtigkeit ein beträchtliches Vermögen. Des Kurfürsten Gunst gewann er in so hohem Maße, »daß dieser«, wie sein Sohn später schrieb, »trotz aller Verwarnung ihn stets um sich hatte und ihm seinen Leib und sein Leben anvertraute«. Er übertrug ihm die Leitung der Münze, ein besonders verantwortliches Amt. Auch machte ihn Joachim zu seinem Schatullenverwalter und zum

Vertrauten seiner Liebschaften, für deren Kosten er die Gelder herbeizuschaffen hatte. Lippold, der mit der ganzen Rücksichtslosigkeit eines Parvenus gegen die Besitzenden vorging, schaffte sich viele Feinde unter den Christen und Juden. Die letzteren sträubten sich, als er vom Kurfürsten als »Oberältester sämtlicher märkischer Judenschaften« über sie gesetzt wurde, und beriefen sich darauf, daß er von auswärtigen Rabbinern in den Bann getan worden sei. Als Joachim plötzlich unter Hinterlassung beträchtlicher Schulden 1571 starb, beschuldigte sein Nachfolger Lippold des Giftmordes. Er ließ ihm und anderen finanziellen Ratgebern seines Vater den Prozeß machen. Lippold konnte die Anklage widerlegen; auch in seiner Amtsführung konnte ihm keinerlei Vergehen nachgewiesen werden. Als er schon aus der Haft entlassen werden sollte, drohte ihm seine Frau, »seine Zauberkünste und Teufelei offenbar machen zu wollen«. Nun begann der Prozeß von neuem und auf der Folter gestand Lippold mehr, als man von ihm wollte. Er bezichtigte sich der Zaubereien und der Teufelsbeschwörungen. Seine Strafe war grauenhaft. Nachdem man ihn mit glühenden Zangen gepeinigt hatte, wurde er am Neuen Markt zu Berlin auf einem Gerüst an Armen und Beinen gerädert und in vier Stücke gehauen. Mit ihm wurde die ganze Judenschaft bestraft, obwohl sie nichts mit ihm gemein hatte. Die Häuser der Berliner Juden wurden geplündert, ihre Synagoge zerstört. In Spandau ließ der Rat die Grabsteine auf dem jüdischen Friedhof herausreißen. Die Kaufleute, insbesondere in Frankfurt an der Oder, die schon seit langem gegen die lästige Konkurrenz der Juden vorstellig geworden waren, konnten es jetzt leicht beim Kurfürsten durchsetzen, alle Juden aus der Mark Brandenburg zu vertreiben (1573)[20].

Die Vertreibung »für ewige Zeiten« bedeutete aber keine hermetische Ausschließung. Die kurfürstliche Rentei konnte und wollte die Einnahmen nicht entbehren, welche die jährlichen Tribute,

---

[20] A. Ackermann, »Münzmeister Lippold«, in Jahrbuch für jüdische Literatur und Geschichte (1910), VII.

Abgaben und Zölle der Juden einbrachten. So wurde der Besuch der freien Märkte und der Handel in gewissen Grenzen gestattet, was naturgemäß hier und da zu neuen Niederlassungen führte[21].

Die Juden im Territorialstaat

Die Städte und fürstlichen Territorialstaaten der Folgezeit gebrauchten und mißbrauchten die Juden nach den Bedürfnissen der Wirtschaft und Staatsräson. Aus Bayern, aus der Oberpfalz, aus dem Bistum Bamberg und vielen anderen Orten wurden die Juden um die Mitte des sechzehnten Jahrhunderts verjagt. In anderen Territorien, wie in der Pfalz und Sachsen, war die Existenz der Gemeinden bedroht. Aber zu einer vollständigen Judenvertreibung wie in England, Frankreich oder Spanien kam es in Deutschland nicht. Dafür war die Zersplitterung des Reiches zu weit fortgeschritten und die Interessen zu vielfältig. Was der eine Machthaber von sich stieß, zog der andere mit Freude an sich. Wurden die Juden aus Augsburg vertrieben, siedelte König Ferdinand sie unmittelbar in der Nähe wieder an. Die Juden aus Regensburg konnten sich unter dem Schutze des Herzoges von Bayern jenseits der Donaubrücke wieder niederlassen. Der Markgraf von Ansbach, der sie aus seinen schlesischen Besitzungen vertrieb, nahm sie 1528 in Fürth wieder auf. Daß die Bischöfe sie nach der Vertreibung aus den Bischofsstädten vielfach im Bereich ihrer Bistümer duldeten, wurde schon erwähnt. So saßen die Juden oft in der Nähe der Städte und erhielten Erlaubnis, sich auf kurze Zeit für ihre Geschäfte dort aufzuhalten. Die Bürger kamen aber auch häufig zu ihnen in ihre Dörfer, um bei ihnen einzukaufen. In ihrem Streit mit den Städten duldeten die Ritter Juden in ihrem Gebiet. Sie bemühten sich um die Ansiedlung von Handwerkern und jüdischen Kaufleuten, um die Wirtschaft ihrer Territorien zu beleben und zu verselbständigen. Der jüdische

---

[21] Selma Stern, Der Preußische Staat und die Juden, Tübingen 1962, I, 5 ff.

Handel brachte ihnen besondere und dauernde Einnahmen, leistete ihnen gute Dienste bei der Veräußerung ihrer Landesprodukte. Den zahlreichen Zwergstaaten, die alle nach Selbständigkeit strebten, erschienen schon wenige Juden, mit deren Aufnahme eine, wenn auch noch so geringe Vermehrung der Einnahmen verknüpft war, ein willkommener Gewinn. Auch größere Territorien versprachen sich Nutzen vom jüdischen Gewerbe [22].

Die Spaltung Deutschlands in protestantische und katholische Territorien änderte praktisch zunächst nur wenig am Schicksal der Juden. Ihre Verhältnisse waren in beiden Lagern gedrückt. Neu war nur, daß sich die »christliche« Rechtfertigung neuer Argumente bediente. Der Landgraf Philipp von Hessen, der in seinem Lande frühzeitig die Reformation eingeführt hatte, machte sich Gedanken darüber, unter welchen Bedingungen oder ob überhaupt er Juden dulden dürfte. 1524 verbot er ihnen den Aufenthalt, gewährte ihn aber wieder 1532 für sechs Jahre. Als 1538 die Frage nochmals akut geworden war, entbrannte ein Streit zwischen weltlichen Interessen und religiösen Dogmen. Ein in der Kanzlei des Landgrafen ausgearbeiteter Vorschlag wollte die Juden unter der Bedingung dulden, daß ihnen das Zinsgeschäft nur mit besonderer Genehmigung der Behörden, die den Zinsfuß festsetzen sollten, gestattet würde; daß sie Handel nur mit Gegenständen treiben sollten, die außerhalb der Zunftordnung waren; daß sie aus ihrer Mitte eine Behörde wählen sollten, die jedes Vergehen gegen diese Ordnung bestrafe; daß sie dem Landesherrn ein Schutzgeld zahlen sollten; daß sie Predigten in den Kirchen besuchen und nicht mit Christen über ihren Glauben disputieren sollten. Diesen Ratschlag übergab Philipp sechs hessischen Predigern und dem Straßburger Freund Luthers, Martin Butzer, (vgl. S. 95 f.), zur Begutachtung. Die Geistlichen sprachen sich grundsätzlich dafür aus, die Juden des Landes zu verweisen. Dulde man sie, dann nur unter einer Verschärfung und Erweiterung der bereits von den alten frommen Bischöfen festgesetzten

---

[22] F. Priebatsch, Die Judenpolitik des fürstlichen Absolutismus im 17. und 18. Jahrhundert, Jena 1915.

Bedingungen für die ungläubigen Fremden, da es im reformierten Staat darum gehe, die einzige und wahre Religion zu erhalten und zu vermehren.

Die Theologen machten die Unterdrückung der Juden durch die Obrigkeit gleichsam zur Christenpflicht. Wenn Gott will, daß es Juden gebe, dann sei zu hoffen, daß ihre bedrückte Lage sie zum wahren Glauben finden lasse. Auch habe die Existenz der Juden einen Nutzen: »Die man nicht zu ihrem Heil gewinnen könne, deren gebrauche man sich zu zeitlichem Nutz der Christen und auch zu gutem Exempel, die Leute von der Gottlosigkeit abzuschrecken, deren Strafe und Buße an den Juden so ernstlich for Augen wäre.« An die Spitze stellten die Prediger folgende Forderungen: daß die Juden sich aller Lästerungen gegen Jesus und die christliche Religion enthalten; daß sie dem Talmud entsagen, »denn durch die talmudischen gottlosen Gedichte die armen gutherzigen Juden von unserer wahren Religion zum fürnemsten abgehalten werden«; daß sie keine neuen Synagogen errichten, sondern sich der alten »mit aller Stille« bedienen; daß sie mit Christen nicht über ihre Religion disputieren, es sei denn mit den eigens hierfür angeordneten Predigern; und daß sie mit Frauen und Kindern die für sie bestimmten Predigten besuchen, da »man auch ihnen zu ihrem Heil verhelfen soll, so viel man kann«. So lange die Juden aber in ihrem Glauben verharren, müßten sie »mit der Nahrung und politischem Tun« in den untersten Stand hinabgedrückt werden. Ihr Geld könne ohne Skrupel konfisziert werden; doch sei es ratsamer, es ihnen abzuborgen und bedürftigen Leuten zu fünf Prozent zu leihen. Jeder Handel sei den Juden zu untersagen, ebenso jedes »saubere und gewinnliche Handwerk«. Sie seien vielmehr »zu den allernachgültigsten, mühseligsten und ungewinnlichsten Arbeiten« abzuordnen, »als da sein der Bergknappen Arbeit, Graben, Walmachen, Stein und Holz hauen, Kalkbrennen, Schornstein und Kloaken fegen, Wasenmeister oder Schinderwerk treiben und dgl.«. Eine oberste jüdische Behörde dürfe es nicht geben, »denn wer wollt des Hüters hüten?«. Landgraf Philipp verwarf diese Vorschläge, einmal aus Gründen der Staatsräson, da sie »so eng gemacht und gespannt seien, daß sie sich bei uns nicht halten könnten«, und zum anderen aus religiösen Erwägungen: »Denn es ist ja ein herrlich Geschlecht, von welchem auch Christus, unser Seligmacher, nach dem Fleisch geboren ist; so sind auch die Apostel aus solchem Geschlecht herkommen, welchem Geschlecht auch vertrauet ist, was Gott geredet hat, (und) wir finden ja nit in der Heiligen Schrift oder im Neuen Testament, daß wir die Juden so übel halten sollen...[23]«

Das Ergebnis dieser Erwägungen war eine Aufenthaltserlaubnis auf weitere zwei Jahre. In seiner Judenordnung von 1539 übernahm Philipp in den religiösen Punkten völlig den Standpunkt der Prediger. Er engte jedoch die Existenzmöglichkeiten nicht ganz so stark ein. Er setzte eine besondere Behörde über die Juden, die für die Aufrechterhaltung der Bestimmungen sorgen und deren Übertretung bestrafen sollte[24].

Diese widerspruchsvolle Haltung, daß man aus den Juden aus Gründen der Staatsräson wirtschaftlichen Nutzen ziehen, sie aber zugleich aus »christlichem« Eifer heraus zum untersten Stand machen wollte, bestimmte alle Judenordnungen lutherischer Territorien jener Zeit und der folgenden Jahrhunderte. Im Vergleich hierzu konnte man die gleichzeitigen Judenordnungen katholischer Fürsten noch fortschrittlich nennen. Sie blieben beim alten kanonischen Recht, ergänzten es allenfalls durch die Aufhebung des unzeitgemäßen besonderen Hehlerrechts oder durch Einschränkung des Geldgeschäfts. Der Kölner Erzbischof Ernst von Bayern machte sich in seiner Judenordnung von 1599 die Begründung Karls V. zu eigen und gestattete den Juden einen höheren Zins-

---

[23] Philipp beruft sich auf Paulus, Römer XI, und zitiert: »Hat denn Gott sein Volk verstoßen, welches er zuvor versehen hat? ... Du stehest aber durch den Glauben; sei nit stolz sondern fürchte dich; hat Gott der natürlichen Zweige nit verschont, daß er vielleicht deiner auch nit verschone. Gott kann sie wohl wieder einpropfen; denn so du aus dem Ölbaum, der von Natur wild war, bist ausgehauen und wider die Natur in den guten Ölbaum gepropft, wie vielmehr werden die natürlichen eingepropft in ihren eigenen Ölbaum...«

[24] W. Maurer, »Martin Butzer und die Judenfrage in Hessen«, in Zeitschrift des Vereins für hessische Geschichte und Landeskunde, 1953, Band 64.

fuß als den üblichen. Eine besondere Kölner Eigentümlichkeit war es, daß ihnen das Glaserhandwerk gestattet wurde[25].

Das Leben der Juden in diesen kleinen und kleinsten Territorien hatte seine guten und seine schlechten Seiten. Sie brauchten nicht in den engen, ungesunden städtischen Judengassen zu wohnen, konnten vielleicht sogar zu einem kleinen Stück Ackerland kommen, das sie mit ihren Familien für den eigenen Bedarf bearbeiteten. In einem gewissen Rahmen konnten sich menschliche Beziehungen zwischen christlichen und jüdischen Nachbarn anbahnen. Der Handel der Juden erfüllte damals eine wichtige wirtschaftliche Funktion. Erst später, als sich mit der Zeit der Verkehr allgemein gebessert und die Märkte sich ausgedehnt hatten, wurde er zum »Hausier- und Nothandel« herabgedrückt.

Die jüdischen Händler kauften den Bauern die Produkte ab, die sie nicht selber verwerten konnten, und führten sie den Märkten zu. Sie brachten ihnen auch allerlei Dinge, zu denen sie sonst schwerlich Zugang gehabt hätten. Auch waren die umherziehenden jüdischen Kaufleute für den Landmann die Überbringer von Neuigkeiten. Sie wußten, was in der näheren und weiteren Umgebung geschah, und übertrugen – zumal in Kriegszeiten – manch wichtige Meldung. Die menschlichen Beziehungen waren jedoch nicht ungetrübt. Bauer und Knecht, die selbst unter schwerem Druck zu leiden hatten, erkannten in den Juden diejenigen, die noch niedriger standen als sie selber. Nicht an den wirklichen Urhebern ihres Elendes, aber an den Juden konnten sie straflos ihren Groll und Grimm auslassen.

Die Juden reagierten darauf in verschiedener Weise. Die einen nahmen die Derbheit und Grobheit ihrer Umgebung selber an; sie wurden Landsknechtsnaturen, endeten auch bisweilen in irgendeiner Armee, häufiger noch bei einer Banditengruppe. Die große Mehrzahl fügte sich in die harten Bedingungen des Lebens. Aber sie suchten auch Auswege aus der Unterdrückung. Um leben zu können, brauchten sie Geld; denn jeder Schritt, den sie auf der

---

[25] Adolf Kober, Aus der Geschichte der Juden im Rheinland, Düsseldorf 1931.

Landstraße gingen, die Luft, die man sie in den Städten atmen ließ, – alles war mit Geld besteuert. Die Umwelt sah aber nur die äußeren Folgen und wollte nicht gelten lassen, daß Geld für die Juden notwendiges Mittel zum Leben, zum bloßen Überleben war. Nach volkstümlicher Vorstellung war Geldgier eine jüdische Charaktereigenschaft, die alles Menschliche ausschloß, den Juden zum Bösewicht, gar zum Teufel machte. So schilderte ihn das Märchen, das Sprichwort, die Karikatur. Satirische Flugblätter und Spottverse zeichneten den »Trödeljuden«, eine gebeugte und schäbige Gestalt, die aber über geheime und durch finstere Händel erworbene Schätze verfügt. All dies verband sich mit verzerrten christlichen Vorstellungen. Die geistlichen Spiele schilderten den jüdischen Wucherer als habsüchtigen Herbergswirt von Bethlehem und als Judas, der die dreißig Silberlinge schachert. All das trug dazu bei, ein schablonenhaftes Bild vom finsteren, unheimlichen Juden ins Volksbewußtsein einzugraben, das bis zum heutigen Tag noch nicht verschwunden ist. Jene Zeit war für die Juden insoweit erträglicher geworden, als es nicht mehr zu Massenmorden kam. Es war aber auch die Zeit, in der sie begannen, gebeugt einherzugehen. Um der bloßen Lebenserhaltung willen mußten sie sich daran gewöhnen, sich höhnen, beschimpfen, mit Steinen bewerfen und verprügeln zu lassen. Bei aller Unterdrückung und allem Leid waren sie aber um so sicherer in ihrem Glauben, und sie bejahten das Leben.

Der Jude entfaltete trotz aller Demütigungen ein reiches inneres Leben im Kreise seiner Familie, wo alle Weichheit und Zärtlichkeit seines Herzens zum Ausdruck kam. Das zeigte sich am geheiligten Sabbat, an dem er den Frieden seines Hauses genießen konnte, an dem er seinen Gottesdienst besuchte und in seinen heiligen Büchern las; an dem er nicht der Welt draußen, sondern seiner Gemeinde gehörte. Aber in diesem Rückzug verengerten und verzerrten sich auch seine eigenen Lebensperspektiven. Die Gemeinden waren klein, isoliert, von den großen Strömungen der Zeit nur selten berührt. Jede betrachtete sich gleichsam als Mittelpunkt der ganzen Welt. Ihre Mitglieder nahmen sich allzu wichtig und stritten um nichtige Dinge, als handele es sich um weltbewegende Fragen. Die Reaktionen auf die äußere Unterdrückung wurden nach innen gewandt. Man bekämpfte sich untereinander, und es war nicht leicht, die Gemeinden zu führen, ihre Tätigkeit für das Wohl aller ihrer Mitglieder zu erhalten.

In dem Bestreben, ihre Territorien fester und ergiebiger zusammenzufassen, gaben die Landesherren den Juden eine neue Organisation. Sie sollten alle einer obersten Behörde, mit einem Rabbiner oder Richter an der Spitze, unterstellt werden. So entstanden auf staatliche Initiative die zahlreichen Judenschaften, die für das jüdische Leben in Deutschland während des 17. und 18. Jahrhunderts charakteristisch wurden. Diese Versuche, die Judenschaften zusammenzufassen, waren nicht ganz neu. Im Grunde genommen bedeutete bereits die Erklärung der Juden zu Reichskammerknechten die Bildung eines besonderen Standes. Solange die Juden aber in den Städten in größeren Gemeinden lebten, hatte dies kein besonderes Gewicht, was die Organisation der Gemeinden anbetraf. Die Versuche der Kaiser, Reichsrabbiner mit dem Sitz in Worms zu ernennen, waren in dieser Hinsicht wirkungslos geblieben. Was aber die Lebenden nicht durchsetzten, erwirkten die Toten. Da die kleinen Judensiedlungen keine eigenen Friedhöfe halten konnten, wurden gemeinsame Begräbnisstätten geschaffen, und diese bildeten zunächst kleine Bezirke. So sprach schon eine Urkunde des Königs Wenzel aus dem Jahr 1391 von den Gemeinden Köln, Mainz, Worms, Speyer und Frankfurt »und allen Juden in anderen Städten und Märkten gesessen, die in die Friedhöfe gehören, die bei und in den vorgenannten Städten gelegen sind«.

Zur Ordnung eigener Angelegenheiten hatten sich die Juden schon frühzeitig in Bezirke zusammengeschlossen, z. B. in einen unteren und oberen Kreis am Rhein. Was aber jetzt geschah, erfolgte im Interesse der Territorien und innerhalb der Grenzen der Fürstentümer. Die Juden sollten zusammengefaßt werden, damit sie gemeinsam ihre Steuern aufbrächten und die Judenordnung des Landesherrn genau befolgt würde. Daraus erklärt sich, daß die

Obrigkeit Männer wie Lippold oder Michel zu Obersten über die Juden einsetzte, obgleich sie nicht das geringste Vertrauen ihrer Untergebenen besaßen. Mit der Zeit bildete sich die neue obrigkeitliche Organisation nach dem politischen Muster der Landstände aus. Judenlandtage traten, zunächst auf Geheiß der Fürsten, später freiwillig regelmäßig zusammen. Sie wählten einen »Befehlshaber und Vorgänger« (Parneß und Manhig), der freilich der Regierung genehm sein mußte, einen Landesrabbiner (Raw ha-Medina), einen Landschreiber und einen Landboten. Die Landtage bestimmten die Umlage der Steuern, beschlossen aber auch die inneren Judenordnungen und die jeweils erforderlichen Revisionen. Sie sorgten für den Unterricht der Kinder, für die Betreuung der Armen, Kranken, Witwen und Waisen. Sie übten eine innergemeindliche Polizeigewalt aus, waren um Aufrechterhaltung der Ordnung, Sitte und Redlichkeit im Handel und Wandel bemüht. Die Verfassungen (Takkanot) und Protokollbücher (Pinkasim) dieser Landesgemeinden, die teilweise noch erhalten sind, geben ein Bild von dem reichen Leben und den lebhaften Verhandlungen der Verbände. Sie zeigen eine Selbstverwaltung, die um das Wohlverhalten und Wohlergehen bemüht war, zeigen aber auch deutlich die engen Grenzen dieser Autonomie. Denn diese schützende innere Mauer wurde durch eine äußere überschattet, durch die Judenordnungen der Landesgewalten, die den Lebens- und Bewegungsraum der Juden stark einengten[26].

Ein starker Zusammenhang zwischen den Gemeinden und den Verbänden bestand dabei nicht. Trotz aller landesherrlichen Bemühungen glich die Judenheit »einem Volke ohne Hirten«. Die Gemeinden waren weiterhin auf ihre Selbständigkeit und Unabhängigkeit eifersüchtig bedacht. Dennoch hatte man am Organisieren jetzt Interesse gefunden. Man versuchte, und dies ohne obrigkeitliches Mittun, eine Vereinigung der Judenschaft von ganz Deutschland zu schaffen. Zur Zeit der Herbstmesse 1603 versammelten sich in Frankfurt a. M. Rabbiner und Gemeindevertreter

---

[26] Kurt Wilhelm, Von jüdischer Gemeinde und Gemeinschaft, Berlin 1938; Louis Finkelstein, Jewish Self-Government in the Middle Ages, Philadelphia 1924.

aus der näheren und weiteren Umgebung. Sie wollten die alten, in Vergessenheit geratenen Verordnungen der Rabbinersynoden in Erinnerung rufen und ergänzen. Die Tagung fand in aller Öffentlichkeit statt und kam dahin überein, ihre Beschlüsse in den Synagogen anzuschlagen. Diese bezogen sich auf Fragen der jüdischen Religion, der Rechtsprechung und auf die Erhebung einer Vermögenssteuer von allen Juden des Reichs. Der Versuch hatte ein böses Nachspiel. Ein verkommener Glaubensgenosse ging nach Wien und denunzierte die Juden einer hochverräterischen Verschwörung gegen des Kaisers Majestät. Kaiserliche Delegierte erschienen in Frankfurt und eröffneten eine peinliche Untersuchung. Der Frankfurter Rat stellte durch das Corpus delicti – die Urkunde mit den Beschlüssen der Versammlung – fest, wie harmlos der Vorgang war, der hier unter Anklage stand. Aber der Kaiserliche Fiskal schrieb Hunderte von Aktenseiten, bis schließlich der Denunziant sich selbst als Erpresser entlarvte. Erst dann schlief der Prozeß ein, zwanzig Jahre später präsentierte man den Juden eine Rechnung über die Kosten des Verfahrens[27].

Unter den Angeklagten dieses Prozesses standen in erster Reihe die Gemeinden von Frankfurt und Worms, die beiden einzigen Reichsstädte, welche noch Juden beherbergten. Beide Städte hatten 1348 Karl IV. die Rechte über die Juden abgekauft; beiden aber hatte der Kaiser später das alleinige Recht über die Juden bestritten. Und diesem Streit der Gewalten verdankten die Juden, daß man sie nicht vertrieben hatte.

Das Ghetto in Frankfurt und Worms

In Frankfurt waren nach dem Schwarzen Tod schon 1360 wieder Juden aufgenommen worden. Dies geschah auf Grundlage der »Stättigkeit«, einem Vertrag, der ihre Rechte und Pflichten, insbesondere ihre Abgaben genauestens festsetzte. Die Stättigkeit

---

[27] Wilhelm, a.a.O., 40 ff.; Isidor Kracauer, Geschichte der Juden in Frankfurt am Main, Frankfurt 1925, I, 330 ff.

wurde anfangs mit jedem einzelnen Juden und auf ganz kurze Frist, später wenigstens auf drei Jahre geschlossen. Seit 1424 wurde sie nicht mehr mit dem einzelnen Haushaltsvorstand, sondern mit der Gesamtheit – damals etwa zwanzig Familien – vereinbart. Die Verbote der Stättigkeiten wurden, wie diejenigen der Judenordnungen anderer Städte, immer zahlreicher. Insbesondere schränkte man die Erwerbsmöglichkeiten immer mehr ein. Der Rat war sich seiner moralischen Verpflichtung gegenüber den Juden und ihres Wertes für das Gemeinwohl schon bewußt; denn, so hieß es in einer Urkunde, er wollte verhindern, »daß ein ehrbarer und wohlhabender Bestandteil der Bevölkerung zur Auswanderung und die Stadt in den Ruin getrieben würde«. Eifrig wachte er über sein Hoheitsrecht und wollte nicht dulden, daß andere Gewalten sich in die Angelegenheiten seiner Juden einmischten. Mit dem Kaiser und seinen Beamten, denen es fast immer auf die Steuereinnahme ankam, konnte man stets früher oder später handelseinig werden. Schwieriger war das mit dem Erzbischof von Mainz, der die geistliche Gerichtsbarkeit über die Juden in Anspruch nahm. Auf sein Drängen mußte der Rat den Juden die Befolgung der kirchlichen Kleiderordnung auferlegen. Die Männer sollten einen grauen Kreis vom Durchschnitt eines Apfels, die Frauen graue Streifen von der Breite einer Stola an ihren Kleidern tragen, damit die Ungläubigen von anderen unterschieden werden konnten und jeder einzelne zur Beschimpfung kenntlich sei. Ein noch härterer Schlag war es, als der Rat sich um 1460 auf Drängen des Kaisers und der Kirche gezwungen sah, die Juden aus ihren bisherigen Wohnstätten am Main und am Dom zu vertreiben und in ein besonderes Judenquartier zu sperren. Am »Wollgraben«, in einer vom Verkehr entfernten und gesundheitlich wenig günstigen Gegend wurden Wohnungen für die Juden eingerichtet. »Neu-Ägypten«, wie man das Quartier bald nannte, war durch drei Tore von der übrigen Stadt abgeschnitten. Sie wurden nachts verriegelt und bewacht, so daß niemand hinaus konnte. Nur für ganz dringende Fälle wie z. B. die Herbeischaffung eines Arztes oder einer Hebamme konnten die Eingesperrten von einem »Vertrauens-Juden«, dem der Rat den Schlüssel überantwortet hatte, die Erlaubnis zum Verlassen des Ghettos erhalten. Das Judenquartier führte eine völlige Trennung der Bevölkerung herbei. Kein Christ durfte in ihm, kein Jude außerhalb seiner Mauern wohnen. So entstanden zwei fast völlig getrennte Städte. Innerhalb der Christenstadt durften die Juden keine Läden, keine Auslagen haben. Es wurde verboten, daß mehr als zwei Juden nebeneinander gingen, und zeitweise durften sie sich überhaupt nicht in der Christenwelt sehen lassen. Die Absperrung im Ghetto erzeugte in den Juden ein Gefühl der Erniedrigung. Es war, als hätte man sie aus der Welt ausgestoßen, was ja auch aus einer freilich völlig mißverstandenen »christlichen Heilslehre« heraus bezweckt worden war. Außerhalb des Ghettos waren sie wehrlos Beleidigungen und Mißhandlungen ausgesetzt. Zugleich aber blieb der Rat bemüht, die Juden gegen ihre Nachbarn zu schützen, sie in Zeiten der Gefahr vor Gewalttaten zu retten[28].

Am Anfang war die einzige Straße des Judenviertels noch geräumig. Sie bot den hundert Juden, die man um 1500 in 14 Häusern dort zählte, genügend Platz. Aber im Laufe des 16. Jahrhunderts wuchs die jüdische Bevölkerung zusehends: 1550 gab es 53 Häuser, 1575 schon 107, 185 im Jahr 1605 und 197 Häuser im Jahr 1610 für schätzungsweise 3000 Personen. Der Raum innerhalb der Tore war aber der gleiche. Man begann deshalb, die Gasse auch von der anderen Seite her zu bebauen. Man teilte die Häuser, baute zu beiden Seiten Hinterhäuser und stockte schließlich, als der Boden keinen Raum mehr bot, die Gebäude nach oben auf. So erhielt die Gasse das düstere und unordentliche Aussehen, für das sie später berüchtigt war. Die Enge der Straße und die Höhe der Häuser ließen weder Luft noch Licht ein. Die kleinen finsteren Höfe waren feucht und unsauber, die Abzugsgräben in widerlichem Zustand. Kein Wunder, daß das Ghetto die höchste Feuergefahr barg, daß es ein ständiger Herd ansteckender Krankheiten war und daß es unter seinen Bewohnern häßliche Streitsucht gab.

---

[28] Kracauer, a.a.O., I.

Trotzdem übte die Stadt auf fremde Juden eine Anziehungskraft aus, denn im Gegensatz zu den anderen Reichsstädten erlebte Frankfurt im 16. Jahrhundert eine Handelsblüte. Während die anderen Städte vom Rückgang der Beziehungen zu den südeuropäischen Ländern schwer betroffen waren, konnte sich Frankfurt am Aufschwung der holländischen Wirtschaft beteiligen. Auch das Gewerbe profitierte davon, insbesondere als um die Mitte des Jahrhunderts zahlreiche holländische Kalvinisten, auf der Flucht vor der spanischen Inquisition, in Frankfurt Asyl suchten. Die Frankfurter Juden paßten sich den neuen wirtschaftlichen Verhältnissen an. Da das Leihgeschäft ihnen erschwert wurde, ihnen auch nicht mehr viel einbrachte und seine allgemeine Bedeutung wie auch der Handel mit Pfändern zurückgegangen waren, verlegten sie sich auf den Warenhandel, von dem sie die Stättigkeit nicht ganz ausgeschlossen hatte. Zwar liefen die Krämer und Handwerker Sturm dagegen, aber der Rat ließ verlauten, daß ihr Wettbewerb nicht zu fürchten sei, mancher Handel der Juden, zum Beispiel der mit Kleidern, dem städtischen Gewerbe sogar Arbeit zuführte. Wichtig wurde die Betätigung der Juden auf dem Metallmarkt, besonders auf dem Gebiet der Edelmetalle und Edelsteine. Eine gute Einnahmequelle für manche wurde das Geldwechseln, das insbesondere zur Messezeit hohe Umsätze brachte. Dieser Erwerbszweig war jedoch nicht ungefährlich, da in der damaligen Zeit viele schlechte Münzen im Umlauf waren und man allgemein die Juden dafür verantwortlich machen wollte.

Die Frankfurter Gemeinde wurde alsbald das Opfer des Streites zwischen dem Rat und den Zünften. Die letzteren klagten über die Mißwirtschaft der Oligarchie, über den Niedergang bestimmter Zweige des einheimischen Gewerbes zugunsten des auswärtigen Waren- und Großhandels, über Geldabwertung und Arbeitslosigkeit. Die Kaiserwahl vom Mai 1612 bot den Zünften Gelegenheit, ihre Beschwerden einzureichen. Einer der Punkte betraf die Juden und forderte die Beschränkung ihrer Zahl sowie die Herabsetzung des ihnen erlaubten Zinsfußes. Weder der Rat noch der neugewählte Kaiser Matthias (1612–1619) gaben eine entscheidende Antwort. Es kam zu Unruhen in der Bevölkerung, die eifrig von Demagogen, darunter einem an jüdische Gläubiger verschuldeten Advokaten namens Weitz und dem Vertreter der Fettkrämer-Zunft, Vinzenz Fettmilch, geschürt wurden. Je länger sich der Streit hinzog, je mehr sich die Gemüter erhitzten und, wie die Zünfte klagten, ihr eigener Verhandlungsausschuß sich »unnützem Umlaufen, Fressen und Saufen« widmete, desto gefährlicher wurde die Lage. Im Januar 1613 setzten die Zünfte einen neuen Ausschuß ein, an dessen Spitze nunmehr Fettmilch stand. Immer stärker konzentrierte sich seine Agitation auf die Juden. Die Revolte, die schließlich am 22. August 1614 ausbrach, entlud sich in der Plünderung der Judengasse und in der Austreibung ihrer Bewohner [29].

Fettmilchs Triumph dauerte aber nicht lange. Der Rat nahm die Zügel der Regierung wieder in die Hand. Der Kaiser ließ den Rädelsführer nach gründlicher Untersuchung hinrichten. Die Stadt wurde zum Schadenersatz verurteilt, die Juden 1616 in einem feierlichen Aufzug und unter kaiserlichem Geleit in die Stadt zurückgebracht. Der kaiserliche Adler mit der Aufschrift: »Römischer Kaiserlicher Majestät und des Heiligen Reiches Schutz« wurde an den drei Toren der Judengasse befestigt. Der kaiserliche Kommissar rief die Vorsteher der Gemeinde zu sich, erklärte die alte Stättigkeit für erloschen und verlas feierlich eine neue, die nunmehr in Kraft treten sollte. Ihr Inhalt bedeutete kaum eine Milderung. Aber die bloße Tatsache, daß die Stättigkeit nicht mehr vom Rat, sondern von den Beauftragten des Kaisers ausging, zeigte deutlich die veränderte Lage. Der Kaiser selbst betrachtete sich wieder als Schirmherr der Juden und untersagte dem Rat, seine Untertanen mit weiteren Verordnungen und Lasten zu beschweren, es sei denn, er erteile hierzu seine Genehmigung. Die wichtige Neuerung war, daß der Kaiser den Juden das Frankfurter Wohnrecht auf alle Zeiten verbürgte, die zulässige Bewohnerzahl allerdings auf nur fünfzig Familien festsetzte [30].

---

[29] Kracauer, a.a.O., I, 358 ff.
[30] J. J. Schudt, Jüdische Merkwürdigkeiten, Frankfurt 1714, III, 156–194.

Ähnlich war die Lage in Worms, wo die Gemeinde ebenfalls hinter Ghettomauern – aber in ihren alten Wohnstraßen – eingeschlossen war. Die Stadt hatte längst ihren wirtschaftlichen Höhepunkt überschritten; Handel und Gewerbe waren stark zurückgegangen. Die Zünfte gaben den Großkaufleuten und den Juden die Schuld für den Niedergang des einheimischen Handwerks. Einige Mitglieder des Rates, die sich zu Sprechern der Zünfte machten und wohl auch hofften, die Erbitterung des Volkes von sich abzulenken, schlugen die Vertreibung der Juden vor, und zwar dadurch, daß man sie demütige und peinige, damit sie von selbst abzögen. Man versperre ihnen die Ausgänge der Stadt, erschwere ihnen den Einkauf von Lebensmitteln, jage ihr Vieh von der gemeinsamen Weide. Diese Methode hatte Erfolg. Wohlhabende Juden trafen Anstalten, die Stadt zu verlassen. Auch Fettmilchs Umtriebe in Frankfurt feuerten den Eifer der Judenfeinde in Worms an. Einem Bürgerausschuß von 150 Mann wurde die Bearbeitung der Judensache übertragen. Auf die besorgte Vorstellung der Juden hin verbot der Kaiser jede Maßnahme gegen sie. Seine Drohungen blieben aber ohne Wirkung. Der Kurfürst von der Pfalz hingegen, der spätere Winterkönig, nahm den Hauptrådelsführer, den Advokaten Chemnitz, für drei Monate gefangen. Kaum aber war dieser wieder frei, setzte er seine Agitation fort. Am 20. April 1615, dem siebenten Pessachtage, wurden die Wormser Juden, gegen 1400 an der Zahl, von der aufgehetzten Menge gezwungen, die Stadt zu verlassen. Ihre heiligen Stätten wurden geschändet, die Synagoge verwüstet, Grabsteine auf dem Friedhof zertrümmert. Der Rat war besorgt, daß sich der Aufstand ausweiten könnte und rief den Kurfürsten zu Hilfe. Seine Truppen stellten die Ordnung wieder her und verbannten die Rädelsführer aus der Stadt. Inzwischen hatten die Juden Zuflucht im Bereich des Erzbischofs von Mainz und des Landgrafen von Darmstadt gefunden, bis auch sie im Namen des Kaisers am 19. Januar 1616 wieder in die Stadt zurückgeführt wurden. Wie in Frankfurt, trat eine neue Judenordnung an die Stelle der alten. Sie änderte an den einschränkenden

Bestimmungen nichts, legte aber das Recht des Kaisers auf die Judenschaft fest[31].

Der Dreißigjährige Krieg traf die Juden so hart wie ihre christlichen Nachbarn. Sie litten unter Hunger, Einquartierungen und Plünderungen. Sie wurden zur Schanzarbeit, zu allerlei Kontributionen verpflichtet. Obwohl Kaiser Ferdinand II. die Heerführer ausdrücklich angewiesen hatte, die Juden nicht zu brandschatzen, kam es zu Übergriffen. Herzog Christoph von Braunschweig sprach es bei Kriegsbeginn unverblümt aus, daß die Juden »nach Kriegsrecht bei einem solchen Kriegszug Preis seien«. Der Krieg verschlang unendlich viele Geldmittel; wenn man solche schon im Frieden bei den Juden gesucht hatte, so erst recht in Kriegszeiten. Die städtischen und territorialen Gewalten sorgten dafür, daß der Kaiser möglichst wenig davon erhielt, sondern ihr eigener Bedarf abgedeckt wurde. Aus ihren Juden war aber immer weniger herauszupressen. Diese erlitten erhebliche Verluste, da ihre Kunden und Schuldner nicht zahlen konnten, und kamen, wie es in den damaligen Urkunden hieß, in einen »elenden und verderbten Zustand«. Die Frankfurter Juden konnten ihre Steuern nicht entrichten und mußten mehrmals, um ihren Verpflichtungen nachkommen zu können, bei Christen zu hohen Zinsen Anleihen aufnehmen. Auch unter den Seuchen, welche der Krieg verursachte, litten die Ghettobewohner schwer. Die Gemeinden Worms und Frankfurt meldeten immer höhere Sterblichkeitsziffern. In dieser Zeit erwies es sich als ein Glück für die Juden, daß sie größtenteils auf dem flachen Land wohnten, wo Krankheit und Landsknechttum weniger Opfer forderten. Nach dem Krieg versäumte man natürlich nicht, die Judenschaften zu hohen Entschädigungen, wie der »schwedischen Satisfaktion«, heranzuziehen.

---

[31] G. Wolf, Zur Geschichte der Juden in Worms und des deutschen Städtewesens, 1862, 67 ff.

4. KAPITEL

Die Judenschaften im Zeitalter des Absolutismus

Der Westfälische Friede (1648), der in Deutschland eine neue Epoche staatlicher Entwicklung einleitete, bedeutete auch für die Juden einen neuen Lebensabschnitt. Von den Bestimmungen des Friedens waren es im besonderen drei, die für sie Bedeutung gewannen: die Verleihung der vollen Landeshoheit an alle Reichsstädte, die zahlreichen Gebietsveränderungen und die Zuerkennung religiöser Toleranz. Die letztere galt selbstverständlich nur für Protestanten und Katholiken. Aber die Tatsache, daß es nicht mehr eine einheitliche rechtgläubige christliche Kirche gab, führte mit der Zeit dazu, daß auch Sekten und Andersgläubigen die Toleranz nicht mehr vorenthalten werden konnte. Die Ausweitung des Handels und des Verkehrs hatte zur Folge, daß immer mehr Christen sich in den Ländern der Mohammedaner und anderer »Ungläubiger« niederließen. Wie sollte man den »Ungläubigen« im eigenen Lande versagen, was man anderwärts für sich selber in Anspruch nahm? Die Gebietsverschiebnugen brachten es mit sich, daß manche Länder, in denen keine oder nur wenige Juden wohnten, nun eine größere Anzahl von jüdischen Untertanen erhielten, so z. B. Brandenburg, das mit der Eingliederung der Bistümer Halberstadt und Minden eine nicht unbedeutende jüdische Bevölkerung aufnahm. Andererseits schieden das Elsaß und Lothringen mit ihren beachtlichen jüdischen Volksteilen sowie Holland mit seiner neuen jüdischen Kolonie aus dem Reich aus[1]. Die größte Bedeutung für die Lage der Juden hatte die Anerkennung der Landeshoheit und die Entwicklung der Einzelstaaten.

---

[1] F. C. Dahlmann, G. Waitz, Quellenkunde der deutschen Geschichte, Leipzig 1931.

Die Fürsten bemühten sich, ihre Länder zu bedeutenden und wohlhabenden Staatswesen zu gestalten. Das war nicht leicht, denn der schreckliche Krieg hatte weite Gebiete entvölkert und verwüstet. Der Wiederaufbau konnte nur langsam vor sich gehen, wurde aber von den Landesherren um so zielstrebiger betrieben. Sie versuchten dabei, sich ihrer Abhängigkeit von den Ständen zu entledigen und ihre absolute Souveränität auszubauen. Hierzu sollten geordnete Finanzen dienen, die Einrichtung einer straff organisierten, von Berufsbeamten geleiteten Verwaltung und der Aufbau eines stehenden Heeres. Die Kapitalwirtschaft wurde gefördert, und die »Hebung der Kommerzien und Manufakturen« trat in den Mittelpunkt des staatlichen Interesses. Den Boden kultivieren, alle seine Schätze nutzen und bearbeiten, viel produzieren und wenig verbrauchen, wenig ein- und viel ausführen und damit Bargeld schaffen – all das wurde Ziel der Staatsverwaltung, um den Souverän von seinen Ständen unabhängig zu machen. Darum hieß es, die Bevölkerung nach Möglichkeit zu vermehren und alle produktiven Kräfte heranzuziehen [2].

In diesem Zusammenhang besannen sich die Landesherren auch auf die Juden, hatten sich diese doch als Steuerzahler, als Stimulanten des Handels und als Verbreiter der Landesprodukte bewährt. Insbesondere die Prosperität der Niederlande, der Auftrieb, den die Zulassung der Marranen (jüdischer Flüchtlinge der spanischen Inquisition) dem Handel Amsterdams gegeben hatte, zeugten den damaligen Zeitgenossen von der Nützlichkeit der Juden. Wo auch immer das christliche Gewissen der Aufnahme der Juden entgegenstand, wurde es durch die Hoffnung auf ihre frühere oder spätere Bekehrung beschwichtigt. Man traf auch die üblichen Vorsichtsmaßregeln, um den christlichen Glauben vor Schaden zu bewahren. Die Zulassungsbedingungen waren dieselben wie ein Jahrhundert zuvor. Wie damals wurden die Juden mit Steuern und Abgaben belastet, ihre Lebensverhältnisse und Be-

---

[2] Walther Hubatsch, Das Zeitalter des Absolutismus 1600–1789, Braunschweig 1962; Eleonore Sterling, Der unvollkommene Staat. Studien über Diktatur und Demokratie, Frankfurt 1965, Kap. 3.

wegungsfreiheit als »Schutzjuden« eingeschränkt. Bittere Feinde der Juden und Gegner ihrer Niederlassung blieben die Krämer und Zünfte, die sich durch die gesamte wirtschaftliche Entwicklung bedroht sahen und die Konkurrenz der Juden schon lange fürchteten. Aber ihre Klagen, daß der jüdische Handel für die christliche Wohlfahrt verhängnisvoll sei, fanden bei den Landesherren nur wenig Gehör. Die Zünfte beschwerten sich über das Geschäftsgebaren der Juden, das den neuen wirtschaftlichen Bedingungen besser angepaßt und erfolgreicher war als das ihrige. Während die Krämer und Handwerksmeister in ihren Läden geduldig, »christlich«, wie sie sagten, auf den Käufer warteten und sich an die keineswegs mehr zeitgemäßen Zunftordnungen hielten, boten die von den Zünften ausgeschlossenen Juden ihre Waren an. Sie beschränkten sich nicht auf einen Handelszweig, kauften und verkauften in größeren Mengen, drückten so die Preise, stellten reiche Warenlager zur Auswahl, führten sie dem Kunden vor und begnügten sich mit kleinem Nutzen. In die neuen emporstrebenden Residenzen nahm man gern Juden auf, weil man sich von ihrer geschäftlichen Tätigkeit Förderung des Verkehrs und Wohlstandes versprach. Dort fanden sie im Adel und den Hofleuten meist auch einen zahlungskräftigen Kundenkreis. Dort saß auch die Beamtenschaft, welche den wirtschaftlichen Aufbau zu leiten hatte und rasch im jüdischen Kaufmann einen klugen Unternehmer erkannte, der den Aufgaben der Staatsverwaltung zu dienen befähigt und gewillt war und oft mehr Verständnis und Bereitwilligkeit dafür mitbrachte als die biederen, alteingesessenen christlichen Kaufleute. Manche Juden verfügten über weitverzweigte, nützliche Handelsverbindungen; andere brachten Kapital ins Land und legten es in Kulturen oder Manufakturen an. Der Tabak- und Hopfenbau, die Fabrikation von Tuch-, Woll-, Leder-, Seiden-, Posamentierwaren und andere Zweige mehr wurden von jüdischen Unternehmern gefördert[3].

---

[3] Felix Priebatsch, Die Judenpolitik des fürstlichen Absolutismus im 17. und 18. Jahrhundert, Jena 1915; Raphael Straus, Die Juden in Wirtschaft und Gesellschaft, Frankfurt 1964, 84 ff.

Die Hoffaktoren

Im 17. und 18. Jahrhundert wurden die sogenannten »Hofjuden« oder »Hoffaktoren« zu einer allgemeinen Einrichtung, selbst in den Territorien, die sonst keine Juden zuließen. Dies waren die Vorstände einiger hundert Familien in den Residenzen Europas. Vor allem lebten sie an den kleinen deutschen Fürstenhöfen, waren reich, übten oft politischen Einfluß aus und besaßen ein besonderes fürstliches »Generalprivilegium«, das sie von der großen Zahl ihrer ärmeren Glaubensbrüder trennte. Beim Aufbau seiner Macht bediente sich der absolutistische Staat dieser sogenannten jüdischen Kommissare, Hofjuden, Oberhoffaktoren, Finanz- und Kammeragenten, räumte ihnen wirtschaftlich und damit auch politisch wichtige Stellungen ein, während die jüdische Bevölkerung in den gleichen Staaten unter kleinlichen und entwürdigenden Bedingungen leben mußte oder überhaupt nicht geduldet war. In der Auseinandersetzung zwischen den Fürsten und den Ständen leisteten sie den ersteren nützliche Dienste bei der Kreditbeschaffung, als Pächter der Münze, der Lotterien, Monopole und staatlichen Manufakturen. Bei Hof hatten die Faktoren eine besondere Vertrauensstellung. Manchmal führten sie sogar einen amtlichen Titel, trugen Uniformen, besaßen hochherrschaftliche Wagen und Pferde. Oft waren mehrere jüdische Kammeragenten an einem Hof zugelassen, manchmal einer an mehreren. Sie waren von dem besonderen, für die zugelassenen Schutzjuden geltenden Gericht und auch vom Rabbinergericht befreit. Ihre Stellung richtete sich jeweils nach ihrem Reichtum, ihrer Intelligenz und Tüchtigkeit. Die Hervorragenden unter ihnen standen in enger Beziehung zu den Fürsten und wurden von ihnen mit allerlei schwierigen und nicht gerade ungefährlichen Aufgaben betraut. Sie wurden beauftragt, die fürstlichen Familien und die Hofgesellschaft mit Luxuswaren, Juwelen und Geld zu versorgen, die Münze mit Edelmetall, die Heere mit Pferden, Fourage und Kriegsmaterial zu beliefern. Besonders in Kriegszeiten, die ja nicht selten waren und die Kontigente in weit entfernte Gegenden verschlugen, hatten sie auf pünktliche Versorgung der Armeen und die Umwechslung der Subsidien zu achten. Sie bedienten sich dabei ihrer Verwandtschaften und ihrer Beziehungen zu ihren Kollegen an anderen Höfen, was ihnen zuweilen ermöglichte, für ihre Landesherren schwierige diplomatische Missionen zu erfüllen. So waren sie es auch, die des öfteren fürstliche Heiraten eingeleitet haben. Ihre Reisen und reiche Lebenserfahrungen befähigten sie, Ratschläge zum Fortschritt des Landes, zur Verbesserung der Verwaltung und der Finanzen zu geben [4].

Das Verhältnis der Fürsten zu ihren Hofjuden und deren Familien war bisweilen ein patriarchalisch herzliches. So beschrieb Glückel von Hameln eine Hochzeit im Hause Gomperz in Kleve, an der der brandenburgische Kurprinz, der spätere König Friedrich I., teilnahm. 1740 ließ der alte Dessauer die Hochzeit der Tochter seines Hofjuden in seinem Schloß feiern. Aber bei all dem war die Lage dieser kleinen Gruppe von Privilegierten unsicher und oft gefährlich. Zwar wurden viele reich bei ihren Aufgaben, erhielten Sonderprivilegien für ihre Familien und erfreuten sich der Gunst des Landesfürsten; letztlich blieben sie aber nur ein Werkzeug, das er aus der Hand legen konnte, wenn er es nicht mehr brauchte oder wenn die Staatsräson es ihm als weniger nützlich erscheinen ließ. Ein Thronwechsel konnte sie ins Unglück stürzen. Zugleich wurden sie um so verhaßter bei allen, die durch die fürstliche Machtpolitik benachteiligt waren: beim einfachen Volk, das unter dem Steuerdruck zu leiden hatte; bei den Gilden und Zünften, in deren Produktions- und Absatzgebiete der Merkantilismus eingriff; bei den Ständen, deren Rechte durch die steigende fürstliche Macht geschmälert wurden. Gegen die privilegierten Juden entlud sich alle Bitterkeit, aller Haß, den man nicht offen gegen die Fürsten selber zu wenden wagte. Das Leben dieser Juden war gefährlich. Steil konnte ihr Aufstieg, aber gar plötzlich ihr Absturz sein. Das Amt des Hofjuden, des Faktors, des Kommissars, war ein Produkt der Epoche, das in einer poli-

---

[4] Selma Stern, The Court Jew, Philadelphia 1950; Heinr. Schnee, Die Hoffinanz und der moderne Staat, Berlin 1953 ff.

tischen und wirtschaftlichen Übergangszeit von großer Bedeutung war und das seine Inhaber, wenn sie starke Persönlichkeiten waren, mit Klugheit und Geschick verwalteten. Die Feinde der Juden aber sahen nur die Schattenseiten. Das Bild vom privilegierten Juden wurde ebenso dämonisiert wie das Bild vom Trödeljuden. Der Jude, ob hoch oder niedrig, war des Teufels Knecht. Was durch Zeitumstände verursacht war, verkannte man als die willentliche Teufelei der »Ungläubigen« und »Christusmörder«.

Am bekanntesten wurde die Gestalt des Württembergischen Hoffaktors Jud Süß Oppenheimer (1692–1738)[5], dessen glänzender Aufstieg und jäher Absturz der antisemitischen Gerüchtebildung bis in unsere Zeit Nahrung geboten hat. »Jud Süß« wurde im nationalsozialistischen Deutschland zum Symbol des machtgierigen, lüsternen Teufelsjuden, sein Schicksal aber auch zum Symbol dessen, was man mit den Juden vorhatte: Erniedrigung, Gefängnis, Marter und Tod. In Heidelberg war die Familie Oppenheimer durch Geldleihe und Handel mit Stoffen und Luxuswaren groß geworden. 1732 wurde Josef Oppenheimer Schatullenverwalter des Prinzen Karl Alexander von Württemberg. Als Herzog ließ dieser später sich bei der Reform der Landesverwaltung und Konsolidierung der Finanzen von Josef Oppenheimer beraten. Er versuchte, sich von der ständischen Verfassung seines Landes zu befreien, berief die Landtage nicht mehr ein, errichtete Staatsmonopole, deren Verpachtung er seinem Hofjuden überließ, forderte das Recht der Steuererhebung und führte auf den Rat Oppenheimers den »Besoldungsgroschen« (später bekannt als »Judengroschen«), eine Art Lohnsteuer für Beamte ein. Karl Alexander errichtete Monopole für Salz, Leder, Wein und Tabak. Seinem Hoffaktor erteilte er das Privileg, Lotterien und das Hasardspiel einzurichten, wobei gleichermaßen die Staatskasse und das Privatvermögen des Agenten profitierten. Seinem Ratgeber übertrug der Herzog auch das gewinnbringende, aber bei den damaligen ungeordneten Polizeiverhältnissen äußerst gefähr-

---

[5] Selma Stern, Jud Süß, Ein Beitrag zur deutschen und jüdischen Geschichte, Berlin 1929.

liche Geschäft der Belieferung der Münze mit Edelmetall. Als eine weitere Einnahmequelle des Staates erwies sich der Ämterverkauf, von dem Fürst und Agent großzügigen Gebrauch machten. Oppenheimer entwarf den Plan für eine Staatsbank nach englischem Vorbild, die neues Geld ins Land ziehen und Ordnung in das verwirrte Münzwesen bringen sollte. Er scheiterte jedoch an der Eifersucht der Kaufleute und am Mißtrauen der Behörden. All dies waren Praktiken und Vorhaben, die bei der Entwicklung des Absolutismus in Deutschland und anderswo, mit oder ohne jüdische Hofagenten, üblich waren und mit der kommerziellen und industriellen Expansion einhergingen. So findet sich auch in Oppenheimers Gutachten über die Reform des staatlichen Finanzwesens und Verwaltungsapparates nichts spezifisch »Jüdisches« oder »Teuflisches«, wie die Judenfeinde von damals und heute noch meinen[6]. Vielmehr zeigt sich hier die klare, für die damalige Zeit freilich fortschrittliche Vorstellung eines rational aufgebauten absolutistisch-merkantilistischen Fürstenstaates, der an die Stelle des überholten patrimonialen Ständestaates gesetzt werden sollte[7]. Oppenheimer bekämpfte Stände und Zünfte sowie alle rückständigen feudal-partikularistischen Interessen. Er tat dies nicht im Dienst eines »verschwörerischen Judentums« – wenngleich die gedrückte jüdische Bevölkerung hoffen durfte, daß die Aufhebung der noch mittelalterlichen Schranken ihnen größere Freiheit gewähren würde –, sondern im Interesse der »Staatsräson«, des »Gemeinwohles« und der rationalen Zweckmäßigkeit.

Schon auf dem Höhepunkt seiner Macht fürchtete Oppenheimer, daß »wann meine Feinde nichts mehr wissen, das Punctum Religionis ihre Rachbegierde bemänteln muß[8].«

Als Karl Alexander plötzlich starb, wurde »Jud Süß« von den Ständen verhaftet. Sie klagten ihn des Hochverrats an und folter-

---

[6] So auch die Wissenschaft. Vgl. etwa Werner Sombart, Die Juden und das Wirtschaftsleben, Leipzig 1911, 50: »Wir können uns den modernen Fürsten nicht gut ohne den Juden denken, etwa wie Faust nicht ohne Mephistopheles.«
[7] Stern, Jud Süß, a.a.O., 277; Friedrich Meinecke, Die Idee der Staatsräson, 2. Auflage, München 1962.
[8] Stern, Jud Süß, a.a.O., 277.

ten ihn. Vergeblich versuchten Glaubenseiferer, ihn im Kerker zum Christentum zu bekehren. 1738 wurde er in einem Käfig am Galgen hingerichtet.

Die Juden in den Messestädten

Weder das Glück der jüdischen Hofagenten noch das ihrer vermögenden Glaubensbrüder war beständig. In ihren Memoiren berichtete Glückel von Hameln (1646–1724) wiederholt von jüdischen Kaufleuten, die glänzende Geschäfte machten und beträchtlichen Reichtum erwarben; aber kaum einer habe sein Vermögen seinen Kindern hinterlassen können. Das lag an der Rechtsunsicherheit der Juden und dem fortwährenden Zwang – ließ man sie doch auch jetzt im merkantilistischen Zeitalter nicht zu den herkömmlichen Berufen und Gewerben zu –, sich in neuen und unerprobten Berufen zu versuchen. Ihre Pioniertätigkeit brachte ihnen hohe Gewinne, aber auch große Verluste. Und sobald ein neuer Unternehmenszweig sich »eingebürgert« hatte, wurden die Juden aus ihm wieder verdrängt. Der plastische Ausspruch Glückels, die selber bald mit Juwelen, bald mit Strümpfen handelte: »Ein Jud nascht von jeder Sache«, bezeichnet die Lage des jüdischen Kaufmannes jener Zeit. Seine Betriebsamkeit und sein Streben, reich zu werden, waren lebensnotwendig. Reichtum schien die einzige, wenn auch keineswegs beständige Sicherheit gegenüber der Willkür obrigkeitlicher Gebote. Er bedeutete in manchen Fällen einen gewissen Schutz vor den Ausschreitungen des aufgewiegelten Volkes. So beschäftigte sich Glückel in ihren Memoiren ausführlich mit Problemen des Barvermögens, des Heiratsgutes, und dies nicht etwa, weil Juden das Geld über alles lieben. Sie wollte, daß ihre Kinder tugendhaft, fromm und gesichert leben, und wußte dabei sehr gut, daß besonders für die diskriminierten Juden, wenn sie zudem im Elend und in Armut leben mußten, Rechtschaffenheit nur schwer zu verwirklichen war [9].

---

[9] Denkwürdigkeiten der Glückel von Hameln, übersetzt von A. Feilchenfeld, Berlin 1913.

Die überwiegende Mehrheit der Juden konnte sich ebensowenig wie die anderen unteren Volkschichten am wirtschaftlichen Aufstieg beteiligen. Sie blieben arm und bekamen daher auch die Erniedrigung, unter der alle Juden, ob arm oder reich, lebten, am stärksten zu spüren. Als »Trödeljuden« bestritten sie ihren Unterhalt in den Dörfern und Ghettos. In den Akten der damaligen Zeit ist viel die Rede von den allerärmsten, den »Betteljuden«, die nirgendwo einen festen Wohnsitz und keine Erwerbserlaubnis hatten. Ihnen blieb nur der Weg, sich außerhalb der gesetzlichen Vorschriften den Lebensunterhalt zu beschaffen oder von Gemeinde zu Gemeinde zu ziehen und zu betteln. Nach den religiösen Vorschriften konnte die Hilfe ihnen nicht verweigert werden, denn im Judentum ist Wohltätigkeit, »Zedakah«, gleichbedeutend mit Gerechtigkeit, einem der höchsten Gebote.

Es bildete sich aber auch eine Art jüdischer Mittelstand heraus. Er setzte sich aus Leuten zusammen, die Groß- und Warenhandel betrieben, besonders in den neuen Wirtschaftszweigen, die den Zunftbestimmungen nicht unterworfen waren, wie der Handel mit Kolonialwaren, Bijouterien und Edelsteinen. Wichtig waren hier auch die Getreide-, Produkten-, Vieh- und Pferdemärkte und schließlich die Ausweitung des Tuch- und Kleiderhandels, an dem sich Juden schon seit längerer Zeit in den großen Städten beteiligt hatten [10].

Der allgemeine Aufstieg des Großhandels war in einer Wirtschaftsstadt wie Frankfurt, mit seiner günstigen Verkehrslage, besonders wichtig. Die jüdische Bevölkerung hatte während des Dreißigjährigen Krieges und danach stark abgenommen. Erst 1709 zählte sie wieder 3024 Seelen. Einzelne Juden beteiligten sich zunehmend an der Warenerzeugung und am Handel, und dies zum großen Ärger der Handwerkerzünfte. Familien wie die Kann, Bier, Stern und Schiff betätigten Geldgeschäfte mit Fürstenhöfen sowie mit privaten christlichen und jüdischen Kaufleuten. Ein Beweis der regen Tätigkeit der Juden in der Stadt war die Einsetzung eines

---

[10] Raphael Straus, Die Juden in Wirtschaft und Gesellschaft, Frankfurt 1964, 89 ff.

besonderen »Bet din« während der Messezeit, das über Treu und Glauben im Handelsverkehr zu wachen hatte. Der Wohlstand beschränkte sich aber auf eine kleine Oberschicht[11].

Größeren Katastrophen war die Gemeinde wirtschaftlich nicht gewachsen. Als im Jahre 1711 im Haus des Rabbiners Naftali Cohen ein Feuer ausbrach, zerstörte es in kurzer Zeit fast die ganze Judengasse. Auch die gemeindeeigene Feuerwehr konnte dies bei den engen Verhältnissen und der verschachtelten Bauart des Ghettos nicht verhindern. Ein Teil der Einwohner mußte auswandern, ein anderer wurde in der Stadt untergebracht und mußte dort an die sechs Jahre lang beherbergt werden, weil die Armut der Gemeinde den Wiederaufbau verzögerte. 1721 brach wiederum ein Feuer aus, das mehr als hundert Häuser in der engen Gasse zerstörte. Die Gemeinde hatte die enorme Schuldenlast von 200 000 Fl. Als Kaiser Karl VI. nach dem spanischen Erbfolgekrieg von ihr ein Darlehen von 100 000 Talern forderte, konnte sie es nicht zahlen. Selbst die von den kaiserlichen Kommissaren vorgenommene Sperrung der Synagoge und der rituellen Einrichtungen konnte den Betrag nicht erzwingen, und er mußte ermäßigt werden.

Wenn auch der Versuch des Rates, die Frankfurter Juden wieder unter seine Hoheit zu bringen, an dem Widerstand der kaiserlichen Beamten scheiterte, wenn auch das Judenzeichen an der Kleidung 1728 vom Reichshofrat abgeschafft wurde, blieb die Lage der Juden immer unsicher. Die Zünfte klagten unentwegt über ihre Konkurrenz und suchten ihren Warenhandel niederzuhalten. Die Chronik des Frankfurter Gymnasialkonrektors Johann Jakob Schudt über den Ghettobrand des Jahres 1711 läßt manches über die durch religiöse Vorurteile verzerrten Beziehungen zwischen der christlichen und jüdischen Bevölkerung erkennen. Obgleich sich der lutheranische Gelehrte um »Unparteilichkeit« bemühte – er hat, wie er in seiner Vorrede schrieb, »von Jugend auf einen Ekel gehabt, daß man um der Religion willen jemand soll hassen

---

[11] Alexander Dietz, Frankfurter Handelsgeschichte, Frankfurt 1921, II, 57 ff., IV, 75 f., 169 ff.

und anfeinden« –, sah er im Ghettobrand das »offenbare Strafgericht Gottes«. Denn kein Christenhaus war getroffen, schrieb er, und der nahe Pulverturm blieb verschont [12].

So argumentierten auch andere – »einige böse und liederliche Einwohner« der Stadt, wie Kaiser Joseph I. sie in seinem Befehl zum Wiederaufbau der Judengasse nannte. Dies waren die Zünfte und Krämergilden, welche die Obrigkeit freilich nicht einfach als »böse und liederlich« hätte abfertigen sollen, denn sie hatten eine berechtigte Klage gegen die oligarchische Herrschaft des Magistrats. Ihr Vergehen lag dabei darin, daß sie ihre Ressentiments nicht gegen das System selber richteten, sondern es an den Juden abreagierten. Sie wehrten sich gegen den Wiederaufbau des Ghettos und verlangten vom Magistrat, er solle »Gottes Werk vervollständigen« und die Juden austreiben. Manche forderten, man solle die wiederaufgebaute Judengasse neu in Brand stecken, die »Juden totschlagen und in das Feuer werfen [13]«.

Aber auch dem menschlich gesinnten Schudt und vielen seiner Mitbürger, die kein unmittelbares ökonomisches Interesse am Unglück der jüdischen Bevölkerung hatten, versperrte das religiöse Dogma den Weg zum menschlichen Mitempfinden. Mitleid, schrieb der Chronist, und Loyalität zum Reich – sind doch die Juden Schutzangehörige der Stadt und der Römischen Majestät – verpflichten zur Hilfe; aber die Juden sind des Teufels Kinder, wenn es auch wundersam sei, daß sie mehr als die Vernichtung ihres Eigentums den Verlust ihrer heiligen Bücher beklagten. Über zweihundert Jahre später, im nazistischen Deutschland, gab es eine ähnliche zwiespältige Haltung. Sie wurde freilich weit weniger mit religiösen als mit säkularisierten »biologisch-rassischen« Argumenten gerechtfertigt.

Jüdische Kaufleute, die sich am Großhandel beteiligten, nahmen auch an den Leipziger Messen teil. Leipzig duldete keine Juden in seinen Mauern, empfing aber gerne die jüdischen Messegäste, denn

---

[12] J. J. Schudt, Jüdische Merkwürdigkeiten, Frankfurt 1714–1718, II, 70.
[13] Ebenda, VI, 128 f.; Isidor Kracauer, Geschichte der Juden in Frankfurt am Main, Frankfurt 1925–1927, II, 125 ff.

sie zahlten nicht nur ein hohes Geleitgeld beim Betreten der Stadt, sondern gaben auch große Summen aus, von den Umsätzen und den Warenzöllen ganz zu schweigen. In den neunzig Jahren (1675-1764), für die Chroniken erhalten sind, besuchten 81 937 Juden die Leipziger Messen und zahlten an Leibzoll allein 719 661 harte Taler. Hinzu kamen die mit Frei- und Kammerpässen versehenen Kaufleute (in der Regel Hofjuden), die meist größere Unternehmer waren und deren Einkäufe in den Jahren 1744-1788 jährlich auf das fünfundzwanzigfache der Juden ohne Freipässe berechnet wurden. Besonders seit Hugenotten sich in Leipzig niederließen, wo sie das Handwerk der Gold- und Silberspinnerei und das Posamentieren betrieben, nahm die Zahl der jüdischen Besucher zu. Hier traten sie als Einkäufer auf; im Pelzhandel als Verkäufer. Es war das Verdienst der Juden aus dem Osten, daß Leipzig der Mittelpunkt des Rauchwarenhandels für die ganze Welt wurde. Jüdische Kaufleute kamen aus allen Teil Deutschlands und aus dem Ausland – von Amsterdam bis Brody, von Kopenhagen bis Konstantinopel. Ihre Anwesenheit bei der Messe erschien von solcher Bedeutung, daß der Rat der Stadt Leipzig, der sonst nicht viel Wohlwollen für die Juden bezeugte, die kurfürstliche Kanzlei mit Eingaben bestürmte, jüdische Kaufleute nicht höher zu besteuern als die christlichen, um sie nicht vom Besuch der Messe abzuschrecken. Kaufmannschaft und Innungen hingegen fürchteten die Konkurrenz des Handels und agitierten gegen die Juden. Diese führten Beschwerde, worauf der Magistrat alle »Beleidigungen, Insulte und Tätlichkeiten« strengstens untersagte. Als die jüdischen Kaufleute einmal wirklich fernblieben, beklagte die Kommerzdeputation den spürbaren Ausfall. Sie wies auf die schlechte Behandlung hin, welche die Juden, insbesondere die polnischen, von Leipzig fernhalte, während Breslau und Frankfurt an der Oder davon profitierten. »Ein Meßhandelsplatz«, so erklären sie, »kann wegen der in allen Handlungen sich findenden und an die Juden lediglich abzusetzenden Poffelwaren ohne Juden nicht sein.«

Auch in Breslau fanden die Juden auf dem Wege über die Messe wieder Aufnahme. Hier trat während des Dreißigjährigen Krieges der seltene Fall ein, daß die Zünfte die Zulassung einiger jüdischer Familien beantragten, damit sie zur Hebung des Handwerkes beitrügen. Sonst aber durften Juden sich nur in Vororten ansiedeln und die Stadt lediglich während der Messen betreten. In Breslau hielten sich Vertreter jüdischer Kaufleute aus Polen auf, deren Anteil am Import von Rohprodukten und am Export deutscher Waren etwa zwei Drittel ausmachte. Diesen Bevollmächtigten, »den Schammessen«, sowie den für den Kultus und Verkehr der Juden notwendigen Personen, wurde das Dauerwohnrecht und die Einrichtung von Betstuben in der Stadt gewährt. Auch den Juden, die in Glogau und Zülz auf königlichem Besitz saßen und sich ihres Handels wegen häufig in Breslau aufhielten, konnte eine Betstube nicht versagt werden. So kamen die ersten Juden in die Stadt. Wenn ihnen auch geistliche und weltliche Behörden das Leben sauer machten, behaupteten sie sich doch. Als der Fiskus im Jahre 1697 130 jüdische Familien in Breslau feststellte, war die königliche Kanzlei derart erschrocken, daß sie sogleich eine strenge Judenordnung erließ. Diese übertrug der Kaufmannschaft die Aufsicht über den Zu- und Abgang der Juden in der Hoffnung, daß diese aus ihrem Konkurrenzneid die Juden fernhalten würde. Nützlichkeitserwägungen aber veranlaßten den Staat, sie wohl oder übel zu dulden. Durch Gesetz wurde 1713 der »Toleranz-Impost« eingeführt und die Kassierung einer hohen Abgabe zum Rechtstitel für die Duldung der Ansässigkeit gemacht. Daraus ergab sich aber auch die Grundlage für die Einsetzung eines Rabbiners und die Bildung einer Gemeinde.

Als 1582 auf Drängen der Stände die Juden endgültig aus Schlesien vertrieben worden waren, hatten die von Glogau und Zülz ihr Wohnrecht behalten: die Glogauer, weil sie auf königlichem Boden wohnten und alle Vorrechte der übrigen Bewohner besaßen; die Zülzer, weil der Pfand- und spätere Grundherr, der Graf von Proskau, sich für sie einsetzte und ihr Niederlassungsrecht schützte, so daß der kleine Ort schließlich mehr als 1000 jüdische Einwohner zählte. In Glogau erhielt der angesehene Kaufmann Israel Benedikt das Privileg, daß seine Angehörigen und deren Nachkommen für alle Zeiten in der Stadt wohnen dürften. Es entwickelte sich eine Gemeinde, die 1725 schon 278 Familien mit 1564 Seelen zählte. Ihr Wohnraum war auf 36 Häuser beschränkt. Während die schlesischen Stände unaufhörlich auf ihre Vertreibung drängten, fanden die Juden Schutz beim Landeshauptmann und bei der böhmischen Krone. 1627 wurde auch ihnen das für die Prager Juden geltende Privileg gewährt. Sie erhielten Bewegungsfreiheit im Lande; das Recht, gleich den christlichen Kaufleuten alle Wochen- und Jahrmärkte zu besuchen; »in alle ehrliche redliche Weege, unverhindert Männigliches zu handeln, einzukauffen undt zu verkauffen«. Gegen dieses Recht kämpften die Stände ein Jahrhundert lang. Das fiskalische Interesse der Krone behielt jedoch die Oberhand. Bezeichnend war hier, wie im benachbarten Polen, die Bedeutung des jüdischen Handwerks. 1695 wurde Zülzer Juden, die zum katholischen Glauben übertraten, zugesichert, daß sie ihr Handwerk weiterbetreiben dürften. Um die gleiche Zeit wurde in Glogau von den Zünften befürchtet, daß die jüdischen »Schneider, Lohgerber, Schuhmacher, Buchbinder, Goldschmiede u. a. m., in Spezie aber die Fleischhacker«, ihre christlichen Berufsgenossen verdrängen würden [14].

In der Zeit des Toleranz-Imposts war auch außerhalb von Breslau, Zülz und Glogau eine »Landjudenschaft« entstanden. Sie lebte unter härteren Bedingungen, konnte sich aber in Oberschlesien unter anderem am Branntwein- und Brauereigewerbe beteiligen. Nachdem Friedrich der Große Schlesien erobert hatte, wurde 1743 das Glogauer Privileg einschließlich der Steuerfreiheit bestätigt. Um das Zülzer Privileg führte der preußische Fiskus einen Prozeß, in dem er unterlag. Im ganzen war die Lage der Juden Schlesiens nicht so ungünstig wie im übrigen Preußen (vgl. S. 38 ff.), aber die Erschwerung ihrer Niederlassung, die Hintanhaltung der natürlichen Vermehrung und die Höhe der Abgaben lasteten schwer auf ihnen.

---

[14] Israel Rabin, Vom Rechtskampf der Juden in Schlesien (1582–1713), Breslau. 1927.

Die Hamburger Judengemeinde

Auch für die Zulassung der Juden in Hamburg waren wirtschaftliche Rücksichten maßgebend. Hier hatten sich Marranen aus Portugal noch vor 1600 niedergelassen. Als »Kaufleute portugiesischer Nation«, die man für Katholiken hielt, wurden sie geduldet. Als man aber bald feststellte, daß die Einwanderer zwar durch die Inquisition zwangsgetauft waren, sich aber zum Judentum bekannten, folgte der übliche Kampf: Die Bürgerschaft, von den Krämern und Handwerkern angeführt, verlangte ihre Austreibung. Der Senat aber schützte sie und gestattete ihnen, unter gewissen von den protestantischen Universitäten empfohlenen Kautelen, das öffentliche Abhalten von Gottesdiensten. Der Kaiser beschwerte sich, daß die Juden besser behandelt würden als die Katholiken; die lutheranische Geistlichkeit remonstrierte gegen die »Lästerer Jesu«, aber der Senat blieb bei seinem Entschluß. Er erkannte die Bedeutung der Portugiesen für die städtische Wirtschaft. Nicht nur waren sie kapitalkräftige Steuerzahler, sondern auch Pioniere neuer Handelsverbindungen mit Spanien, Portugal und der neuen Welt. Sie trieben einen blühenden Handel mit Rohrzucker, Tabak, Gewürzen und indischen Kattunen und trugen wesentlich bei zur Erweiterung des Handelsverkehrs. Als 1619 zur Beseitigung des Währungswirrwarrs die »Bank von Hamburg« gegründet wurde, gehörten dreißig portugiesische Juden zu den Anteilzeichnern. Über diese ersten Marranen auf deutschem Boden befindet sich aufschlußreiches Material in den Archiven. Der Hamburger Senat führte genaue Listen über sie, und auch die Spitzel der portugiesischen Inquisition ermittelten die Namen der Mitglieder der Marranen-Gemeinden und ihrer Korrespondenten in Portugal [15].

Die »sephardischen«, im Unterschied zu den mitteleuropäischen »aschkenasischen«, Juden waren trotz der Inquisition gewohnt – anders als viele ihrer deutschen Glaubensbrüder –, den Kopf hoch-

---

[15] Hermann Kellenbenz, Sepharim an der unteren Elbe, ihre wirtschaftliche und politische Bedeutung bis zum Beginn des 18. Jahrhunderts, Wiesbaden 1958.

zutragen. Weder kulturell noch gesellschaftlich standen sie dem christlichen Großbürgertum nach. Unter ihnen befanden sich die Leibärzte der Könige von Dänemark und Schweden. Einige besorgten die diplomatischen Geschäfte der Könige von Polen, Portugal und Schweden. Die Königin Christine von Schweden wohnte während ihres Hamburgers Aufenthaltes (1666/67) im Hause ihres Residenten Isaak Manoel Texeira, obwohl die Geistlichen dies von der Kanzel herab tadelten. Überhaupt erregte das selbstbewußte Auftreten der Sephardim den Zorn der Lutheraner. In seiner Streitschrift »Judaismus oder Judentum, d. i. ausführlicher Bericht von des jüdischen Volkes Unglauben, Blindheit und Verstockung« (1644) wiederholte der Senior der Petrikirche, Johannes Müller, Luthers judenfeindliche Thesen und empfahl die Knechtung der Juden als Gottes Wille. Lange dauerte die Auseinandersetzung zwischen dem Bekehrungs- und Verfolgungseifer der orthodoxen Lutheraner und dem freien, praktisch orientierten Handelsgeist der weltoffenen Hamburger Senatoren. Der Senat fürchtete, daß die Hetze die Portugiesen zum Abzug bewegen, daß sie ihre Handelsunternehmungen in das nahe Altona oder nach Glückstadt, wohin der König von Dänemark sie zur Niederlassung einlud, verlegen würden.

Die ersten Ansiedlungsgesuche von deutschen Juden wurden vom Senat Ende des 16. Jahrhunderts abgelehnt. Mit der Zeit kamen trotzdem einzelne Juden in die Stadt, wurden aber 1648 ausgewiesen. Sie fanden im naheliegenden dänischen Altona Unterkunft und durften in Hamburg tagsüber mit besonderen Pässen verweilen [16].

Das kostete viel Mühe und Geld. »Oft sind sie ihres Lebens nicht sicher gewesen«, schrieb Glückel von Hameln, »wegen des Judenhasses, der bei Bootsleuten, Soldaten und anderem geringen Volk herrschte, so daß eine jede Frau Gott gedankt hat, wenn sie ihren Mann glücklich wieder bei sich hatte [17].«

---

[16] Max Grunwald, Hamburgs deutsche Juden bis zur Auflösung der Dreigemeinden 1811, Hamburg 1904.
[17] Glückel von Hameln, a.a.O., 15 f.

In der Zeit des Schwedeneinfalles 1657 flohen die Altonaer Juden in die Stadt. Glückels Vater erreichte, daß sie dort wohnen bleiben durften, das heißt, ein jeder auf Grund besonderer Zulassung, einige im Status von »Dienern der portugiesischen israelitischen Gemeinde«. Unter der Bürgerschaft und Oberhoheit der Portugiesen durfte sich die »deutsch-israelitische Gemeinde« bilden. Die Geistlichen wollten es aber nicht dulden, daß sie in der Stadt ihren Gottesdienst abhielten. Dafür mußten sie zunächst nach Altona gehen; später aber, so berichtete Glückel, »sind wir auch in Hamburg in unsere Schülchen gekrochen[18].«

Nach den Verfolgungen von 1648–1654 wanderten Flüchtlinge aus Polen in Hamburg ein, was die eben erst angesiedelten »Tedescos« nicht allzu gerne sahen. Aus Furcht, die Geistlichkeit würde sich wiederum gegen die ganze Judenschaft ereifern, traten sie sogar für die Ausweisung der »Polaccos« ein. Hamburgs deutsche Juden schlossen sich bald mit denen von Altona und Wandsbeck zu einem gemeinsamen Rabbinatsbezirk (AHW) zusammen und überholten so die Portugiesen an Zahl und Bedeutung.

Die Juden in der Pfalz

Eine der wichtigsten Handelsstädte, an deren Aufstieg sich die Juden beteiligten, war Mannheim. Als Kurfürst Karl Ludwig, der Sohn des Winterkönigs, sein verwüstetes Land 1648 zurückerhielt, plante er, es nach rationalen Grundsätzen wieder aufzubauen. Während seiner Verbannung hatte er in Holland beobachtet, wie sehr die dortige jüdische Bevölkerung zur Belebung von Handel und Verkehr beitrug. Mit Versprechungen aller Gnaden, Benefizien und Immunitäten lud er die Juden nach Mannheim ein. Er befreite sie für zwölf Jahre vom Schutzgeld und ließ sie an fast allen Privilegien der übrigen Bewohner teilnehmen, konzessionierte ihren Handel, gestattete ihnen sogar, mancherlei Handwerk

---

[18] Ebenda, 18.

zu betreiben, und erlaubte die Errichtung einer Synagoge. Bedingung war, daß jede Familie ein zweistöckiges Haus errichte und ihre Kinder bei ihrer Verheiratung ebenfalls Häuser bauten. Zunächst ließen sich fünfzehn jüdische Familien, darunter zwei portugiesische, in der Stadt nieder. Die Gemeinde vermehrte sich und zählte ein Jahrhundert später 225 Familien [19].

Unter den Bürgern der Stadt waren die Juden nicht wohl gelitten. Obwohl auch sie oft keine Alteingesessenen waren und erst auf die kurfürstliche Werbung hin nach Mannheim gekommen waren, wollten sie die Konkurrenz der Juden (die überdies, wie sie klagten, nicht wie in anderen Städten in abgesperrten Vierteln wohnen mußten) nicht dulden. Als die christlichen Bürger den Erfolg der jüdischen Schneider und Schuster, Vieh-, Getreide- und Weinhändler sahen, bestürmten sie den Kurfürsten, keine Juden mehr zuzulassen, damit »sie nicht den Christen allen Handel und Nahrung gänzlich entziehen und benehmen mögen«. Die Metzger forderten das Verbot des jüdischen Vieh- und Fleischhandels, wurden aber vom Stadtrat zurechtgewiesen, da »die christlichen Metzger, wo sie allein herrschen, die Obrigkeit vexieren und die Bevölkerung ausbeuten«. Immer wieder stellten sich Einzelinteressen der jüdischen Bevölkerung entgegen. Dies geschah auch in der übrigen Pfalz, besonders in der kurfürstlichen Residenz Heidelberg. Hier beschwerten sich die Krämer beim Kurfürsten darüber, daß die Juden nicht mehr wie früher ihre Waren in abgelegenen Winkeln feilboten, sondern sich »Gewölber und offene Kräme« hielten. Andere Interessen wiederum traten für Handel und Gewerbe der Juden ein. Als ihnen 1725 durch Antrag der Stadt Mosbach der Weinhandel verboten wurde, drängten die Nachbarorte, dies rückgängig zu machen, »da sie sonst ihren Wein nicht verkaufen und ihre Abgabe nicht entrichten könnten« [20].

Die von Ludwig XIV. 1689 angeordnete Verwüstung der Pfalz brachte auch den Juden Tage des Schreckens. Mannheim, Heidelberg und andere Städte wurden niederbrannt. Den jüdischen

---

[19] Berthold Rosenthal, Heimatgeschichte der badischen Juden, Bühl 1927, 101 ff.
[20] Ebenda, 106 f., 111, 116.

Flüchtlingen verweigerten viele Orte selbst den vorübergehenden Aufenthalt. Aber bereits Anfang 1690 kehrten die Mannheimer Juden zurück und beteiligten sich am Wiederaufbau der Stadt. Ihre Konzessionen wurden erneuert. Sie durften fortan sogar Medizin praktizieren. Stadtrat und jüdischer Gemeindevorstand mußten aber streng darüber wachen, daß nur wohlhabende Familien aufgenommen wurden, die ihrer Baupflicht nachkamen und genügend bares Kapital mitbrachten [21].

Als die Stadt 1720 Residenz wurde, betätigten sich auch jüdische Geschäftsleute am Hof. Für ihre Dienste als Finanzagenten und Heereslieferanten erhielten manche Titel wie »Milizfaktor«, »Hof- und Milizfaktor« und ähnliche mehr. Der bekannteste unter den so ausgezeichneten war Lemle Moses Reinganum, Pächter des Salzmonopols und Finanzbeauftragter des Kurfürsten. Einen großen Teil seines Vermögens verwendete er für die Unterstützung Notleidender. 1708 errichtete Lemle die Klausstiftung, ein jüdisches Lehrhaus, das alsbald auch die kurfürstliche Konzession erhielt und noch bis in unsere Zeit existierte.

Der Stadtrat nahm an der Wohlhabenheit unter den jüdischen Kaufleuten Anstoß, klagte, daß sie in den schönsten Häusern wohnten, aufs prächtigste in Kutschen gefahren kämen und ihre Hochzeiten mit dem höchsten Pomp feierten. 1717 erließ er eine Verordnung gegen ihren Kleiderluxus, die vom Rabbinat streng eingeschärft werden mußte. Im großen und ganzen aber war der Stadtrat um »bessere Einigkeit zwischen christlichen und jüdischen Einwohnern« bestrebt. Die Zünfte jedoch wollten den großen Unterschied zwischen einem Juden, der »lediglich unter herrschaftlichem Schutz« steht, und dem christlichen Bürger klar herausgestellt wissen. Sie suchten den Zuzug neuer Juden zu verhindern und setzten in der Zeit des Kurfürsten Karl Theodor (1742–1799) eine Reihe von Beschränkungen durch, z. B. die, daß die Juden nicht in den Hauptstraßen, sondern nur rings um ihre Synagoge wohnen sollten. Die von der Mannheimer Gemeinde getrennt

---

[21] Ebenda, 107 ff.

lebende pfälzische Landjudenschaft sollte auf 375 Familien beschränkt werden, überschritt aber diese Zahl. Ihr gab die Obrigkeit eine strenge Organisation. Die Vorsteher waren für den Eingang der drückenden Steuern verantwortlich und mußten zu deren Umlage alle drei Jahre einen Judenlandtag einberufen. Die Erwerbstätigkeit der Landjudenschaft beschränkte sich auf den Hausier- und Nothandel, der kaum zum Lebensunterhalt der Menschen ausreichte [22].

Die Juden in Ansbach und Bamberg

Eine für Deutschland charakteristische Judengemeinde war die von Fürth. Ihre Existenz und Blüte verdankte sie der Rivalität der Domprobstei Bamberg und der Markgrafenschaft Ansbach. Diese stimmten miteinander nur in einem Punkte, nämlich im Streit gegen Nürnberg, überein. So zankten sie sich auch um die abgabepflichtigen Juden. 1751 verbot die Domprobstei die Abgabe von Gemeindesteuern an bestimmte Personen. Als der Bamberger Amtsdiener das Verbot an der Synagoge anschlagen wollte, wurde er von ansbachischen Söldnern verhaftet und abgeführt. 1764 umstellte die ganze Ansbacher Besatzung bewaffnet das Gemeindehaus. Sie wollte, wie es hieß, die Freiheit der jüdischen Vorsteherwahl gegen bambergischen Einfluß schützen [23].

Auf markgräflichem Gebiet waren die ersten Juden 1528 zugelassen worden. Sie kamen aus Schnaittach und Schwabach, wohin ihre Väter nach der Vertreibung aus Nürnberg geflüchtet waren. Die Reichsstadt protestierte scharf gegen die Zulassung der Juden vor ihren Toren. Die Ansbacher waren aber zu sehr an den Judensteuern interessiert, um dem Folge zu leisten. Sie versprachen sich auch sonstige Vorteile von den jüdischen Siedlern, denen aufgetragen wurde, Häuser zu bauen; und sie freuten sich nicht zuletzt

---

[22] Ebenda, 118.
[23] S. Hänle, Geschichte der Juden im ehemaligen Fürstenthum Ansbach, Frankfurt 1867.

über den Schaden, den die Nachbarstadt durch den Aufstieg Ansbachs erlitt. 1553 nahmen die Ansbacher vertriebene Juden aus dem Herzogtum Bayern auf. Die Bamberger Dompropstei ließ seit 1556 jüdische Flüchtlinge aus Regensburg und anderen Ortschaften zu. Sie legte so großen Wert auf eine abgabekräftige Judenschaft, daß sie sich 1573 deren Ansiedlung vom Kaiser bestätigen ließ. Auf dem Bamberger Gebiet lag der (1607 zuerst erwähnte) Friedhof, den auch die Ansbacher Juden benutzen durften, wenn sie eine besondere Abgabe dafür zahlten. 1617 wurde eine Synagoge eingeweiht, die aber auf ansbachischem Boden stand.

Schon um jene Zeit wohl galt für Fürth das Recht, das die Dompropstei schließlich am 2. März 1719 kodifizierte. Der wichtigste Punkt des »Reglement für die gemeine Judenschaft in Fürth« war, daß die Gemeinde weitgehende Autonomie erhielt. Sie sollte ihre Angelegenheiten selbständig und unabhängig von der Judenschaft in Bamberg und der Landjudenschaft in Ansbach verwalten. Die Neuaufnahme von Juden wurde bis ins einzelne geregelt, der Gemeinde dabei ein Mitspracherecht gewährt. In zwei Punkten zeichnete sich das Fürther Judenrecht vor den sonst geltenden Bestimmungen aus: Den Christen wurde ausdrücklich auferlegt, in Prozessen gegen Juden zuverlässige Beweismittel vorzubringen. Ferner wurde der Judenschaft ein im damaligen Deutschland einmaliges Recht gewährt: Die Juden sollten ständig zwei Vertreter in die städtische Gemeindeversammlung entsenden, und zwar aus dem Grunde, daß sie dieselben Lasten wie die christlichen Einwohner trügen und viele Rechte und Nutzungen mit ihnen teilten. Für ihren Lebensunterhalt war den Fürther Juden der Handel mit Kram- und Spezereiwaren, mit Wein und Bier erlaubt. Ferner durften sie ihre eigenen Barbiere, Schneider, Bäcker und Musikanten haben. Feldbesitz war ihnen verboten. Dafür aber wurde ihnen gestattet, für ausgeliehenes Kapital höhere Zinsen als die sonst üblichen zu nehmen. Für ihre Abgaben mußten sie pauschal als Judenschaft haften. Im ganzen aber war ihnen hiermit eine Verfassung gegeben, unter der sich ihr Gemeindeleben günstig

entwickeln konnte. In Fürth entstand ein bedeutendes Lehrhaus. Seine Rabbiner besaßen hohes Ansehen in ganz Deutschland. Seit 1690 gab es eine hebräische Druckerei. Auch das jüdische Hospital mit seinen Judenärzten und der Apotheke war weithin geachtet. Es gab auch fruchtbare geistige Beziehungen zwischen Juden und Christen. Die Theologen der Universität Altdorf, unter anderem Johann Christian Wagenseil, standen in enger Verbindung mit den jüdischen Gelehrten [24].
Während des Dreißigjährigen Krieges wurde die Fürther Synagoge wiederholt von Truppen entweiht und beschädigt; die Judenschaft selber mußte vorübergehend fliehen. Nürnberg, das durch Gustav Adolf die Herrschaft über Fürth erlangte, erklärte sich zu ihrer Aufnahme bereit, wenn sie mit einem »ersprießlichen Gelde« – das waren 20000 Gulden – zur Beseitigung der allgemeinen Not beitragen wollten. Nach dem Kriege suchte Bamberg seine Rechte wiederherzustellen und besaß im Judenschutz über viele Jahrzehnte den Vorrang. Die Fürther Gemeinde wuchs zusehends, zählte im Jahre 1716 zwischen 350 und 450 Steuerzahler. Die Nürnberger, deren alte Reichsstadt an Bedeutung verlor, protestierten gegen die Fürther und Bamberger Juden, aber ohne Erfolg. Die Handelsfreiheit der Juden in Fürth wurde seit Anfang des achtzehnten Jahrhunderts ausgedehnt. Vor allem wurde ihnen der Handel mit Getreide, Hopfen und mit Luxuswaren gestattet. Die Behörden ließen den Bau neuer Synagogen zu.

Die Juden in Brandenburg-Preußen

Das politische Ziel des Großen Kurfürsten Friedrich Wilhelm von Brandenburg (1640–1688) war, einen einheitlichen Staat zu bilden und die Macht der Stände einzudämmen. Um von diesen finanziell unabhängig zu werden, sollten die Einnahmen des Staates durch »Konservation und Verbesserung der Kommerzien und der freien

---

[24] Hugo Barbeck, Geschichte der Juden in Nürnberg und Fürth, Nürnberg 1878.

Handlung« erhöht werden. In diesem Zusammenhang erhoffte sich der Landesherr wertvolle Dienste von den Juden. Seit der Austreibung (1573, vgl. S. 101) waren wieder einzelne privilegierte Juden in das Kurfürstentum gekommen. Mit der Kleveschen Erbschaft, mit Minden und Halberstadt, übernahm Brandenburg nach dem Westfälischen Frieden die dort eingesessenen jüdischen Familien. Der Handel mit dem nahen Polen führte ständig eine Anzahl Juden nach der Neumark, nach Pommern und Ostpreußen. Der fortschrittlichen merkantilistischen Politik des Kurfürsten widersetzten sich die feudalen Stände und das gewerbliche Bürgertum. Dieses war in Gilden und Zünften organisiert, die dem Wettbewerb und kaufmännischen Erwerbssinn enge Grenzen setzten, Produktion und Absatz, Einkaufs- und Verkaufspreis, Arbeitszeit und Zahl der Hilfskräfte genauestens regelten. In dem erweiterten Handelsverkehr, in den neuen Produktions- und Handelsmethoden sah das Zunftbürgertum einen Einbruch in seine alten und verbrieften Privilegien. Besonders die, wenn auch kleine jüdische Oberschicht, die sich nunmehr am wirtschaftlichen Aufschwung beteiligte, war ihm ein Dorn im Auge. Ihr Erfolg stand im krassen Widerspruch zur christlichen Lehrmeinung, daß die »verworfenen« und »ungläubigen« Juden »Knechte« und »Erniedrigte« sein müßten. Während die Zünfte Friedrich Wilhelm beschworen, das »teuflisch Werk« der Juden zu unterbinden, meinte dieser, »daß die Juden mit ihren Handlungen uns und dem Lande nicht schädlich, sondern vielmehr nutzbar erscheinen«. 1671 nahm er fünfzig aus Wien vertriebene Judenfamilien auf und erteilte ihnen einen Schutzbrief. Es waren dies freilich nur »reiche, wohlhabende Leute, welche ihre Mittel ins Land bringen und hier anlegen« wollten. Das Privileg trug dem lutheranischen Widerstand insofern Rechnung, als es den Einwanderern verbot, Synagogen zu errichten. Nur in ihren Wohnungen war ihnen gemeinsames Gebet gestattet. »Alles Lästerns und Blasphemierens« hatten sie sich »bei harter Strafe zu enthalten«. Aber abgesehen von dieser einen Einschränkung erwies sich das Edikt als ein Akt der Staatsräson und des modernen Wirtschaftsgeistes, ganz im Widerspruch zu den kleinkrämerischen und zunftbürgerlichen Auslegungen der Christenlehre. Es erlaubte den mit Schutz- oder Geleitbrief versehenen Juden den Verkauf ihrer Waren in offenen Läden, den Besuch der Jahr- und Wochenmärkte, die Freizügigkeit und den Hausbesitz.

Sie durften ihre Waren, Textilien und dergleichen in Stücken oder im Ausschnitt kaufen und verkaufen, mit neuen und alten Kleidern handeln, Fleisch schlachten und feil halten, sowie gleich den andern Einwohnern mit Wolle und Spezereien Geschäfte machen. Es war ihnen erlaubt, mit Gold, Silber und Luxuswaren zu handeln. Zölle und andere Abgaben sollten sie gleich christlichen Untertanen zahlen, aber vom alten Leibzoll waren sie fortan innerhalb des Staates befreit. Als Schutzgeld waren von jeder Familie acht Taler, als Heiratsgeld ein Goldgulden zu entrichten und zuzüglich sonstiger Abgaben ein Ausgleich mit den jeweiligen Magistraten anzustreben. Die Juden unterstanden der Zivilgerichtsbarkeit der Magistrate, die ermahnt wurden, »sie billig zu tractieren, von niemand zu beschimpfen oder beschwören zu lassen und sie als andere ihrer Bürger und Einwohner zu halten« [25].

Die fast unbeschränkte Handelserlaubnis, die der Kurfürst den fünfzig Schutzfamilien gewährte, rief zahlreiche Klageschriften der Kaufmannsgilden und Handwerkerzünfte hervor, fand aber zugleich die Anerkennung der Beamtenschaft, des wirtschaftlich fortschrittlichen Bürgertums und zuweilen sogar des Landadels. Die Berliner Goldschmiede fürchteten, daß der Handel der Juden mit Silber und neuen Waren sie ruinieren würde. Der Stadtschultheiß von Halle dagegen empfahl die Ansiedlung von Halberstädter Juden, da ihr Handel mit Gold und Silber den Goldschmieden, die bis jetzt nur schlechtes Silber verarbeitet hätten, gute Ware zuführen würde. Auch Landleute erklärten, so berichtete die Hinterpommersche Regierung 1688, »daß ihnen die Juden sehr nützlich seien. Denn sie kämen zu ihnen auf ihre Rittersitze und Ackerhöfe, holten dort Wolle, Felle und dergleichen Effek-

---

[25] Selma Stern, Der Preußische Staat und die Juden, Tübingen 1962, II, Akten-Nr. 12.

ten ab und brächten dafür Tisch- und Bettdecken, Leinen, Zwirn, Strümpfe etc. dahin«. Die Pyritzer Ritterschaft und andere Vertretungen des Landadels baten darum, die Juden im Land zu lassen. »Sollte den Juden der Handel verboten werden, so erfolget ganz gewiß, daß die Kaufleute den armen Landleuten nur geben, was sie wollen, und in allen Dingen den Preis nach Belieben setzen, wodurch der Ruin und Verderb des Landmannes endlich gar erfolgen muß.« Die Landstände wiederum klagten im Dezember 1672: »Die Juden seind im Lande nicht so seßhaft, mit Eiden und Pflichten Ew. Kurf. Durchl. oder dem Lande nicht verwandt, an keine Innungsarticel oder Verfassungen verbunden, negotiiren mit Wolle, Tuch, Seiden, Leinwand, Schuhe, Kleidern und allen anderen Sachen ohne Unterschied, schlachten und verkaufen das Fleisch unbesichtigt und ungeschätzt, laufen auf die Dörfer und in die Städte, hausieren und dringen sich zu den Leuten, geben ihre Waren, welche meistenteils alt und schluderhaft sein, nur einen geringen Preis, ziehen und locken die Käufer und den Landmann hierdurch an sich, betrügen ihn aber in effectu und nehmen auch den anderen Einwohnern, die bisher die Last und Hitze getragen, die Nahrung vor dem Munde hinweg...[26]«

Die »Bittschrift der sämtlichen Innungen in Berlin und Koelln« vom 23. August 1673 rief lutheranische Grundsätze zu Hilfe, um den veralteten Handel und Wandel gegen den Dämon der neuen Wirtschaft zu verteidigen. Die Lage des Zunftgewerbes war tatsächlich schwierig, aber sobald die Wirtschaftskonkurrenten Juden waren, wuchs sie in seiner Vorstellung ins Ungeheuerliche: »Diese Unchristen«, hieß es in der Bittschrift, »laufen von Dorfe zu Dorfe, von Städten zu Städten... halten alle Tage Jahrmarkt... daß wir, damit uns die ganze Stadt und in derselben Kirchen und Schulen, in welchen die Ehre Gottes fortgepflanzt werden soll, dadurch verderben müssen.« Die Berliner Innungen zitierten Martin Luther: Die Juden sollen »den Ackerbau gleich Christen zur Hand nehmen«. »Mit der Pflugsterzen soll man ihnen die Faulheit aus

---

[26] Stern, ebenda, Akten-Nr. 23.

den Gliedern bringen[27].« Im Lauf der Jahre wurden die Eingaben immer drängender. Die Juden solle man vom geregelten, ehrenhaften »christlichen« Handel ausschließen. Man solle ihnen nur noch gestatten, mit alten Kleidern und Trödelwaren zu hantieren.

Der Kurfürst, der auf die Klagen zunächst kurz und bündig antwortete, daß die Juden dem Land nützlich seien, ließ sich doch allmählich durch die Beschwerden seiner Landeskinder beeinflussen, zumal er sah, daß seine Wirtschaftspolitik sich nicht so rasch vorantreiben ließ, wie er gehofft hatte. Zugleich blieb die Tatsache bestehen und mußte in Betracht gezogen werden, daß der Staat beträchtliche Einnahmen durch den Handel der Juden hatte. In Ostpreußen zahlte die Judenschaft 1691 bis 1693 doppelt so viel Agise wie die christlichen Untertanen. Die Berliner Gemeinde zahlte 1696 an »allerhand Courant Waren«, hauptsächlich für Seide, Strümpfe, Kattun und Tücher 8614 Taler, im Jahr 1705 schon 117 437 Taler Agise, während der Anteil der christlichen Kaufleute nur 43 865 Taler betrug. Die Berliner Kaufmannschaften versteuerten 1703 nur 30 246 Taler, die Juden dagegen 42 495 Taler. Auch der größtenteils von ihnen getragene Warenaustausch mit Polen war für Staat und Großbürgertum so ersprießlich, daß die Beamten weiterhin angewiesen wurden, den Handel und Wandel der Juden gegen Störungen, die jetzt öfters gewalttätig wurden, zu schützen. Den Juden gelang es, gegen Zahlung von 5000 Talern das Privileg von 1671, das für die Mark befristet worden war, zu erneuern. Im Lauf der Zeit wurde es aber im ganzen Land immer mehr durchlöchert und eingeschränkt.

Die jüdische Bevölkerung nahm rasch zu. Viele Juden aus Polen kamen in die Mark, ließen sich als Hausgesinde eines Schutzjuden nieder oder fanden sonstwie Unterkunft. Eine Zählung des Jahres 1700 ergab in Berlin allein 70 Familien mit 1000 Seelen, die einen Geleitbrief besaßen und Schutzgeld zahlten, nebst 47 »unvergleiteten« Familien.

---

[27] Stern, ebenda, Akten-Nr. 27.

Auch Friedrich III., der spätere erste Preußenkönig (1701-13), förderte den freien Handel, das heißt, insoweit er in das Merkantilsystem paßte und die wirtschaftliche Kraft des Landes stärkte. Aber mehr als sein Vater gab er den Klagen der Krämer und Zünfte nach. Er legte den Juden gewisse Beschränkungen auf, blieb aber im großen und ganzen bei den alten Bestimmungen. Seine Judenordnung vom 24. Januar 1700 betrachtete die Juden praktisch und nüchtern als Finanzobjekt. Das Schutzgeld wurde erhöht, der entehrende Leibzoll wieder eingeführt. Den Juden wurden die Kosten der Anwerbung und Montierung eines Regiments Fußsoldaten auferlegt. Friedrich versprach, die Zahl der Judenfamilien wieder auf 50 zu reduzieren. Die überzähligen sollten aussterben [28].
1708 wurde eine Judenkommission geschaffen. Sie erhielt die Instruktion, die Juden in ihren Privilegien zu schützen, ein neues Reglement auszuarbeiten, die Zahl der Berliner Familien auf hundert zu reduzieren und fremde Juden nur einzulassen, wenn sie eine Kaution von mindestens 4000 Talern stellen konnten. Zwischen der Kommission und den Judenschaften kam es des öfteren zu Differenzen. Unter den Beamten gab es aber bereits Anhänger des modernen Naturrechts und des aufgeklärten Wohlfahrtsstaates. In der Verwaltungspraxis handelten sie vernünftiger und humaner als es die Stände und rückständigen Magistrate der Städte verlangten. Sie zeigten Verständnis für die Lage der Juden und bemühten sich, Ausweisungsordres rückgängig zu machen, die Hintertreibung der Handelsrechte durch Gilden und Zünfte zu verhindern.
König Friedrich Wilhelm I. (1713-1740) war ein eifriger Verfechter des Merkantilsystems. Seine Einstellung zu den Juden wurde in erster Linie von der Staatsräson geleitet, obgleich sich in seine Argumente des öfteren »christliche« Abneigungen gegen sie hineinschlichen. Auch neigte er dazu, auf die Klagen der christlichen Kaufleute zu hören. Wie seine Vorgänger wünschte er vor allem eine verstärkte Warenproduktion für den Export und einen Roh-

---

[28] Selma Stern, ebenda, Akten-Nr. 246.

stoffimport. Wo die Juden diese Absichten störten – z. B. durch Aufkaufen auswärtiger Textilien – und heimischen Tuchmachern das Geschäft entzogen wurde, erließ er strenge Maßnahmen gegen sie. Besonderen Nutzen sah er in den Juden überall da, wo sie Manufakturen begründeten, sei es, daß sie eigene Fabriken anlegten – wie z. B. die erste Samt- und Plüschwarenfabrik des Landes, die von David Hirsch in Potsdam 1730 errichtet wurde –, sei es, daß sie als »Verleger« den Handwerksmeistern die nötigen Rohstoffe lieferten und deren Fertigwaren sodann in den Handel brachten. Seinen Nützlichkeitserwägungen entsprechend verfügte Friedrich Wilhelm I. unerbittlich die Ausweisung armer, »unvergleiteter« Juden; versagte den Kindern von Schutzjuden die Begründung eigener Geschäfte und zwang sie zur Auswanderung; er verbot die Bewilligung neuer Schutzbriefe und erteilte sie andererseits freigiebig an reiche Juden, namentlich wenn sie durch Anlage oder Übernahme von Manufakturen, durch Erbauung von Häusern, durch Mehrung der Einnahmen seine Gunst erwerben konnten[29]. So wuchs entgegen der Absicht des Königs die Zahl der Juden. Gegen Ende seiner Regierung wurden in Berlin 262 jüdische Steuerzahler gezählt; 1743 waren es 333 bei einer Gesamtheit von 1945 jüdischen Einwohnern. Dabei hatte das »General-Privilegium und Reglement« vom 29. September 1730, den Beschwerden der Kaufmannsgilden folgend, dem Handel der Juden Beschränkungen auferlegt, ihnen die Handwerkszweige bis auf das Petschierstechen, das Gold- und Silbersticken verboten, den Ankauf von Häusern untersagt, den Zuzug neuer Juden vom Besitz größerer Vermögen abhängig gemacht, die Abtragung des Schutz- und Rekrutengeldes der Judenschaft jeder Provinz in gemeinsamer Verantwortung auferlegt. In der Judenordnung des Jahres 1714 hieß es bereits, daß ein Schutzjude höchstens drei Kinder auf seinen Schutzbrief »ansetzen« dürfe. Für die »Ansetzung« des zweiten und dritten Sohnes, also die Erlaubnis zu Heirat und Gewerbe, war ein bestimmtes Vermögen nachzuweisen und eine Taxe zu

---

[29] Ismar Freund, Die Emanzipation der Juden in Preußen, Berlin 1912, II, 6 ff.

zahlen. Das Reglement von 1730 setzte sodann die Zahl der Kinder für einen Schutzbrief auf zwei fest. Die übrigen mußten auswandern, wenn sie eine Familie gründen wollten. Jüdischen Angestellten und Bediensteten war die Heirat verboten [30].
Das Regime Friedrich Wilhelms I. brachte unmittelbar eine Verschlechterung der Lage der Juden. Ihr Verhältnis zum Staat hatte sich jetzt aber grundsätzlich geändert. Seit 1730 waren die gesamten Judenangelegenheiten nicht mehr der Sonderkommission, sondern dem General-, Kriegs- und Domänendirektorium unterstellt, was schon ein erster Schritt zur Integration der jüdischen Bevölkerung bedeutete. Die Juden waren zwar nach wie vor von der Gnade des Fürsten abhängig, dies aber nur in dem Maß, wie er seine nach der Souveränitätslehre jener Zeit geforderte absolute Herrschaft tatsächlich ausübte. Praktisch waren die Juden, wie überhaupt das wirkliche Regiment der staatlichen Verwaltungshierarchie unterstellt. Ihre Steuern flossen in die Staatskasse, nicht mehr in die fürstliche Schatulle. Das bedeutete den entscheidenden Einbruch in das fürstliche Judenregal, das seit dem Mittelalter bestimmend gewesen war. Freiheit bedeutete dies aber noch lange nicht. Wie alle anderen Untertanen waren die Juden Objekt der Zwangsmaßnahmen des Obrigkeitsstaates. Da sie keinem Stand angehörten, unter einem einschränkenden und stets kündbaren Fremdenrecht standen, konnten sie unmittelbarer und noch rücksichtsloser als andere im Sinne der Staatsräson »nutzbar« gemacht werden [31].
Im Generalprivilegium Friedrichs des Großen (1740—1786) von 1750 wurden die einschränkenden Bestimmungen noch schärfer. Er glaubte zunächst, nunmehr auch ohne Unterstützung von jüdischen Kaufleuten und Manufaktoren die absolutistisch-merkantilistische Politik weiterführen zu können, eine Ansicht, die er später änderte. Er übernahm dabei die Argumente der Krämer und meinte, daß Juden, weil sie eben Juden sind, für den Staat und die christliche Untertanen schädlich seien. Man müsse

---
[30] Freund, II, 6 ff., 15 ff.
[31] Stern, a.a.O., III, 18 ff., 45 f.

sie unterdrücken und an der Vermehrung behindern.»So viehl man die Juden aus dem Comertio halten kann je besser ist es.« Zugleich gebot die Staatsräson ein strengeres Vorgehen gegen die armen, nicht abgabekräftigen als gegen die vermögenden Juden. Friedrich instruierte seine Räte, »daß ihr darauf bedacht sein und arbeiten sollet, daß die Anzahl der schlechten und geringen Juden, in denen kleinen Städten, sonderlich in denen so mitten im Lande woselbst solche Juden ganz unnötig, und vielmehr schädlich sind, bei aller Gelegenheit und nach aller Möglichkeit daraus weggeschaffet«. Friedrichs »Revidirtes General-Privilegium und Reglement, vor die Judenschaft im Königreich« vom 17. April 1750 erschien den Juden so schimpflich und kreditschädigend, daß sie darum baten, es wenigstens nicht zu veröffentlichen. Das Privileg verfügte eine Unterscheidung zwischen »ordentlichen« und »außerordentlichen« Schutzjuden. Es sollten fortan nur die namentlich aufgeführten »ordentlichen« und »außerordentlichen Schutzjuden« mit ihren Familien geduldet, die »unvergleiteten« aber nirgendwo mehr gelitten werden. Für den Eingang der Abgaben, für Diebstähle oder Bankerotte einzelner wurden alle Juden des Königreichs von Memel bis Wesel haftbar gemacht. Nur »ordentliche« Schutzjuden durften ein Kind »ansetzen«; die »außerordentlichen« hingegen hatten nur Schutz auf Lebenszeit, durften nicht heiraten und keinen selbständigen Beruf ausüben. Von den Handwerken durften Juden nur solche treiben, »wovon sich keine Professions-Verwandte und privilegierte Zünfte finden«, das heißt das Petschierstechen (Stempelschneiden), Gläserschleifen, die Gold- und Silberstickerei. Der Handelsverkehr wurde aufs äußerste eingeschränkt, und zwar auf Luxuswaren, modische Artikel, Juwelen, Edelmetalle und genau bezeichnete Stoffe, Tressen, Bänder und alles das, was den Zünften und Gilden keine Konkurrenz machte und was den wichtigen Handel mit Polen und Rußland fördern konnte. Die Schließung der offenen Judenläden konnten die besorgten christlichen Kaufleute allerdings nicht durchsetzen. Landwirtschaft war den Juden verboten, überhaupt war ihnen die Ansiedlung in den ländlichen

Gebieten nicht gestattet. Eigene Häuser sollten sie künftig nicht mehr erwerben können [32]. Aber Einnahmen sollten die Juden dem Staat auch weiterhin verschaffen, und der König fragte nicht nach der Herkunft des Geldes, das er ihnen abnahm. Außer den laufenden Lasten legte er ihnen im ganzen Land die Belieferung der Münze mit Silber auf, normierte dabei den Preis niedriger als den Handelspreis, so daß den Juden ein erheblicher Verlust entstand. 1755 übernahmen Berliner Juden, vor allem Nathan Ephraim und Daniel Itzig, alle preußischen Münzen in Generalpacht, nachdem christliche Kaufleute das gewagte Unternehmen abgelehnt hatten. Im Lauf des Siebenjährigen Krieges wurde die inflationistische Maßnahme der Münzverschlechterung notwendig. Für diese Finanzoperation trug der König die Verantwortung, aber den Generalpächtern legte man sie zur Last. »Von außen schön, von innen schlimm, von außen Friedrich, von innen Ephraim«, so lautete der Spottvers auf die entwertete Münze. Die Riesengewinne flossen in die Staatskasse, aber auch Ephraim und Itzig wurden bei der Silberbelieferung und durch die Valutagewinne sehr reich. Dafür mußte jedoch die Judenschaft als Gesamtheit zusätzliche Silberlieferungen aufbringen.

Das Recht, auch ein zweites Kind wieder ansetzen zu dürfen, ließ sich der König 1763 durch eine Pauschalzahlung von 70 000 Talern abkaufen. Außerdem mußte der Vater in jedem Einzelfall für 1500 Taler inländische Manufakturwaren exportieren. 1768 wurde diese Bestimmung aufgehoben, aber als Ersatz der gesamten Judenheit die neue Last auferlegt, die in Verfall geratenen unrentablen »Mützen-, Strumpf- usw. -fabriken« in Templin zu übernehmen. Ein Jahr später führte Friedrich die sogenannte Porzellan-Abnahme ein: Bei bestimmten Gelegenheiten wie der »Ansetzung« oder Heiratskonzession eines Kindes waren jüdische Untertanen verpflichtet, aus der königlichen Manufaktur Porzellan im Wert von 300 bis 500 Talern zu erwerben, um es im Ausland zu verkaufen. Sie durften dabei die Ware nicht selbst aus-

---

[32] Freund, a.a.O., II, 40; Ludwig Geiger, Geschichte der Juden in Berlin, Berlin 1871, 55.

wählen, erlitten beim Verkauf große Verluste und brachten durch das zumeist minderwertige Porzellan die Berliner Manufaktur weit und breit in Verruf.

Der König drängte die Juden zur Anlage von Fabriken und machte den Erwerb eines Schutzbriefes oder die »Ansetzung« eines dritten Kindes von einer Fabrikgründung abhängig. Besonders die Anlage von Fabriken für Seide und Stoffe in Potsdam und Berlin wollte Friedrich fördern. Die Münzlieferanten des Siebenjährigen Krieges mußten ihr erworbenes Kapital in Textilfabriken, Gold- und Silbermanufakturen anlegen. Ephraim übernahm mit seinen Söhnen die dem Potsdamer Waisenhaus gehörige, wenig lukrative Spitzenklöppelei, erweiterte sie aber schnell zum bedeutendsten Fabrikbetrieb der Hauptstadt. Solche Unternehmer wurden vom König begünstigt. Sie erhielten Rechte, welche sie besserstellten als ihre Glaubensbrüder. Sie wurden Inhaber von »General-Privilegien und Rechten christlicher Kaufleute«. Zur gleichen Zeit wurde jedoch Moses Mendelssohn, der bereits ein bekannter Philosoph war, das Recht eines Schutzjuden verweigert. Als Spott auf dieses System legte Lessing seinem Tempelherrn die Worte in den Mund: »Der reich're Jude war mir nie der bess're Jude.« Er wollte damit anprangern, daß nur die kapitalkräftige Nützlichkeit zum Maßstab wurde und man nach dem Menschen überhaupt nicht oder erst in zweiter Linie fragte.

Das »entdeckte Judentum« (Eisenmenger)

Im siebzehnten Jahrhundert erschienen zahlreiche Schriften über die Juden. Sie erregten großes Aufsehen, und einige wirkten noch lange über ihre Zeit hinaus. Christliche Theologen befaßten sich mit den Bräuchen des Judentums und übersetzten hebräische Schriften, aber kaum einer ging vorurteilslos zu Werke. So bekämpfte Johann Christoph Wagenseil zwar die immer wieder von neuem aufkommenden Blutbeschuldigungen, sprach aber vom Judentum als einem »verstockten Glauben« und riet den

Fürsten, die Bekehrung stärker zu betreiben. Getaufte Juden verfaßten Streitschriften, so Fr. S. Brentz unter dem Titel: »Jüdischer abgestreifter Schlangenbalg« (1614) und Christian Gerson über »Der Juden Talmud fürnembster Inhalt und Widerlegung« (1609). Sie fanden weiteste Verbreitung und wurden von den Judenfeinden auch noch in späteren Jahren vielfach als »beweiskräftige Zeugnisse aus jüdischem Munde« zitiert. Die Verteidigungsschriften, wie Salomo Zwi Hirschs »Der jüdische Theriak« (1615), fanden dagegen nur wenig Gehör. Großes Aufsehen erregte das Buch von Johann Andreä Eisenmenger. Es trug den Titel: »Entdecktes Judentum, Oder Gründlicher und Wahrhaffter Bericht, Welchergestalt die verstockten Juden die Hochheilige Dreyeinigkeit, Gott Vater, Sohn und Heiligen Geist, erschrecklicher Weise lästern und verunehren ... die Christliche Religion spöttlich durchziehen ... Dabey noch viele andere ... Dinge und Große Irrthuemer der Jüdischen Religion und Theologie, wie auch Viel laecherliche und kurzweilige Fabeln und andere ungereimte Sachen an den Tag kommen; Alles aus ihren eigenen und zwar sehr vielen, mit großer Muehe und unverdrossenem Fleiß durchlesenen Buechern, mit Anziehung der Hebräischen Worte, und deren treuen Übersetzung in die Teutsche Sprach, kräfftiglich erwiesen ... Allen Christen zur treuhertzigen Nachricht verfertiget.« Bei aller Gelehrsamkeit war Eisenmenger ein Mann voller Vorurteile. Seine Arbeitsmethoden waren willkürlich. Die umfangreichen Studien dienten dabei nicht der Aufklärung und Aufhebung, sondern der Bestätigung des Vorurteils. Die Auswahl der von Eisenmenger übernommenen jüdischen Schriftstellen war keineswegs objektiv. Schließlich waren auch seine Übersetzungen aus dem Hebräischen oft falsch, die von ihm benutzten Vorlagen nicht die besten. Der Orientalist Johann David Michaelis, obgleich er selber starke Vorurteile gegen die Juden hegte (vgl. S. 160), schrieb über das Werk wie folgt: »Ich halte Eisenmengers entdecktes Judentum für ein gelehrtes, aus vielem Fleiße und großer Belesenheit entstandenes Buch, und ich lerne daraus sehr oft, wenn ich nachschlage; aber dabei ist es äußerst feindselig und ungerecht, und wenn einer gegen eine der drei im römischen Reiche eingeführten Religionen etwas dergleichen schriebe, so würde man es eine Lästerschrift nennen. Wie, wenn einer ein entdecktes Papstthum oder Lutherthum schreiben, und mit Vorbeilassung des Guten, wohl der allgemein angenommenen Sätze und der Widersprüche gegen Irrthümer, alles aufzeichnen wollte, was jemals irgend einem der schlechtesten Schriftsteller entfahren, oder was beim Disputiren auch nur mündlich einmal gesagt ist. Was man alsdann den Katholiken Schuld geben könnte, daran doch ihre Religion unschuldig ist, weiß ein jeder; aber gewiß, wir Lutheraner würden ebenso schlecht wegkommen, als die Münsterischen Wiedertäufer [33].« Eisenmengers Werk wurde in späteren Jahrhunderten gleichsam zum »Handbuch der Antisemiten«.

---

[33] Johann David Michaelis, Mosaisches Recht, Frankfurt, 1770–1775.

5. KAPITEL

Das Zeitalter der Aufklärung

Mendelssohn und Lessing

Im Zeitalter der Aufklärung mit ihren Idealen der menschlichen Freiheit und Würde und ihrem optimistischen Glauben an die Vernunft stellten Denker wie Locke, Montesquieu, Voltaire und Rousseau die Forderung der Gleichstellung aller religiösen Minderheiten. In mehreren amerikanischen Kolonien wurde die Emanzipation der Juden bereits im siebzehnten Jahrhundert, und in den meisten west-europäischen Ländern Ende des achtzehnten Jahrhunderts verwirklicht. Auch in Deutschland erkannte man in einigen Kreisen, daß die Unterdrückung der kleinen jüdischen Minderheit den Idealen der Freiheit, Vernunft und Menschenwürde widersprach. Aufgeklärte Denker, darunter insbesondere Gotthold Ephraim Lessing (1729—1781) und sein jüdischer Freund Moses Mendelssohn (1729—1786), forderten die »Freiheit des Geistes und des Glaubens«. Durch Abstreifung alter religiöser Vorurteile und Dogmen hofften sie, den Weg zur echten Gotteserkenntnis zu öffnen und die durch die Verschiedenheiten der Religionen voneinander entfremdeten Menschen wieder zu verbrüdern. Während Lessing versuchte, das Christentum von allen »irrationalen Elementen« (darunter verstand er den Glauben an die Wunder der Bibel und an die Übernatürlichkeit Jesu) zu bereinigen und dem offiziellen Christentum die »christliche Religion der Vernunft« gegenüberstellte (»Wolfenbütteler Fragmente«), forderte Mendelssohn die Abschaffung aller »mystischen und abergläubischen Zeremonien und Gebräuche« des Judentums. Diese, meinte er[1], nehmen dem vernünftig denkenden mensch-

---

[1] »Jerusalem oder über religiöse Macht und Judentum« 1783, in Gesammelte Schriften, Leipzig 1843, III.

lichen Wesen die Schwungkraft und verdunkeln die Wahrheit der Religion; überdies sondern sie die Juden von ihrer Umwelt ab und bestärken die Vorurteile der Christen gegen sie. Um der religiösen Wahrheit und der Brüderlichkeit aller Menschen willen sollen sich die Juden von ihren Ghettoeigenarten befreien und sich in ihre Umwelt einfügen. Eine immer vernünftiger und menschlicher werdende Welt, meinte Mendelssohn, kann ihnen dann die bürgerliche Gleichstellung nicht mehr verweigern.

Moses, Sohn des Dessauer Thoraschreibers Mendel, war als Knabe nach Berlin gekommen, um bei David Fraenkel Talmud zu lernen. Später befaßte er sich aber auch mit der deutschen Literatur. In wenigen Jahren wurde der kleine verwachsene Jude Moses Mendelssohn einer der angesehensten Denker seiner Zeit, ein Meister des deutschen Schrifttums. Seine Werke, so unter anderem die »Philosophischen Gespräche« und »Phädon«, wurden in deutschen gebildeten Kreisen viel gelesen und in mehrere Sprachen übersetzt.

In gewissen Kreisen der »gebildeten bürgerlichen Welt«, insbesondere in der Hauptstadt Berlin, begann man, den »jüdischen Menschen« zu entdecken, den Juden »als Träger einer tiefen geistigen und sittlichen Kultur«. Die Gestalt Moses Mendelssohns sowie Begegnungen zwischen jüdischen Großbürgern und christlichen Beamten, Offizieren, Geistlichen und Schriftstellern, wie sie in den Berliner Salons reicher privilegierter Juden stattfanden, trugen wesentlich zu diesem »neuen Judenbild« bei. Es war die Freundschaft mit Mendelssohn, die Lessing bewog, seine Schauspiele »Die Juden« (1749) und »Nathan der Weise« (1779) zu schreiben. Hier schuf er die Gestalt des »Edeljuden«, der ein humanistisches Idealbild verkörperte, einen Menschen, der darauf Anspruch hatte, nicht mehr nur kollektiv nach seiner Volkszugehörigkeit, sondern als Individualität beurteilt zu werden.

»Der Religionshaß«, so schrieb um jene Zeit der Preußische General-Fiscal d'Asnières, »ist zwar nicht erloschen, hat aber doch abgenommen und wird von vernünftigen Leuten als ein Laster betrachtet.« »Vernünftig« waren allerdings nur manche aufgeklärten Kreise des Adels und der wohlhabenden Bürgerschichten. In der »guten Gesellschaft« Berlins pflegte man jetzt nicht mehr wie ehedem vom »jüdischen Gesindel«, sondern von der »jüdischen Berliner Kolonie« zu sprechen. Von solch taktvoller Humanität bekam jedoch die arme jüdische Bevölkerung kaum etwas zu spüren. In den preußischen Akten aus jener Zeit finden wir zahlreiche Verordnungen, die das Leben der unteren Schichten erschwerten. Immer wieder lesen wir von den Austreibungen der sogenannten »Betteljuden«, denen man nirgendwo das Wohnrecht gewähren wollte. Die kleinen jüdischen Kaufleute, die Hausierer, Vieh- und Pferdehändler unterstanden rigoroser Behördenaufsicht und waren vielen Erniedrigungen ausgesetzt.

Innere Entwicklung im Judentum

Moses Mendelssohn und seine Anhänger forderten mit großem Nachdruck die Verbesserung des Erziehungswesens. In den meisten Gemeinden waren die Juden aber zu arm, um eigene Schulen zu errichten. Christliche Geistliche, aber auch die Rabbiner wollten von einem Besuch jüdischer Kinder an deutschen Schulen nichts wissen. Für die Kinder der reichen Juden brauchte sich Mendelssohn nicht zu sorgen, da sie von Hauslehrern erzogen wurden. Aber wie konnte den Armen geholfen werden, insbesondere da, wie er meinte, die alten jüdischen Lehrer der neuen Zeit nicht mehr gewachsen waren? Mendelssohns Anhänger, David Friedländer und Isaak Daniel Itzig, gründeten 1778 die »Jüdische Freyschule« in Berlin und später in anderen Gegenden ähnliche Institute. Sie widmeten sich, ganz im Geist der Zeit, neben dem Unterricht praktischer Elementarfächer, dem Studium der Ideen der Aufklärung. Moses Mendelssohns Anweisungen gemäß nahm der Deutschunterricht einen wichtigen Platz ein. Die gemeinsame Sprache sollte Deutsche und Juden einander näherbringen. Aus diesen Erwägungen heraus übersetzte Mendelssohn die Fünf Bücher Moses ins Deutsche. Als das Werk, ursprünglich nur für seine Söhne gedacht, veröffentlicht wurde, stieß es auf den heftigen Widerstand angesehener Rabbiner, an der Spitze Gabriel Riessers (s. S. 222 f.) Großvater, Rafael Kohn in Hamburg. Sie erklärten, die Übersetzung sei eine Gefahr für das Judentum, und bedrohten jeden, der diese Bibel läse, mit dem Bann. Hinter den Rabbinern stand die überwiegende Mehrzahl der damaligen jüdischen Bevölkerung.

Der Widerstand gegen jede Abweichung von der Tradition erklärte sich nicht zuletzt aus der Angst vor den Schmähungen, denen der jüdische Glaube seit Jahrhunderten ausgesetzt war. Im Laufe der Zeit war die Überlieferung gleichsam zu einem Schutzwall gegen die Verfolgungen geworden. Darum durfte nichts, auch nicht der kleinste Durchbruch der schützenden Mauer geduldet werden. Ein geschlossenes System rabbinischer Satzungen beherrschte immer noch das gesamte Leben der Juden. Maßgebend war damals das Werk des Rabbi Jesaia Horwitz, die heiligen »Sch'loh« (= Sch'ne luchot ha-b'rith, die »Zwei Tafeln des Bundes«), das eine asketische Grundstimmung mit dem Ausblick in das kommende messianische Zeitalter verband. Es predigte eine düstere Auffassung vom Leben, eine tiefe Furcht vor Sünde und gab strenge Anleitung zur Buße, doch all dies im Hinblick auf das Kommen des Messias. Sein ersehntes Reich malte man sich in den phantastischsten Bildern aus. Sich quälen und abhärten auf der einen Seite, beten, über heiligen Büchern grübeln und den Spuren des Messias nachsinnen auf der anderen, das waren die beiden Pole, innerhalb derer sich das jüdische Leben bewegte. Der Einfluß dieser Lehre war aber nicht von Dauer. Ein ungestümes Verlangen nach unmittelbarer Erlösung sprengte den Gehorsam gegen den strengen Rabbinismus.

Die Sabbatianer

Eine wichtige Rolle spielte die volkstümliche Bewegung, die Sabbatai Zwi (1626—1676) besonders unter den armen Juden in östlichen Ländern ins Leben gerufen hatte. Sie gründete auf der jüdischen Mystik (Kabbala), einer Richtung im Judentum, die sich gegen den Talmud und die Schriftgelehrten wandte. Die Sabbatianer glaubten an die immanente Erlösung und hielten Zwi für den Messias [2].

Glückel von Hameln erzählt, wie in der Hamburger Synagoge die jungen Leute festlich gekleidet den Reigen tanzten, um die kurz bevorstehende Welterlösung zu feiern. Manche verkauften ihre gesamte Habe, weil sie meinten, unbeschwert durch weltliche Güter dem Messias leichteren Fußes ins Heilige Land folgen zu können. Auch Glückels Schwiegervater zog von Hameln nach Hildesheim, wohl um der Hauptstraße näher zu sein. Zwei große Fässer mit Leinenzeug und haltbaren Nahrungsmitteln schickte er nach Hamburg für die große Reise nach Jerusalem. Jahrelang wartete er vergebens. Je stärker die Hoffnung der Sabbatianer war, desto größer dann die Verzweiflung, als ihr Pseudomessias Zwi im Jahre 1666, statt die Welt zu erlösen, zum Islam übertrat. Glückel begründete die Nichterfüllung der Hoffnung mit der damals charakteristischen jüdischen Demut, daß die Menschen noch nicht für den Messias reif seien: »Wenn wir von Grund unseres Herzens fromm und nicht so böse wären, so weiß ich gewiß, daß sich Gott unser erbarmen würde. Wenn wir doch nur das Gebot hielten: Liebe deinen Nächsten wie dich selbst! Aber Gott soll sich erbarmen, wie wir das halten! Die Eifersucht, der grundlose Haß, der unter uns herrscht — das kann nicht gut tun« [3].

Die Bewegung der Anhänger Sabbatais und seines Schülers Ja-

---

[2] Gershom Scholem, Die jüdische Mystik in ihren Hauptströmungen, deutsch, Frankfurt 1957; Ders., »Die Metamorphose des häretischen Messianismus der Sabbatianer in religiösen Nihilismus im 18. Jahrhundert«, in Zeugnisse, Theodor W. Adorno zum 60. Geburtstag, Frankfurt 1963.

[3] Glückel von Hameln, Denkwürdigkeiten, Hrsg., Alfred Feilchenfeld, Berlin 1923.

kob Frank (1726—1791), der u. a. in Offenbach am Main wirkte, wurde von den Rabbinern heftig bekämpft. Dafür hatten sie guten Grund, denn diese mystischen Bewegungen bedeuteten eine volkstümliche Rebellion gegen die strengen religiösen und sittlichen Gesetze. Indem die Sabbatianer und Frankisten die altgläubige jüdische Messiashoffnung auf die gegenwärtige Welt projizierten, drohten sie den strenggefaßten traditionellen Rahmen zu sprengen. Sie fanden Gehör unter dem einfachen Volk und machten es aufsässig gegen die Autorität der Rabbiner. Die neueren Forschungen Gershom Scholems zeigen überdies, daß diese »wilden messianischen Hoffnungen« eine Vorstufe der Aufklärung waren, daß sie gleichsam einen Ausbruch aus der geschlossenen Tradition bedeuteten und auch nach sich zogen. Zunächst geschah dies in irrationaler und ungestümer Weise, wurde aber später — im Zusammenhang mit der allmählichen, zumindest äußeren Aufnahme der Juden durch die Umwelt und ihrer verbesserten sozialen Lage — in einem ruhigeren Rationalismus aufgehoben [4].

Anhänger und Gegner des Pseudomessianismus taten sich in Bann und Gegenbann. Ein heftiger Streit entstand, als Jonathan Eibeschütz (1690—1764), ein hochangesehener Talmudist und Prediger (seit 1750 Rabbiner der Dreigemeinde Altona-Hamburg-Wandsbeck), beschuldigt wurde, Amulette verbreitet zu haben, die ein Bekenntnis zu Sabbatai Zwi verrieten. Es kam zu einem langjährigen Kampf, der mit zahlreichen Streitschriften ausgefochten wurde.

Auflösung des Ghettolebens

Auch ökonomische und soziale Faktoren trugen zum Schwund der rabbinischen Autorität bei. Insbesondere wohlhabende Hofjuden und privilegierte Kaufleute weigerten sich, die Urteile

---

[4] Gershom Scholem, Metamorphose, a.a.O., 20 ff.

der rabbinischen Gerichte anzuerkennen. Des öfteren beschwerten sie sich gegen diese vor staatlichen Gerichtshöfen. Die Behörden ihrerseits waren bemüht, die Sonderrechte der Juden zu beseitigen, ihre Einrichtungen der absoluten Staatsgewalt zu unterwerfen. Die preußische Judenkommission forderte die Aufhebung der jüdischen Gerichtsbarkeit und Strafbefugnis. Freilich lag hier ein innerer Widerspruch, denn der Staat bediente sich des rabbinischen Bannrechts bei der Steuereinschätzung und Eidesleistung. Dem absolutistischen Prinzip zufolge sollte aber kein »Staat im Staate« mehr geduldet werden. Den Juden, so hieß es in den Gutachten, müsse um der Einheitlichkeit des Rechts willen die Gerichtsbarkeit genommen werden. Sie sollte nur noch zugelassen werden in Fragen, welche jüdische Zeremonien und Bräuche beträfen, sowie bei zivilrechtlichen Angelegenheiten (Testamente, Erbteilungen, Vormundschaften), falls sich die Beteiligten freiwillig einem rabbinischen Gericht unterwürfen. Aber auch dann beanspruchte der Staat ein Aufsichtsrecht. Zu diesem Zweck veranlaßte die Judenkommission die Abfassung solcher Werke wie Mendelssohns »Ritualgesetze der Juden« (1778). Das Ziel war, die Juden auch zivilrechtlich dem Staat ganz zu unterordnen.

Je mehr die Gerichtsbarkeit den Rabbinern entglitt, desto fester klammerten sie sich an ihre alten Rechte und desto unduldsamer wurden sie gegen alle Neuerungen. Mitunter versuchten die Gemeindeältesten, sich mit Hilfe von Polizeimaßnahmen gegen Widerspenstige durchzusetzen. Nach der geltenden Judenordnung waren sie zur Aufsicht über ihre Gemeinde verpflichtet, dehnten diese aber jetzt immer mehr auch auf das private und innerreligiöse Leben aus. Henriette Herz erzählt in ihren Erinnerungen von der Enttäuschung, die sie als zwölfjähriges Kind erlebte, als sie an einer Theateraufführung mitwirken sollte, die aber von den Gemeindeältesten verboten wurde. Einen Talmudjünger, der eines Tages mit einem deutschen Buch unter dem Arm im Bethaus erschienen war, ließen die gestrengen Armenvorsteher mit polizeilicher Hilfe ausweisen.

Zum ersten Mal im Leben der Juden in Deutschland war eine tiefe Kluft zwischen den jüdischen Behörden und Teilen ihrer Gemeinden entstanden. Die Vorsteher bekämpften nicht nur die sabbatianische Bewegung unter dem einfachen Volk, sondern auch den aufklärerischen Geist, der sich unter dem jüdischen Bürgertum immer stärker bemerkbar machte. Von dem neu erwachten Selbstbewußtsein der weitgereisten und weltoffenen Kaufleute, ihrem Individualismus und freien Denken wollten die Rabbiner nichts wissen. Dadurch verloren sie immer mehr die Anerkennung ihrer Gemeindemitglieder.

Verlockend im Vergleich zur Ghettoenge des Herkömmlichen erschien den jüdischen Bürgern die allgemeine Bildung, welche ihnen, so glaubten sie, den Zugang zur »großen Welt« eröffnen würde. Moses Mendelssohn war keineswegs der erste Jude, der sich mit deutscher Kultur befaßte. Viele Unbekannte gingen vor ihm den gleichen Weg. Neu waren eigentlich nur seine Forderungen, daß alle Juden sich der deutschen Kultur zuwenden sollten, und seine Überzeugung, daß erst Wissen und Bildung Juden und Christen in der Menschheitsfamilie vereinen würden. Neu war aber auch, daß Mendelssohns Persönlichkeit selber ein weithin leuchtendes Vorbild wurde. »Der weise Moses« oder »Sokrates unserer Zeit«, so nannten Christen und Juden des armen Talmudschreibers Sohn. Mindestens vier jüdische Generationen haben in Moses Mendelssohn ein Vorbild gesehen, dessen Weg zum Wissen und zur höchsten Tugend sie folgen wollten. Sie waren bereit, wie er, zu dulden, solange dies auf dem Weg des Fortschritts geschah. Das Mendelssohnsche Ziel der allgemeinen Bildung und sozialen Eingliederung gewann rasch die Unterstützung breiter jüdischer Bevölkerungsschichten in Deutschland. In seinem Künder vertrug es sich so vortrefflich mit den sittlichen Grundsätzen des Judentums, daß der Gedanke einer Unvereinbarkeit jüdischer Religion und deutscher Bildung gar nicht erst aufkommen konnte. In den folgenden Generationen zeigte sich aber auch, daß die Besorgnis der Rabbiner – daß das Aufgeben traditioneller Bräuche die Juden ihres Schutzes gegenüber einer feindseligen Umwelt berauben würde – nicht ganz unberechtigt war. Die Schwierigkeiten der Mendelssohnschen Lehre lag darin, daß sie die volle politische und menschliche Emanzipation als unmittelbar bevorstehend voraussetzte. Das jüdische Bürgertum, in seiner aufklärerischen und hoffnungsvollen Begeisterung, ergriff nunmehr der Gedanke, »in die deutsche Gesellschaft einzutreten« unter Aufopferung des schützenden Walles der Tradition, viel schneller, als die »deutsche Gesellschaft« bereit war, die Juden aufzunehmen.

Die Aufklärung und ihre Schattenseite

Im Jahr 1781 erschien in Berlin eine Schrift »Über die bürgerliche Verbesserung der Juden«, die weithin großes Aufsehen erregte. Ihr Verfasser, ein Freund Mendelssohns, war der preußische Archiv-Superintendant Christian Wilhelm Dohm. Er zog die sozialen und politischen Konsequenzen der humanistischen Aufklärung. Dohm schilderte die menschlich unerträgliche Lage der Juden und machte, wie die Physiokraten und Montesquieu in Frankreich, auf Grund historischer Beispiele geltend, daß die Christenheit die Hauptverantwortung für die Not und Rückständigkeit der Juden trage. Aus humanitären, aber auch utilitären Erwägungen forderte Dohm die sofortige Aufhebung aller Vorschriften, welche den Juden die Ausübung des Handwerks und Ackerbaus sowie die Beteiligung an der Industrie und allen bürgerlichen Berufen verwehrten. Für den Unterricht der jüdischen Kinder solle gesorgt werden: die christlichen Kinder erziehe man frühzeitig zu vorurteilsloser Haltung gegenüber den Juden. Die Zulassung der Juden zu den Staatsämtern solle nach Verbesserung ihres Bildungsstandes in Aussicht genommen werden. Der Einwand, daß die Juden nicht wehrpflichtig sein könnten, weil sie am Sabbat keinen Kriegsdienst leisten würden, sei durch geschichtliche Tatsachen widerlegt; die Furcht, daß sie sich allzu stark vermehren würden, wenn man sie nicht niederhielte, unbegründet. Im Gegenteil, der Staat könne von ihrer Tüchtigkeit und Geschicklichkeit nur Segen erwarten, wenn er es verstehe, ihre Kräfte in seinen Dienst zu stellen. Dohms Forderungen wurden teils zustimmend, teils ablehnend diskutiert. Der heftigste Angriff gegen seine Schrift kam — und dies scheint aufs erste ein Widerspruch zu sein — von einem als fortschrittlichen Aufklärer bekannten Gelehrten, Johann David Michaelis. Der Göttinger Orientalist meinte, daß es in den deutschen Landen den in ihrem »Wesen verdorbenen« Juden durchaus gut genug ginge. Gestatte man ihnen den Ackerbau und die Ausübung des Handwerkes, dann »hätten wir den wehrlosesten, verächtlichsten Judenstaat«. Solange die Juden ihre »rückständigen« mosaischen Gesetze nicht aufgäben, hätten sie keinen Anspruch auf Gleichstellung mit den deutschen Bürgern [5].

Dieser Auffassung, daß das jüdische Volk für die Freiheit nicht reif sei, widersprach freilich das Grundprinzip der Aufklärung, wie es etwa Immanuel Kant, allerdings in einem anderen Zusammenhang, ausdrückte: »Nach einer solchen Voraussetzung wird die Freiheit nie eintreten, denn man kann zu dieser nicht reifen, wenn man nicht zuvor in Freiheit gesetzt worden. Man muß frei sein, um sich seiner Kräfte in der Freiheit zweckmäßig bedienen zu können [6].«

Mendelssohn erwiderte auf die Angriffe mit dem Hinweis, daß im Zeitalter der Aufklärung das Vorurteil immer noch nicht überwunden sei, sondern vielmehr neue Gestalten angenommen habe, nur »um uns zu unterdrücken«. »Alle Gründe und Eidschwüre (sind) fruchtlos, wenn der Gegner nicht hören will.« Es ist ein Hohn einzuwenden, schrieb Mendelssohn, die Juden seien zu körperlicher Arbeit untauglich. »Man bindet uns die Hände und macht uns zum Vorwurf, daß wir sie nicht gebrauchen.« Die Behauptung, daß die Juden dem Staat nichts nützen,

---

[5] Michaelis, »Dohm über die bürgerliche Verbesserung der Juden«, in Orientalische und Exegetische Bibliothek, Teil 19, 1782.
[6] Immanuel Kant, Religion innerhalb der Grenzen der bloßen Vernunft, 1793, IV, 3.

ist falsch, denn ihre Tätigkeit als Kaufleute ist für das Gemeinwesen mindestens so produktiv wie andere Erwerbszweige.
Die Schrift Dohms hatte keine praktischen Auswirkungen. Zwar gaben die preußischen Behörden zu, daß die Lage der Juden unerträglich geworden war und dem Staat dabei wertvolle Kräfte verloren gingen; aber alle Reformbestrebungen schlugen fehl. Auch die Petition der Berliner jüdischen Gemeinde an Friedrich Wilhelm im Jahre 1786, in der sie um Aufhebung der Handels- und Gewerbebeschränkungen bat, bewirkte lediglich die Einsetzung einer Beamtenkommission. Sie wurde beauftragt, sich mit der »Verbesserung der Lage der Juden« zu befassen, dies aber ausdrücklich nur im Sinne des »allgemeinen Nutzens des Staates«. Der nach zweijähriger Arbeit unterbreitete Vorschlag hatte für die Judenschaft so viele Nachteile, daß diese es vorzog, bei den alten Regelungen zu verbleiben. Zugeständnisse waren nur die Aufhebung der solidarischen Haftbarkeit für Abgaben (1792) und der subsidiären Haftung bei Diebstählen (1801).
In den deutschen Staaten wurden die Bestrebungen, die aufklärerischen Ideale durch Reformen zu verwirklichen, auf Grund der rückständigen sozialen und wirtschaftlichen Verhältnisse stark behindert. In den westlichen Ländern ging die Aufklärung mit der aufkommenden marktwirtschaftlichen und industriellen Entwicklung zusammen und wurde von einer breiten, nach Freiheit strebenden bürgerlichen Schicht getragen. David Friedländer hat schon 1785 in seinen »Briefen über die Moral des Handels« (Berlin 1785) auf diesen Zusammenhang hingewiesen. Der Verfasser, ein Mitglied des Vorstandes der Berliner jüdischen Gemeinde und ein führender Vertreter der Mendelssohnschen Reformbewegung, erläuterte am Beispiel der westlichen Länder die Vorteile des freien Handels und der Industrie, »denn durch sie werden Licht, Sitten, Wissenschaft und Kenntnisse verbreitet«. In Deutschland stand das Bürgertum jedoch noch in seinen Anfängen. So waren es auch, wie schon erwähnt, nur kleinere Kreise von wohlhabenden Bürgern, Adeligen und Gelehrten, die unter dem Einfluß der Aufklärung standen. Da die

aufklärerischen Ideale in Deutschland keine breite soziale Basis hatten, fehlte ihnen auch die innere Schwungkraft. Es zeigte sich sogar bald, daß sich hier die Ausweitung des Handels und die gerade einsetzende Industrialisierung ideologisch umgekehrt auswirkten: Der ökonomische Fortschritt und die mit diesem verknüpfte neue »bürgerliche Moral« der Freiheit und Gleichheit wurden als bedrohlich für die Existenz und als dem »deutschen Geist fremd« empfunden. Trotzdem gab es Menschen, wie Lessing, die an den hohen Idealen festhielten und diese konsequent durchdachten. Aber die konkreten Forderungen nach menschlicheren Zuständen brachen sich an der sozialen Rückständigkeit und an der obrigkeitlichen Gewalt (Lessings Schriften z. B. wurden wiederholt verboten) und verdünnten sich immer mehr zu »rein geistigen« allgemeinen Sentenzen. Die Folge war eine optimistische Selbsttäuschung. Die Lessingsche Richtung der deutschen Aufklärung, so großartig menschlich auch ihre Beweggründe waren, sollte schließlich scheitern am zu hoch idealisierten Menschenbild und am geradezu magischen Glauben an die Kräfte der Vernunft. Aufklärer wie Lessing und Mendelssohn täuschten sich im Glauben, daß die sozialen und religiösen Spannungen ihrer Zeit, hier: die Spannungen zwischen Christen und Juden, in der Universalität der Menschheit und in der höheren Einheit des Deismus aufgehoben wären. Sie übersahen dabei die wirklichen antagonistischen sozialen und wirtschaftlichen Verhältnisse ihrer Zeit, die dem Idealbild menschlicher Bruderschaft tagtäglich widersprachen. Nicht zuletzt verkannten sie — in ihrem Versuch, die Unterschiede zwischen Judentum und Christentum abzustreifen, um zu einer höheren Einheit zu gelangen — die schöpferische Kraft, die gerade in der Verschiedenheit menschlicher Eigenarten und in der Spannung zwischen den beiden nahen und zugleich fernen Religionen verborgen lag. Statt dessen wurde die Spannung, da sie von den Aufklärern unbeachtet oder gar verdrängt worden war, den negativen und destruktiven Ausdeutungen durch die anderen überlassen. Die aufklärerischen Ideale der meisten Denker jener Zeit waren durch rückständige, semi-feudale Vorurteile belastet. Hier scheint die später von Ludwig Börne gemachte Äußerung zuzutreffen: »Meine Landsleute sind große Philosophen. Sie streben nach der Wahrheit, doch ertragen können sie sie nicht.« Sogar in den Schriften Immanuel Kants läßt sich dies nachweisen. Statt in der sich anbahnenden Marktwirtschaft, trotz all ihrer Antagonismen, die Befreiung von feudalen und merkantilistischen Schranken zu sehen, postulierte er das Bestehende als Ideal und erblickte im Neuen das Überhandnehmen eines »fremden Übels«. Der »Handelsgeist des freien Unternehmertums«, der die »braven und naiven deutschen Bauern und Handwerker« gefährde, erschien ihm als eine besondere Erfindung der »Palästinenser« (er meinte sogar, der »Handelsgeist« habe etwas mit der jüdischen Religion zu tun) und der englischen »Kleinkrämer«[7].

Aus dieser Einstellung erklärt sich zwar Kants oft ambivalente Haltung gegenüber einzelnen Juden; sie steht aber offensichtlich zu seiner Philosophie im Widerspruch, denn dort sind seine freiheitlichen Maximen für alle Menschen gültig. Bei seinem Schüler Fichte dagegen fand die rückständige sozial-wirtschaftliche Einschätzung Eingang in die Philosophie selber. Fichte idealisierte geradezu die absterbende landwirtschaftlich-ständische Gesellschaftsordnung und stellte sie der neuen »undeutschen« freien, kompetitiven Wirtschaft gegenüber. Bei Fichte trat, im Gegensatz zu seinem weltbürgerlich gesinnten Lehrer, ein weiterer Faktor hinzu, der seine humanitären Ideale schließlich ins Gegenteil verkehrte, nämlich ein unechter, übertriebener Nationalismus. Wie viele andere seiner Zeit versuchte Fichte, ein deutsches Nationalbewußtsein künstlich zu erzeugen. Da Deutschland keine Nation war, ersetzte man diesen Mangel durch Schwärmerei über »teutsches Volkstum« und »germanisches Christentum«. Diese Deutschschwärmerei fanatisierte sich zunehmend und wurde während der Befreiungskriege, wie ein zeitgenössischer Schriftsteller es nannte, zur »Germanomanie«[8].

---

[7] Immanuel Kant, Anthropologie in pragmatischer Hinsicht, 1789, Leipzig 1880, 261.
[8] Saul Ascher, Die Germanomanie, Berlin 1815.

Die Menschheitsideale wurden ihrer universalen und freiheitlichen Gehalte entleert und durch dunkle »völkische« ersetzt. Fichte sprach schon 1793 [9] von dem »dummen Geschwätz« über allgemeine Menschenrechte, da es doch um das durch »mystische Seelenerfahrung« von anderen Nationen sich unterscheidende deutsche Volk ginge. Der Rousseau'sche individuelle Naturrechtsbegriff wurde von Fichte in einen kollektiv-völkischen umgeprägt (als bestünde der »Allgemeinwille der Nation« bereits vorgegeben durch geschichtliche Überlieferung und als müsse er nicht erst in der Gesellschaft geschaffen werden). So sei das deutsche Volk schon durch seine »Natur« (d. h. bei ihm: »christliche« und »germanische« Seelenerfahrung) mit seinem Staat engstens verbunden. Die Juden waren, nach Fichtes Auffassung, Außenseiter oder ein »Staat im Staate«. Deshalb wäre ihre Gleichstellung eine Verletzung der »Menschenrechte« (sprich: »Eigenrechte«) des deutschen Volkes. Damit war allerdings für den noch in der humanitären Tradition stehenden Philosophen die Angelegenheit noch nicht abgeschlossen. Wie kann man den Juden trotzdem helfen? Nichts besseres fiel ihm jedoch ein, als daß man in einer Nacht den Juden die Köpfe abschlage und diese, gründlichst von allem Jüdischen gereinigt, hernach wieder aufsetze.

Waren schon die Haltungen »aufklärerischer Philosophen« selber ambivalent, so zeugen viele Tagesschriften von einer geradezu gehässigen Abwehr gegen Aufklärung überhaupt. Insbesondere denjenigen, deren Existenz durch die Auflösung der alten Ordnung gefährdet war, schien die Aufklärung wie »ein böser Geist«. Das rationale Denken machte sie unsicher, stellte es doch die Wahrheit und Gültigkeit herkömmlicher Werte, an denen sie sich festzuklammern versuchten, in Frage. So hieß es in einer anonymen Schrift, daß die Aufklärung »Unruh, Empörung, Schwärmerei, Rachsucht, Verleumdung, Unterdrückung und Mutwillen« unter das Volk bringe; sie mache die Menschen

---

[9] Fichte, Beiträge zur Berichtigung der Urteile des Publikums über die Französische Revolution, Leipzig 1844, 149 f.

»böse, kühn und toll«, und »gefährde Throne, Staaten und Christentum«[10].

In den Juden sahen die Gegen-Aufklärer die Verkörperung der gefürchteten neuen Gesellschaft und des »bösen Geistes«. Die Verfasser gegenaufklärerischer und antijüdischer Schriften priesen die »Gutmütigkeit« und »christliche Sanftmut« des »einfachen Volkes« gegenüber der »alles zerstörenden, von Juden entfachten Vernunft«. Die nationalistischen und anti-jüdischen Volksschriften selber aber bezeugten ein recht düsteres und destruktives »Volksgemüth«. In der Vulgärliteratur trat die auch bei Denkern wie Fichte vorhandene »teutsche« Beschränktheit um so krasser zutage. In Berlin erschienen um die Jahrhundertwende die Flugschriften C. L. Paalzows und C. W. F. Grattenauers, die rasch Verbreitung fanden [11]. Ihre Sprache war die der Pornographie und der brutalen Gewalt. Dies hinderte sie jedoch nicht daran, ihren Haß durch Verweise auf Kant und Fichte zu »begründen«. Die Vorstellung vom »Nationalunterschied«, der nach Fichte zwischen Deutschen und Juden bestehen soll, vertieften und verfinsterten sie noch weiter durch den Begriff der »Racenverschiedenheit«. Auch hier konnten sie sich unmittelbar auf Gelehrte (bezeichnenderweise aber nicht auf Physiologen; die »Racenverschiedenheit« der Juden ist zweifellos eine Erfindung von Politikern, Philosophen und Theologen [12]) stützen, wie etwa den Göttinger Philosophieprofessor Meiners. Dieser hatte die These aufgestellt, daß die Menschen nicht eines Ursprungs, daß Juden und Zigeuner von allen Menschenrassen den Tieren am nächsten seien. Derartige, dem Zeitgeist gemäß als

---

[10] Über die Gefahr, die den Thronen, den Staaten und dem Christenthume den gänzlichen Verfall drohet durch das falsche System der heutigen Aufklärung, und die kecken Anmaßungen sogenannter Philosophen, geheimer Gesellschaften und Sekten, 1791.
[11] C. L. Paalzow, Die Juden, Berlin 1799; Ders., Der Juden-Staat, Berlin 1803; C. W. F. Grattenauer, Wider die Juden, ein Wort der Warnung an alle unsere christlichen Mitbürger, Berlin 1803, u. a.
[12] Hierzu Eleonore Sterling, Er ist wie du. Aus der Frühgeschichte des Antisemitismus in Deutschland 1815–1850, München 1956, Kapitel 3, 6; Dies., »Die nationalsozialistische Rassenlehre«, in Littera Judaica, Frankfurt, o. J.

»rational-wissenschaftliche« Erkenntnisse ausgegebene Thesen wurden in der Straßenliteratur (nicht viel anders als später der nationalsozialistische Rassenwahn) mit volksabergläubischen Vorstellungen vermengt und pornographisch ausgeschmückt. Fichte war noch human genug, den Juden die abgehackten Köpfe wieder aufsetzen zu wollen; in Grattenauers Kreisen war man konsequenter: Um das deutsche, christliche Volk, um die Welt und die Menschheit zu retten, müsse der jüdische Affenmensch, diese Monstrosität aus finsterer Vorzeit, ausgerottet werden.

In Antwort auf solche Tiraden verwiesen jüdische Autoren auf die Einheit des Menschengeschlechtes. »Unser Ursprung ist der gleiche«, hieß es in der Zeitschrift »Sulamith«, »wenn wir, wie wir müssen, selbigen zu seiner ersten Quelle zurückführen. Ein Blut fließt in unseren Adern, wir haben alle einen ersten Stammvater. Juden und Christen sind ja nicht zwei verschiedene Menschengeschlechter [13].«

Damals glaubten die aufgeklärten Juden, die vom unaufhaltsamen Fortschritt der Menschengattung zutiefst überzeugt waren, die Ausrottungsdrohungen nicht allzu ernst nehmen zu müssen. Sie spotteten sogar darüber. »Unumstößlicher Beweis« ist der Titel einer im Jahre 1804 von einem anonymen jüdischen Verfasser herausgegebenen Schrift, in der es sarkastisch hieß, »daß ohne die schleunige Niedermetzlung aller Juden und den Verkauf aller Jüdinnen zur Sklaverei die Welt, die Menschheit, das Christentum und alle Staaten notwendig untergehen müssen«. Man könnte, schlug er vor, die Toten dann als Dünger in der Landwirtschaft verwerten [14].

---

[13] Sulamith, Jg. 2 (1809) 174 ff., 332, 365-376.
[14] Epiphanes, 4 f.

Das Sendschreiben an Probst Teller

Gleichzeitig machte die gesellschaftliche und kulturelle Annäherung zwischen jüdischen und christlichen Gelehrten und Bürgern weitere Fortschritte. Markus Herz, Lazarus Bendavid, Salomon Maimon gehörten zu den zahlreichen jüdischen Schülern Immanuel Kants. Jüdische Bürgerhäuser waren Mittelpunkte für literarische und gesellige Unterhaltung, in denen Männer und Frauen von »Stand und Bildung« verkehrten. »Gelehrte Judenzirkel«, schrieb ein Korrespondent Friedrich Schillers, sind »die einzigen, die in Berlin eigentlich von Literatur sprechen«. Der Schreiber dachte in erster Linie an die Salons geistreicher Frauen, wie Henriette Herz und Rahel Levin, wo Männer wie Goethe, Nicolai, Schleiermacher, Mirabeau, die Brüder Schlegel und Humboldt verkehrten. Die Lage dieses privilegierten Bürgertums war aber tragisch, denn die Aufnahme durch die Umwelt forderte einen hohen Preis: die Entwurzelung, die Aufgabe des Judentums und des Schutzes durch die Glaubensgemeinschaft. »Ich habe solche Phantasie«, schrieb Rahel, »als wenn ein außerirdisch Wesen, wie ich in die Welt getrieben wurde, mir beim Eingang diese Worte wie Dolche ins Herz gestoßen hätte: Ja, habe Empfindungen, siehe die Welt, wie sie wenige sehn, sei groß und edel, und ewiges Denken kann ich dir auch nicht nehmen. Eins hat man aber vergessen: sei eine Jüdin! Und nun ist mein ganzes Leben ein Verbluten.« Das war die Kehrseite dieses plötzlichen Übergangs vom Ghetto zur »Großen Welt«, der ohne Führer, ohne Wegweisung und immer von jedem Einzelnen allein vollzogen werden mußte. Erschien dieser Übergang anfänglich auch noch so einfach, zeigte er sich doch bald voller Dornen und Hindernisse, denn die »Große Welt« legte ihre Vorurteile nie ganz ab, selbst dann nicht, wenn der Preis — die Aufgabe des Judentums — gezahlt worden war [15].

Moses Mendelssohn verkündete, daß die Lehren des Judentums

---

[15] Vgl. Eleonore Sterling, Jewish Reaction to Jew-Hatred in the First Half of the 19th Century, in Leo Baeck Year Book 1958, III.

und die der aufklärerischen Vernunftwahrheit identisch seien. Die Sonderexistenz der Judenheit sah er in ihrem Gesetz begründet und gesichert. Die Generation nach ihm aber verwarf das Gesetz als eng und sinnlos, als drückend und hemmend. Dabei verlor sie den bisherigen festen Grund. Mendelssohns Tochter Dorothea, die Gattin Schlegels, trat zum Christentum über. Sein Sohn Abraham erzog seine Kinder ohne Religion, um sie schließlich doch dem Christentum zuzuführen. Für jüdische Eigenart, für das alte jüdische Martyrium hatte die neue Generation kein Verständnis mehr. Selbst den alten Namen »Jude« tauschte man gegen den eines »alttestamentarischen Glaubensgenossen« oder eines »Mosaisten« aus. Alles Jüdische erschien der neuen Generation düster und trostlos. In der christlichen Welt hingegen vermeinte sie Freiheit, Licht und Freude zu erblicken. Wo auch immer sie den Weg aus der Isolation und Unterdrückung suchte, fand sie ihn in der Umwelt stets verbunden mit dem christlichen Namen: christliche Rechte, christliche Freiheit, christliche Bildung. So war denn auch die Taufe das Ziel vieler Mitglieder der jüdischen Oberschichten, insbesondere in den Gemeinden Berlin, Breslau und Königsberg. Oft spielte dabei der Wunsch nach sozialem und wirtschaftlichem Fortkommen eine entscheidende Rolle. Durch die Taufe hoffte man, sich die Rechte und Freiheiten christlicher Kaufleute einhandeln zu können oder, wie Heinrich Heine später sagte, sich das »Entreebillet zur europäischen Kultur« zu erwerben. »Es haben sich Untugenden unter uns verbreitet«, schrieb ein Zeitgenosse, »die unsere Väter nicht kannten, und die für jeden Preis zu teuer erkauft werden. Irreligion, Üppigkeit und Weichlichkeit, dieses Unkraut, das aus dem Mißbrauch der Aufklärung und Kultur hervorkeimt, hat leider auch unter uns Wurzel gefaßt, und wir sind, vorzüglich in den Hauptstädten, der großen Gefahr ausgesetzt, daß der Strom des Luxus, mit der Roheit, auch die Strenge und Einfalt der Sitten wegschwemmt.«
Ende der neunziger Jahre des achtzehnten Jahrhunderts fand ein gar seltsamer öffentlicher Briefwechsel zwischen führenden jüdi-

schen Persönlichkeiten und christlichen Geistlichen statt. Er zeugt von den großen Hoffnungen der gebildeten jüdischen Bürger, zugleich aber auch von ihrer religiösen Verwirrung. 1799 richteten »einige Hausväter jüdischer Religion« ein »Sendschreiben an seine Hochwürden Herrn Oberkonsistorialrath und Probst Teller zu Berlin«[16]. Der Verfasser, David Friedländer, erklärte die Bereitwilligkeit der Hausväter zur Taufe, falls bei dem Übertritt auf das Bekenntnis zu spezifisch christlichen Dogmen verzichtet würde. Dies war seiner Auffassung zufolge keine Untreue gegenüber dem Judentum, sondern nur eine Absage an das jüdische Zeremonialgesetz. Das Schreiben zeigte tiefste Anhänglichkeit an ein »abrahamistisches« Judentum und suchte seine Moral in den Propheten und Psalmen. Es träumte von einem »erleuchteten Judentum der Zukunft«, erkannte gewisse jüdische Bräuche und Lehren an, verneinte dabei ausdrücklich bestimmte christliche Dogmen, wie die Menschwerdung Gottes, da sie mit Aufklärung unvereinbar seien. Wie erklärt es sich, daß die Hausväter trotzdem den Anschluß an das Christentum suchten? – Zunächst mit ihrer festen Überzeugung, daß alle Religionen eins sind, Christen und Juden den einen und gleichen göttlichen Vater haben. Das die Religionen Trennende hielten sie für rein äußerlich. Der Übertritt der Juden zum Christentum erschien ihnen für die Zukunft dadurch möglich und gerechtfertigt, daß das Christentum unter der Wirkung der Aufklärung sich immer mehr dem jüdischen Glauben an den Einen und Einzigen Gott nähern und sich von dem Dogma des fleischgewordenen Heilands befreien würde. Mitbestimmend waren schließlich auch politische Erwägungen. Sie gründeten auf einer gewissen Verzweiflung über die immer wieder hinausgeschobene bürgerliche Gleichberechtigung der Juden.

Das Sendschreiben war eine große Sensation. Was die Kirche in einem Jahrtausend der Verfolgung nicht erreicht hatte – die

---

[16] Hierzu E. Fraenkel, »David Friedländer und seine Zeit« und E. Littmann, »David Friedländers Sendschreiben an Probst Teller und sein Echo«, in: Zeitschrift für die Geschichte der Juden in Deutschland, Jg. 6 (1935).

Bekehrung der Juden —, schien sie nunmehr mit Nachgiebigkeit mühelos zu erreichen. Aber von fast allen Seiten erfolgte laute Ablehnung, fürchteten doch die christlichen Theologen gemeinsam mit den orthodoxen Rabbinern, daß jede Abweichung vom Herkömmlichen die völlige Verneinung der Religion nach sich ziehen könnte. Mit aller Entschiedenheit bestritt Probst Teller die Meinung, daß aufgeklärtes Judentum und aufgeklärtes Chritentum dasselbe wären. Er empfahl den jüdischen Hausvätern, die »Erleuchtung ihrer Glaubensgenossen zu bewirken oder, wenn sie den christlichen Standpunkt teilten, sich nicht zu bedenken, das Bekenntnis und die Zeremonien der Kirche anzuerkennen«[17]. Am schärfsten war die Ablehnung Friedrich Schleiermachers, der ein solch »reines oder vielmehr leeres Christentum«, wie das Sendschreiben es konstruiert habe, mit Hohn zurückwies. Die Ablehnung des jüdischen Gesetzes durch die Hausväter sei nicht identisch mit der paulinischen Rechtfertigung durch den Glauben, sondern gründe allein auf Moses, den Propheten und Rabbinern. Zudem fürchtete Schleiermacher, daß die »geweckten jüdischen Jünglinge«, wenn sie so vorbehaltlos in die Kirche aufgenommen würden, auf den christlichen Glauben »zersetzend« einwirken könnten[18].

Die Reformbestrebungen blieben während des ganzen neunzehnten Jahrhunderts unter den Juden lebendig. Es ging darum, wie Lazarus Bendavid schrieb, die »sinnlos« gewordenen und für die »jetzigen Zeiten gar nicht mehr passenden Zeremonialgesetze« abzuschaffen, dafür aber die reine Lehre Moses zu neuem Leben zu erwecken[19]. Die Überwindung des Alten sollte also nicht religiöse Gleichgültigkeit, sondern Befreiung des Glaubens von äußerem Zwang bedeuten.

Zu erneuten Annäherungen an die Kirche, wie in dem oben erwähnten »Sendschreiben«, ist es, nachdem die aufklärerischen

---

[17] Wilhelm Abraham Teller, Beantwortung des Sendschreibens einiger Hausväter jüdischer Religion an mich, Berlin 1799.
[18] Friedrich Schleiermacher, Briefe bei Gelegenheit der politisch-theologischen Aufgaben und des Sendschreibens jüdischer Hausväter, Berlin 1799.
[19] Lazarus Bendavid, Aufsätze, Berlin 1800.

Hoffnungen wieder gedämpft waren, nicht mehr gekommen. In den Auffassungen der jüdischen Reformer spiegelte sich aber nicht nur Aufklärung. Vielmehr sind darin auch Vorurteile enthalten, und zwar gerade solche, wie wir sie oft bei den gehobenen bürgerlichen Schichten gegenüber der Überzahl der ärmeren Bevölkerung vorfinden. Die Wohlhabenden, »die Gebildeten und der bessere Teil der Juden«, so pflegten sie sich zu bezeichnen, sprachen davon, daß man »zur Verbesserung des verdorbenen moralischen Charakters des großen Haufens« diejenigen Übel beseitigen müsse, »welche aus der religiösen Verfassung und der verkehrten Erziehung entstehen«. Damit meinten sie nicht nur die im Laufe der Zeit und durch die Unterdrückung erstarrten Gesetze, sondern die talmudische Tradition überhaupt. Wenn sie den Talmud pauschal verwarfen, waren sie sich offenbar kaum dessen bewußt, daß sie Kollektivurteile der christlichen Umwelt selber übernommen hatten und diese nunmehr gegen ihre eigene Religion und ihre Glaubensbrüder anwendeten.

6. Kapitel

Die Französische Revolution und ihre Auswirkung auf die Lage der Juden in Deutschland

Während sich die preußischen Behörden jahrein, jahraus mit »Gutachten über die Verhältnisse der Juden« befaßten, wurden die Juden in Frankreich durch die Nationalversammlung emanzipiert [1]. In der Französischen Revolution wurden die Ideale der Aufklärung politisch wirksam, wenn sie sich auch, wie die geschichtlichen Ereignisse bezeugen, bei weitem nicht im vollen Sinne des Humanitätsgedankens erfüllten. Nicht zuletzt war es die von Mirabeau übersetzte Dohm'sche Schrift, welche die Nationalversammlung am 28. September 1791 zur Emanzipation der Juden bewog [2].

In den französisch besetzten linksrheinischen Gebieten traten die Bürgerrechte für Christen und Juden unverzüglich in Kraft. Später wurden sie auch auf die neu eroberten Gebiete ausgedehnt. Im September 1798 verordneten die Mainzer Stadtväter die feierliche Verbrennung des Ghettotores, des Symbols der Unterdrückung. »Alle Spuren der Sklaverei sind jetzt aufgehoben«, hieß es in einer Proklamation des französischen Commissairs in Köln. »Gott allein habt ihr Rechenschaft über eure Glaubenslehre zu geben. Die bürgerlichen Rechte sind für alle gleich, weshalb

---

[1] Simon Dubnow, Weltgeschichte des jüdischen Volkes, Berlin 1930, VIII, 194 ff.; für Folgendes vgl. Eleonore Sterling, »Der Kampf um die Emanzipation der Juden im Rheinland. Vom Zeitalter der Aufklärung bis zur Gründung des Deutschen Reiches«, in: Monumenta Judaica. Handbuch, Köln 1963.

[2] Vgl. auch Mirabeau, Sur Moses Mendelssohn, sur la réforme politique des Juifs, London 1787; Henri Grégoire, Essai sur la régéneration physique, morale, et politique des Juifs, Metz 1789.

sich alle, ohne Rücksicht auf ihre Überzeugung, des Schutzes des Gesetzes erfreuen sollen.« Ganz sicher konnten sich die Juden jedoch bei dieser plötzlichen Befreiung durch Fremdherrschaft nicht fühlen. In vielen Städten sträubten sich die wirtschaftlich zurückgebliebenen und ständisch-bewußten Bürgerschaften gegen alle freiheitlichen und egalitären Bestimmungen, und mancherorts verbreiteten sich sogar Gerüchte, daß man beabsichtigte, die Juden auszutreiben. Die französischen Behörden blieben jedoch in ihrer Haltung fest, daß die Rechte aller Bürger — gleich ob Christ oder Jude — uneingeschränkt zu gewährleisten seien [3].

Die Napoleonische Gesetzgebung

Durch die Siege Napoleons wurden die Bürgerrechte auch auf andere Gebiete Deutschlands ausgedehnt. Der Kaiser war sich bewußt, daß die revolutionären Errungenschaften zu seinen wichtigsten Waffen gegen die einheimischen Unterdrücker der unteren Bevölkerungsschichten in den feindlichen Gebieten zählten. Im Jahr 1805 entsandte er Abbé Henri Grégoire, einen der bedeutendsten Befürworter der Judenemanzipation in der Nationalversammlung, nach Deutschland, u. a. mit dem Auftrag zu untersuchen, ob die bisherige Unterdrückung, bzw. nun die Befreiung der Juden für die Ziele des Kaisers politisch auszunützen sei. Auch soll Napoleon die Hoffnung gehegt haben, vom »alttestamentarischen Priestervolk« als »Messias« anerkannt zu werden. In einem Dekret (30. Mai 1806) befahl er, daß in Paris eine Versammlung von mindestens hundert »sich zum jüdischen Glauben bekennenden Notablen« zusammentreten sollte. Während sich u. a. die preußischen Judenschaften weigerten, trotz aller Versprechungen und Schmeicheleien Napoleons, der Versammlung beizuwohnen, konnten oder wollten sich die Gemeinden im besetzten Rheinland der Aufforderung nicht entziehen. Hier wurden die Vertreter von den napoleonischen Präfekten

---

[3] Dubnow, a.a.O., 117 ff., 134 ff.

»aus der Mitte der geistlichen und weltlichen Vertreter der jüdischen Gemeinden« ernannt. Im Juli fand die Notablenversammlung unter der strengen Aufsicht der napoleonischen Kommissare statt. Ihre Beschlüsse, die Napoleon zwar nicht als Messias, doch aber als Befreier des jüdischen Volkes feierten, und die Erklärung, daß mit der Emanzipation jede nationale Aspiration der Juden erloschen sei, befriedigten den Kaiser[4]. Für den 9. Februar 1807 berief er das »Große Synhedrion«, eine »Versammlung von aufgeklärten, aus den Nachkommen des ältesten Volkes erwählten Männern«. Ihre Beschlüsse sollten für die Judenheit der ganzen Welt gültig sein und die »zerstreuten Überreste der selbst in ihrem Unglück ruhmreichen Nation« unter napoleonischer Regie vereinen. Das Synhedrion, von den »Juden der Welt« keineswegs befugt, für sie alle zu sprechen, endete nach vierwöchentlicher Beratung mit einer dramatischen Proklamation über die Rettung des jüdischen Volkes durch Napoleon, den Kaiser. Die Lobpreisung war jedoch ganz umsonst, denn inzwischen hatte der Diktator, nach Eroberung der preußischen Gebiete, das Interesse an seiner Messiasrolle verloren. Falls die Juden des Rheinlandes sich vom napoleonischen Interesse an ihnen Hoffnungen gemacht hatten, sollten sie bald enttäuscht werden. Im Einklang mit Napoleons Bestrebungen, alle Religionsgemeinschaften seiner Diktatur zu unterwerfen und politischen Zielsetzungen nutzbar zu machen, wurde durch Dekret (17. März 1808) ein straffes, hierarchisch geordnetes jüdisches Gemeindesystem geschaffen. In jedem der rheinischen Départements, soweit sie mindestens 200 jüdische Einwohner zählten, wurde ein Konsistorium errichtet, dieses sodann dem Pariser Zentralkonsistorium unterstellt. Die Konsistorien bestanden jeweils aus zwei Rabbinern und drei Laien, die von 25 Notablen der Départements gewählt wurden, und von Napoleons Religionsministerium bestätigt werden mußten[5].

---

[4] E. Barre, »Napoleon und die Juden«, in: Preußische Jahrbücher, Band 67 (1891), 141 ff.

[5] Adolf Kober, Aus der Geschichte der Juden im Rheinland, Düsseldorf 1931, Kap. 4.

Der zweite Teil des napoleonischen Dekretes enthielt Bestimmungen, die auf wirtschaftlichem Gebiet die erst kürzlich gewährten gleichen Rechte erheblich einschränkten. Die Maßnahmen, die zwar nur auf zehn Jahre befristet wurden, waren ursprünglich für die elsässischen Gebiete gedacht, wo die neuerdings von Feudalherrschaft befreiten Bauern unter dem Druck der Großgrundbesitzer und Landspekulanten schwer zu leiden hatten. Wegen ihrer Verschuldung an diese hatten sie sich zu hohen Zinsen bei jüdischen Geldverleihern Kredite verschafft. Die Juden, die hier hauptsächlich eine Mittlerrolle spielten, wurden von Agitatoren, wie ehedem in mittelalterlichen Zeiten, für die ganzen Zustände verantwortlich gemacht. Es kam zu schweren antijüdischen Exzessen. Napoleon folgte also der »Volksstimme«, als er, statt gegen die Großgrundbesitzer und Spekulanten insgesamt vorzugehen, gegen die jüdischen Mittelsleute Maßnahmen ergriff. Mit dem Dekret wurde die gerichtliche Einziehbarkeit der bäuerlichen Schulden durch jüdische Gläubiger praktisch aufgehoben. Überdies mußte fortan jeder jüdische Bürger alljährlich den zuständigen Präfekten um die »Patentierung« seines Handels bitten [6].

Vergebens ersuchten die rheinischen Juden die Regierungen, sie von der Verordnung zu befreien. In einer Petition für die Juden des Roer Départements wies der Kölner Bankier Salomon Oppenheim darauf hin, daß die Bestimmungen viele Juden, insbesondere die Ärmeren, ins Elend stürzten, daß sie aber auch das gesamte, und nicht nur das jüdische Kreditwesen behinderten. Auch die Präfekten der Départements erkannten den mangelnden Wirklichkeitssinn des Dekretes. Statt den Bauern zu helfen, verschlimmerte es ihre Lage. Die Tatsache, daß sie von den Juden kein Geld mehr leihen konnten, bedeutete, daß sie ihr Land an die Großgrundbesitzer und Spekulanten verloren. Im Jahre 1815 erklärte Napoleon, daß 15 Départements in Kürze

---

[6] Dubnow, a.a.O., 117 ff., 134 ff.

vom Dekret befreit würden, ohne jedoch — infolge seiner Niederlage — diese Absicht noch verwirklichen zu können [7].
Nur in Westfalen wurde die Emanzipation unter napoleonischer Herrschaft verwirklicht. Am 31. Mai 1808 erließ der König, Napoleons Bruder Jérôme, ein Dekret, in dem er ausdrücklich bestätigte, daß die Verfassung, welche die Gleichheit aller Bürger gewährleistete, auch für die Juden gültig sei. Die Begeisterung unter den oberen Schichten der jüdischen Bürger, die zumeist der Reformbewegung angehörten, war groß, und in zahlreichen Gottesdiensten feierten sie Napoleon als »Libérateur«. Es scheint jedoch, als sei die Mehrzahl der orthodoxen Juden über diesen kaiserlichen Befreiungsakt weniger erfreut gewesen. Das Königlich-Westfälische Konsistorium der Israeliten unterstand nämlich dem liberal-religiösen Hofbankier Israel Jacobson. Bereits 1801 hatte er eine Schule für christliche und jüdische Kinder errichtet, deutsch-sprachige Hymnen in den Gottesdiensten eingeführt und sogar, zum Schrecken der orthodoxen Rabbiner, in der Synagoge zu Seesen eine Orgel installiert. Kaisertreue und Reformeifer machten bald aus dem liberalen Jacobsen einen Religionstyrannen. Zunächst löste er alle Gemeinden auf, die sich nicht in die straffe Konsistorialverfassung fügen wollten. Nachdem er dies vollbracht hatte, begann er, die alten religiösen Bräuche durch Dekrete abzuändern. Niemand durfte, außer mit Genehmigung des Konsistoriums, eine öffentliche Ansprache halten, und nichts durfte laut werden, das »der Religion oder dem Staate nachteilig ist«. Erfolglos blieben die Beschwerden der verängstigten Gemeinden gegen diese, wie sie meinten, »papistisch ähnlichen Pläne« [8].
Zu den von Napoleon geschaffenen Staaten gehörte auch das Großherzogtum Frankfurt unter dem ehemaligen Mainzer Kurfürsten, Karl Theodor von Dalberg. Dieser aufgeklärte Herrscher förderte die jüdischen Bildungsbestrebungen und war bereit, die

---

[7] Kober, a.a.O., Kap. 4.
[8] Gesamtarchiv der deutschen Juden, Westfalen. Bekanntmachungen Nr. 656, 2421; L. Horwitz, Die Israeliten unter dem Königreich Westfalen, Berlin 1900.

Gleichberechtigung zu gewähren; aber die Frankfurter Bürgerschaft wollte die Juden nur als Fremde dulden, allenfalls die alte Stättigkeit geringfügig mildern. Erst im Jahre 1810 wurde die Gleichberechtigung der Juden verkündet. Allerdings mußten sie das bisherige jährliche Schutzgeld durch einmalige Zahlung des zwanzigfachen Betrages ablösen [9]. Auch die unter französischer Besatzung stehenden Hansestädte revidierten ihre Politik gegenüber den Juden und gewährten ihnen die Niederlassungsfreiheit.

Von den Rheinbundstaaten änderte nur Baden seine Judengesetze grundlegend. Am 14. Juni 1808 erklärte das Großherzogtum die Juden zu »erbfreien Staatsbürgern« und versprach, ihnen das volle Ansiedlungs- und Ortsbürgerrecht zu gewähren, insofern sie sich »wegen einer mit den Christen gleichförmigen Nahrung« als würdig erwiesen. 1809 setzte Großherzog Karl Friedrich den »Oberrat der Israeliten« ein und wies ihm die Aufgabe zu, Kultus und Erziehung zu überwachen, insbesondere die berufliche Umbildung zu fördern. Juden, welche Künste, Wissenschaften und freien Handel betrieben, wurde die Gleichberechtigung gewährt; ihren ärmeren Glaubensgenossen aber, die noch den sogenannten »Nothandel« als Hausierer betrieben, erschwerte man weiterhin die Niederlassung [10].

Die Verhältnisse in Württemberg waren rückständig. Hier konnte die Zulassung einer jüdischen Familie selbst in jener »aufgeklärten« und »revolutionären« Zeit die Stuttgarter Stände noch zu großem Widerstand veranlassen. Der König aber gestattete dennoch, da er die Juden »erziehen« wollte, den Erwerb liegender Güter zu eigener Bebauung sowie die Ausübung der Gewerbe. Dies stieß freilich auf die heftige Kritik der Zünfte, so daß die Großzügigkeit des Königs den Juden keinen Nutzen brachte. In Bayern gewannen einzelne Juden während der napoleonischen Kriege Einfluß als Heereslieferanten, insbesondere im Verpflegungswesen, und als Geldgeber der Fürsten.

---

[9] I. Kracauer, Geschichte der Juden in Frankfurt a. M., Frankfurt 1927, II.
[10] B. Rosenthal, Heimatgeschichte der badischen Juden, Bühl 1927.

Aber Rechte wurden ihnen nur kärglich zugestanden. König Maximilian I., ein Anhänger der Aufklärung, verfügte, »der unglücklichen Menschenklasse eine solche Einrichtung zu geben, durch welche sie allmählich zu nützlichen Staatsbürgern erzogen würden«. 1804 gestattete er jüdischen Kindern den Besuch der allgemeinen Schulen, 1805 sogar den Eintritt in die Bürgermiliz. Für die Münchener Juden wurde 1805 ein »Regulativ« erlassen, das ihre Eintragung in eine Matrikel verfügte und ihnen das Recht gewährte, den Schutz auf ein Kind zu übertragen. Das »Regulativ« gestattete ihnen, überall in der Stadt zu wohnen, Andacht in Privathäusern zu halten, ein nicht zünftisches Gewerbe zu betreiben, Fabriken anzulegen und mit gewissen Waren (allerdings nicht als Hausierer) Handel zu treiben. Ehen durften nur mit Bewilligung der Polizei geschlossen werden, wobei der Nachweis eines Vermögens von 1000 Reichstalern erforderlich war. Diese Bestimmungen wurden im großen und ganzen in das bayerische »Judenedikt« vom 10. Juli 1813 aufgenommen. Es verlieh den Juden zwar die Bezeichnung »Staatsbürger«, verweigerte ihnen aber alle staatsbürgerlichen Rechte. Seine Niederlassungs- und Heiratsbeschränkungen bezweckten ausdrücklich die Verminderung der jüdischen Bevölkerung [11]. Im Königreich Sachsen wurde die Judengesetzgebung überhaupt nicht verändert. Selbst der Leibzoll wurde erst 1813, nach der Eroberung durch die Verbündeten, aufgehoben.

Reformbestrebungen in Preußen

Nach der Niederlage gegen die napoleonischen Armeen erwachte in Preußen die Sehnsucht nach Schaffung einer »einheitlichen Nation«. Das Volk, so forderten hohe Beamte und Offiziere, sollte durch Beteiligung am öffentlichen Leben zum Verständnis für die Bedeutung und die Zwecke des Staates erzogen werden. Nach Ansicht der Reformer sollte man alle sozialen Kräfte für

---

[11] A. Eckstein, Der Kampf der Juden um ihre Emanzipation in Bayern, Fürth 1905.

den Wiederaufbau beleben und nutzbar machen. Die Reformgesetze, die mit dem Namen des Freiherrn vom Stein verknüpft sind, berührten die Juden indirekt durch die Lockerung des Zunftzwanges. Diese Befreiung kam für sie aber zu spät, denn in der sich anbahnenden wirtschaftlichen Entwicklung verlor das Handgewerbe ohnehin immer mehr an Bedeutung. Die alte erzwungene Tätigkeit der Juden im Handel und Geldverkehr erwies sich nunmehr als zeitgemäßer als das Kleinhandwerk. Steins Städteordnung vom 19. November 1808 brachte einen Fortschritt für die Juden, denn sie machte das aktive und passive Bürgerrecht vom Religionsbekenntnis unabhängig. So wurden die Juden in den städtischen Selbstverwaltungen als gleichberechtigte Bürger anerkannt. Tatsächlich wurden damals schon — noch ehe es eine jüdische Emanzipation im preußischen Staat gab — großbürgerliche Juden (wie etwa David Friedländer) in die Stadträte gewählt.

Die Aufrechterhaltung der Sonderstellung der Juden war in Preußen nicht mehr möglich. Darüber herrschte in den Ministerien Einmütigkeit. Es fragte sich nur, wie schnell sie in den Genuß aller staatsbürgerlichen Rechte kommen dürften. Die ersten Entwürfe eines neuen Judengesetzes wollten die Juden nur allmählich, und zwar erst nachdem sie sich »gebessert« hätten, als vollwertige Bürger anerkennen. Bis dahin sollten sie weiterhin besonderer staatlicher Aufsicht unterstehen. Demgegenüber traten insbesondere Wilhelm von Humboldt und Fürst von Hardenberg für die sofortige völlige Gleichstellung ein. Ein »allgemeines Urteil«, schrieb Humboldt in einem Gutachten, über eine Gruppe von Menschen ist ungerechtfertigt, denn die Juden sind Individuen. Ferner, so argumentierte Humboldt, ist der Staat keine »Erziehungsanstalt«, sondern ein »Rechtsinstitut«, das die Rechte aller Bürger zu wahren hat. »Es läßt sich kein Rechtsgrund denken, warum der Jude, der alle Pflichten der Christen erfüllen will, nicht auch der Rechte teilhaftig werden soll [12].«

---

[12] Ismar Freund, Die Emanzipation der Juden in Preußen, Berlin 1912, II, 228, 269 ff.; Deutsches Zentralarchiv, Merseburg, Rep. 84, XIV. II. Gen. Lit. J. 1.

In der gegenwärtigen »kirchlichen Verfassung der Juden« aber glaubte Humboldt noch stark »politische« Elemente zu erkennen, die eine »Verschmelzung« mit der Umwelt sehr behinderten. Deshalb forderte er die Auflösung des sozialen Zusammenhaltes der Judenschaft. Das Judentum soll reines Religionsbekenntnis werden. »Man mache die Bande zwischen den einzelnen jüdischen Kirchen recht locker, führe nicht eine eigene Orthodoxie unter den Juden ein, sondern befördere durch natürliche und billige Toleranz vielmehr Schismen, und die jüdische Hierarchie wird von selbst zerfallen.« Humboldt erkannte freilich nicht die besondere Glaubenswahrheit und -stärke des Judentums, als er sich nunmehr von der Auflösung des »Jüdisch-Politischen« und von der christlichen Toleranz auch den freudigen Übertritt der Juden zum Christentum versprach. »Die Individuen werden gewahr werden, daß sie nur ein Zeremonial-Gesetz und eigentlich keine Religion hatten, und werden, getrieben von dem angeborenen menschlichen Bedürfnis nach einem höheren Glauben, sich von selbst zu der christlichen Religion wenden. Ihr Übertritt, der jetzt, wo sie ihre unterdrückten Mitbrüder verlassen, ... nur unter besonderen Umständen zu entschuldigen ist, wird alsdann wünschenswert, erfreulich und wohltätig sein.« In Verkennung der jüdischen Lehre war auch dem aufgeklärten, liberalen Humboldt das Judentum eine zurückgebliebene Religionsgemeinschaft. Erst auf dem Wege über die christliche Taufe, meinte er, könnten die Juden zur wahren Humanität gelangen [13].

Das Judenedikt vom 11. März 1812

Das Gesetzeswerk machte infolge der Bedenken der einen oder der anderen Seite keine Fortschritte. Erst Hardenbergs Ernennung zum Staatskanzler brachte eine Entscheidung. Er stellte

---

[13] Ebenda, II, 269–282.

seine Zustimmung für ein Gesetz in Aussicht, das auf dem Grundsatz »gleiche Pflichten, gleiche Rechte« aufzubauen sei. So kam schließlich das »Edikt betreffend die bürgerlichen Verhältnisse der Juden in dem Preußischen Staate« zustande, das König Friedrich Wilhelm III. am 11. März 1812 verkündete. Es gewährte allen im preußischen Staat unter Schutz wohnenden Juden und ihren Familien das Recht von »Einländern und Preußischen Staatsbürgern«, und zwar unter der Voraussetzung, daß sie innerhalb von sechs Monaten feste Familiennamen annehmen und behördlich anmelden und daß sie bei der Führung ihrer Handelsbücher und Abfassung ihrer Verträge oder rechtlichen Willenserklärungen sich der deutschen oder einer anderen lebenden Sprache bedienen. Die Juden erhielten das Recht, in Stadt und Land zu wohnen, wurden in allen Pflichten, auch den mit der »Militär-Konskription« zusammenhängenden, den anderen Bürgern gleichgestellt. Sie sollen »gleiche bürgerliche Rechte und Freiheiten mit den Christen genießen«, »können daher akademische Lehr- und Schul- auch Gemeindeämter, zu welchen sie sich geschickt gemacht haben, verwalten«. Das Edikt enthielt jedoch die Einschränkung, daß Juden weder Offiziersrang einnehmen noch öffentliche Staatsämter bekleiden dürften. Schließlich wurden einer künftigen Regelung »die nötigen Bestimmungen wegen des kirchlichen Zustands und der Verbesserung des Unterrichts« vorbehalten.

Dieses Edikt — ein ganz ähnliches hatte kurz vorher der Großherzog Friedrich Franz von Mecklenburg-Schwerin erlassen — stieß ob seiner Liberalität auf starken Widerstand, namentlich in den Kreisen um den Junker von der Marwitz, die überhaupt gegen das ganze Stein-Hardenbergsche Reformwerk Sturm liefen. Die Juden selber erkannten den Fortschritt an. Selbst die Strenggläubigen nahmen jetzt die Aufhebung der rabbinischen Gerichte ohne weiteren Widerspruch hin. Es ist eine der merkwürdigsten Erscheinungen der jüdischen Geschichte, mit welcher Selbstverständlichkeit man jetzt, nach jahrzehntelangen harten Auseinandersetzungen, auf die tausendjährige eigene Zivilgerichtsbarkeit verzichtete. Für die in Aussicht gestellte staatliche Regelung des kirchlichen Zustandes beeilte sich David Friedländer, Anregungen zu geben. Im Oktober 1812 veröffentlichte er eine kleine Schrift: »Über die durch die neue Organisation der Judenschaften in den preußischen Staaten notwendig gewordene Umbildung 1. ihres Gottesdienstes in den Synagogen, 2. ihrer Unterrichtsanstalten und deren Lehrgegenstände und 3. ihres Erziehungswesens überhaupt. Ein Wort zu seiner Zeit.« Schon der Titel läßt auf den Inhalt des Programms schließen. Sein Ziel war die volle soziale und religiöse Integration. Friedländer forderte die Einführung der deutschen Gebetsprache und die Beseitigung aller messianischen Gebete, war doch nach seiner Auffassung — mit der Verbrüderung der Menschen im aufgeklärten Zeitalter und mit der Aufnahme der Juden in den Preußischen Staat — das messianische Zeitalter bereits eingetreten. Friedländer übersandte seine Schrift dem Staatskanzler, der sie warm begrüßte. Der König hingegen lehnte ihre reformatorische Tendenz entschieden ab. Seine Haltung bezeugt, daß die Kritiker des Judentums eigentlich gar nicht so recht wußten, was sie von den Juden wollten. Einerseits machte man ihnen ihre »Rückständigkeit« zum Vorwurf; andererseits aber wollte man auch ihre Reformbestrebungen verhindern, weil man eine mögliche Neubelebung des Judentums befürchtete. »So lange die Juden Juden bleiben wollen«, erklärte Wilhelm, »deren eigentümlicher Glaube auf der Anerkennung der Mosaischen oder Alttestamentarischen Gesetze beruht, kann ich Umbildungen, welche, sowohl in ihren Gottesdienst, als in ihren religiösen Unterricht und in ihre Erziehung eingreifen, nur insofern billigen als sie mit obigen dem Wesen und den Grundsätzen der jüdischen Religion gemäßen Haupterfordernissen nicht in Widerspruch stehen [14].«

Der »Befreiungskampf« gegen Napoleon drängte diese Fragen zunächst in den Hintergrund. Von der allgemeinen Begeisterung der »nationalen Erhebung« gegen den Eroberer waren auch die

---

[14] Ismar Freund, a.a.O., II.

preußischen Juden ergriffen. Zahlreiche jüdische Freiwillige meldeten sich zu den Fahnen. In den dreißiger Jahren des zwanzigsten Jahrhunderts las man noch in deutschen Synagogen die Namen der in den Befreiungskriegen Gefallenen. Hardenberg schrieb in einem Brief an den preußischen Gesandten in Hamburg am 4. Januar 1815: »Auch hat die Geschichte dieses letzten Krieges wider Frankreich bereits erwiesen, daß sie (die Juden) des Staates, der sie in seinem Schoß aufgenommen, durch treue Anhänglichkeit würdig geworden sind. Die jungen Männer jüdischen Glaubens sind die Waffengefährten ihrer christlichen Mitbürger gewesen, und wir haben auch unter ihnen Beispiele des wahren Heldenmutes und der rühmlichen Verachtung der Kriegsgefahren aufzuweisen, sowie die übrigen Einwohner, namentlich die Frauen, in Aufopferung jeder Art den Christen sich angeschlossen haben [15].«

---

[15] Benno Offenburg, Das Erwachen des deutschen Nationalbewußtseins in der preußischen Judenschaft, Hamburg 1933.

7. Kapitel

Die Restauration

Der Wiener Kongreß

Die Niederlage Napoleons brachte in Deutschland weder Christen noch Juden die Erfüllung der während der Befreiungskriege gemachten Versprechungen. Die politischen Rechte, die von den Franzosen in den besetzten Gebieten gewährt worden waren — darunter auch die Emanzipation der Juden —, wurden fast überall zurückgenommen. Als der Wiener Kongreß zur Ordnung der Verhältnisse in Deutschland einberufen wurde, hatte er u. a. auch über »die künftige Stellung der Bekenner des mosaischen Glaubens« zu befinden. Der von Wilhelm von Humboldt mit Billigung Hardenbergs und Metternichs vorgelegte Entwurf einer deutschen Verfassung enthielt den Satz: »Den Bekennern des jüdischen Glaubens werden, insofern sie sich der Leistung aller Bürgerpflichten unterziehen, die denselben entsprechenden Bürgerrechte eingeräumt[1].«

Humboldts Vorschlag fand die Unterstützung der in Wien weilenden Vertreter der Judenschaften, drang aber nicht durch. Nach langwierigen Beratungen wurde den versammelten Staatsmännern folgende Fassung vorgelegt: »Die Bundesversammlung wird in Beratung ziehen, wie auf eine möglichst übereinstimmende Weise die bürgerliche Verfassung der Bekenner des jüdischen Glaubens in Deutschland zu bewirken sei, und wie insonderheit denselben der Genuß der bürgerlichen Rechte gegen die Übernahmen aller Bürgerpflichten werden gesichert werden. Jedoch werden denselben bis dahin die in den Bundesstaaten

---

[1] Salo Baron, Die Juden auf dem Wiener Kongreß, Wien und Berlin 1920.

bereits eingeräumten Rechte erhalten.« Demzufolge sollte die Gleichberechtigung der Juden überall, auch da, wo sie von den Franzosen eingeführt worden war, bis zur weiteren Regelung bestehen bleiben. Das aber schien den Vertretern der Freien Städte, insbesondere Lübecks, untragbar. Unbemerkt, man weiß nicht recht wie, wurde in dem Beschluß eine ganz kleine, aber folgenschwere Änderung angebracht: Statt »*in* den Bundesstaaten« hieß es im Protokoll der Bundesakte vom 8. Juni 1815 schließlich »*von* den Bundesstaaten[2]«.

Diese scheinbar harmlose Vertauschung brachte die Juden des ganzen Gebietes, das unter Fremdherrschaft gestanden hatte, um die nicht »*von* den Bundesstaaten«, sondern von den Franzosen gewährten Rechte. Die härtesten Maßnahmen traf Lübeck, dessen Kaufmannschaft sich durch die 56 in der Stadt wohnhaften jüdischen Familien vom Ruin bedroht glaubte. Auf ihr Drängen wies der Senat alle Juden aus, verriegelte ihre Läden, als sie auf ihr nun einmal erlangtes Bürgerrecht nicht wieder verzichten wollten, und beschlagnahmte ihre Waren. In Bremen herrschte die gleiche zünftisch-kaufmännische Gesinnung. Man entschloß sich dort jedoch nicht, die etwa 30 Familien auszuweisen. In Hamburg stand der Senat auf der Seite der Juden und erklärte, daß diese sich durch die »willigste Anstrengung fürs allgemeine Wohl« des Bürgerrechts würdig zeigten. So hätten sie zum Beispiel auch wesentlich zur Hebung des Handels beigetragen, als dieser wegen der Kontinentalsperre Napoleons fast völlig lahmlag. Der Senat konnte aber nicht verhindern, daß die Bürgerschaft die Rechtsstellung der Juden wiederum auf die von 1710 zurückschraubte.

Die Stadt Frankfurt erklärte den 1811 vom Großherzog mit den Juden geschlossenen Vertrag für nichtig, stellte allerdings die alte Stättigkeit nicht wieder her, sondern ließ die Frage in der Schwebe. Die Frankfurter Judenschaft — einer ihrer Vertreter war der Vater Ludwig Börnes — machte energische Vorstellungen beim

---

[2] Text bei E. R. Huber, Dokumente der deutschen Verfassungsgeschichte, Stuttgart 1960, 75 ff.

Wiener Kongreß. In der Frankfurter Selbständigkeitsakte war zwar kein bindender Beschluß durchgesetzt; aber bei ihrer Übergabe an den Vertreter der Stadt betonte Metternich, daß die Hohen Mächte auf »Erhaltung aller wohlerworbenen Rechte jeder Klasse von Einwohnern« und der Vermeidung jeder rückwirkenden Maßregel bestünden. Indessen kümmerte sich der Rat darum nicht. Erst 1824 stellte er die »israelitischen Bürger« in privatbürgerlicher Beziehung den anderen Frankfurtern gleich, ließ aber wichtige Beschränkungen, unter anderem die das Niederlassungs- und Eheschließungsrecht betreffenden, bestehen [3].

Auch Preußen – das zu den Staaten gehörte, *von* denen die Juden gleichgestellt worden waren und dessen Vertreter sich in Wien nachdrücklich für das Bürgerrecht eingesetzt hatten – nahm im eigenen Land manches gewährte Recht wieder zurück. Zunächst wurde jüdischen Kriegsteilnehmern die den heimkehrenden Kriegern vom König verheißene Anstellung im Staatsdienst verweigert. Selbst den Inhabern des Eisernen Kreuzes wollte der Justizminister von Kircheisen sie nicht gewähren, da »die Vermutung weniger Moralität durch temporelle Tapferkeit nicht entkräftet ist«.

Diese reaktionäre Haltung der preußischen Behörden seit Ende der Befreiungskriege bezog sich freilich nicht nur auf die Juden. So wurden zum Beispiel auch die Bauernreformen teilweise aufgehoben. Einige Beamte forderten nunmehr, die Emanzipation rückgängig zu machen, die Juden in Klassen einzuteilen und nur der obersten den Genuß aller Rechte zu belassen, selbst dieser noch eine »Bewährungsfrist« aufzuerlegen. Immer wieder wurden diese Argumente mit aus dem Zusammenhang gerissenen Talmudzitaten begründet. Der Talmud, so hieß es, sei die Ursache der »Unverbesserlichkeit« der Juden. Die Beamten, die ihre Belege vorwiegend aus der Schrift Eisenmengers zusammen-

---

[3] Actenmäßige Darstellung des Bürgerrechts der Israeliten zu Frankfurt am Main, Rödelheim 1816. Der anonyme Verfasser dieser Schrift war Ludwig Börne; Isidor Kracauer, Geschichte der Juden in Frankfurt am Main, Frankfurt 1927, Bd. II.

suchten, ahnten dabei nicht, wie sehr sich die preußisch-jüdischen Untertanen schon längst vom Talmud entfernt hatten. Zu einer Änderung der Gesetzgebung kam es aber zunächst nicht [4].
Auf die Preußen neu angegliederten Provinzen wurde das Emanzipationsedikt nicht ausgedehnt. Hier wurden die Verhältnisse, wie das Innenministerium 1817 verkündete, »in eben der Lage belassen, in welcher sie bei der Okkupation angetroffen waren [5].«
So galten innerhalb des preußischen Staates, dessen Stolz es sonst war, in allen Teilen eine Einheit der Gesetzgebung und Verwaltung zu schaffen, in Judensachen an die dreißig verschiedene Rechte. Es bestand völlige Rechtsunsicherheit, und den Juden war die Übersiedlung von einem Rechtsgebiet ins andere untersagt.
Aber nicht nur die staatliche Reaktion verschlechterte die Lage der Juden. Während der Befreiungskriege hatte sich das schon Ende des achtzehnten Jahrhunderts aufkommende »teutsche Nationalbewußtsein« (s. S. 159 ff.) fanatisiert und breite Bevölkerungsschichten erfaßt. Hierbei spielten die Gelehrten und Volksdemagogen eine wichtige Rolle. In seinen »Reden an die deutsche Nation« (1807—1808) pries Fichte noch eindeutiger als in seinen Frühschriften die Vorzüge des »deutsch-christlichen Volkes« und erklärte, daß ein »reines Volk«, wie die Deutschen, kein Volk anderen Ursprungs in seiner Mitte dulden könne. Gleichzeitig rief Vater Jahn seine Burschenschaftler und Turner zu einem »heiligen Kreuzzug« auf gegen alles Fremde, gegen Polen, Franzosen, Junker, Pfaffen und Juden. Und in Flugschriften forderte Ernst Moritz Arndt, die »Art des deutschen Volkes« gegenüber den »Demagogen der Allerweltsliebe« in Schutz zu nehmen. »Verdammt sei die Humanität«, schrieb der teutsche Freiheitsdenker, »dieser Allerwelts-Judensinn [6].«

---

[4] Ismar Freund, Die Emanzipation der Juden in Preußen, Berlin 1912.
[5] Kober, a.a.O., Kap. 4.
[6] E. M. Arndt, Der Rhein, Deutschlands Strom, aber nicht Deutschlands Grenze; ders., Ansichten und Aussichten der teutschen Geschichte, Leipzig 1814; ders., Blick aus der Zeit auf die Zeit, Germanien 1814; über Arndts Volkstümelei vorzüglich Ernst Weymar, »Ernst Moritz Arndt«, Beilage zur Wochenzeitung »Das Parlament«, 18. Mai 1960.

Die »christlich-germanische« Judenhetze

Bei so viel Eigenliebe und Haß gegenüber Aufklärung und Humanität ist nicht zu verwundern, daß in den Jahren der Reaktion nach dem Wiener Kongreß eine »christlich-germanische« Hetze gegen die Juden begann [7].
Diese wurde genährt durch die Enttäuschung der Bevölkerung, durch die politische Unterdrückung und die prekäre wirtschaftliche Lage der Bauern und Handwerker. Besonderes Aufsehen erregten zwei Flugschriften. Die erste, »Über die Ansprüche der Juden auf das deutsche Bürgerrecht« (Berlin 1815) von Friedrich Ruehs, verweigerte den Juden dieses Recht, und zwar für alle Zeiten. »Ein fremdes Volk kann nicht Rechte erlangen«, schrieb der Berliner Geschichtsprofessor, »welche die Deutschen zum Teil nur durch das Christentum genießen.« Der Staat ist »christlich-germanisch. Christentum und Deutschtum sind engstens miteinander verknüpft«. Unter anderem empfahl der Gelehrte die Wiedereinführung mittelalterlicher Kennzeichnung, »damit ein Deutscher, selbst sei er durch Aussehen, Verhalten und Sprache irregeführt, seinen hebräischen Feind erkenne«. Es müsse alles geschehen, verkündete Ruehs, um die Juden »auf dem Wege der Milde zum Christentum und dadurch zur wirklichen Aneignung der deutschen Volkseigentümlichkeiten zu veranlassen, um auf diese Art den Untergang des jüdischen Volks mit der Zeit zu bewirken«. Verfasser des zweiten Pamphlets, »Über die Gefährdung des Wohlstandes und Charakters der Deutschen durch die Juden«, (Heidelberg 1816) war der Kantschüler Jakob Friedrich Fries. Der Heidelberger Philosophieprofessor sah für die Rettung der Deutschen vor dem Aufkommen des Freihandels und der Industrie keinen anderen Ausweg, als deren angebliche Urheber — die Juden — auszutreiben oder das »Judentum mit Stumpf und Stiel auszurotten«. Diese Schriften fanden von verschiedensten Seiten Verstärkung, eine »Blumenlese von getrockneten

---

[7] Für Folgendes vgl. Eleonore Sterling, »The Hep-Hep Riots in Germany: A Displacement of Social Protest«, in: Historia Judaica (1950). Vol. XII, 2.

Giftkräutern«, wie Ludwig Börne sie nannte. Ihre Forderungen: »Ausrottung des Judentums« und »Untergang des jüdischen Volkes« unterschieden sich nur dadurch von denjenigen des späteren Nationalsozialismus, daß sie noch die Taufe und nicht etwa die biologische Vernichtung als »Endlösung« betrachteten.

Es ist aufschlußreich, auf die Kritik G. W. F. Hegels an der Fries'schen Philosophie näher einzugehen, denn in seiner »Rechtsphilosophie« hat Hegel schon 1821 den christlich-germanischen Ungeist enthüllt, der in den kommenden Jahrzehnten in der deutschen Politik im allgemeinen und in der »Judenfrage« im besonderen eine so reaktionäre und destruktive Rolle spielen sollte. »Heerführer der Seichtigkeit«, wie Fries, schrieb Hegel, stellten die Wissenschaft, statt auf die Entwicklung des Gedankens und des Begriffes, vielmehr auf die unmittelbare Wahrnehmung und die zufällige Einbildung. Die reiche Gliederung des politischen Lebens, die »Architektonik« des vernünftigen und sittlichen Staates fließe bei ihnen in einen »Brei des Herzens« zusammen. Unmittelbar nahe liege es, daß »solche Ansicht sich auch die Gestalt der Frömmigkeit annimmt; denn mit was allem hat dieses Getreibe sich nicht zu autorisieren versucht! Mit der Gottseligkeit hat es sich die höchste Berechtigung, die sittliche Ordnung und die Objektivität der Gesetze zu verachten, zu geben vermeint.« Bezeichnend, meinte Hegel, sei die Beredsamkeit, mit der sich diese »Seichtigkeit aufspreizt«. Wo sie am geistlosesten ist, spreche sie am meisten vom Geiste, wo sie am totesten und ledernsten ist, rede sie das Wort vom »Leben«; wo »sie die größte Selbstsucht des leeren Hochmuts kund tut, führt sie am meisten das Wort Volk im Munde«. Ihr eigentümlichstes Wahrzeichen aber sei der Haß gegen das Gesetz und die Gerechtigkeit[8].

Die Schriften von Ruehs und Fries fanden nicht nur Nachahmer; sie wurden auch von christlichen und jüdischen Gelehrten widerlegt. In seiner Schrift »Der Geist des Christenthums und des

---

[8] G. W. F. Hegel, Rechtsphilosophie, 1821, Vorrede.

aechten deutschen Volkstums, dargestellt gegen die Feinde der Israeliten« (Karlsruhe 1817) widerlegte der badische Kirchenrat Johann Ludwig Ewald die aus dem Zusammenhang gerissenen Talmudzitate der beiden Judenhasser Ruehs und Fries. Im Talmud entdeckte er nicht Lehren des Hasses, sondern das Gebot der Liebe zu allen Menschen, nicht die Verherrlichung des Geldes, sondern Achtung vor der Arbeit, dem Handwerk und Ackerbau, und keineswegs, wie behauptet, ein Gebot, Christen auszubeuten. Eine Untersuchung des Erlanger Professors der Philosophie und Staatswissenschaft, Alexander Lips, »Über die künftige Stellung der Juden in den deutschen Bundesstaaten« (Erlangen 1819) versuchte, »diesen wichtigen Gegenstand endlich auf die einfachen Prinzipien des Rechts und der Politik zurückzuführen«. Aber auch diese Schrift enthielt viele Vorurteile, so etwa die Behauptung, daß das Judentum, ob orthodox oder reformiert, gegenüber jedem Andersgläubigen unduldsam sei. Die selbstkritische Haltung des Gelehrten und der feste Glaube an die Erziehungsfähigkeit des Menschengeschlechtes verhinderten jedoch, daß diese Vorurteile Beweggründe des Hasses wurden. Die Christen sollten sich besinnen, schrieb er, warum sie eigentlich die Juden hassen, liegt doch dem Vorurteil in der Regel der »Nahrungsneid« zugrunde. »Dem Kinde schon impfen wir Judenhaß ein, im späteren Alter nähren wir ihn noch mit geschäftiger Hand, aber die Ursachen, die ihn in uns erzeugen, und Triebfedern, die in uns selbst liegen, unsern eigenen Haß und unsern Ausschließungsgeist, klagen wir nicht an.« In der Gewährung der Bürgerrechte und Freiheiten sah Lips schließlich auch die Überwindung der »jüdischen Rückständigkeit«. »Werden wir anders gegen die Juden, und auch er wird anders werden«, meinte er. Erst wenn den Juden volle Gleichheit vor dem Recht gewährt sei, könne für ihre »allmähliche Bildung und Entwicklung zu nützlichen Gliedern des Staates« gesorgt werden. So sollen die Juden zum »staatsbürgerlichen Geist« erzogen werden, die Christen aber zur Humanität und Gerechtigkeit, um »den lange vergessenen Brüdern die Hand zu bieten«.

Die Hep-Hep-Krawalle

Aber nicht die Stimme der Vernunft und der christlichen Nächstenliebe fand Gehör, sondern die des Vorurteils und Hasses. Als es im Sommer und Herbst 1819 in Würzburg, Frankfurt, Hamburg und anderen Ortschaften Deutschlands zu Gewalttaten gegen die Juden kam, waren die judenfeindlichen Professoren freilich über den »Pöbel« entsetzt. Aber wer konnte, so berichtete Metternichs Geheimpolizei, es dem einfachen Volke verargen, wenn dieses aus den Hetzschriften der Gelehrten die Konsequenzen zog und nicht haarspalterisch wie diese zwischen »Ausrottung des Judentums« und »Ausrottung der Juden« unterschied? Österreichische und preußische Behörden betrachteten die »Hep-Hep-Krawalle« als »revolutionäre Umtriebe«.

Tatsächlich lag die Ursache in der allgemeinen wirtschaftlichen und politischen Unzufriedenheit des Volkes[9]. In ihren Hetzschriften und Reden hatten die »Germanomanen« aber die »fremdartigen« Juden für alles Unglück verantwortlich gemacht. Die Erbitterung des Volkes gegenüber den reaktionären Regierungen war gegen die Juden abgeleitet worden, ein Vorgang, der sich in der deutschen Geschichte bis in unsere Zeit mehrmals wiederholt hat. In den preußischen Archiven befindet sich unter anderem auch folgendes Flugblatt, das die Stimmung wiedergibt und besonders aufzeigt, welch große Rolle der mittelalterliche Religionsfanatismus in dieser fehlgeleiteten politischen »Volkserhebung« noch spielte: »Brüder in Christo!«, heißt es da. »Auf, auf, sammelt euch, rüstet euch mit Muth und Kraft gegen deine Feinde unseres Glaubens, es ist Zeit, das Geschlecht der Christusmörder zu unterdrücken, damit sie nicht Herrscher werden über euch und unsere Nachkommen, denn stolz erhebt schon die Juden Rotte ihre Häupter und spotten unserer Ehrfurcht, daß wir unsere Knie beugen für den, den sie gewürgt, darum nieder! nieder mit ihnen, ehe sie unsere Priester kreutzi-

---

[9] Darüber schon Ludwig Börne, »Für die Juden«, 1819; Sterling, Hep-Hep Riots in Germany 1819, a.a.O.

gen, unsere Heiligthümer schänden und unsere Tempel zerstören, noch haben wir Macht über ihnen und die Gewalt ist in unseren Händen, darum laßt uns jetzt ihr sich selbst gefälltes Urtheil an ihnen vollstrecken, laut dem sie geschrieen: Sein Blut komme über uns und unsere Kinder! Auf, wer getauft ist, es gilt der heiligsten Sache, fürchtet nichts und zögert keine Stunde, den Streit für den Glauben offen zu wagen. Diese Juden, die hier unter uns leben, die sich wie verzehrende Heuschrecken unter uns verbreiten, und die das ganze preußische Christenthum dem Umsturz drohen, das sind Kinder derer, die da schrieen: kreutzige, kreutzige. Nun auf zur Rache! unser Kampfgeschrey sey Hepp! Hepp!! Hepp!!! Aller Juden Tod und Verderben. Ihr müßt fliehen oder sterben [10].«

Die Ordnung konnte erst, nachdem der Bundesrat eingeschritten war, durch Militärgewalt wiederhergestellt werden. Die Karlsbader Beschlüsse im Herbst 1819, die allgemeine Maßnahmen zur Unterdrückung »demokratischer Umtriebe« zur Folge hatten, waren zweifellos auch auf diese Aufstände zurückzuführen. Die durch Demagogen aufgewiegelte Bevölkerung hatte damit ihre revolutionären Kräfte am falschen Objekt vergeudet und überdies den Behörden Anlaß für weitere Unterdrückungsmaßnahmen gegeben [11].

Einen Epilog zu diesen Ausschreitungen lieferte der Romanschriftsteller Hartwig Hundt von Radowsky, dessen Werk »Der Judenspiegel« man als eine Vorwegnahme von Julius Streichers »Stürmer« bezeichnen kann. Die Tötung eines Juden hielt Hundt »weder für Sünde noch für Verbrechen, sondern bloß für ein Polizeivergehn«. Er machte mehrere Vorschläge zu dem, was etwa 120 Jahre später seine nazistischen Enkel als »Endlösung der Judenfrage« bezeichneten: Israels Kinder soll man entweder den Engländern als Sklaven für ihre indischen Plantagen ver-

---

[10] Deutsches Zentralarchiv Merseburg, Rep. 77, Abt. I, Tit. XXX, Nr. 4 (1819); vgl. Sterling, Er ist wie du, Aus der Frühgeschichte des Antisemitismus in Deutschland 1815-1850, München 1956, 189 ff.
[11] Sterling, Hep-Hep Riots in Germany 1819, a.a.O.

kaufen oder sie durch Arbeit im Bergbau vernichten. Die Fortpflanzung der Juden soll verhindert werden durch Kastration aller Männer und Unterbringung jüdischer Frauen in Bordellen. »Am besten wäre es jedoch, man reinigte das Land ganz von dem Ungeziefer[12].«

---

[12] Hundt-Radowsky, Der Judenspiegel, Würzburg 1819.

8. KAPITEL

Der Kampf um die Emanzipation

Während der folgenden Jahrzehnte setzte sich der Streit um die Erweiterung der Judenrechte fort. Die Auseinandersetzungen standen im Zusammenhang mit dem allgemeinen Kampf in den deutschen Staaten um die Beseitigung der Rechtsverschiedenheiten, die aus Glauben, Stand oder Beruf hervorgingen. Aber nur einige kleinere mitteldeutsche Staaten wie Waldeck, Schwarzburg-Sondershausen, Braunschweig, Anhalt-Bernburg und Köthen erweiterten die Rechte der Juden. Der König von Sachsen wollte 1818, auf die Bitte des Dresdner Vereins zur Beförderung des Handwerks unter den Israeliten, die Zulassung zu den Handwerken erleichtern, mußte aber 1819 nach Beschwerde der Innungen die Erlaubnis zurückziehen. Bayern war das erste deutsche Land, das eine Verfassung und eine Ständeversammlung erhielt (26. 5. 1818). An eine Erweiterung der Rechte der Juden war aber nicht gedacht. In Petitionen an König und Landtag erinnerten diese an die ihnen auferlegten Beschränkungen. Trotz einer Gegeneingabe der Münchener Kaufmannschaft empfahl der Landtag eine Revision des Judenedikts von 1813. Auch der König stimmte zu. Die Regierung schob aber die Entscheidung hinaus. Als eine Versammlung der jüdischen Gemeinden 1821 beschloß, wegen »vollkommener Gleichstellung in Hinsicht der Rechte wie Pflichten« vorstellig zu werden — was die Regierung für unstatthaft erklärte —, und das Landtagspräsidium die Regierung fragte, was mit dem Entwurf des verheißenen Judengesetzes geschehen sei, erklärte das Ministerium ein solches »für noch nicht zeitgemäß«.

Baden war der nächste Staat, der eine Verfassung erhielt (22. 8. 1818). Sie bestimmte zwar, daß in den Pflichten (Besteuerung und Militärdienst) alle Untertanen gleich sind; die Rechte aber waren für »alle Staatsbürger der drei christlichen Konfessionen« reserviert. Selbst Gewissenfreiheit und Schutz der Gottesverehrung, die jedem »Landeseinwohner« gesichert waren, sollten nach späterer Auslegung Nichtchristen versagt bleiben. Die Regierungspolitik kam in dem Urteil eines Ministers zum Ausdruck, daß »die Juden, solange sie Juden sind und wenn auch sonst nichts gegen sie eingewendet wird, in einem christlichen Staat niemals den christlichen Staatsgliedern ganz gleich gehalten werden können«. Überdies wendete man gegen sie ein, daß ihre Lebensweise sich derjenigen der Christen nicht genug genähert habe. Lediglich die Sonderabgaben, welche noch immer auf den Juden lasteten, wurden 1828 aufgehoben, und die Regierung versuchte, innerhalb der jüdischen Gemeinschaft verschiedene erzieherische Maßnahmen durchzusetzen.

Württemberg fügte 1828 seiner Verfassung von 1819 ein »Gesetz in Betreff der öffentlichen Verhältnisse der israelitischen Glaubensgenossen« hinzu. Dies war ein Erziehungsgesetz, das den Juden weder volle Erwerbs- noch Eheschließungsfreiheit brachte, ihnen aber bürgerliche Rechte verlieh (das Wahlrecht war allerdings nach Auslegung der Regierung nicht eingeschlossen), sie zum Schulbesuch zuließ, und eine Oberkirchenbehörde mit weitgehenden Kontrollbefugnissen einsetzte.

Die Regierung von Sachsen-Weimar gestattete als einziges rechtliches Zugeständnis die Schließung von Ehen zwischen Juden und Christen, vorausgesetzt, daß die aus ihnen hervorgehenden Kinder christlich getauft würden. Auch machte sie es der jüdischen Gemeinde zur Pflicht, den öffentlichen Gottesdienst in deutscher Sprache zu halten (1823). Der Geheime Rat Johann Wolfgang Goethe hatte gegen diesen Eingriff in innere Religionsangelegenheiten nichts einzuwenden, fand aber, daß durch die kirchliche Einsegnung jüdisch-christlicher Ehen »alle sittlichen Gefühle, die doch durchaus auf den religiösen ruhten, untergraben würden«.

In Preußen kam die Gesetzgebung auf keinem Gebiet vorwärts, weder in der allgemeinen Verfassungs- noch in der Judenfrage. Einzelne Rechte wurden den Juden sogar wieder genommen, so 1822 die Berechtigung zur Bekleidung höherer Militärchargen (vom Gefreiten an), 1823 die zur Bekleidung akademischer Lehr- und Schulämter. 1823 wurden die Provinzialstände eingesetzt und für die Wählbarkeit zum Abgeordneten »die Gemeinschaft mit einer der christlichen Kirchen« gefordert. 1833 erwog die Regierung sogar einen Gesetzentwurf, der die Juden Preußens in zwei Klassen teilen sollte: in Schutzjuden und Staatsbürger. Ferner sollten sie von der Militärpflicht ausgeschlossen werden, ein Vorhaben, das, wie eine Bittschrift an den König zeigt, auf heftigen Widerstand der jüdischen Gemeinden stieß. Die Juden erklärten sich sogar unter Verzicht auf Beförderung zur Ableistung der Dienstpflicht bereit.

Auf die angegliederten rheinischen Provinzen wurde zwar nicht das Emanzipationsedikt von 1812, doch aber dessen neuerliche Einschränkungen ausgedehnt. Mangels anderer Regelungen galt für die rheinischen Juden weiterhin das napoleonische Dekret vom 12. März 1808. Als nunmehr das Jahr 1818 nahte, in welchem, nach dem Willen des französischen Gesetzgebers, das Dekret aufgehoben werden sollte, wurden auf Veranlassung der preußischen Immediat-Justizkommission von den verschiedenen rheinländischen Regierungsbezirken Gutachten angefertigt. Diese ergaben ein interessantes Bild von den Verhältnissen der Juden und ihrer Beziehung zur Umwelt[1]:

Während die Regierungsbezirke Düsseldorf und Köln eindeutig für die Aufhebung aller Beschränkungen eintraten, empfahl Aachen die Verlängerung des napoleonischen Ediktes, da sonst die Landbevölkerung »durch den Wucher der Juden benachteiligt würde«. Allerdings betonte der Landgerichtsbezirk Heinsberg, daß im Zeitalter des wirtschaftlichen Fortschritts die Tätigkeit der Juden »nicht mehr als Wucher, sondern als Freihandel« zu

---
[1] Deutsches Zentralarchiv Merseburg, Rep. 84, XIV. II. Gen. Lit. J. 1, Vol. 1; Staatsarchiv Düsseldorf, Regierung Aachen II, Abt. 2470.

betrachten sei. In den Städten, so hieß es in den Kölner und Düsseldorfer Berichten, hätten die Juden »große Fortschritte gemacht«. Auch ihre Tätigkeit auf dem Lande als Kleinhändler und Geldverleiher müßte »realistisch« im größeren wirtschaftlichen Rahmen beurteilt werden. Zu Unrecht mache man die Juden für die Verarmung der Landbevölkerung verantwortlich, denn diese liege »in den allgemeinen Tendenzen«. Oft sähen die Verarmten im jüdischen Geldverleiher die »letzte Rettung vor der Enteignung durch christliche Großgrundbesitzer«. In seiner Kabinettsordre vom 3. März 1818 aber bestimmte Friedrich Wilhelm III. »bis auf weiteres« die Verlängerung des napoleonischen Ediktes [2].

Die Gutachten der Regierungspräsidenten aus dem Jahre 1824 bestätigten die früheren Berichte. Gerade in den größeren Städten, wo die ökonomische Entwicklung weit fortgeschritten und der Handel der jüdischen Oberschicht ein integraler Teil der aufsteigenden kapitalistischen Wirtschaft war, forderten die Regierungen die Besserung ihrer Lage. In den Gebieten aber, wo die Wirtschaft rückständig war, empfanden sie die Gleichberechtigung der Juden als »bedrohlich«, und dies insbesondere für die unteren Bevölkerungsschichten.

Eine besondere Stellung nahmen die Juden im Großherzogtum Posen ein. Friedrich der Große hatte nach Annexion des Netzedistrikts die Ausweisung der armen jüdischen Bevölkerung geplant. Sein Nachfolger erwarb bei der zweiten und dritten Teilung Polens die Provinzen Süd- und Neuostpreußen, die Preußen wiederum im Tilsiter Frieden verlor, aber 1815 zum großen Teil zurückerhielt und mit dem Netzedistrikt zum Großherzogtum (später Provinz) Posen vereinigte. Im Posenschen bildeten die Juden etwa 6 % der Bevölkerung. Sie wohnten fast durchweg (ca. 95 %) in den Städten; in manchen bildeten sie die Hälfte, in anderen ein Drittel der Einwohner. Ihre rechtliche Stellung war durch das General-Judenreglement von 1797 ge-

---

[2] Kober, a.a.O., Kap. 4; Sterling, »Der Kampf um die Emanzipation der Juden im Rheinland«, in Monumenta Judaica, Köln 1963.

regelt, das die sehr mannigfachen polnischen Bestimmungen durch eine einheitliche Ordnung ersetzte. Es ließ das Wohnrecht nur denjenigen Juden, die zur Zeit der Annexion dort gewohnt und einen festen Beruf hatten, schränkte die Berufsfreiheit stark ein, zog aber die Steuerschraube ebenso fest an. Das Gesetz wollte zugleich den Anschauungen des Wohlfahrtsstaats Rechnung tragen und die Juden zu »nützlichen Staatsbürgern« erziehen. Es verordnete daher, überall öffentliche Schulen zu errichten, in denen die deutsche und die polnische Sprache gelehrt werden sollte. Da aber die Kosten der Schulen den Juden aufgebürdet wurden, diese zu arm und ihre Gemeinden verschuldet waren, blieb die Verordnung so gut wie wirkungslos. Ein Teil der jüdischen Bevölkerung, namentlich die Wohlhabenden, schickten ihre Kinder in christliche Schulen. Für die anderen blieb es bei dem bisherigen mangelhaften, unzureichend besuchten Unterricht. 1816 bei der Neuordnung der Verhältnisse im Großherzogtum Posen mußte auch die besondere Lage der Juden berücksichtigt werden. Im Ministerium in Berlin meinte man, daß die Juden Posens »tiefer« stünden als diejenigen der übrigen Monarchie. Man übersah dabei, daß es gerade in Posen viele jüdische Handwerker gab und, wie der Minister von Voß 1793 schrieb, »der Jude dort ein kultivierterer Mensch als der Bürger in kleinen Städten und der Bauer auf dem platten Lande« war. Landräte und Oberpräsident bemühten sich, die Juden in das preußische Staatsbürgertum einzugliedern. Sie sahen das wirksamste Mittel in dem Zwang zum Besuch einer geordneten öffentlichen Schule und der Sorge für eine daran anschließende Ausbildung zu einem »nützlichen« Beruf. Daß dieses Schulsystem nicht nach den Wünschen des traditionellen Judentums eingerichtet wurde, verschuldeten dessen Vertreter wohl selbst, da sie ihm mißtrauisch gegenüberstanden und bei seiner Einrichtung nicht aktiv mitwirkten. Die Kosten des Schulwerks wurden freilich den Juden aufgebürdet, und ihre Armut verzögerte seine Einrichtung. Aber von 1823/24 an machten Schulunterricht und Bildung der Juden in der Provinz Posen große

Fortschritte, so daß nach zehn Jahren nur eine einzige Gemeinde noch keine jüdische Schule besaß. Welch segensreiche Folgen diese Erziehung hatte, zeigt der bemerkenswerte Aufstieg Posener Juden in allen Gebieten des kulturellen und wirtschaftlichen Lebens. Indessen ging die Gesetzgebung nur langsam voran. Die vorläufige »Verordnung wegen des Judenwesens im Großherzogtum Posen« vom 1. Juni 1833 teilte die Juden in zwei Klassen ein: in die naturalisierten Juden, deren Besitz und Bildung sie zu einem beschränkten Staatsbürgerrecht befähigten, und in nichtnaturalisierte, die nur geduldet waren. Der Militärdienst wurde aber allen als Recht zugestanden und ermöglichte manchen die Naturalisierung.

Die Entwicklung der nächsten Jahre widerlegte die Behauptungen der Judenhasser. Der Beschuldigung, daß die Juden ein »verstumpftes und halsstarriges Volk« seien, widersprach ihr starker Bildungsdrang. Jüdische Kinder besuchten, nachdem sich die wirtschaftliche Lage auch der unteren Bevölkerungsschichten zu bessern begann, die allgemeinen Schulen. Viele Söhne der Reichen studierten an deutschen Universitäten. Und der jüdische Kaufmann war stolz auf seine weltoffenen kulturellen Interessen. Die Berufsumschichtung war allerdings ein schwieriges Problem. Vom Trödel- und Hausierhandel kamen die Ärmeren nicht los: nicht weil sie, wie man ihnen vorwarf, am »mühelosen Gewinn« hingen — denn daß es mühelos war, die ganze Woche mit dem Packen auf dem Rücken über die Landstraße zu ziehen, kann man nicht gerade behaupten —, sondern weil sie keinen anderen Erwerb hatten. Mit der Umschichtung zum Ackerbau und Handwerk hatte es seine großen Schwierigkeiten, aber nicht etwa weil der Talmud, wie es hieß, dieser Tätigkeit entgegenstand — denn gerade der Talmud lobt die Arbeit des Bauern und Handwerkers im Gegensatz zum Geldverkehr und Handel sehr hoch. Die Regierungspolitik war unrealistisch, wenn sie einfach verfügte, daß die Juden »neue Berufe ergreifen sollen«, ohne sich um die Durchführung zu kümmern. Weder ermöglichten die Behörden den Kauf des Ackers, den die Juden bestellen sollten, noch halfen sie bei der Errichtung von Lehrstätten, wo jüdische Kinder zum Handwerk hätten ausgebildet werden können. Gerade die Meister weigerten sich oft, jüdische Lehrlinge aufzunehmen, eben weil sie ihnen noch »fremd« schienen; oder weil, wie sie sagten, die Einhaltung der jüdischen Gebote ihre Lehrtätigkeit behindere. Schließlich war es auch nicht realistisch gedacht, von den Juden in einem Zeitalter, in dem immer mehr Bauern ihre Höfe verließen, um in die Städte zu ziehen, und in dem das Handwerk durch Fabrikarbeit allmählich ersetzt wurde, zu fordern, daß sie Bauern und Handwerker werden sollten. Trotzdem wurden von jüdischer Seite allenthalben Fonds und Vereine zur Förderung von Hand- und Landarbeit unter den Armen und Minderbemittelten gestiftet. Für den Augenblick wurde auch mancherlei erreicht, aber aufs Ganze gesehen konnten hier die Wünsche der Behörden nicht erfüllt werden.

Ein großer Teil der deutschen Juden wanderte aus infolge der geringen Aussichten auf ein Fortkommen. Juden aus Baden, Bayern, Hessen, Westfalen und Posen gingen nach Amerika, wo es keine Einschränkungen auf Grund des religiösen Glaubens gab und sie sich ungehindert am wirtschaftlichen Aufbau beteiligen konnten. Die in der Heimat Verbliebenen lockten die neuen Möglichkeiten, die sich im Anschluß an ihre früheren Berufe des Handels und der Finanz in der industriellen Entwicklung eröffneten. Die Einführung der Maschine, die Steigerung der Produktion, das Wachstum des Umsatzes im Groß- und Kleinhandel, auf all diesen Gebieten konnten jüdische Unternehmer ihre alten Erfahrungen anbringen. Sie gründeten Fabriken, finanzierten die auflebenden Industrien und trugen zum Bau der Eisenbahnen bei. Zweifellos haben Juden viel zum wirtschaftlichen Aufschwung beigetragen und mitgeholfen, die industrielle Rückständigkeit Deutschlands gegenüber den fortgeschrittenen westlichen Ländern zu überwinden.

Innere Probleme und Reformbewegungen im Judentum

War diese wirtschaftliche und soziale Umwandlung mit dem überlieferten Judentum zu vereinbaren? Seit der Zerstörung des Tempels hatte das Judentum kaum je vor so schwierigen Problemen gestanden. Das Ghetto war zwar eng und abgeschlossen, aber es war immerhin die Stätte einer Lebensgemeinschaft und einer geschlossenen, einheitlichen Weltanschauung. Seine Mauern boten eine Umfriedung, einen Schutz nach außen. Nun fielen diese Mauern. Der im Ghetto Behütete war plötzlich allen Einflüssen der Außenwelt ausgesetzt. Je mehr er in die neue Kulturwelt hineinwuchs, desto mehr Ungewohntes stürmte auf ihn ein. Die Anforderungen der Wirtschaft und Gesellschaft stellten ihn vor viele neue, schwer zu lösende Probleme. Für den Altgläubigen existierten sie kaum, denn er fühlte sich in seiner Überlieferung sicher. An seinen Kindern aber erlebte er es, daß jeder Schritt aus der Lebensgemeinschaft des Ghettos heraus sie aufs tiefste in ihrem Glauben erschütterte.

Jüdischer Glaube war in den Jahrhunderten der Abgeschlossenheit nichts Lehrhaftes, sondern Selbstverständlichkeit. Er wurde nicht erlernt, sondern erlebt, kam in den tausend täglichen Lebenspflichten zum Ausdruck. Die Treue zur Pflichterfüllung, die Bereitschaft zum Martyrium gründeten auf dem festen Gottesglauben, auf der unerschütterlichen messianischen Zukunftshoffnung. Dies war Nichtjuden stets schwer verständlich gewesen. Die christliche und politische Polemik bestand darauf, daß das Judentum keine Religion, sondern nur eine Häufung von »leeren Zeremonien« mit dem einzigen Ziel »nationaler Absonderung« sei.

In ihrer neuen Lage waren viele Juden unsicher geworden. Sie glaubten nunmehr oft selber an die anti-jüdischen Behauptungen, weil ihnen die gesamte Überlieferung wie eine Last auf ihrem Lebensweg erschien. Es war, als hätte eine Leidenschaft sie ergriffen, in vollen Zügen nachzuholen, was die Welt ihnen so lange versagt hatte. Glückseligkeit bedeutete ihnen, wie allen

Zeitgenossen, das Glück des Individuums. Da sie glaubten, daß mit der Aufklärung das messianische Zeitalter angebrochen sei, wirkte auf sie das Zeitlich-Weltliche stärker als die Sehnsucht nach dem Ewigen. Wer hätte ihnen den Weg weisen können? Die alten Rabbiner lebten in einer ganz anderen Welt, redeten eine fremde Sprache, erschienen der jüngeren Generation als »Kauscherwächter« (wie ein Berliner Gemeindeältester auf eine Anfrage des Ministeriums ihre Funktion erläuterte), das heißt, als Aufseher über Ritualien und nicht mehr als Lehrer des jüdischen Volkes. Es gab unter ihnen aber auch große Männer. Man denke nur an einen Gelehrten wie Akiba Eger, den Rabbiner von Märkisch Friedland und später von Posen, der wie ein Heiliger lebte, dessen Menschenliebe und Hilfsbereitschaft die Bewunderung auch seiner bittersten Gegner fand. Aber wie fast alle Rabbiner der Zeit war er eingesponnen in die Vergangenheit, ohne Blick für die Gegenwart. Wie konnten diejenigen, die gegen die Forderung des Tages nur immer die Bindung an das Gewesene geltend machten, noch Führer und Vorbilder sein? Über sie ging die Zeit hinweg. Den jüngeren Rabbinern fehlte es an Schwungkraft, an Wärme, an Innerlichkeit, auch an Tiefe, um den wahren Gehalt der jüdischen Lehre zu erfassen. Vom Neuen geblendet, übersah die jüngere Generation der Juden (insbesondere der bürgerlichen Oberschicht) den Reichtum ihres Erbes. Es gab auch, wenn man vom Badischen Oberrat absieht, keine verantwortlichen Organe, die ein zeitgemäßes Erziehungswerk in die Hand nehmen konnten. Die alten Judenschaften waren zerrüttet, neue Organisationsformen noch nicht gefunden. Es waren ganze lose Gebilde, welche sich der Bewahrung des Kultus widmeten.

In der Judenheit herrschte große Verwirrung. Selbst die Hochachtung vor der »reinen mosaischen Lehre«, von der noch David Friedländer geschwärmt hatte, schwand dahin. Die Kenntnis vom Judentum nahm ständig ab. Den Talmud studierte man in Deutschland kaum mehr. In Fürth gab es noch die Überreste einer Jeschiwa, wie man sie sonst nur noch im Posenschen fand.

Auch das Studium der Bibel ließ nach. Dem Versuch der Jünger Mendelssohns, die hebräische Sprache zu beleben, war kein Erfolg beschieden. Hebräisch war keine Sprache, die zum Fortkommen im praktischen Leben verhalf, und schien völlig antiquiert, ohne Leben, ohne Daseinsberechtigung. Der Messiasglaube erschien vielen als politisch überholt, denn wer wollte noch dereinst nach Jerusalem zurückkehren, wenn er glauben konnte, im preußischen Staat die bürgerliche und menschliche Emanzipation zu erlangen? Die Rabbiner standen dieser Entwicklung machtlos gegenüber.

Einer der Männer, die den Auflösungsprozeß aufzuhalten versuchten, war Israel Jakobson in Westfalen. Freilich verbanden sich seine Bemühungen, wie bereits oben vermerkt, mit diktatorischen Forderungen gegen die orthodoxen Juden (s. S. 76). Jakobson könnte als der »Vater des Konfessionalismus« innerhalb des Judentums bezeichnet werden. Für ihn schien sich die ganze Problematik in erster Linie um die Synagoge zu drehen. Diese wurde von der jüngeren Generation der Juden verachtet, so meinte er, weil der alte Gottesdienst häßlich war. Der Synagoge sollte Schönheit, Würde und Anziehungskraft wiedergegeben werden. Jakobson glaubte, das leicht zu erreichen, wenn er ihr Äußeres veränderte. Als Präsident des Konsistoriums in Kassel führte er Ordnung beim Gottesdienst, geschulten Chorgesang, regelmäßige deutsche Predigten ein; in Seesen, seiner großen Stiftung, auch das Orgelspiel. 1815 nach Berlin übergesiedelt, hielt er in seinem Hause einen »deutschen« Gottesdienst mit Musikbegleitung und Predigt, mit verkürzter, teilweise deutscher Liturgie. Dieser hatte so starken Besuch, daß er bald in das größere Haus der Eltern des Komponisten Meyerbeer und schließlich in die Synagoge selbst verlegt werden mußte. Da aber erhoben die Anhänger der Tradition Widerspruch. Es kam zu langwierigen Untersuchungen der Staatsbehörden über den neuen Gottesdienst. Diese endeten schließlich mit einer Kabinetts-Ordre des Königs vom 9. Dezember 1823, »daß der Gottesdienst der Juden nur nach dem hergebrachten Ritus ohne die geringste Neuerung in der Sprache und in der Zeremonie, Gebeten und Gesängen, ganz nach dem alten Herkommen gehalten werden soll, es sollte unter der Judenschaft in Preußen durchaus keine Sekte geduldet werden«. Anders war die Haltung der badischen Regierung, die im gleichen Jahr die »deutsche Synagoge« in Karlsruhe förderte. In Weimar wurde den Juden der deutsche Gottesdienst sogar von den Behörden okroyiert [3].

Für die innerjüdische Entwicklung war von Bedeutung, daß der in Hamburg 1817 eröffnete »Neue israelitische Tempelverein« einen dem Berliner ähnlichen Gottesdienst einführte und ein eigenes Gebetbuch herausgab, in dem manche hebräischen Gebete, insbesondere messianische Stellen, abgeändert waren. Das Hamburger Rabbinat legte öffentlich Protest ein gegen jede Änderung der Gebete, gegen die Verwendung einer anderen als der hebräischen Sprache und gegen das Spielen eines Musikinstruments an Sabbaten und Feiertagen. Dieser Protest wurde durch Gutachten angesehener Rabbiner in Deutschland, Österreich-Ungarn und Italien unterstützt. Die Dokumente zeigen die ganze Hilflosigkeit des alten Rabbinertums, dessen Vertreter fast nur noch in ihren Büchern lebten. Sie legten deren Inhalte kasuistisch-dialektisch aus und hatten keine Ahnung davon, daß die Menschen ihrer Tage sich durch die Drohungen und Strafen früherer Zeiten nicht mehr einschüchtern ließen. Die Kluft zwischen den Altgläubigen und den Fortschrittlichen war unüberbrückbar geworden.

Die Hamburger Synagoge wählte sich einen neuen Oberrabbiner, der gar die Universität besucht hatte und deutsche Predigten hielt. Isaak Bernays, der den bei den Portugiesen üblichen Titel »Chacham« annahm, brachte das Amt des Rabbiners wieder zu hohen Ehren. Der Tempel hingegen entwickelte sich nicht so glücklich. Schon von der deutschen Synagoge in Berlin hatte David Friedländer geschrieben, daß, was dort geschah, mehr glänzte als es leuchtete und wärmte. Auch in Hamburg war die

---

[3] Vgl. hierzu und für Folgendes Ismar Elbogen, Der jüdische Gottesdienst in seiner geschichtlichen Entwicklung (1913), Hildesheim 1962.

anfängliche Begeisterung rasch verflogen. Die erhoffte Glaubens- und Regenerationsbewegung ging von dort nicht aus. Bitter spottete Heinrich Heine über das Unechte, das nur Äußerliche im Tempel. Sein Freund Moritz Moser sprach in tiefer Betrübnis sogar davon, daß die Hamburger »selbst im Übergange« seien. Er meinte damit insbesondere den häufigen Übertritt gerade der Reichen und der sich gebildet Dünkenden zum Christentum [4].
Die Taufe war noch immer das »Heilmittel gegen allen Judenschmerz«, öffnete auch dem ärmsten Juden den Weg, der dem reichsten verschlossen blieb. Man täuschte sich auch in christlichen Kreisen nicht über die Beweggründe der Täuflinge, spekulierte aber auf die Nachkommenschaft und erfreute sich inzwischen der zahlenmäßig reichen Ernte. Rahels Mitteilung über die Berliner Juden — »die Hälfte ist getauft und mit Christen verehelicht« — ist zwar keine statistisch zuverlässige Angabe, aber psychologisch bezeichnend. Und Berlin war nicht die einzige Stadt, in der sich Juden taufen ließen. Zu den Übergetretenen gehörten damals unter anderem der Hamburger David Mendel (der spätere Kirchenhistoriker Neander), die Kasseler Orientalisten Benary, der Trierer Rechtsanwalt Heinrich Marx (der Vater von Karl Marx) und die Barone von Eichthal in München sowie die von Sensburg in Karlsruhe. Der Übertritt erfolgte vereinzelt gewiß aus ehrlicher Überzeugung, aber doch meist in der Absicht, das erforderliche »Entreebillett zur europäischen Kultur« zu lösen. Bezeichnend ist, daß gerade in der Reaktionszeit die Übertritte zunahmen. 1822 wurde unter dem Protektorat des Königs von Preußen eine »Gesellschaft zur Beförderung des Christentums unter den Juden« ins Leben gerufen, die energisch ans Werk ging, es auch an klingenden Belohnungen für Täuflinge nicht fehlen ließ. Ehen zwischen Juden und Christen galten in Preußen nach dem Allgemeinen Landrecht als nicht verboten, wenn der jüdische Partner sich der

---

[4] Heinrich Heine, Confessio Judaica, Hrsg. Hugo Bieber, Berlin 1925.

christlichen Trauungszeremonie unterwarf und in die christliche Erziehung der Nachkommen einwilligte [5].

Während die Gewalttaten des Jahres 1819 die Flucht aus dem Judentum verstärkten, reagierten einige junge Leute in Berlin ganz anders. Unter Führung von Leopold Zunz und Eduard Gans schlossen sie sich zu dem »Verein für Kultur und Wissenschaft der Juden« zusammen. Sie suchten einen Weg aus der Not und sahen ihn in einer »grundlegenden Umgestaltung des jüdischen Menschen«. Seine gesamte Bildung in Unterricht und Beruf, seine Erziehung wollten sie verbessern und dem jüdischen Menschen die Kenntnis des Judentums als einen wertvollen Teil seines Lebens mitgeben. Es war ein Versuch, die volle Gleichberechtigung nicht auf dem Weg über den obrigkeitlichen Staat, sondern auf dem über die Gesellschaft, und zwar durch »kulturelle Einbürgerung« zu erlangen. Aber der Verein erlitt kläglich Schiffbruch, und seine eigenen Führer ließen es an Konsequenz fehlen. Obwohl die Gründer sich feierlich das Wort gegeben hatten, dem Judentum die Treue zu halten, suchte als erster der Vorsitzende des Vereins, Eduard Gans, als sich ihm die Möglichkeit der Habilitierung an der Berliner Universität verschloß, den Ausweg in der Taufe. »Sein Abfall war umso widerwärtiger, da er die Rolle eines Agitators gespielt und bestimmte Präsidialpflichten übernommen hatte«, schrieb Heinrich Heine, der ebenfalls Mitglied des Vereins war – aber sodann selber die Taufe annahm.

Der Verein war der erste Versuch, das Judentum in kultureller Hinsicht neu zu beleben. In seinen Kreisen fiel zum ersten Mal das Wort »historisches Judentum«. Man sprach die Überzeugung aus, daß das Judentum ein eigenes Geschichtsleben und -bewußtsein habe und daß es wertvoll sei, dieses zu erforschen. Zu dieser Erkenntnis sollte – und das war ein zweiter neuer Begriff – »die Wissenschaft des Judentums« führen, das heißt die Erfor-

---

[5] N. Samter, Judentaufen im 19. Jahrhundert, Berlin 1906; E. L. Ehrlich, »Emanzipation und christlicher Staat«, in Christen und Juden, Hrsg. W. D. Marsch, Karl Thieme, Mainz und Göttingen, 1961.

schung des Judentums als »Inbegriff der gesamten Verhältnisse, Eigentümlichkeiten und Leistungen der Juden in bezug auf Religion, Philosophie, Geschichte, Rechtswesen, Literatur überhaupt, Bürgerleben und alle menschlichen Angelegenheiten«. Die Erforschung des Judentums wurde damit zu einem Bestandteil der universellen, systematischen und kritischen Wissenschaft erhoben. Ein neuer Weg zur Wiederbelebung der jüdischen Forschungsarbeit, zu einem kulturellen Beitrag der Juden wurde hiermit aufgezeigt. Die »Wissenschaft des Judentums« sollte Juden und Christen die Augen für die reichen kulturellen Inhalte des Judentums öffnen und einen neuen Zugang zu ihnen bieten. Wer sich unterrichten wollte, konnte Belehrung finden und sehr bald erfassen, daß man die Juden noch lange nicht kannte, wenn man sie nur nach Äußerem beurteilte.

Die »Wissenschaft des Judentums«, die sich auch nach Auflösung des Vereins weiterentwickelte, hob das Selbstbewußtsein vieler Juden, gab ihnen die Gewißheit, daß sie nicht, wie ihre Feinde behaupteten, kulturlos durch die Jahrhunderte gegangen waren, daß sie vielmehr einen bedeutenden Beitrag zur Entwicklung der Menschheit geleistet hatten. Sie schuf eine neue Grundlage für die jüdische Erziehung, überbrückte die Kluft zwischen weltlicher und religiöser Bildung. Säkularisierung bedeutete keinen Bruch mit der Vergangenheit mehr. »Wissenschaft des Judentums« als Prinzip einer Renaissance war der Lebenstraum von Leopold Zunz, der auch eine neue Übersetzung der Bibel schuf. Die Entwicklung hat seine Erwartungen nicht voll erfüllt. Die Wissenschaft des Judentums erlangte unter den Juden nie die Bedeutung des alten Talmudstudiums. Sie blieb zumeist ein Anliegen der Fachgelehrten, und nur ganz allmählich gingen ihre Ergebnisse in das allgemeine Bewußtsein über. Es ist aber ihr Verdienst, den Geist des Judentums wieder stark belebt zu haben.

Die anfängliche Resignation der Juden wurde, trotz vieler Auflösungserscheinungen, durch den Glauben an den Fortschritt überwunden. Eine neue Generation von Rabbinern übernahm die Führung [6]. Werke wie das von Leopold Zunz, »Die gottesdienstlichen Vorträge der Juden«, gaben der neuen Bewegung das geistige Rüstzeug, wiesen den Weg für die Neubewertung des reichen überlieferten jüdischen Schrifttums. An dieser wissenschaftlichen Richtung bildeten sich die großen Theologen wie Samson Raphael Hirsch (1808—1888) und Abraham Geiger (1810—1874). Beide waren sich bewußt, daß eine neue Zeit angebrochen war, neue Aufgaben stellte und neue Lösungen erforderlich machte. Beide waren davon durchdrungen, daß das Judentum einer Belebung, einer Vergeistigung bedurfte, daß es seiner prophetischen Sendung wieder inne werden und dem messianischen Ideal nachstreben mußte. Ausgangspunkt und Ziel dieser Männer waren die gleichen; aber die Wege der Verwirklichung waren verschieden. Geiger wollte die Lehre der Propheten neu beleben: den Universalismus, die tiefe Überzeugung von der Freiheit und Gleichheit aller Menschen, die Höherbewertung des sittlich Lebendigen vor dem rein Kultischen. Sein Reformprogramm beschränkte sich nicht auf äußere Dinge. »Der Ruf Reform«, schrieb er, »lautet nun anders: umgeänderte neue Gestalt, ein verjüngtes Leben, vom Geiste durchtränkt, durchdrungene Form. Das Schwere wie das Leichte, das Ganze wie das Einzelne soll Sinn und Bedeutung haben, soll den Geist erheben, das Herz erwärmen, damit es auf die ganze Lebensäußerung Einfluß habe.« Diese Reform sollte nicht revolutionär sein, sondern auf geschichtlicher Grundlage ruhen, auf der durch die Forschung zu ermittelnden echten Tradition, der ewig wirkenden, den Körper stets neu bewegenden Seele, der würdigen Tochter der Offenbarung.

1836 erschienen die »Neunzehn Briefe über das Judentum von Ben Usiel«, in denen Hirsch sich mit aller Entschiedenheit gegen den zum Maßstab aller jüdischen Dinge erhobenen »Zeitgeist« wandte und ihm die aus der göttlichen Offenbarung hervorgehende Pflicht entgegensetzte. Diese verstand er nicht im Sinne

---

[6] Für Folgendes vgl. Max Wiener, Jüdische Religion im Zeitalter der Emanzipation, Berlin 1933; Julius Guttmann, Die Philosophie des Judentums, München 1933.

der alten »geistlosen Orthodoxie«, sondern auf der Grundlage einer vertieften, symbolischen Auffassung der Bibel, der Lehre, daß der göttliche Weltplan Israel eine besondere Aufgabe zugewiesen habe: die Erfüllung seines Gesetzes. Israel, weil es sich seiner Sendung entzogen habe, müsse in der Zerstreuung büßen, bis es zu seiner wahren Aufgabe erzogen sei. Reform und Emanzipation, die beiden Forderungen des Tages, verwarf auch er nicht, wenn sie einer Vervollkommnung in der Erfassung und Erfüllung der Tora, d. i. der Ganzheit der jüdischen Offenbarung, dienten.

So waren zwei einander widersprechende Positionen geschaffen worden: die eine, welche die Vernunft und die geschichtliche Entwicklung, die andere, welche die Offenbarung zum Ausgangspunkt machte; die eine, welche nach Freiheit *vom* Gesetz, die andere, welche nach Freiheit *durch* das Gesetz strebte; die eine, welche von der bürgerlichen Freiheit eine Ausweitung der humanen Gesinnung und damit auch der jüdischen Aufgabe erwartete, die andere, welche in der treuen Befolgung der Tora die Vorbedingung für eine schöpferische Entfaltung des jüdischen Menschen im neuen staatlichen und menschlichen Pflichtenkreis sah. Dies waren die zwei Positionen, die man als die »reformierte« und die »orthodoxe« oder »gesetzestreue«, später unter Übertragung politischer Begriffe als die »liberale« und die »konservative« bezeichnete. Noch waren es keine schroffen Gegensätze, denn es galt ja erst, die Linien abzustecken und die Fronten zu bilden. Es gab zunächst auch noch gemeinsame Aufgaben, wie die Sorge für die Belebung jüdischer Institutionen, vor allem der jüdischen Schulen. Aber immer deutlicher zeichneten sich die Unterschiede ab. Es kam zu scharfen Auseinandersetzungen, die hart am Schisma vorbeiführten, zugleich aber bezeugten, wie stark die Lebenskraft des deutschen Judentums trotz aller äußeren und inneren Probleme war. Die Zeitumstände taten das ihre, um die Verschiedenheit der Standpunkte zu verdeutlichen. In Baden und Bayern prallten die Gegensätze zwischen Altgläubigen und Fortschrittlichen aufeinander. In vielen Gemeinden wurden Änderungen im Gottesdienst gefordert und auch durchgesetzt. Es kam zu schweren Konflikten, etwa als Abraham Geiger von den Progressiven der Breslauer Gemeinde berufen wurde. Die Konservativen protestierten gegen die Wahl dieses Neuerers. Der Vorsitzende des Rabbinerkollegiums ließ verlauten, daß »wer eine Universität besucht hat, kein Rabbinat bekleiden« dürfe. Der Breslauer Gemeindevorstand holte daraufhin »Gutachten über die Vereinbarkeit des Rabbinerberufs mit der freien Forschung« ein, die von allen Befragten bejaht wurde. In Hamburg errichtete der Tempelverein eine neue Synagoge und gab bei dieser Gelegenheit ein neues, reformiertes »Gebetbuch für die öffentliche und häusliche Andacht der Israeliten« heraus. Der Rabbiner Bernays erließ eine öffentliche Bekanntmachung, daß es verboten sei, das vorgeschriebene Gebet aus dem neuen Gebetbuch zu verrichten. Das rief unter den Fortschrittlichen allgemeine Entrüstung hervor, welcher unter anderen auch Gabriel Riesser (vgl. S. 222 f., 230) unverhohlen Ausdruck gab. Der Tempelverein holte Gutachten über das Gebetbuch ein, und auch diejenigen, die es nicht in allen Stücken billigten, tadelten den Rabbiner.

In Frankfurt am Main hatten Radikale einen »Verein der Reformfreunde« gebildet. Sie proklamierten »die Möglichkeit einer unbeschränkten Fortbildung in der mosaischen Religion« und sprachen dem Talmud jede Autorität »in dogmatischer oder praktischer Hinsicht« ab. Auch vom Glauben an einen »Messias, der die Israeliten nach dem Lande Palästina zurückführe«, wollten sie nichts mehr wissen, da sie »kein Vaterland als dasjenige, dem sie durch Geburt oder bürgerliches Verhältnis angehören«, anerkannten. Schließlich lehnten sie auch die Beschneidung ab. Als der Frankfurter Rabbiner vor die Frage gestellt wurde, ob er einen jüdischen Knaben, der nicht beschnitten war, in die Matrikel eintragen dürfe, holte er »Gutachten über die Beschneidung« ein. Nur einer der Gelehrten betrachtete sie als nicht unbedingt verbindlich.

Alle diese Kämpfe spielten sich in der breitesten Öffentlichkeit

ab, vor dem gleichen Forum, vor dem die Juden ihren Anspruch auf Gewissensfreiheit verfochten. Es ist darum umso unverständlicher, daß judenfeindliche Kreise auf der Vorstellung von einer »verschwörerischen Macht des Judentums« beharrten. Der seit zwei Generationen klaffende Riß zwischen den Alten und den Jungen schien immer größer zu werden. Durfte das Herkömmliche den Fortschritt behindern? Das Vergangene die Zukunft hemmen in einer Zeit, in der alles vorwärts drängte, die Technik täglich neue Wunder schuf und die bestehende Lebensform völlig umzugestalten schien? Wenn man dabei war, die Welt der Natur zu meistern, sollte man vor der des Geistes haltmachen? Man sah rings um sich eine Auflockerung des Bestehenden, die Erschütterung des ständischen Staatsorganismus, eine Erneuerungsbewegung auch in den Kirchen. Man sah manches Vorurteil schwinden, erblickte manche brüderlich ausgestreckte Hand. Sollte die jüdische Religion ihren Bekennern den Anschluß an diese neue fortschreitende Welt verwehren? Man hatte so viel erreicht, durfte so viele kulturelle und wirtschaftliche Erfolge verbuchen. Sollte man nicht aller inneren und äußeren Schwierigkeiten Herr werden und das angestrebte Ziel der Emanzipation erreichen können?
Aus solchen Gedankengängen entsprangen zahlreiche überstürzte Reformvorschläge. Die religionsphilosophischen Schriften der Zeit beachteten die Gemeindemitglieder dabei kaum noch. Zu geschichtlichen Studien ließ man sich keine Zeit. Vor allem durfte nichts versäumt werden, rasch den Weg für Kinder und Enkel freizumachen.
Aus diesem praktischen Bedürfnis heraus und unter dem Einfluß der Hegel'schen Geschichtsphilosophie entwickelte der Berliner Theologe Sigismund Stern seine politische Lehre. In seinen Vorlesungen »Über die Aufgabe des Judentums und der Juden in der Gegenwart« (1844) betrachtete er das Judentum als »Element des Staatsorganismus«. Als Ziel verkündete er die Bildung einer jüdischen Nationalkirche, wobei er die Frage, ob diese preußisch-jüdisch oder deutsch-jüdisch sein sollte, der Zukunft

überlassen wollte. Er vertrat die Auffassung, Israel habe stets die Aufgabe gehabt, in der Menschheit aufzugehen. Infolge der »Selbstauflösung« der »großartigen Einfachheit seiner religiösen Ideen und seiner sittlichen Lebensgestaltung« der patriarchalischen Zeit sei es zur national-theokratischen Gestaltung des Judentums und eines jüdischen Staates gekommen. Dabei sei zwar auch ewig Wahres entstanden; die geschaffene Lebensform sei aber nur zeitlich bedingt gewesen. Als dann die »weltgeschichtliche Aufgabe des Judentums« deutlich wurde, habe das Christentums deren Erfüllung übernommen, ohne sie freilich kompromißlos durchführen zu können. Das Judentum hingegen habe sich von der Welt zurückgezogen und sich im Talmud, mit dem Ziel der Selbsterhaltung und des Schutzes, ein ordnendes Gesetz geschaffen. Auf diese Weise habe das Judentum — abgezäunt von der Außenwelt — über die Jahrhunderte seine Wahrheit bewahrt. Mit der Befreiung von äußerem Druck, mit dem Ende der Verfolgung werde aber nunmehr die Mitarbeit an der Welt und die Überwindung aller trennenden Gesetze zur Pflicht. Wolle das Judentum seine Zukunft sichern, so müsse es auf seine Vergangenheit verzichten und den Ausgleich mit dem neuen Leben suchen. Es müsse das »seit der Reformation geläutere Christentum« als seinen »eigenen erstgeborenen Sohn« und als Vollstrecker seiner besonderen weltgeschichtlichen Aufgabe anerkennen. Das neue Judentum müsse eine nationale Kirche schaffen, die jede Absonderung beseitige und die Religion im »Gesamtsein« lebendig mache. Nicht eine willkürliche Reform oder Sektenbildung, sondern nur der Staat biete den Boden für eine nationale, vaterländische Kirche, der allein maßgebender Einfluß überlassen werden soll; ihr sei die Pflicht auferlegt, alle diejenigen religiösen Vorschriften aufzuheben, die im Widerspruch mit der derzeitigen Aufgabe des Lebens oder ohne sittliche Bedeutung für dasselbe sind.
Diese seltsame Lehre traf in ihren Ergebnissen mit einer theologisch fundierten Theorie zusammen, die ungefähr gleichzeitig Samuel Holdheim vorlegte, am konzentriertesten in seiner »Au-

tonomie der Rabbiner«. Entscheidend war für Holdheim die Trennung des Religiösen im Judentum, das Ewigkeitswert hat, vom Nationalen, das vergänglich ist, das zur Nationalität des preußischen Vaterlandes im Gegensatz stehe und nur auf Grund der irrigen Anschauung, daß es religiös sei, bisher festgehalten wurde. Man müsse, schrieb Holdheim, zwischen dem mosaischen Staat und der mosaischen Religion unterscheiden. Die staatliche Daseinsform, für Israels volkstümliches und priesterliches Wesen vorübergehend geschaffen, habe Gott selbst wieder zerstört. Israel sei wieder als Familie unter die Völker zerstreut worden, wobei ihm nur die mosaische Lehre als unvergängliches Erbe bleibe. Sein Gesetz aber sei zerbrochen, was jede Schranke zwischen Israel und den Völkern aufhebe. Was in biblischen Zeiten an das *Volk Israel* gerichtet war, treffe das *Israel der Familie* nicht mehr, weder das alte zivile Recht noch das Zeremonialgesetz. Nur einen Grundsatz habe das Judentum aus seinem einstigen theokratischen Dasein beibehalten: den religiösen Gedanken von der Heiligkeit des Staates als göttlicher Anstalt. Nur seine Vorschriften über die Menschenpflichten seien für den Juden noch verbindlich. Jüdischem Recht und jüdischem Gesetz habe er zu gehorchen, insofern sie vom Staat angeordnet, nicht aber weil sie jüdischen Ursprungs sind.

Holdheims Gedanken erschienen vielen Zeitgenossen als radikale Kampfansage gegen das gesamte Judentum. In Wirklichkeit war das eine ganz unfruchtbare Theorie, die an ihren inneren Widersprüchen scheitern mußte. Eine Unterscheidung zwischen den noch gültigen mosaischen Religions- und den aufgehobenen Volksgesetzen ließ sich nur bei Anwendung größter Willkür vornehmen und schon gar nicht, wenn man sich mit Holdheim zum »rein biblischen positiven Offenbarungsglauben« bekannte. Seine und Sterns Ablehnung der jüdischen Nationalität erfolgte nicht aus messianisch-universalistischen Ideen, sondern vielmehr aus dem Wunsch, sie durch eine andere, mehr opportune Nationalität zu ersetzen. Das Judentum sollte sich vom Zwang des Rabbinismus befreien, um sich dem einer Nationalkirche zu unterwerfen. Es sollte einen Ausgleich zwischen Leben und Lehre vollziehen, indem es einseitig auf die Lehre verzichtete und nur noch dem Leben Recht gab.

Diese Theorie wurde von Zacharias Frankel (1801–1875) kritisiert. Er anerkannte die Notwendigkeit einer Reform auf dem Boden der geschichtlichen Kontinuität, forderte aber eine andere Methode des Vorgehens. Wer das Judentum reformieren wollte, sollte vom Glauben ausgehen, sollte erst einmal die Grundlage der Institution, die er reformieren wollte, anerkennen. Von Geiger unterschied sich Frankel darin, daß er nicht nur die Beweise der Theologen, sondern auch die Stimme der einfachen jüdischen Bevölkerung hören wollte. Er beachtete nicht nur rationale Gründe und Urteile, sondern auch Stimmungen, Konflikte und Traditionen. Er brachte den Gesichtspunkt des Irrationalen, des Beharrungsvermögens der Gemeinde sowie der Gesamtheit gegenüber der Willkür der einzelnen in die Debatte. Damit berührte er die Kraft, welche sich schließlich als die stärkste erwies, die letztlich auch Geiger und Holdheim nicht ganz übersehen konnten.

Es gab also keine Einheitlichkeit unter den deutschen Juden. In dieser Lage rief Ludwig Philippson (1811–1889) zu einer Rabbinerversammlung auf, die im Juni 1844 in Braunschweig stattfand. Er hatte an eine Zusammenkunft von Rabbinern aller Richtungen gedacht und die Behandlung von Themen, die allen am Herzen lagen, vorgeschlagen. Es kam aber ganz anders. Es erschienen nur sechsundzwanzig meist ziemlich junge und der Reform geneigte Rabbiner. Die Radikalen beherrschten das Feld und beantragten extreme Umgestaltungen der Liturgie und Ehegesetze. Sie stießen damit auf heftige Kritik und Proteste. Als Ganzes aber war die Versammlung ein Erfolg. Männer, die eine starke Verantwortung für die Zukunft des Judentums fühlten, waren hier erstmals zusammengetreten, um in aller Öffentlichkeit die Schwere der Sorge zu besprechen und gemeinsam Mittel zur Belebung des religiösen Gewissens zu beraten.

Man berief 1845 eine zweite Versammlung nach Frankfurt, die

stärker besucht war. Teilnehmer war diesmal auch Frankel, der an der ersten Versammlung scharfe Kritik geübt hatte. In Frankfurt kam es nunmehr zu einer Scheidung der Geister. Frankel forderte, daß vor allen Beratungen über Einzelfragen das Reformprinzip, welches die Versammlung zugrunde legte, klargestellt werden sollte. Geiger widersprach, und die Versammlung schloß sich ihm an. Aber sehr bald kam man doch auf das Grundsätzliche zurück, als über eine neue Gestaltung der Gebetsordnung und die Verbindlichkeit des Hebräischen als Sprache des Gebetes beraten wurde. Alle waren darüber einig, daß der Muttersprache ein gewisser Raum im Gebet gewährt werden solle, und daß das selbst nach den Vorschriften des Talmud objektiv zulässig sei. Der Streit ging nunmehr darum, ob die Beibehaltung des Hebräischen nur eine Konzession an die Vergangenheit und somit nur für eine Übergangszeit zu empfehlen, oder ob sie aus Gründen des jüdischen Gemeinschaftslebens eine Notwendigkeit für alle Zeiten sei. Geiger meinte, daß durch die Bindung an eine Sprache die jüdische Religion von einem nationalen Element abhängig würde; worauf Frankel erwiderte, daß, wenn die Nationalität religiös sei, die Juden sich ohne Scheu zu ihr bekennen müßten. Frankel unterlag bei der Abstimmung und verließ die Versammlung, weil, wie er sagte, ihre Entscheidung es ihr unmöglich machte, »allgemeines Vertrauen zu erwerben und hierdurch eine Vermittlung herbeizuführen«. Sein Austritt lenkte die Aufmerksamkeit der Gemeinden auf den Streitfall. Viele stimmten seinen Auffassungen zu. In die Versammlung selbst kam große Unruhe. Bei der Beratung der Einzelheiten traten die Spannungen immer deutlicher in Erscheinung. Dem Ansehen der Rabbinerversammlung war es besonders abträglich, daß sie den Radikalen, die ebenfalls Fühlung mit ihr suchten, eine Absage erteilte und sich mit allen Seiten überwarf.

Eine dritte Versammlung in Breslau 1846 zeigte durch Besuch und Stimmung, daß die Verständigungsbestrebungen bereits ihre Anziehungskraft verloren hatten. Ausgedehnte Debatten über die Sabbatfrage verrieten die Ratlosigkeit der Versammlung über die damals bereits weit verbreitete Praxis der Sabbatentweihung. Sie erklärte solche Vereine, die sich die Wiederherstellung einer würdigen Sabbatfeier zur Aufgabe machten, für erwünscht; ein Antrag, den Sabbat auf den Sonntag zu verlegen, wurde entschieden abgelehnt. Daß die Versammlung jüdische Soldaten für verpflichtet erklärte, alle Erfordernisse des Dienstes getreu zu erfüllen, erschien selbstverständlich. Bezeichnend aber war der erst nach schwierigen Debatten zustandegekommene Beschluß, daß ein jüdischer Staatsbeamter allen Dienstpflichten am Sabbat nachkommen durfte, vorausgesetzt, daß er bemüht blieb, den »Geist der Sabbatweihe sein Heim durchdringen zu lassen«. Damit zeigte sich, wie stark der Wunsch nach weltlich-bürgerlicher Gleichberechtigung auch religiöse Fragen beeinflußte.

Diese Rabbinerversammlung war wohl der letzte erfolgversprechende Versuch, eine einheitliche Richtung zu erzielen. Unter den Teilnehmern waren so unvereinbare Gegensätze hervorgetreten, daß ihnen selber eine weitere Aussprache nicht mehr ersprießlich erschien. Auch in den Gemeinden fanden sie wenig Unterstützung. Den einen war ihr Vorgehen zu radikal, den anderen zu rückständig. Im Augenblick aber hatten die letzteren die Oberhand.

In Berlin fehlte eine wirksame Gemeindeorganisation. Es fehlte ein Rabbiner, der Verständnis für die neue Zeit hatte. Es fehlte auch der Gemeindeverwaltung jedes Verständnis für die Stellung und Aufgabe des Rabbiners. Erst 1844 gelang es, eine so fein gebildete Persönlichkeit wie Michael Sachs (1808–1864) als Prediger und »Rabbinatsassessor« zu berufen. Dieser war mit all seiner Kraft bemüht, die Gemeinde für das traditionelle Judentum wieder zu gewinnen. Am 2. April 1845 erschien in den Tageszeitungen ein »Aufruf an die deutsch-jüdischen Glaubensgenossen«, eine Synode einzuberufen, »um diejenige Gestaltung des Judentums festzustellen, die dem Leben unserer Zeit und den Empfindungen unseres Herzens entspricht«. Dies war

ein Dokument, das ebenso von tiefer Gläubigkeit und religiöser Sehnsucht wie von völliger Verständnislosigkeit für die jüdische Lebensweise zeugte. Von vielen Seiten kamen Zustimmungen. Eine »Genossenschaft für Reform« wurde gegründet, die, um sich die Mitarbeit der Theologen zu sichern, mit der Frankfurter Rabbinerversammlung Fühlung suchte. Diese sagte aber recht kühl und nur für den Falle ihre Unterstützung zu, daß die neuen Bestrebungen »mit denjenigen Prinzipien übereinstimmen, von welchen wir (d. h. die Rabbinerversammlung) bei einer Reform des Judentums ausgehen zu müssen glauben«. Mit der Breslauer Versammlung wurde noch einmal eine Fühlung versucht. Sie führte aber zum endgültigen Bruch.
Die Genossenschaft selbst fand im deutschen Judentum keinen richtigen Widerhall, und die Teilnahme von auswärts ließ rasch nach. Sie blieb auf die Berliner Mitglieder beschränkt, die sich 1846 zur Jüdischen Reformgemeinde zusammenschlossen. Schon zu den Herbstfeiertagen 1845 hatten sie einen eigenen Gottesdienst eingerichtet, der in jeder Beziehung von der Tradition abwich. Die Gebete wurden neu bearbeitet, waren bis auf wenige Stellen nur deutsch. Männer und Frauen saßen in einem Raume, die Männer unbedeckten Hauptes. Man verzichtete auf das Anlegen des Tallis (Gebetmantel), so auch auf das Blasen des Schofar. Der Gottesdienst weckte unter manchen großen Begeisterung. Zum Pessachfest 1846 wurde ein eigenes Bethaus eröffnet, in dem fortan, außer an den Feiertagen, an jedem Sabbat und Sonntag Gottesdienst stattfinden sollte. Der Gottesdienst am Sabbat wurde aber wegen mangelnder Beteiligung bald wieder aufgegeben und nur noch der am Sonntag beibehalten. Samuel Holdheim, der seit Herbst 1847 als Rabbiner und Prediger der Gemeinde wirkte, fiel die Aufgabe zu, ihr die notwendigen Institutionen zu schaffen, eine neue Liturgie und einen neuen Religionsunterricht einzuführen. Er verzehrte sich in der schweren Aufgabe, seine Forderung — die historischen Erinnerungen und das damit verbundene gottesdienstliche Leben der Gemeinde geltend zu machen — mit der vorherrschenden Forderung der

»Zeitgemäßheit« und des »durch ästhetische Bildung rektifizierten religiösen Fühlens und Empfindens« in Einklang zu bringen. Theologische Grundsätze und Laienwünsche, Ewigkeitswerte und Forderungen des Tages stießen hier hart aufeinander. Die Ausbreitung der Genossenschaft scheiterte an dem ausgeprägten Subjektivismus ihrer Gründer. Nur in den Reformgemeinden der Vereinigten Staaten von Amerika fanden ihre Prinzipien Anklang. In Berlin wurde die einst radikale Genossenschaft zu einer stillen, ruhigen Gemeinde, die außerhalb ihres Gottesdienstes kaum noch Aktivität entfaltete.

Die Begeisterung, die reformatorische Energie der vierziger Jahre, nahm auch in den gemäßigteren Kreisen ab. Das religiöse Problem wurde durch die neuen politischen Aufgaben aus dem Bewußtsein verdrängt. Mit dem allmählichen Erfolg der Emanzipationsbestrebungen schien man sich einem hohen Ziel zu nähern. Die religiöse Frage war aber keineswegs gelöst. Im Gegenteil, durch die nun einsetzende politische und soziale Assimilationsentwicklung wurde sie noch verschärft.

Der christlich-germanische Staat

Der Regierungsantritt Friedrich Wilhelms IV. im Jahre 1840 erweckte unter den preußischen Juden neue Hoffnungen. Diese wurden zunächst bestärkt durch einzelne Verordnungen, wie etwa durch die Aufhebung des 1837 verkündeten Verbotes für Juden, christliche Vornamen zu tragen. Weiter erfüllten sie sich jedoch nicht. Im Gegenteil, die Haltung des Staates gegenüber den Juden wurde im ganzen noch starrer als zuvor, was mit den Bestrebungen des neuen Königs zusammenhing, die alte ständische Ordnung dem sozialen und wirtschaftlichen Fortschritt zum Trotz aufrecht zu erhalten. Die Ideologie, die das Festhalten am unaufhaltbar Vergehenden rechtfertigen sollte, war die Lehre vom »christlich-germanischen Staat«. Sie diente den Interessen des Agrarfeudalismus, indem sie die Unterdrückung bürgerlicher Freiheitsbestrebungen mit dem Heiligenschein einer besonderen »germanischen Christlichkeit« verklärte. Der Philosoph dieser Lehre wurde seltsamerweise ein Jude, Friedrich Julius Stahl, der 1819 nach den Hep-Hep-Exzessen zum Christentum übergetreten war[7]. Sie faßte den Staat als das irdisch-äußere Reich Gottes auf und stellte an den »wahren Staat« die Forderung, daß er die wirklich wahre, d. h. die christliche Religion bekenne. »Vollkommen« könne er nur sein, wenn das Christentum Staatsreligion sei und sämtliche Lebensverhältnisse — politisch, wirtschaftlich und sozial — »durchdringe«. Und dieses »Christentum« mußte einer Kircheneinheit unterstehen, kurzum es mußte preußisch-protestantisch sein.

In diesem »christlich-germanischen Staat« galten die Juden, wie im Mittelalter, als »fremde Körperschaft«. »Der christliche Staat«, hieß es in einem ministeriellen Gutachten, kann die »individuelle Verschmelzung der Juden mit der christlichen Bevölkerung« nicht zulassen. Er »wird das Judentum zwar als bestehende Tatsache anerkennen und daher auch den bestehenden Einrichtungen desselben alle Duldsamkeit zuwenden müssen. Er wird es aber niemals als ein belebendes Element seines eigenen Organismus betrachten«[8].

In Wirklichkeit war eine derartige »korporative Absonderung« der Juden längst unzeitgemäß geworden, da diese sich durch die wirtschaftliche Entwicklung und auch durch innere Reformbestrebungen immer mehr in die Umwelt eingliederten. Damit verwirklichte sich die aufklärerische Idee, nämlich, daß die Religion keine politische Angelegenheit sei, sondern eine Frage des persönlichen Gewissens. Früher, um die Jahrhundertwende, hatte der preußische Staat im Sinne der Aufklärung und der Staatsräson die Reformbestrebungen der Juden gefördert, ihre »individuelle Verschmelzung« unterstützt. Jetzt aber, im Zeitalter der Restauration, beobachteten die Beamten diese Entwicklung mit

---

[7] F. J. Stahl, Der christliche Staat und sein Verhältnis zu Deismus und Judentum, Berlin 1847.
[8] Deutsches Zentralarchiv Merseburg, Rep. 84, XIV, II. Gen. Lit. J. 1.

zunehmender Besorgnis. Sie befürchteten, daß »Änderungen in der religiösen Verfassung der Juden eintreten, welche die Basis verrücken würden, auf welcher die Juden im preußischen Staat geduldet werden«. In den reformatorischen Bestrebungen der Juden – aber auch der Christen –, in ihrer Tendenz der Verinnerlichung und Individualisierung des Glaubens, erblickten die Behörden für den korporativen Ständestaat potentielle Gefahren. Die religiös inspirierten Bewegungen, so befürchteten sie, besaßen politisch-revolutionäre Sprengkraft [9].

Strengste Überwachung jüdischer und christlicher Reformbestrebungen wurde angeordnet. Insbesondere die »jüngeren jüdischen Glaubensgenossen«, die »Freiprotestanten« und »Deutschkatholiken« waren den Behörden ein Dorn im Auge. Mitglieder der drei radikalen Reformbewegungen hatten sich sogar in Städten wie Frankfurt, Köln, Bonn, Breslau und Königsberg zusammengefunden. In Mainz, so notierten die preußischen Beamten mit Entrüstung, sollte sogar eine »Dreikonfessionelle Nationalkirche« gegründet werden. Durch Abstreifung aller die Menschen voneinander trennenden Religionseigentümlichkeiten wollten die Anhänger dieser Sekten zum göttlichen Ursprung aller Religionen zurückkehren. Sie wollten die »Gleichheit des Urchristentums« gemeinsam mit der »Gerechtigkeit des Urmosaismus« auf Erden verwirklichen, zogen also tatsächlich, wie die Behörden befürchteten, soziale Folgen aus der »ursprünglichen Religion« [10].

Zu den Mitgliedern der jüdischen Reformvereine gehörten unter anderem auch Ferdinand Lassalle, der spätere Gründer der Sozialdemokratischen Partei, und Moses Hess, Mitarbeiter der von Karl Marx redigierten »Rheinischen Zeitung«. Der letztere sprach sogar die Überzeugung aus: die Religionen, die von himmlischen Freuden träumten, würden einst überflüssig werden; denn »wir werden diesen Himmel auf Erden haben, wenn wir nicht

---

[9] Deutsches Zentralarchiv, Rep. 77, Tit. XVII, Gen. Nr. 79.
[10] Sterling, Er ist wie du, Aus der Frühgeschichte des Antisemitismus in Deutschland, München 1956, Kapitel 5.

mehr in Selbstsucht, im Hasse, sondern in der Liebe, in der einigen Menschengattung leben«[11].

Großbürgerlicher Liberalismus im Rheinland

Der Auffassung vom »christlich-germanischen« Ständestaat standen nicht nur radikale, sondern auch bürgerlich-liberale Bestrebungen entgegen. Während der dreißiger und vierziger Jahre, im Zusammenhang mit dem allgemeinen Aufschwung des Handels und der Industrie, gewann der Liberalismus in Preußen immer mehr an Bedeutung. Insbesondere in den Städten der rheinischen Provinzen war ein starkes und einflußreiches Bürgertum entstanden, das die Beseitigung der ständisch-geschlossenen Ordnung, der Rechtsverschiedenheiten und der rückständigen staatlichen Wirtschaftsreglementierung verlangte. Mit der Forderung nach freier wirtschaftlicher Entfaltung ging die nach individueller Freiheit und der Gewährleistung rechtlich-politischer Gleichheit aller, das hieß hier: des besitzenden Bürgertums, unzertrennlich einher. Endlich, so viel später als in den westlichen Ländern, begann sich in einem deutschen Gebiet auf pragmatisch bürgerlicher Basis der freie aufklärerische Geist durchzusetzen.
Die natürliche Konsequenz dieser »bürgerlichen Emanzipation« im semi-feudalen Staat mußte auch die »Emanzipation der Juden« sein. Im Gegensatz zur Restaurationsphilosophie betrachteten die Liberalen den Staat als Ausdruck freier vernünftiger und sittlicher Prinzipien. Staatsbürgerliche Rechte hatten daher mit der Zugehörigkeit zu einer spezifischen Kirche überhaupt nichts zu tun. Was die Gesellschaft betraf, so sollte diese sich nach eigener innerer Gesetzlichkeit fortentwickeln, und nicht vom Staat im Namen der Christlichkeit durch feudal-wirtschaftliche Maßnahmen reglementiert werden. Nach liberaler Auffassung war die Religion vom staatspolitischen System unabhängig.

---

[11] Moses Hess, Kommunistisches Bekenntnis, 1844; Ders., Die heilige Geschichte der Menschheit, 1837.

Der Glaube war eine innere Gewissensangelegenheit des freien Bürgers. Gerade das katholische Großbürgertum des Rheinlandes verteidigte dieses Prinzip um so konsequenter gegenüber der preußisch-protestantischen Monarchie. Es forderte nunmehr die völlige Trennung von Kirche und Staat.

Als das rheinische Großbürgertum für die Judenemanzipation eintrat, stützte es sich nicht nur auf Prinzipien der Vernunft und Menschlichkeit, sondern auch auf das Argument, daß in der industriellen Entwicklung, an der auch die obere jüdische Bürgerschicht beteiligt war, sich die Verhältnisse geändert hatten. Der »jüdische Wucher« sei neuerlich als »Zinswesen« zu Ehren gelangt, hieß es in einer Petition an den Landtag. Die Gleichstellung der Juden war für das rheinische Bürgertum nicht mehr nur eine »jüdische« sondern eine »allgemeine politische Frage« geworden. Sie war, so wurde erklärt, eine Forderung des »Rechtes, der Billigkeit und der Konsequenz«[12].

Einer der bedeutendsten Verfechter dieser liberalen Prinzipien war jüdischerseits Gabriel Riesser (1806—1863). Auch für ihn war die Judenemanzipation keine isolierte Frage, sondern identisch mit dem Freiheitskampf des deutschen Volkes überhaupt. Ein Rechtsstaat, so schrieb er in einer seiner zahlreichen Flugschriften[13], der alle Bürger vereint, die seine Pflichten tragen, kann einen Teil dieser Bürger nicht ausschließen, ohne gegen sich selber zu verstoßen. Ein Bürgertum, das die Unterdrückung beseitigen will, kann keine Beschränkungen bestehen lassen und darf keine Ausnahmen machen. Was Ludwig Börne in seinen »Pariser Briefen« geschrieben hatte: »Seht zu, wie weit ihr kommt mit der Freiheit des deutschen Landes, so lange die Freiheit nicht sein soll für alle«, das wurde für Riesser zum Ausgangspunkt seines Kampfes. Recht und Freiheit dürfen auch den Juden nicht vorenthalten werden, »deren Vorfahren seit Jahr-

---

[12] Staatsarchiv Düsseldorf, Oberpräsidium der rheinischen Provinz, Landtagsarchiv IV; Sterling, Er ist wie du, a.a.O., Kapitel 4.
[13] Gabriel Riesser, Über die Stellung der Bekenner des mosaischen Glaubens in Deutschland, Altona 1831; Ders., Besorgnis und Hoffnungen für die künftige Stellung der Juden in Preußen, Hamburg 1842.

hunderten Deutschlands Boden bewohnen, die mit Lust und Liebe Deutschlands Sprache reden, die mit freudiger Ergebenheit Deutschlands Gesetzen gehorchen, deren innigstes Bestreben darauf gerichtet ist, als Deutschlands Bürger leben und sterben zu können; die sich durch nichts von ihren Mitbürgern unterscheiden möchten, als durch eigne angeerbte oder freigewählte Art der Gottesverehrung«. Riesser war davon überzeugt, daß Recht und Gerechtigkeit sich in Deutschland durchsetzen würden, eben weil sie »wahrhaftig« sind. »Es ist der Mut der Wahrheit, der auch dem Tode zu trotzen vermag, mit dem wir den Sieg der Überzeugung zu erringen haben.«

Der »Sieg der Wahrheit« war aber nicht nur eine Frage der Überzeugung; vielmehr hing er stark von den wirtschaftlichen und politischen Verhältnissen ab. Im Rheinland, wo die industrielle Entwicklung bereits weit fortgeschritten war und wo die besitzende jüdische Oberschicht schon eine integrierte Rolle innerhalb der Wirtschaft ausübte, ergriff die Liberalen anfangs der vierziger Jahre eine allgemeine Begeisterung für religiöse Toleranz und für die Idee der Bruderschaft aller Menschen. Die Juden, hieß es, sollen den Christen gleichgestellt werden, denn ihre weitere Ausschließung aus der staatlichen Gemeinschaft könne nur im Widerspruch mit der Forderung der Rechtsgleichheit und dem Prinzip der Trennung von Kirche und Staat geschehen. Die weitere Absonderung der Juden wäre eine »Verletzung der Menschenrechte« und im »Widerspruch mit der Freiheit überhaupt«. »Die Folgen von confessionellen Berücksichtigungen sind nie zu ermessen«, erklärte der Abgeordnete Hansemann im Rheinischen Landtag. Der preußische Staat könne unter diesen Umständen schließlich »in die Gewissens- und Eigentumsrechte aller Bürger eingreifen ... Der Staat soll nur den Bürger vor Augen haben und nur darauf achten, daß dieser seine Pflichten erfüllt, gleichen Pflichten aber auch gleiche Rechte einräumen [14].«

---

[14] Sterling, a.a.O., Kapitel 4.

Auf dem Siebten Rheinischen Provinziallandtag 1843 beschlossen die Abgeordneten mit überwiegender Mehrheit, dem König die »Vorbereitung der völligen Gleichstellung« der Juden zu empfehlen. Der König aber lehnte die Wünsche seiner Landstände ab. Gleichwohl war der Landtagsbeschluß für den deutschen Liberalismus von großer moralischer Bedeutung; denn es war das erste Mal, daß eine deutsche »Volksvertretung« den aufklärerischen Idealen der Freiheit und Menschenwürde politisch Ausdruck gegeben hatte. Es darf jedoch nicht verkannt werden, daß sich hier nicht das Volk als Ganzes, sondern nur eine verhältnismäßig kleine Bürgerschicht für Freiheit und Gleichheit ausgesprochen hatte. In seiner Freude über die konsequente Handlung des Landtages übersah das jüdische Bürgertum, daß sich seine Emanzipation ohne die »Emanzipation des ganzen Volkes« (im wahren Sinne des Wortes) nicht erfüllen konnte. Die Juden erkannten nicht, daß die Mehrheit des Volkes am wirtschaftlichen Aufschwung noch keinen Anteil hatte und nicht die aufgeklärte, freiheitliche Gesinnung des Großbürgertums teilte. Man beging den allgemeinen Fehler des bürgerlichen Liberalismus jener Zeit, feinfühlig zwischen »Volk« und »Pöbel« zu unterscheiden. Zu berücksichtigen, meinte der Kölner Bankier Scheuner, ist »nur jene Stimme des Volkes, welche die höhere, dem Zeitalter innewohnende Intelligenz ausspricht«. Die »öffentliche Meinung (ist) die auf die Vernunft und Gerechtigkeit basierte Meinung der Gebildeten und Edelsten im Volk, nicht das Geschrei des Pöbels, das öfters Ursache und Wirkung verwechselt, den Schein nicht vom Wesen unterscheidet[15].«

Die Nichtberücksichtigung des leichtweg als »Pöbel« abgetanen Volkes sollte sich verhängnisvoll auswirken: Da die Liberalen diesen Teil des Volkes vernachlässigten — denn sie glaubten ja an den automatischen Fortschritt des Menschengeschlechtes —, überließen sie den Volksdemagogen das Feld[16].

---
[15] Staatsarchiv Düsseldorf, Oberpräsidium der rheinischen Provinz, Landtagsarchiv IV.
[16] Sterling, a.a.O., Kapitel 4.

Am klarsten haben dies Moses Hess und Karl Marx, der als Kind schon getaufte Enkel des Oberrabbiners von Trier, erkannt. Überhaupt scheint die Erkenntnis der bei der Emanzipationsdebatte des Provinziallandtages 1843 deutlich zutage tretenden »bürgerlichen Beschränktheit« gegenüber dem Volksganzen für das politische Denken des jungen Marx von entscheidender Bedeutung gewesen zu sein. In seiner 1844 veröffentlichen Schrift »Zur Judenfrage« [17] meinte er, die Juden täuschten sich sehr, wenn sie glaubten, daß mit der bürgerlichen Emanzipation die Verfolgungen gegen sie ein Ende nähmen. Die bürgerliche Emanzipation der Juden bedeute letztlich nichts anderes als eine neue Sonderstellung — diesmal unter umgekehrten Vorzeichen — gegenüber der Gesellschaft. Die einzig richtige Lösung sei die »Emanzipation der Menschheit«, was nicht lediglich Aufhebung bürgerlich-rechtlicher Beschränkung bedeute, sondern grundsätzlicher: die Aufhebung der antagonistischen sozial-wirtschaftlichen Zustände selber, die unter den Menschen Zwietracht erzeugten. Judentum und Christentum sollten abgeschafft werden, da beide Religionen Erzeugnisse irdischen Elendes seien und wie Opium die Menschen über die wahren Verhältnisse hinwegtäuschten. Die Religionen würden ohnehin überflüssig werden, meinte Marx, sobald die neu geschaffenen weltlichen Zustände von sich aus bezeugten, daß auf Erden der Himmel herrsche. Nicht der Jude bedürfe der Emanzipation; vielmehr müsse die Welt von *dem* Juden befreit werden. Damit meinte Marx die Befreiung der Welt von der menschlichen Entfremdung, die sich gerade in der Ghettoexistenz des verfolgten Juden so kraß symbolisierte. — Auch Moses Hess vertrat die Ansicht, daß die »bürgerliche Emanzipation« die Juden nicht retten könne. Im Gegensatz aber zu Marx sah Hess die Befreiung der ganzen Menschheit nicht in der Zerstörung der Religionen, sondern in ihrer Wiederbelebung durch Rückkehr zu ihrem für alle gemeinsamen Ursprung. Und später, nach dem Scheitern seiner sozialistisch-religiösen, alles vereinigenden

---

[17] Deutsch-französische Jahrbücher, Paris 1844.

Menschheitsträume, forderte Hess die Wiedererrichtung eines jüdischen Nationalstaats (vgl. S. 275 f.)[18].

Die Besorgnis von Marx und Hess — daß die liberalen, jüdischen Großbürger sich zu leichtfertig über die Stimme des »Pöbels« hinwegsetzten und so das Feld den Volksaufwieglern überließen — war nur zu berechtigt. Amtlichen Berichten zufolge wurde der Judenhaß unter der Landbevölkerung und dem handwerklichen Kleinbürgertum in den Städten von Demagogen und Geistlichen geflissentlich geschürt [19]. Der althergebrachte Judenhaß wurde dabei mit neuen, freilich sinnentstellten »demokratischen« Begriffen verbunden. Die abergläubischen Komponenten im Volksbewußtsein, die schon im Mittelalter die Blutbeschuldigungen gegen die Juden hervorgebracht hatten, wurden nun, mit Wirtschaftlichem und Politischem vermengt, von Volksführern aufs neue aufgeschürt. Immer wieder mußten die staatlichen Behörden auch Geistliche ermahnen, ihre aufgestörten und von Gerüchten beunruhigten Pfarrkinder doch zu beschwichtigen und »besser zu belehren«. Wiederholt kam es zu Krawallen, die nach Meinung der Behörden »revolutionären Umtrieben« gleichkamen. »Judenvertreibung und Judenverfolgung« waren die Parolen dieser fehlgeleiteten »Volksbewegung«[20].

In Westfalen war es der Garnisonsbuchhalter H. E. Marcard, der, zur Zeit der öffentlichen Diskussionen über die Emanzipation im Rheinischen Landtag, eine überaus rege Tätigkeit entwickelte mit dem Ziel, die Bevölkerung Westfalens zu Gewalttaten gegen die Juden anzuspornen. In seinen Schriften »Über die Möglichkeit der Juden-Emancipation im christlich-germanischen Staat« und »Darf ein Jude Mitglied einer Obrigkeit sein, die über christliche Untertanen gesetzt ist?«[21] wurde das monar-

---

[18] Moses Hess, Rom und Jerusalem, Leipzig 1862.
[19] Deutsches Zentralarchiv Merseburg, Rep. 77, Tit. DV, Nr. 10; Rep. 77, Abt. I, Tit. XXX, Nr. 4; Staatsarchiv Düsseldorf, Präsidial Acten, CBI 35, Vol. II, Sterling, a.a.O., Kapitel 9.
[20] Sterling, »Kampf um die Emanzipation der Juden im Rheinland«, in Monumenta Judaica, Köln 1963.
[21] Minden und Leipzig 1843.

chistisch »christlich-germanische Prinzip« in »volkstümlicher« Weise gedeutet. Hier wurden schon Elemente der später von den Nationalsozialisten vertretenen Rassenlehre erkenntlich, in der sich, wie auch hier, »christliche« Komponenten — freilich in verzerrter und verstümmelter Form — mit politischem Fanatismus vermischten. Das deutsche Volk ist eine »organisch in sich geschlossene Einheit«, hieß es bei Marcard, in seiner »Totalität« ein »Urvolk«, das keine »Fremdlinge« unter sich duldet. Seine »Einheit« besteht aus »Gesinnung, Gefühl und Glauben« und ist »christlich-germanisch«. Vernunft, dieser »ätzende Verstand«, und das »Judenideal des Liberalismus« stehen dem »Volksgeist«, dem »gesunden Volksempfinden«, feindlich gegenüber. Das »Christlich-Germanische« muß zu einer in »Fleisch und Blut« übergegangenen »politischen Religion« werden. Nach Marcard sind die Juden die »Kreuziger des deutschen Volkes«, »Fremdlinge unter uns, nicht bloß zufällig und aus der Vergangenheit, sondern mit geschichtlicher Notwendigkeit und für die ganze Zukunft«[22].

Kleinbürgerlicher Liberalismus in Baden

Anders als im Rheinland konnten sich die Liberalen in Baden von der Emanzipation der Juden keine direkten materiellen Vorteile versprechen. Hier war die Monarchie schon an eine Verfassung gebunden und stand dem neuen Bürgertum und der Kirche nicht so antagonistisch gegenüber wie im Rheinland. Im Gegenteil, hier konnte die Gleichberechtigung der Juden sogar nachteilige Folgen haben, da für das damals noch schwache und kleinstädtische Bürgertum Badens der jüdische Handel eine gefährliche Konkurrenz bedeutete. Bei der Abwesenheit aller materiellen und politischen Vorteile, die man aus der Judenemanzipation hätte ziehen können, mußten die badischen Liberalen die Gleich-

---

[22] Marcard, Über die Möglichkeit der Juden-Emancipation im christlich-germanischen Staat, Minden und Leipzig 1843, 8, 11, 16.

berechtigung der Juden rein als Prinzipfrage behandeln. »Die Judenemanzipation«, schrieb damals der jüdische Privatdozent Heinrich Oppenheim, »ist der Prüfstein des deutschen Liberalismus.« Diese Prüfung hat der badische Liberalismus wohl nicht bestanden. Die Tatsache, daß hier das freisinnige Großbürgertum nur eine ganz kleine Oberschicht der Bevölkerung ausmachte und daß die große Masse des Volkes dem Bauern- und Handwerkerstand angehörte, gab der bürgerlichen Bewegung schon von vornherein ein »kleinliberales« Gepräge. Seine Vertreter — insbesondere die Professoren Carl von Rotteck, Karl Theodor Welcker und der Kirchenrat H. E. G. Paulus — stützten sich zwar theoretisch auf das Vorbild der fortgeschrittenen französischen und englischen Wirtschafts- und Staatslehre; aber sie waren doch immer wieder dadurch, daß sie dem in den süddeutschen Staaten vorherrschenden kleinbürgerlichen Zunftgeist Konzessionen machen mußten, gezwungen, ihren eigenen theoretischen Grundsätzen zu widersprechen [23].

Besondere Schwierigkeiten bereitete den badischen Liberalen die Verwirklichung der liberalen Grundidee des »einheitlichen Willens«. Dieser kann sich erst dann als freie Demokratie ausdrücken, wenn die verschiedenen Interessen und Bedürfnisse der Mitglieder der Gesellschaft harmonisch miteinander ausgeglichen werden können. Rotteck und Welcker aber lebten in einer Gesellschaft, in der ihnen die Konflikte zwischen Religionsparteien, zwischen Bauern, Handwerkern, Großkaufleuten und Fabrikbesitzern als unauflöslich erschienen. Um dem zu begegnen, wurde die faktisch fehlende Homogenität durch Mystik ersetzt; der »christlich-bürgerliche Geist« des zünftischen Mittelalters wurde beschworen. Überall im badischen Liberalismus war die Rede von einer »christlichen gesellschaftlichen Einheitlichkeit«, der aber die faktische Zersplitterung der Gesellschaft, in der es weder wirtschaftliche noch kirchliche Einheit gab, Hohn sprach. In diesem fiktiven Bild von einer »christlich gesellschaftlichen«

---

[23] Hierzu Sterling, a.a.O., Kapitel 4.

Homogenität nahm sich das Judentum als störend und schädlich aus. Alte christliche Vorurteile wechselten dabei ins Politische über. Das einst von der Religion als »anti-christlich« ausgegebene Judentum wurde jetzt »anti-sozial« und »anti-national« genannt. Der Abgeordnete Carl von Rotteck, der sonst den humansten Liberalismus vertrat, verweigerte den Juden die Gleichberechtigung mit der Begründung, ihr Glaube sei »völkerfeindlich«. Die Debatten des badischen Landtages über die Judenemanzipation in den dreißiger und vierziger Jahren und insbesondere die Schrift des Heidelberger Professors und Kirchenrates Paulus, »Die Nationalabsonderung der Juden« (1831), verursachten ein heftiges, mit Flugschriften ausgetragenes Für und Wider, das ganz Deutschland ergriff. In seiner Broschüre verkündete Paulus, die Juden hätten eine »antisociale Sitte und Stellung gegenüber den Christen«. Sie befänden sich im Widerspruch mit der »christlichen Aufklärung« und den »christlichen Nationalansichten«[24].
Objektiv betrachtet wäre es schwierig gewesen, im Deutschland des vierten Jahrzehntes des 19. Jahrhunderts einen wirklichen »nationalen« Unterschied zwischen der jüdischen und christlichen Bevölkerung festzustellen. Schon der liberale Begriff der »Nation«, der diese als eine Zusammenfassung verschiedenartiger gesellschaftlicher Elemente zu einer Gemeinschaft definiert, läßt eine solche Unterscheidung prinzipiell nicht zu. Von einer »jüdischen Nation« konnte objektiv keine Rede mehr sein: Ein einheitliches deutsches Judentum hatte es noch nie gegeben, und die alten korporativen Verfassungen gab es zu dieser Zeit nur noch in Resten. Wie wir in vorhergehenden Abschnitten gesehen haben, hatte sich die jüdische Bevölkerung immer stärker wirtschaftlich und kulturell in die Umwelt eingegliedert. Selbst die Orthodoxen waren bestrebt, die letzten Merkmale, die man als »national-jüdische« bezeichnen könnte, abzustreifen. Mit der allmählichen Eingliederung war die »jüdische Nationalität« auch für sie kaum noch mehr als eine Glaubensfrage.

---

[24] H. E. G. Paulus, Die jüdische Nationalabsonderung nach Ursprung, Folgen und Besserungsmitteln, Heidelberg 1831.

Die Beschuldigung der »Nationalabsonderung« mußte liberale Juden mit Staunen und Verwunderung erfüllen. »Wir sind nicht eingewandert, wir sind eingeboren«, schrieb Gabriel Riesser in seiner »Verteidigung« gegen Paulus, »und weil wir es sind, haben wir keinen Anspruch anderswo auf eine Heimat; wir sind entweder Deutsche oder heimatlos.« Gäbe es Juden, die sich nicht mit der deutschen Gesellschaft »verschmelzen wollen, so sollte man sie wahrhaftig einer Polizeiuntersuchung übergeben, nicht der Gefährlichkeit ihrer Ansicht wegen, sondern weil eine starke Vermutung für Verrücktheit vorhanden wäre«. Gegen die Behauptung, daß erst das christliche Glaubensbekenntnis zu deutschen Bürgerrechten befähige, erwiderte Riesser: »Es gibt nur eine Taufe, die zur Nationalität einweiht: das ist die Taufe des Blutes in dem gemeinsamen Kampf für Freiheit und Vaterland. Wir wollen dem deutschen Vaterlande angehören; wir werden ihm aller Orten angehören. Es kann und darf und mag von uns alles fordern, was es von seinen Bürgern zu fordern berechtigt ist; willig werden wir ihm alles opfern — nur Glauben und Treue, Wahrheit und Ehre nicht; denn Deutschlands Helden und Deutschlands Weise haben uns nicht gelehrt, daß man durch solche Opfer ein Deutscher wird!« Über die Verbindlichkeit und Ausübung jüdischer Zeremonien haben allein die Juden zu bestimmen, denn sie sind Angelegenheiten des Glaubens und Gewissens. Mit »Nationalität« haben sie überhaupt nichts zu tun [25].

Die Nachdrücklichkeit, mit der insbesondere die fortschrittlichen liberalen Juden die Beschuldigung der »Nationalabsonderung« in Flugschriften und Petitionen zurückwiesen und mit der sie darauf bestanden, man solle erkennen, daß die talmudischen Zivilgesetze den Landesgesetzen längst untergeordnet sind, hätte den Liberalen Beweis genug dafür sein müssen, daß die Juden zur deutschen Nation gehörten: bestimmte sich doch nach den liberalen Grundsätzen die Nationalität des Individuums nach seinem »freiwilligen und bewußten« Bekenntnis der Zugehörig-

---

[25] Gabriel Riesser, Verteidigung der bürgerlichen Gleichstellung der Juden gegen die Einwürfe des Herrn Dr. H. E. G. Paulus, Altona 1831.

keit. Trotzdem beharrte die Mehrzahl der badischen Liberalen auf der Gültigkeit ihrer Beschuldigung gegen die orthodoxen wie die liberalen Juden. Erst 1846, nachdem der wirtschaftliche Fortschritt auch hier das zu vollbringen schien, was »liberaler Geist« den Juden versagte, nämlich sie der allgemeinen Bevölkerung de facto gleichzustellen, empfahl die zweite Kammer der Regierung, »die Petitionen der Juden wohlwollend zu prüfen«.

Emanzipationsbestrebungen in anderen Staaten

Erfolgreich waren die parlamentarischen Emanzipationsverhandlungen auch in Kurhessen, wo der Landtag im Jahre 1832 ein Gesetz annahm, welches den Juden alle bürgerlichen Rechte, auch der Anstellung im Staatsdienst zusprach. Aber anders als im Rheinland war dieser Landtagsbeschluß weniger Ausdruck freier politischer Tätigkeit der Bürger; vielmehr war er unter dem Einfluß der Regierung zustande gekommen, wobei das Frankfurter Bankierhaus Rothschild, nach Ludwig Börne, nicht unbeteiligt gewesen sein soll. »Von dieser Emanzipation könnt ihr Mazze backen«, schrieb Börne aus Paris, »Brot wird nie daraus.« Er meinte damit, ähnlich wie Karl Marx, daß eine Befreiung der Juden durch die Obrigkeit, ohne die Befreiung des gesamten Volkes, auf die Dauer nicht gut gehen konnte.

In Bayern sprachen sich Mitglieder der Kammer für die Juden aus, da die Unterdrückung einer Bürgergruppe mit dem Wesen des Rechtsstaates unvereinbar sei. Die Regierung sagte »eine umfassende Revision der über die Verhältnisse der israelitischen Glaubensgenossen bestehenden Gesetze und Verordnungen« zu, kam aber zu dem Ergebnis, daß die bürgerliche Reform noch nicht an der Zeit sei. 1837 baten die jüdischen Gemeinden erneut um Revision der Gesetzgebung, aber das Ministerium, das auch die Protestanten rechtlich zurücksetzte, wollte davon nichts wissen und attackierte »die alles verflachende rationalistische Kritik der israelitischen Grundlehren und Zeremonial-Satzungen«.

Neue Petitionen von seiten des jüdischen und christlichen Bürgertums hatten zur Folge, daß der Landtag 1846 eine Revision des Judenedikts forderte, allerdings nur zum Zweck der Beseitigung der drückendsten Rechtsbeschränkungen. Die Zahl der Juden in Bayern war inzwischen um zehntausend gesunken, so stark war die Sterblichkeit der Alten und die Auswanderung der Jungen, insbesondere nach den Vereinigten Staaten.

Auch in Württemberg zeitigte das Jahr 1845 einen Beschluß beider Kammern, der die Gleichberechtigung der Juden befürwortete. Die Regierung versprach ihre Zustimmung nach Ablauf der 1818 gesetzten dreißigjährigen Bewährungsfrist.

In Hannover war die Judengesetzgebung so rückständig, daß es schon als Fortschritt galt, wenn sie zu Schutzjuden ernannt wurden und 1842 das Heimatrecht in den Ortsgemeinden erhielten. Zünfte und Gilden versagten ihnen die Ausübung des Handwerks und Gewerbes. Auch als Ärzte durften sie sich nicht betätigen. Bis 1847 mußten die Juden von Hannover noch ein »Schutzgeld« zahlen. Hernach erhielten sie die Erlaubnis, Häuser zu erwerben. Ihrem Zeugnis und ihren Handelsbüchern wurde nunmehr vor Gericht dieselbe Glaubwürdigkeit zugemessen wie denen von Christen.

In Sachsen, wo 1843 auf 1900 Einwohner ein Jude kam, petitionierten die Zünfte um »Schutz gegen die Judenschaft«, weil die Juden hier den Ehrgeiz hätten, sich als Handwerker zu betätigen. Unter anderen setzte sich Prinz Johann, der spätere König, für die Juden ein, mit dem Ergebnis, daß die Gemeinden in Dresden und Leipzig das Recht erhielten, Synagogen zu errichten und Gottesdienst zu halten. Eine Vermehrung durch Zuwanderung und Freizügigkeit wurde jedoch untersagt, der Gewerbebetrieb in engen Grenzen gehalten. Gewisse Erleichterungen gewährte man in der Form des Judeneides, aber erneute jüdische Petitionen um volle Gleichberechtigung blieben erfolglos.

Von den kleinen Staaten erweiterte Braunschweig die Rechte der Juden, und in den beiden Mecklenburg erwiesen die Regierungen sich als liberaler als die Stände.

Der Erste Vereinigte Preußische Provinziallandtag

Im Jahre 1847 kam die »Judenfrage« zur Aussprache vor dem Ersten Vereinigten Preußischen Provinziallandtag in Berlin. Der Regierungsentwurf empfahl die Ausdehnung des Ediktes von 1812 auf alle Gebiete der Monarchie, mit Ausnahme der Provinz Posen. Den Juden sollten »neben gleichen Pflichten gleiche bürgerliche Rechte« mit den christlichen Untertanen gewährt werden. Die Juden sollten jedoch weiterhin von allen obrigkeitlichen Ämtern, vom Offizierskorps, von allen Lehrämtern (mit Ausnahme der Privatdozentur und außerordentlichen Professuren der Mathematik, Physik und Medizin) ausgeschlossen bleiben. Auch das aktive und passive Wahlrecht zu den Landständen sollte ihnen verweigert werden. In der siebentägigen Debatte nahmen rheinländische Großbürger, katholische Geistliche, auch Mitglieder des ostpreußischen Hochadels Stellung für die volle uneingeschränkte Emanzipation. Sie beriefen sich auf sittliche, wie auf historische und praktische Gründe und sprachen von der Notwendigkeit, den Juden die vollen Rechte der Staatsbürger zu übertragen und sie so mit dem Staat und seiner Kultur »organisch zu verbinden«. Um der Christen willen, hieß es, sollen die Juden gleichgestellt werden. »Ich wünsche«, erklärte der Fabrikant Gustav Mevissen, »daß wir Christen befreit werden von der Schuld, die die Vergangenheit auf uns übertragen, von der Sünde, womit wir durch fortgesetzten Druck, durch fortdauernde Ungerechtigkeit die Gegenwart belasten.«

Gegen eine völlige Gleichstellung waren Protestantisch-Konservative, wie der Staatsminister von Thile, und Vertreter aus ländlichen Gebieten. Thile erklärte, es sei dem Christentum »unerträglich, den Juden obrigkeitliche Rechte beizulegen«. Der Jude, dessen einziges Vaterland Zion sei, könne Preußen nicht als solches anerkennen. Die Konservativen (darunter auch der junge Bismarck, der jedoch alsbald seine Einstellung gegenüber den Juden änderte) bezeichneten das Judentum als »Gegenreligion«, die zu fördern eine Verleugnung des eigenen Glaubens und des damit verknüpften »Staatsinteresses« bedeute. Diesem Argument stellten die Liberalen gegenüber, daß der Begriff »christlicher Staat« die verschiedensten Deutungen zuließe über das, was eigentlich unter »christlich« gemeint sei. Überdies sei er ein Widerspruch in sich selber, da er als durch keine Verfassung gebundener »Machtstaat« die Gebote christlicher Nächstenliebe und Gleichheit fortwährend breche. Erst die Emanzipation, erklärte der Kanonikus Lensing, wird das christliche Gebot erfüllen, »welches befiehlt, alle Menschen ohne Unterschiede, mithin auch ohne Unterschied des Glaubens und der religiösen Überzeugung als Brüder zu lieben«. Der Fürst Lynar sah in der Judenemanzipation die Konsequenz eines wirklich christlichen Staates: »Ich glaube nicht, daß der christliche Staat als ein Hindernis betrachtet werden könne, indem die volle Anerkennung jeder menschlichen Natur, und mithin auch die Anerkennung der Rechte der Juden, recht eigentlich die Pflicht eines christlichen Staates ist... Der christliche Staat hat hauptsächlich die Aufgabe, die christliche Grund-Idee immer mehr zu verwirklichen. Diese christliche Lebens-Idee aber ist die Liebe, und diese wird in ihrer Fortbildung, in ihrer praktischen Anwendung die — Versöhnung [26].«

Das Ergebnis der Beratung war die Verwerfung der völligen Emanzipation mit 215 gegen 185 Stimmen und die Annahme des Regierungsentwurfes mit einigen unwesentlichen Änderungen. Nach dem Gesetz vom 23. Juli 1847 durften sich die Juden Preußens nunmehr als Staatsbürger »zweiter Klasse« fühlen. Überdies versuchte das Gesetz, den rechtlichen Status der Synagogengemeinden zu regeln. Im Rheinland wurde die straffe, von Napoleon eingeführte Konsistorialverfassung aufgehoben, wohl mit dem Ziel, die jüdische Organisation zu schwächen. Gleichzeitig wurden die Gemeinden als locker miteinander verbundene Körperschaften zusammengefaßt und staatlicher Aufsicht unterstellt.

---

[26] Verhandlungen des Ersten Preußischen Vereinigten Landtages über die die Emanzipation der Juden, Berlin 1847.

9. KAPITEL

Revolution und Reaktion 1848-1871

Die Revolution 1848

An der 1848er Revolution nahmen viele Juden auf liberaler und demokratischer Seite teil. Sie kämpften auf den Barrikaden in Berlin und Wien, beteiligten sich am badischen Aufstand. Vizepräsident der Frankfurter Nationalversammlung war Gabriel Riesser. Die freiheitlichen Forderungen der jüdischen Liberalen und Demokraten unterschieden sich in keiner Weise von denen der christlichen Revolutionäre [1].

Im Freiheitstaumel der Revolution wurde die Emanzipation der Juden allgemein mit den Forderungen der Trennung von Kirche und Staat, der Gewissensfreiheit, der Gleichheit vor dem Gesetz und der Emanzipation der Menschheit verbunden. Die soziale und wirtschaftliche Stellung der Juden hatte sich inzwischen in allen deutschen Gebieten derart gefestigt und ihrer Umwelt angeglichen, daß in der Frankfurter Nationalversammlung die Emanzipation fast zu einer Selbstverständlichkeit geworden war. In der revolutionären Begeisterung, so schrieb die »Triersche Zeitung«, war die über Jahrzehnte so heftig debattierte Frage der Judenemanzipation »im großen weltbefreienden Kampfe verschwunden wie ein bloßes Moment« [2]. Nur ein einziger, ein Fürsprecher des Kleinbürgertums, trat in der Versammlung gegen die Judenemanzipation auf. Ohne weiteres Aufheben galten die Juden gemäß dem zweiten und fünften Artikel der Grundrechte

---

[1] Adolf Kober, »Jews in the Revolution of 1848 in Germany«, in Jewish Social Studies, Nr. 1, 1948; Salo Baron, »The Impact of the Revolution of 1848 on Jewish Emancipation«, ebenda, Nr. 3.
[2] Triersche Zeitung, 13. Januar 1849.

als der christlichen Bevölkerung politisch gleichgestellt. In der Frankfurter Reichsverfassung vom 29. März 1849 hieß es: »Durch das religiöse Bekenntnis wird der Genuß der bürgerlichen Rechte weder bedingt noch beschränkt. Den staatsbürgerlichen Pflichten darf dasselbe keinen Abbruch tun.«

Die freiheitliche Einstellung gegenüber den Juden wurde jedoch nicht zum dauerhaften Geist der deutschen Politik und blieb nur äußerlich. Richard Wagners Bemerkung aus dem Jahre 1850, daß, »als wir für die Emancipation der Juden stritten, ... wir aber doch eigentlich mehr Kämpfer für ein abstractes Prinzip als für den concreten Fall waren«, ist dafür bezeichnend. »Wir waren ohne Kenntnis dieses Volkes, ja mit Abneigung gegen jede wirkliche Berührung mit ihm, denn bei allem Reden und Schreiben für Judenemancipation fühlten wir uns bei wirklicher, tätiger Berührung mit Juden von diesen stets unwillkürlich abgestoßen« [3].

Wie wenig die Juden in Deutschland sich fortan auf echte liberale Überzeugung stützen konnten, wurde schon kurz nach der Märzrevolution deutlich. Die Liberalen beugten sich der Macht des preußischen Militärs. Ihr Freiheitsstreben wurde eingeengt durch die in den meisten Gegenden Deutschlands noch vorherrschende soziale Unsicherheit. Die schnelle, überstürzte wirtschaftliche Entwicklung in der zweiten Hälfte des 19. Jahrhunderts gestattete sodann dem Liberalismus nicht die innere ideologische Festigung. Eine liberale Ideologie, wie sie die westlichen Länder kennen, konnte in Deutschland sich nur für kurze Augenblicke, wie etwa im Rheinland in den vierziger Jahren, herauskristallisieren. Zur selben Zeit, da der neue bürgerliche Mittelstand sich gegen den Ständestaat zu erheben begann, drängten schon die unteren Volksschichten nach und verlangten die Verwirklichung des liberalen Prinzips der Volkssouveränität und der Gleichheit auch für sich selbst. Nach 1848 warf sich das liberale Bürgertum aus Angst vor drohender »Anarchie und Communismus« den

---

[3] Richard Wagner, Das Judentum in der Musik, Leipzig 1869.

monarchischen Regierungen in die Arme. Gegen den staatlichen Schutz vor der Volksbewegung tauschte es Freiheit und Gleichheit ein. Mit der Aufopferung dieser Prinzipien gab der Liberalismus gerade die Grundlagen preis, aus denen man konsequent die Gleichberechtigung der Juden abgeleitet hatte [4].

Die Reaktion

Nach der Auflösung der Frankfurter Nationalversammlung fühlten sich die einzelnen Staaten nicht mehr an die gewährten Konzessionen gebunden. Mit der Zurücknahme der Grundrechte war in den meisten Ländern auch die unbeschränkte Gleichstellung der Juden wieder hinfällig geworden. Aber infolge der wirtschaftlichen Lage war ihre Sonderstellung unzeitgemäß geworden. Die nun getroffenen reaktionären Maßnahmen erwiesen sich auf die Dauer zumeist als undurchführbar.
In Preußen wurden zwar die in der Verordnung vom 6. April 1848 gewährten Grundrechte in der revidierten Verfassung vom 31. Janur 1850 beibehalten, wonach »der Genuß der bürgerlichen und staatsbürgerlichen Rechte ... unabhängig von dem religiösen Bekenntnis« war. Artikel 14 des Dokumentes enthielt jedoch den Passus, daß »die christliche Religion im Staate grundlegend ist«, was hinsichtlich der jüdischen Bürger die verschiedensten willkürlichen Deutungen zuließ. In der Landratskammer von 1856 forderten konservativ-protestantische Kreise unter Führung des Redakteurs der »Kreuzzeitung«, Hermann Wagener, den preußischen Juden überhaupt die 1812 gewährten bürgerlichen und staatsbürgerlichen Rechte zu entziehen. Die Gemeinden und einzelne jüdische und christliche Bürger aber bestürmten die Abgeordneten mit Gegen-Petitionen. Die Kammer lehnte den Antrag ab. Zahlreiche Bittschriften der Synagogengemeinden um Verwirklichung der Verfassung erreichten

---

[4] Sterling, a.a.O., Kapitel 8.

eine prinzipielle Zusage des Staatsministeriums. Auf dem Verwaltungswege führte jedoch der Grundsatz des »christlichen Staates« zur weiteren Diskriminierung, zur Ausschließung der Juden von Rechten und Ämtern. Kleine Zugeständnisse jener Zeit waren die Errichtung öffentlicher jüdischer Volksschulen und die Zulassung von Juden als Rechtsreferendare und Assessoren.

In anderen Staaten war die Entwicklung unterschiedlich: In Hessen-Kassel wurde das Emanzipationsgesetz des Jahres 1833 aufgehoben, als der Genuß der Bürgerrechte an das christliche Bekenntnis geknüpft wurde. Das gleiche geschah in Mecklenburg-Schwerin. Vergeblich war die realistische Eingabe des Magistrats von Güstrow an das Ministerium: »Die Idee der Kammerknechtschaft ist dem Volksbewußtsein gänzlich entschwunden, und sie wird sich niemals gänzlich durch erneuten Druck gegen die Juden wieder hervorrufen lassen ... Es wird unmöglich sein, die Juden auf den Standpunkt, den sie vor hundert Jahren eingenommen, zu reduzieren, nachdem sie sich den Staatseinrichtungen, den Wissenschaften und Künsten angeschlossen und aus ihnen Männer hervorgegangen, die das Vaterland verehrt und deren Namen wahrscheinlich für alle Dauer der gegenwärtigen Kultur unvergeßlich bleiben« [5].

In den süddeutschen Staaten ließ man den Juden zwar das aktive und passive Wahlrecht, beschränkte aber ihre Freizügigkeit und Gewerbetätigkeit. In Bayern wurde der alte Matrikelzwang und der gewerbliche Ausschluß von den Behörden so streng gehandhabt, daß wieder eine starke Auswanderung nach den Vereinigten Staaten einsetzte. Erst im November 1861 fielen der Matrikelzwang und die Beschränkungen im Niederlassungsrecht und in der Gewerbefreiheit. Die fast einstimmige Annahme des Gesetzes in beiden Kammern zeigte, wie unzeitgemäß — wirtschaftlich und sozial — die Sonderstellung der Juden geworden war.

---

[5] Dubnow, Die neueste Geschichte des jüdischen Volkes, Berlin 1920–1923, II, 333.

In den freien Reichsstädten besserte sich die Lage der Juden. Frankfurt stellte 1853 ihre staatsbürgerlichen Rechte wieder her, verweigerte ihnen aber immer noch die Wählbarkeit in den Senat und in die ständige Bürgerdeputation, sowie die Ernennung zum Lehr- und Richteramt. Hamburg, Lübeck sowie das benachbarte Oldenburg gewährten ihnen volle Gleichberechtigung und hoben die wirtschaftlichen Beschränkungen auf. Hamburg beseitigte den besonderen Judeneid und ernannte sogar Gabriel Riesser zum Obergerichtsrat.

Ende 1861 gewährten auch die württembergischen Kammern mit überwältigender Mehrheit den Juden das Wahlrecht. 1864 wurde, gegen eine einzige Stimme in der Abgeordnetenkammer, von beiden Häusern die volle Gleichberechtigung beschlossen.

In Baden besaßen die Juden fast alle staatsbürgerlichen Rechte, aber nicht überall das Ortsbürgerrecht. In Baden-Baden, Offenburg, Freiburg und Konstanz durften sie immer noch nicht wohnen. 1862 hob ein Gesetz diese Beschränkung sowie den Gewerbeausschluß auf. Baden, das in Deutschland bald den Ruf des »liberalen Musterländle« genoß, führte die Gleichberechtigung auch durch. Großherzog Friedrich ernannte 1866 sogar einen Juden, Moritz Ellstätter, zum Finanzminister, ein Amt, das dieser 25 Jahre lang innehatte.

Die Juden und die deutschen Einheitsbestrebungen

Begreiflicherweise stand die Mehrzahl der jüdischen Bürger auf der Seite der Einheitsbestrebungen, einmal weil dies in ihrem wirtschaftlichen Interesse lag, und zum anderen weil sie sich von einem »Deutschen Reich« das Ende der Willkür und Rechtsunsicherheit erhofften. Die Gesinnung des jüdischen Bürgertums war liberal und national. Dieser jüdische Deutsch-Nationalismus war stark freiheitlich und humanitär geprägt. Schon im Jahre 1832 hatte Ludwig Börne geschrieben: »Ich weiß das unverdiente Glück zu schätzen, zugleich ein Deutscher und ein Jude zu

sein... Ja, weil ich als Knecht geboren, darum liebe ich die Freiheit mehr als Ihr. Ja, weil ich die Slaverei gelernt, darum verstehe ich die Freiheit besser als Ihr. Ja, weil ich keinem Vaterlande geboren, darum wünsche ich ein Vaterland heißer als Ihr, und weil mein Geburtsort nicht größer war als die Judengasse, und hinter dem verschlossenen Tore das Ausland für mich begann, genügt mir auch die Stadt nicht mehr zum Vaterlande, nicht mehr ein Landgebiet, nicht mehr eine Provinz; nur das ganze große Vaterland genügt mir, so weit seine Sprache reicht [6].«
1848 hatten jüdische Freiwillige an dem Freiheitskampf für Schleswig-Holstein teilgenommen, und dies obwohl die holsteinischen Stände nach wie vor ihnen auch die elementarsten Rechte versagten. Auch während der polnischen Aufstände standen die Juden auf der Seite Preußens, obgleich sie davon wirtschaftliche Nachteile hatten. Gabriel Riessers Rede in der Frankfurter Nationalversammlung gab den Ausschlag für den Beschluß, den preußischen König zum deutschen Erbkaiser zu küren. Schon 1850 veröffentlichte Moritz Lazarus eine Schrift »Über die sittliche Berechtigung Preußens in Deutschland«. Ein Jahrzehnt später verfocht Ferdinand Lassalle in seinem Drama «Franz von Sickingen« die deutsche Einheit. Dem Deutschen Nationalverein, zu dessen Gründern auch Gabriel Riesser gehörte, schlossen sich liberale jüdische Politiker, wie Eduard Lasker und Ludwig Bamberger an. Sie und der jüdische Arzt Johann Jacoby gehörten dem konstituierenden Reichstag des Norddeutschen Bundes an. Lasker war es, der 1867 gemeinsam mit Miquel den Schlußsatz zur Verfassung schuf, welcher den Eintritt der süddeutschen Staaten in den Bund erleichterte.
Die deutsche Einigung verbesserte tatsächlich die Lage der Juden. Das Freizügigkeitsgesetz des Norddeutschen Bundes vom 1. November 1867, das ausdrücklich das Glaubensbekenntnis als Hinderungsgrund ausschloß, machte allen noch anders lautenden Gesetzen der einzelnen Staaten (wie etwa des Königreichs Sach-

---

[6] Pariser Briefe, 7. Februar 1832.

sen und Mecklenburg) ein Ende. Das Gesetz vom 3. Juli 1869 machte die politische und rechtliche Gleichheit aller Bürger vom Religionsbekenntnis unabhängig, wobei auch die Juden rechtlich-politisch gleichgestellt wurden, ohne daß dies noch größere Diskussionen innerhalb der Regierungen oder in der Öffentlichkeit ausgelöst hätte. »Alle noch bestehenden, aus der Verschiedenheit des religiösen Bekenntnisses hergeleiteten Beschränkungen«, hieß es dort, »werden hierdurch aufgehoben, insbesondere soll die Befähigung zur Teilnahme an der Gemeinde- und Landesvertretung und zur Bekleidung öffentlicher Ämter vom religiösen Bekenntnis unabhängig sein« [7].

Diese Bestimmung, die mit der Reichsgründung 1871 als Reichsgesetz verkündet wurde, bedeutete den Schlußstein der rechtlichen und politischen Emanzipation. Aber wie die späteren Jahrzehnte zeigen sollten, war die gesetzliche Gleichstellung nicht identisch mit einer vollen menschlichen und sozialen Aufnahme der Juden. Es ist die besondere Tragik der Geschichte christlich-jüdischer Beziehungen in Deutschland, daß hier — anders als in den westlichen demokratischen Ländern — die Emanzipation der Juden nicht das unmittelbare Ergebnis liberaler Bestrebungen war, sondern daß sie schließlich vom Obrigkeitsstaat erfüllt wurde. Der Staat erklärte die Juden nur deshalb vor dem Gesetze für gleich, weil Anno 1871 ein mittelalterliches Ständerecht im Kaiserreich nicht mehr denkbar war und weil die aufwärtsstrebende Wirtschaft die Juden brauchte. Sie wurden in Deutschland erst in dem Augenblick emanzipiert, als maßgebliche Kreise die Freiheit bereits aufgegeben hatten.

---

[7] Bundesgesetzblatt des Norddeutschen Bundes, Berlin 1869, Nr. 28.

Innere soziale und religiöse Entwicklung

Der allgemeine wirtschaftliche Fortschritt veränderte auch die soziale Lage der Juden. In der zweiten Hälfte des 19. Jahrhunderts setzte eine immer stärkere Wanderung vom Land in die Städte ein. In Berlin, wo die 6456 Juden noch 1840 nur 2 % der Bevölkerung bildeten, wuchs die Gemeinde bis 1871 auf 30 015 Mitglieder oder 3^1/$_3$ % der gesamten Einwohnerschaft; in Köln von 615 Menschen (0,89 %) auf 3172 (2,45 %); in Breslau von 6000 auf fast 18 000 im Jahr 1880; in Frankfurt von 5007 auf etwa 8000. In Hamburg aber ging trotz absoluter Zunahme von 7000 Juden im Jahr 1814 auf 12 550 im Jahr 1866 der Anteil an der Gesamtbevölkerung stark zurück. In Städten, in denen das jüdische Wohnrecht neu geregelt wurde (wie Dresden, Hannover und München), war naturgemäß ein Wachstum um das Doppelte und das Dreifache zu verzeichnen. Zahlreiche kleine Gemeinden in Mecklenburg, Pommern und Westpreußen dagegen verloren ihre Mitglieder, weil diese in die größeren Städte abwanderten. Viele Juden aus Posen und Bayern wanderten in die Vereinigten Staaten aus [8].

Mit der verstärkten Beteiligung am Leben der Umwelt nahm in breitesten Schichten der jüdischen Bevölkerung das Interesse an jüdischen Dingen zusehends ab. Die religiösen Bindungen lockerten sich — eine Entwicklung, die freilich auch unter den christlichen Konfessionen jener Zeit zu beobachten war. Die Gemeindetätigkeit verlegte sich stark auf das Materielle. Prächtige Synagogen wurden errichtet, zahlreiche Einrichtungen für Arme, Waisen und Kranke geschaffen. Die Wohltätigkeit schien vielen als Ersatz für Religion zu gelten. Die ältere Generation besaß zwar noch jüdische Kenntnisse und traditionelle Bindungen. Aber auch sie war von dem Unbehagen beherrscht, nicht mehr in »die Zeit zu passen«. Ihren Kindern wollten die Älteren den Weg ins Leben ebnen, ihnen die »Last des Judeseins« nehmen.

---

[8] Silbergleit, Die Bevölkerungs- und Berufsverhältnisse der Juden im Deutschen Reich, Berlin 1930.

Trotz ihres liberalen Optimismus waren sie sich mehr oder weniger bewußt, daß die Umwelt immer noch nicht bereit war, das jüdische Andersglauben und Anderssein vollends zu akzeptieren. Die junge Generation hielt den Sabbat und die Speisegesetze oft nicht mehr ein. Die Gewohnheit des Gebets, der Feier der Sabbate und der Feste wich aus den Häusern. Wer Ansehen erwarb, zumal akademische Bildung besaß, glaubte alsbald, der Religion entraten zu können. Er beruhigte sich mit dem Goethewort: »Wer Wissenschaft und Kunst besitzt, der hat auch Religion.« Die pragmatische Orientierung des Zeitalters erschütterte den Offenbarungsglauben. Wissenschaftliche Kritik verminderte die Ehrfurcht vor der Bibel. Bei vielen übertrug sich der messianische Glaube auf die Politik, auf den Fortschrittsglauben des Liberalismus oder auf die revolutionäre Eschatologie der marxistischen Sozialdemokratie.

Die jüdischen Gemeinden, namentlich in den Großstädten, waren längst keine einheitlichen Gebilde mehr. Unter ihren Mitgliedern gab es diejenigen, die sich in Lehre und Leben streng an die Tradition hielten; andere, die nur dem Namen oder dem »Bewußtsein« nach Juden waren. Einige traten überhaupt aus den Gemeinden aus, wurden »Freidenker« oder traten zur christlichen Kirche über. Bei der Taufe waren oft opportunistische Gründe maßgebend.

Die bekannten jüdischen Schriftsteller jener Zeit, wie etwa Berthold Auerbach (der Verfasser der »Schwarzwälder Dorfgeschichten«), vermieden immer mehr die Gestaltung jüdischer Themen. Julius Levi, der sich als Schriftsteller nach seinem hessischen Heimatort »Rodenberg« nannte, erwähnte noch in seinen Jugenderinnerungen die starken jüdischen Eindrücke seines Elternhauses, verschwieg aber in seinem späteren Leben ihre Bedeutung. Der Mainzer Ludwig Bamberger verleugnete sein Judentum zwar nicht, ging aber in seinen Lebenserinnerungen nicht mehr auf seine jüdische Abstammung und Erziehung ein. Als Jüngling schrieb Ferdinand Lassalle Bekenntnisse zum Judentum in sein Tagebuch und schwärmte für seinen Lehrer Abraham

Geiger. In späteren Jahren aber wollte er seine jüdische Herkunft gern vergessen machen. Aron Bernstein schilderte den Werdegang vom Juden bis zum »in der Umwelt aufgegangenen« Staatsbürger. Am Anfang stand das jüdische Leben in einer westpreußischen Kleinstadt, das sich ganz in der Beachtung der altherkömmlichen Vorschriften erschöpfte: in Beten und Klagen, in Sabbatfeiern, in Familiensinn und Wohltun. Von fern aber winkte die Großstadt und ihre Bildung, die Bernsteins Romanhelden zum Glanz eines neuen Lebens lockten. Anders war das Milieu, das Georg Hermann in seinem »Jettchen Gebert« schilderte. Zunächst war da der Gegensatz zwischen der großstädtischen Berliner Familie und den Posener Verwandten. Dieser äußerte sich nicht so sehr im Jüdischen als in bürgerlichen Idealen der Erziehung, in Sitte und Geschmack, in der Einstellung zum Geschäft, in der Auffassung von »Korrektheit und Ehre«. In der Berliner Familie kam niemals der Gedanke auf, einen Sabbat oder einen jüdischen Festtag zu feiern. Und dies nicht etwa, weil die Leute besonders aufgeklärt waren, sondern weil sie sich der Zeit angepaßt hatten und nicht mehr »zurückschauen« wollten. Trotzdem besaß auch dieses »assimilierte« jüdische Großstadtbürgertum noch so viele unbewußte Traditionsbindungen, daß ihm etwa der Gedanke einer Mischehe entsetzlich war. Tatsächlich war das jüdische Leben reichhaltiger, als es hier in der Literatur geschildert wurde. In den kleinen Gemeinden von Hannover, Hessen und einigen süddeutschen Gegenden gab es gewiß noch viel echte, innige Frömmigkeit.

Der reformatorischen Bewegung standen starke Hindernisse im Wege. Es kam fast nur zu vorübergehenden Kompromissen, zu einigen Änderungen im Ritus. In vielen Gemeinden führte man die regelmäßige Predigt und Gebete in deutscher Sprache ein, in manchen auch das Orgelspiel und den Chorgesang. Das rief Kämpfe mit der Orthodoxie hervor. Aber deren Wortführer in den Großstädten hatten sich zumeist selbst so weit von der Tradition entfernt, daß man ihrem Widerspruch kein großes Gewicht mehr beilegte. Die Gesetzestreuen, die wirklich gewillt waren, materielle Opfer für ihre Anschauungen zu bringen, waren zahlenmäßig gering und meist in den kleineren Gemeinden isoliert. Aber eine stetig wachsende Gruppe scharte sich um die seit 1851 von Samson Raphael Hirsch gegründete Israelitische Religionsgesellschaft in Frankfurt am Main. Die Gefolgschaft der führenden Männer der Rabbinerversammlungen nahm ab. Geiger widmete sich immer mehr seinen wissenschaftlichen Arbeiten und erreichte nur noch wenig im praktischen Gemeindeleben. Auch Frankel konnte nur noch darin Genugtuung finden, daß er schon längst vor der extremen Reform gewarnt hatte.

Auf Frankels Schulter wurde nunmehr wohl die schwerste Verantwortung für die Zukunft des deutschen Judentums gelegt: die Leitung der neuen Rabbinerbildung. Seit einem Menschenalter hatten sich Zunz, Geiger, Philippson für die Gründung einer jüdisch-theologischen Fakultät eingesetzt, aber nicht die Mittel dafür aufbringen können. Der in Breslau gestorbene Kommerzienrat Jonas Fraenckel hinterließ sein ganzes Vermögen für soziale Stiftungen und bestimmte auch einen namhaften Betrag für die Errichtung eines jüdisch-theologischen Seminars. Im August 1854 wurde dieses unter Frankels Leitung eröffnet. Er stellte das Seminar auf akademische Grundlage nach dem Vorbild der deutschen Universitäten und bestimmte damit das wissenschaftliche Niveau der neuzeitlichen Rabbinerbildung in allen Ländern Deutschlands. Frankel umgab sich mit einem hervorragenden Mitarbeiterstab, von denen vor allem Heinrich Graetz Ansehen erlangte. Seine »Geschichte der Juden von den ältesten Zeiten bis auf die Gegenwart« gehört zu den größten Leistungen der deutsch-jüdischen Wissenschaft. Sie gründete nicht nur auf eifriger Forschungsarbeit, sondern auch auf der starken Persönlichkeit des Historikers. Die Wärme, mit der diese Geschichte erfaßt und geschrieben wurde, das Miterleben der Ereignisse und Gestalten in allen Zeiten und Räumen, üben noch heute auf den Leser eine faszinierende Wirkung aus. Im Gegensatz zu den Wortführern seiner Zeit sprach Graetz vom »natio-

nalen Charakter« der jüdischen Geschichte und rief damit viel Widerspruch hervor.
Daß Graetz' »Geschichte« publiziert werden konnte, war Ludwig Philippson, einem begabten Organisator, zu verdanken. Dieser hatte das »Institut zur Förderung der israelitischen Literatur« geschaffen, das zahlreiche Werke aus den verschiedensten Gebieten der jüdischen Forschung und Dichtung herausgab. Die ungewöhnlich große Beteiligung von Subskribenten, Geldgebern und Wissenschaftlern zeigt, wie stark trotz religiösen Abfalls die Bindung an das Judentum in weiten Kreisen noch war, wie sehr jüdische Bürger an ihrer Vergangenheit und Kultur hingen. Auch Philippsons »Israelitische Bibelanstalt« und die »Orthodoxe Bibelanstalt«, welche beide den hebräischen und die deutschen Texte der Bibel herausgaben, waren erfolgreich, insbesondere auf dem Gebiet des Religionsunterrichtes. Auch dieser wurde pädagogisch-methodisch überprüft und verbessert.
Mit einem wachen Sinn für die Problematik der Zeit stellte Abraham Geiger 1865 die Frage »Was tut not?« und forderte größere Versammlungen zur Besprechung jüdischer Fragen. Eine solche trat noch im gleichen Jahr zusammen und beschloß die Gründung eines »Vereins für die allgemeinen religiösen Interessen des Judentums«. Dieser kam jedoch nicht zustande. Auch eine Rabbinerversammlung, die 1868 in Kassel tagte, kam zu keinem greifbaren Ergebnis außer zu dem Beschluß, daß künftige Synoden, d. h. gemeinsame Zusammenkünfte von Rabbinern und Laien zur Beratung jüdischer Angelegenheiten einberufen werden sollten. Die erste Synode trat im Juni 1869 in Leipzig zusammen. Moritz Lazarus' begabte Führung machte die Versammlung zu einem äußeren Erfolg, konnte aber die inneren Gegensätze nicht überbrücken. Neben einer Deklaration, welche überflüssigerweise die damals von niemand angezweifelten Grundsätze der neuen Gesellschaft und des Rechtsstaates erneut betonte, wurden Resolutionen über die Notwendigkeit und Verallgemeinerung des Religionsunterrichtes, insbesondere neben der sich ausbreitenden Simultanschule, auch über Refor-

men im Gottesdienst und über die Beschneidung gefaßt. Aber ehe sie durchgeführt werden konnten, brach der Deutsch-Französische Krieg aus. Nach Kriegsende trat eine neue Synode in Augsburg zusammen, die sich eingehend mit den Ehe-, Sabbat- und Speisegesetzen befaßte und neben manchen Reformen eine Revision des Schulchan Aruch beschloß. Wiederum wurde eine Deklaration über die Entwicklungsfähigkeit des Judentums und die Bedeutung der Synode veröffentlicht. Sie war aber die letzte, und ihre Beschlüsse blieben ohne Wirkung.

Was wirklich erreicht wurde, lag außerhalb des eigentlichen Gebiets der Synode. In Leipzig wurde die Gründung eines »Deutsch-Israelitischen Gemeindebundes« beschlossen, der die bisher isolierten Gemeinden zur Erreichung gemeinsamer Zwecke — wie zum Austausch von Erfahrungen in der Verwaltung, zur Bildung von Armen- und Wohlfahrtsverbänden, zum Ausbau des Religionsunterrichts und der Sicherstellung der Lehrpersonen — koordinieren sollte. Der Bund, der sich stark ausbreitete und alle religiösen Richtungen vereinte, arbeitete sechzig Jahre lang erfolgreich und ersetzte manches, was anderwärts staatliche übergemeindliche Körperschaften leisteten. Die von ihm seit der Jahrhundertwende angestrebte Schaffung einer Gesamtorganisation der jüdischen Gemeinden glückte ihm jedoch nicht infolge der überspitzten Gegensätze der Parteien.

In Leipzig kam auch der alte Plan einer jüdisch-theologischen Fakultät wieder auf. Es entstand die »Hochschule für die Wissenschaft des Judentums«, die 1872 in Berlin eröffnet wurde. Sie unterschied sich von dem Breslauer Seminar dadurch, daß sie ihre Lehrtätigkeit nicht auf die Theologie beschränkte, sondern alles in ihren Kreis zog, was zur Belehrung über das Judentum dienen konnte. Ihre Vorlesungen sollten nicht nur künftigen Theologen zugänglich sein, sondern allen Studierenden ohne Unterschied des Faches, des Bekenntnisses und des Geschlechts. Die Lehrer wurden verpflichtet, ihre »Vorträge lediglich im reinen Interesse der Wissenschaft des Judentums, ihrer Erhaltung, Fortbildung und Verbreitung zu halten«. Es konnten Männer verschiedenster Richtung an ihr wirken, liberale neben streng konservativ gerichteten Gelehrten an ihr tätig sein.

Ende 1872 begründete Israel Hildesheimer in Berlin das »Orthodoxe Rabbiner-Seminar«. Er hatte mit denjenigen unter seinen Gesinnungsgenossen einen schweren Kampf auszufechten, die sich mit einer erneuten Talmudschule begnügen wollten. Aber allen Widerständen zum Trotz setzte er es durch, auch die orthodoxe Rabbinerausbildung auf akademische Grundlage zu stellen. Das war ein Zeichen für die Kraft, welche die Orthodoxie wieder in sich zu fühlen begann. In Hildesheimer fand sie einen hervorragenden Organisator, der die Bedürfnisse der Zeit erkannte und die rechten Mittel zu ihrer Erfüllung fand. Der Einfluß der Orthodoxie wurde so stark, daß Samuel Raphael Hirsch mit Unterstützung des Abgeordneten Lasker 1876 die Verabschiedung des preußischen Austrittsgesetzes erreichte. Dieses gestattete, aus Gewissenbedenken aus einer jüdischen Gemeinde auszuscheiden, ohne daß dies ein Austritt aus dem Judentum bedeutete. Die damals von den Gegnern des Gesetzes befürchtete Gefahr einer Zersplitterung der Gemeinden trat nicht ein. Nur an vier Orten wurde von der Möglichkeit der Gründung einer »Separatgemeinde« Gebrauch gemacht. In Frankfurt entstand die Israelitische Religionsgesellschaft, in Berlin die Adath Israel.

10. KAPITEL

Das Zweite Kaiserreich

Die soziale Lage der Juden

Im Zeitraum von 1871 bis 1910 vermehrte sich die jüdische Bevölkerung im Deutschen Reich von 112 000 auf 615 000, verminderte sich aber prozentual im Verhältnis zur Gesamtbevölkerung von 1,25 % auf 0,95 %. Dies war die Folge der Auswanderung, des Geburtenrückganges und der Übertritte zum Christentum. Während man in Preußen noch 1840 einen Jahresdurchschnitt von 115 Taufen registrierte, waren es in den letzten Jahrzehnten vor dem Weltkrieg 204. Nach offiziellen Statistiken heiratete fast ein Drittel der Juden nicht-jüdische Partner, während es zu Beginn des Jahrhunderts kaum ein Fünftel gewesen war. Die starke Binnenwanderung vom wirtschaftlich weniger entwickelten Osten nach dem Westen, vom Land und der Kleinstadt in die Großstadt hielt an. 1910 gab es in der Provinz Posen nur noch 35 000 Juden; die Berliner Gemeinde hingegen zählte 106 000 Mitglieder.

Die Bemühungen um »berufliche Umschichtungen« waren nicht erfolgreich, konnten es auch unter den ökonomischen Umständen nicht sein. Ganz abgesehen davon, daß Ackerbau und Handwerk damals allgemein keine Anziehungskraft mehr ausübten, gab es für Juden kaum Ausbildungs- und Unterkunftsmöglichkeiten in diesen Berufen. Über die Hälfte der jüdischen Erwerbstätigen in Deutschland war immer noch in den verschiedenen Zweigen des »Handels und Verkehrs« beschäftigt, entweder als selbständige Unternehmer oder als Angestellte. Die Industrialisierung, das Entstehen von Großbetrieben mit ihrer Massenproduktion, großen Verwaltungen und wissenschaftlichen

Laboratorien, wirkte sich auch auf die Sozialstruktur der jüdischen Bevölkerung aus. So stieg die Zahl der jüdischen Arbeiter und Angestellten bedeutend, während die Zahl der Selbstständigen nur geringfügig zunahm. Von 1895 bis 1907 erhöhte sich die Zahl jüdischer Arbeiter in der Industrie um 34 % (von 16 829 auf 22 553), im Handel um 15,82 % (von 38 349 auf 44 309); ebenso die Zahl der Angestellten in der Industrie um 142 % (von 5566 auf 13 475), im Handel um 53 % (von 14 997 auf 22 901); während die Zahl der Selbständigen im Handel um 2,12 % abnahm (von 80 105 auf 78 396) und sich in der Industrie um 14 % (von 26 967 auf 33 598) erhöhte. Innerhalb der Gruppe der Angestellten zeigte sich ebenfalls ein wichtiger Wandel, nämlich ein starker Rückgang von Angestellten in leitenden Stellen [1].

Jüdische Kaufleute und Industrielle — man braucht nur Emil Rathenau und Albert Ballin zu nennen — gehörten zu den Pionieren des wirtschaftlichen Aufschwunges der »Gründerjahre«. Einige wenige Juden gelangten zu großem Reichtum. Darunter gab es großzügige Wohltäter auf sozialem Gebiet und auch Förderer der Künste und Wissenschaften. Wie ein Jahrhundert zuvor in den Berliner Salons waren die großbürgerlich-jüdischen Kreise Förderer neuzeitlicher Entwicklungen.

Indessen blieben viele Berufe den Juden — auch den Reichen — verschlossen. Nach wie vor konnten sie weder Offiziere noch höhere Beamte werden, es sei denn, sie ließen sich taufen. In Preußen gab es eine kleine Anzahl von jüdischen Richtern, Hochschuldozenten und Lehrern. 1890 waren (die wenigen jüdischen Schulen nicht inbegriffen) 78 der 64 750 Volksschullehrer und 89 der 4400 Richter jüdischer Religionszugehörigkeit. Im Jahr 1900 wirkten unter den 6247 Lehrern an höheren Schulen 62 Juden.

Seit dem Bundesgesetz des Jahres 1869 (vgl. S. 241) waren die

---

[1] Vgl. hierzu H. Silbergleit, Die Bevölkerungs- und Berufsverhältnisse der Juden im Deutschen Reich, Berlin 1930. Ebenso die aufschlußreiche Analyse bei Hans Martin Klingenberg, »Zwischen Liberalismus und Nationalismus«, in Handbuch der Monumenta Judaica, Köln 1963, 365–382.

Verhältnisse der Juden zwar nicht mehr Gegenstand besonderer Gesetzgebung; Juden und andere (so etwa Mitglieder der sozialdemokratischen Opposition) wurden aber auf dem Verwaltungsweg ausgeschlossen, ein Vorgang, den der Historiker Theodor Mommsen mit »Verwaltungsprellerei« bezeichnete. Begabte junge Menschen wendeten sich daher, wenn sie den Preis der Taufe nicht zahlen wollten, den freien Berufen zu. Sie wurden vorwiegend Ärzte, Rechtsanwälte und Journalisten. Der Prozentsatz der jüdischen Studenten an den Universitäten war, gemessen am Anteil der Juden an der Gesamtbevölkerung, höher als der des übrigen Bevölkerungsteils. 1895 zählte man an den Hochschulen etwa 10 % jüdische Studenten, worunter sich freilich auch zahlreiche Juden aus dem Osten befanden [2].

Zu den bedeutendsten jüdischen Akademikern jener Zeit gehörten der Handelsrechtler Lewin Goldschmidt, der Staatsrechtler Paul Laband, der Kliniker Louis Traube, der Botaniker Ferdinand Cohn, der Philosoph Hermann Cohen; zu den bekannten Künstlern der Maler Max Liebermann; zu den Verlegern Samuel Fischer. Bei vielen Juden fanden die stark ethisch betonten Prinzipien ihrer väterlichen Religion nunmehr einen modernen Ausdruck: im Dienst an der Menschheit durch wissenschaftliche Betätigung und in der Unterstützung liberaler und sozialer Bewegungen. Eduard Lasker und Ludwig Bamberger gehörten der Liberalen Partei an und unterstützten Bismarck im Reichstag, bis sie 1878, als es über die reaktionären Tendenzen der Monarchie keinen Zweifel mehr geben konnte, die Fortschrittspartei mitbegründeten. Ferdinand Lassalle, wie bereits erwähnt, und einige andere Juden gehörten der sozialdemokratischen Reichstagsfraktion an.

Während die Empfänglichkeit der Juden für Forderungen der Ethik und sozialen Gerechtigkeit erhalten blieb, ging das Verständnis für die Religion zurück. Die allgemeine Tendenz, welche, auch auf Seiten der Christen, die religiösen Bindungen

---

[2] Silbergleit, a.a.O.

ablehnte und sogar bekämpfte, wirkte sich stark auf die jüdische Gemeinde aus. Viele Juden verließen die Gemeinden. Andere, die aus Pietät in ihnen verblieben, standen der Religion gleichgültig gegenüber. Religion schien im Zeitalter der Naturwissenschaft und Technik eine überlebte Einrichtung, ein Aberglaube. Das Judesein war vielen eine Last. Bei dieser Einstellung gegenüber der Religion fiel manchen der Schritt zur Taufe aus Opportunität nicht schwer. Man zog diese vor, als sich erwies, daß die rechtliche Gleichstellung noch keine menschliche und soziale Emanzipation brachte; daß vielmehr die Diskriminierung sich ausweitete, der Judenhaß sich noch verstärkte.

Der politische Antisemitismus

Dem Jubel über die Reichsgründung folgte gar bald die Enttäuschung über die tägliche Wirklichkeit. Staatlicher Zwang, überstürzte Industrialisierung, schwere Wirtschaftskrisen und soziale Mißstände verursachten Unzufriedenheit unter breiten Bevölkerungsschichten. Bald war der Sündenbock gefunden. Erbitterung und Wut entluden sich über dem traditionellen »Feind«. Im November 1879 faßte der Historiker Heinrich von Treitschke die herrschende Stimmung in die Worte: »Täuschen wir uns nicht: die Bewegung ist sehr tief und stark ... Bis in die Kreise der höchsten Bildung hinauf, unter Männern, die jeden Gedanken kirchlicher Unduldsamkeit oder nationalen Hochmuts mit Abscheu von sich weisen würden, ertönt es heute wie aus einem Munde: die Juden sind unser Unglück[3].«
Wie in vergangenen Zeiten gründete dieser gegen die Juden gerichtete Haß in den allgemeinen sozialen und politischen Verhältnissen (die aber mit den Juden ursächlich nichts zu tun hatten)

---

[3] Heinrich von Treitschke, Unsere Aussichten, in Preußische Jahrbücher, November 1879, abgedruckt in Der Berliner Antisemitismusstreit, Hrsg. Walter Boehlich, Frankfurt 1965, S. 11.

sowie im überlieferten Bewußtsein und im Unbewußten der Bevölkerung. Weder Aufklärung, Liberalismus, industrieller Fortschritt noch Reichseinigung hatten die tief eingewurzelten Vorurteile — die Vorstellung etwa vom jüdischen »Christuskreuziger« oder »Volksausbeuter« — überwunden. Die Rolle des »politischen Antisemitismus« im Kaiserreich läßt sich nur im Zusammenhang mit der Tatsache erklären, daß in Deutschland aus der revolutionären Situation nicht der parlamentarische Liberalismus, sondern der obrigkeitliche Staat als Sieger hervorgegangen war. Die Reichsverfassung hatte zwar eine Volksvertretung geschaffen, die auf Grundlage des allgemeinen und gleichen Wahlrechts gewählt wurde; die Regierung, das heißt die entscheidende politische Gewalt, blieb aber fest in den Händen der Monarchie und konnte vom Reichstag nicht erfolgreich zur Verantwortung gezogen werden. Zugleich fanden der noch feudal geprägte Großgrundbesitz und das industrielle Großbürgertum die Unterstützung der autoritären Staatsgewalt, während die überwiegende Mehrheit der Bevölkerung — die Arbeiterschaft, die Gewerbetreibenden und Bauern — politisch fast machtlos blieben. Gerade unter den mittleren und unteren Bevölkerungsschichten hatte die schnelle industrielle Entwicklung, der sie gleichfalls machtlos gegenüberstanden, großes Elend verursacht. Die Parole: »die Juden sind unser Unglück« war der Ausdruck, das Ventil dieser Erbitterung.

Im autoritär regierten, wirtschaftlich sich überstürzt entwickelnden Deutschland wirkten sich technischer Fortschritt, Erweiterung des Wahlrechts sowie die Organisation politischer Parteien zum Teil gesellschaftlich anders aus als in den freiheitlichen westlichen Ländern. Während dort alle diese Faktoren immerhin Liberalität und Toleranz förderten, dienten sie gewissen Gruppe im deutschen Kaiserreich eher als Popanz für ihre reaktionäre und gegenaufklärerische Ideologie: den germanomanischen Nationalismus und Judenhaß. Die Verherrlichung »deutschen Volkstums«, »deutscher Rasse«, »deutscher Gesittung« und anderes mehr sollten helfen, die Bevölkerung ihre unterdrückte Lage vergessen zu lassen: Im Judenhaß sollten breite Volksschichten, besonders die Kleinbürger und die Bauern, aber auch deklassierte Adelige und Beamte, ein Ventil für ihre Erbitterung finden. Es entstand nunmehr ein »politischer Antisemitismus«, dessen Ursache aber eigentlich eine unpolitische Haltung und auch die real-politische Ohnmacht waren. Wie in vergangenen Zeiten erwies sich auch der neue Judenhaß als der für die Herrschenden bequemste und ungefährlichste Weg, die Bevölkerung von den wirklichen Ursachen ihrer Lebensnot abzulenken; anders aber als früher war die neue »christlich-germanische«, oder auch nur noch: »germanische« Judenhetze nicht mehr bloß ein gelegentliches, sondern ein organisiertes und andauerndes Ablenkungsmanöver. Die Stärke dieser organisierten antisemitischen »Volksbewegungen« schwankte zwar mit dem Auf und Ab der Wirtschaftslage; aber der technische Fortschritt besonders der Kommunikationsmittel ermöglichte eine wirksamere und beständigere Zusammenfassung sowie eine größere Manipulierbarkeit der Beteiligten. Überdies diente der Antisemitismus im Zeitalter des allgemeinen Wahlrechts — bei breiter politischer, aber nicht freiheitlicher Beteiligung der Bevölkerung — mehr denn je zuvor als Integrationsmittel sonst auseinanderstrebender Richtungen. Damals schon betonte der Historiker Theodor Mommsen, daß die Einigkeit Deutschlands sich weitgehend dem gemeinsamen »äußeren Feind« und dem Krieg gegen Frankreich verdanke. Nunmehr diente der Haß gegen einen angeblichen »inneren Feind« — den Juden — als Integrationsmittel. Der Judenhaß war bei den Wahlen ein nützlicher Stimmenfänger für die verschiedensten Gruppeninteressen. Auch für den Staat erwies sich der Antisemitismus als ein brauchbares Werkzeug politischer Taktik. Je nach Tagesinteressen, z. B. wenn es von irgendwelchen Ereignissen oder Personen abzulenken galt, wurde er von höchster Stelle beschworen. Der autoritäre Staat brauchte seine Feinde und Sündenböcke. Abwechselnd waren dies im

Wilhelminischen Zeitalter die »übernationalen« Katholiken, die »jüdischen Weltverschwörer« oder die »verräterischen« Sozialdemokraten [4].

Zu den Ideologen des neueren Antisemitismus gehörte unter anderen der Verfasser des »Judenspiegels« und der Gründer der Antisemiten-Liga (1879), Wilhelm Marr. Ihm pflegt man fälschlicherweise das »Verdienst« zuzuschreiben, als erster die Judenfeindschaft auf »rassische Grundlage« gestellt und als erster das Wort »Antisemitismus« im politischen Tageskampf angewandt zu haben [5]. Der zweite war Otto Glagau, der in einer Hetzschrift, »Der Börsen- und Gründungsschwindel in Berlin« (1876), den Juden die Schuld am Börsenkrach des Jahres 1873 zuschob und sie überhaupt für die gesamte industrielle Entwicklung (»Das Judentum ist das angewandte, bis zum Extrem durchgeführte Manchestertum.«) und deren negative Folgen verantwortlich machte. Paranoisch ist seine Furcht vor dem »Dämon« der »Weltverschwörung« dieser »degenerierten Race«: »Sie schieben uns Christen stets beiseite, sie drücken uns an die Wand, sie nehmen uns die Luft und den Atem[6].«

Marrs und Glagaus Flugschriften sowie zahlreiche andere Pamphlete mochte man noch zur Vulgärliteratur, die Tiraden der Demagogen noch zur Hetze der Straße rechnen. Der aggressive Antisemitismus war jedoch keineswegs, wie viele Liberale gerne glauben mochten, die Erfindung der Volksaufwiegler und des »Pöbels«. Zu seinen Urhebern gehörten nicht zuletzt Gelehrte und Halbgebildete inner- und außerhalb der Universitäten. Im Kern war ihre kultivierte Variante des Antisemitismus potentiell nicht

---

[4] Paul Massing, Vorgeschichte des politischen Antisemitismus, deutsch Frankfurt 1959; K. Wawrzinek, Die Entstehung der deutschen Antisemitenparteien (1873–1890), Historische Studien 168 (1927). Über die politische Funktion des »inneren« und »äußeren« Feindes vgl. auch E. Sterling, Der unvollkommene Staat, Studien über Diktatur und Demokratie, Frankfurt 1965, Kapitel 2 und 8.

[5] Wilhelm Marr, Der Judenspiegel, 1863; ders., Der Sieg des Judentums über das Germanentum – Vom nichtkonfessionellen Standpunkt betrachtet. Vae victis!, Berlin 1873. Tatsächlich geht die Unterscheidung zwischen »Semiten« und »Germanen« auf frühere Jahrzehnte zurück. Hierzu Sterling, Er ist wie du, a.a.O., Kapitel 6.

[6] Otto Glagau, Börsen- und Gründungsschwindel in Berlin, Leipzig 1876, 24 f., 29 f.

minder giftig und destruktiv. Überhaupt widerlegt die Tagesliteratur des neunzehnten und frühen zwanzigsten Jahrhunderts die heute oft noch vertretene Ansicht, die nazistische Mordpolitik sei plötzlich zwischen den beiden Weltkriegen entstanden, von einigen wenigen ersonnen, schließlich von einer kleinen Verbrecherclique ausgeführt und 1945 ebenso plötzlich wieder abgestellt worden. Der Wunsch, die Juden zu vernichten, jedenfalls sie zu beseitigen — sei es durch Taufe, »Untergang im Deutschtum« oder Vertreibung —, wurde mehr oder weniger verklausuliert lange zuvor tausendfach ausgesprochen, und dies gewiß nicht nur in der Vulgärliteratur [7].

Allgemeiner Gesprächsstoff an den Universitäten wurde der Antisemitismus, als Heinrich von Treitschke 1879 in den »Preußischen Jahrbüchern« das Vorurteil professoral sanktionierte und die Hetze der Straße als »Ausdruck eines tiefen, lang anhaltenden Zornes«, als »natürliche Reaktionen des germanischen Volksgefühls gegen ein fremdes Element« entschuldigte. Da der deutschen Nation der »nationale Stil, der instinctive Stolz, die durchgebildete Eigenart« noch fehle, meinte Treitschke, sei sie gegen das »fremde Wesen« der schamlosen, betriebsamen, hochmütigen, frechen Judenschar wehrlos. »Wir wollen nicht, daß auf die Jahrtausende germanischer Gesittung ein Zeitalter deutsch-jüdischer Mischcultur folge.« Deshalb müßten die »orientalischen« Juden entweder bedingungslos »Deutsche« werden (wobei nicht klar war, was genau dies bedeuten sollte) oder auswandern [8].

Ein zweiter Gelehrter, der »Wirklichkeitsphilosoph« und Religionsfeind Eugen Dühring (1833—1921), vertrat in seiner Hetzschrift, »Die Judenfrage als Frage der Racenschädlichkeit für Existenz, Sitte und Kultur der Völker« (1881), einen physiologischen Antisemitismus. Die abschließend zusammengefaßte Beurteilung von Karl Marx und Friedrich Engels in ihrer Kritik

---

[7] Hierzu Sterling, Er ist wie du, a.a.O., insbesondere Kapitel 6, 7; Dieselbe, Ideologie und Judenmord, in Neue Gesellschaft, Juli–August 1962.
[8] Heinrich von Treitschke, Unsere Aussichten, a.a.O., 8 ff.

früherer irr-rationaler Schriften Dührings hieß: »Unzurechnungsfähigkeit aus Größenwahn[9].«

Die Juden erklärte Dühring zum »auserwählt-selbstsüchtigen Volk«, dessen jahrtausendealtes Ziel »die Überhebung über andere Völker und das Unrecht an ihnen — kurz die Inhumanität, ja die Feindschaft gegen das übrige Menschengeschlecht« sei. Es habe nichts für die Welt geleistet und sei auch nicht fähig, je etwas für sie zu leisten, nütze aber gierig jede Schwäche im Leben der Völker aus, um sich »ihre Habe zu erschleichen«. »Die Juden sind ein inneres Karthago, dessen Macht die modernen Völker brechen müssen, um nicht selbst von ihm eine Zerstörung ihrer sittlichen und materiellen Grundlagen zu erleiden.« Beweis dieser »Wahrheit« waren dem Philosophen Dühring die judenfeindlichen »natürlichen Instincte und Gefühle« des »niederen Volkes und des gewöhnlichen Bürgerstandes«. Da die Schädlichkeit der Juden eine »physiologische« Frage sei, nützten Taufe oder erzieherische Maßnahmen, wie sie oft von anderen Judenfeinden empfohlen würden, nichts. Die beste Lösung wäre natürlich, die Juden überhaupt »loszuwerden«. Da dies aber nicht zu bewerkstelligen sei, müßten »energische Maßregeln« getroffen werden: Beschlagnahme ihrer Geldinstitute, Ausschluß von staatlichen Ämtern, von der Presse und Literatur, von allen gesellschaftlichen Vereinigungen [10].

In der Agitation gegen den »zersetzenden« Einfluß der Juden auf dem Gebiet der Kunst hatte bereits 1850 Richard Wagner in seinem Zeitschriftartikel »Das Judentum in der Musik« Vorarbeiten geleistet. In dieser Hetzschrift gegen Meyerbeer und Mendelssohn tauchte schon der Gedanke auf, daß »die jüdische

---

[9] Friedrich Engels, Herrn Eugen Dührings Umwälzung der Wissenschaft (1876–1878), in Karl Marx, Friedrich Engels, Werke, Band 20, Berlin 1962, 303. Interessant in diesem Zusammenhang ist die scharfe Polemik gegen Dührings Angriff auf die Religion, die er gewaltsam vernichten will, während Marx und Engels hier eindeutig ihre Auffassung klarstellen, daß die Religion – in der gegenwärtigen Gesellschaft Unterdrückungs- und Verschleierungsideologie – in der neuen humanen Gesellschaft von selber »absterben« würde, 294 ff.

[10] Eugen Dühring, Die Judenfrage als Frage der Racenschädlichkeit für Existenz, Sitte und Kultur der Völker, 3. Auflage, 1886, 32 ff.

Eigenart« auf »Race«, d. h. eine besondere biologisch-seelische Beschaffenheit zurückzuführen sei. Großes Aufsehen erregte nunmehr 1898 das Werk von Wagners englischem Schwiegersohn, Houston Stewart Chamberlain, »Die Grundlagen des neunzehnten Jahrhunderts«. Es wurde später die »Fibel« der nationalsozialistischen Rassenlehre. Chamberlain übernahm die These des Grafen Josef Arthur Gobineau (Essai sur l'inégalité des races humaines, 1853–1854), deutete sie aber frei um, da nicht, wie Gobineau meinte, die noch »reinblütige« französische Aristokratie, sondern die Germanen die Träger aller Kultur sein sollten. Chamberlain lehrte, daß alle Staatsschöpfer, Denker und Künstler, die das »Schicksal der Welt« bestimmten, Angehörige der »arischen Race« gewesen seien und noch wären. Die gesamte Kultur sei das Werk dieser einen und einzigen großen Rasse. Merkmal dieser »Schaffenden« sei ihre Blondheit sowie der »längliche Schädel, den ein ewig schlagendes, von Sehnsucht gequältes Gehirn auf der Kreislinie des tierischen Wohlbehagens nach vorn hinaushämmert«. Freilich blieb Chamberlain dabei die Antwort auf die Frage schuldig, warum gerade die »echten Kulturträger«, die Germanen, die vor Tausenden von Jahren große Kulturen im südlichen Europa, in Asien und Amerika gegründet hätten, ausgerechnet bis zum Mittelalter warteten, bis sie im eigenen Land eine Zivilisation schufen. Dem reinen Germanentum stellte Chamberlain »den Juden« als Gegenpol gegenüber. Er sei eine »Racenmischung« und der Ausbund aller Verworfenheit. Nichts Gutes könne von Juden kommen. Was in der Bibel Anerkennung verdiene, stamme von den Israeliten, die von den Juden scharf zu unterscheiden seien. Jesus, das »absolute religiöse Genie«, habe nicht der »jüdischen Race« angehört. Für die christliche Religion stellte Chamberlain die Forderung auf, sich gründlichst von allem Jüdischen zu reinigen. Der Jude in der modernen Welt müsse als »fremdes Element« betrachtet und als »Schädling« von jedem Einfluß ferngehalten werden. Chamberlains gelehrigster Schüler war wohl Adolf Hitler. Aber schon um die Jahrhundertwende fanden seine pseudowissenschaftlichen Thesen Eingang in zahlreiche judenfeindliche Schriften, so zum Beispiel in die Veröffentlichungen des erfolgreichen Hammer-Verlages von Theodor Fritsch. Die meisten liberalen Gelehrten glaubten, das Werk nicht ernst nehmen zu müssen, war es doch irrational und unwissenschaftlich. Nur wenige, so Otto Hintze, erkannten, wie gefährlich wirksam es werden konnte, und dies gerade, weil es Wahnhaftes verbreitete. In seinem Aufsatz, »Rasse und Nationalität und ihre Bedeutung für die Geschichte« (1903), betonte der preußische Historiker, es sei »falsche Vornehmheit«, sich nicht mit einer Irrlehre zu befassen, die von vielen als Wahrheit aufgenommen werde. Vielmehr müsse man dieses Hirngespinst von der Superiorität der »germanischen Rasse« widerlegen, die in ihm enthaltenen zerstörerischen Kräfte bekämpfen. Geschichte hat nichts mit »Rasse« zu tun, sondern nur mit »Nationen«, schrieb er. Was diese zusammenhält, ist »nicht ein gleichartiges Blut«, sondern die gemeinsame Sprache und Kultur, gemeinsame Erinnerungen und Einrichtungen, Lebensinteressen und Bildungsideale. An all diesen sind die Juden genauso teilhaftig wie andere Deutsche [11].

Während die Kreise um Marr, Dühring, Chamberlain usw. — die selber keine »Christen« mehr waren — mit dem Argument der »Race« gegen die Juden operierten, betrieb der Berliner Hofprediger und Restaurationstheologe Adolf Stöcker die Hetze von »christlicher« Seite. Dem alten religiösen Judenhaß gab er eine »soziale« Tönung und stellte sich die Aufgabe, die Berliner Bevölkerung wieder für das »positive protestantische Christentum« zu gewinnen und die Arbeiterschaft aus den Armen der Sozialdemokratie zu befreien. Stöcker gründete die »Christlich-soziale Partei«, der bald zumeist kleinbürgerliche Bevölkerungsschichten folgten. Sein Kampf galt dem »Manchestertum« in der Wirtschaft, und dem, was er den »liberalen und sozialistischen Materialismus« nannte. All das, erklärte er,

---

[11] Otto Hintze, »Rasse und Nationalität und ihre Bedeutung für die Geschichte«, 1903, in Gesammelte Abhandlungen zur Soziologie, Politik und Theorie der Geschichte, Hrsg. Gerhard Östreich, Göttingen 1964.

sei »jüdisch«, dem christlichen Geist entgegengesetzt und eine Gefahr für das deutsche Volk. Wie man den Juden im Mittelalter vorgeworfen hatte, sie hätten die Brunnen vergiftet, so beschuldigte Stöcker sie jetzt, sie vergifteten das Leben des deutschen Volkes. »Gerade weil wir diese Blutvergiftung gefühlt haben«, erklärte er 1883 in einer Rede vor versammelter Volksmenge in der Berliner Bockbrauerei, »weil wir es zuletzt hier in unseren Berliner Verhältnissen nicht mehr aushalten konnten, darum, meine Herren, bis aufs Blut getrieben, sind wir endlich losgebrochen und haben gegen das Gift, das an dem Gemütsleben der Nation frißt, endlich, endlich die Hand erhoben und ausgerufen: Das geht so nicht weiter! — Aber sie, die Juden, sind die Vergifter...«[12]. »Kräftigung des christlich-germanischen Geistes« war nach Stöcker das Mittel, dem »Überwuchern des Judentums im germanischen Leben« entgegenzutreten[13].

Auf Stöckers christlich-sozialem Programm stand zwar ausdrücklich nur die »gemäßigte« Forderung des Ausschlusses der jüdischen Bürger vom Lehr- und Richteramt, aber die suggestive Aggressivität seiner Demagogie ließ schlimmere Absichten vermuten. Am Schluß seiner Rede, so urteilte der fortschrittliche liberale Abgeordnete Rudolph Virchow, komme der Prediger immer zu »ganz schwächlichen Ergebnissen«, aber vor dem Schluß habe man den Eindruck, er »werde wirklich die Vernichtung der Juden fordern«[14].

In den Schriften eines anderen Theologen, Paul de Lagarde, wird die Identifikation von Industrialisierung, Liberalismus und »Verjudung« noch deutlicher. Lagarde verherrlichte die »gute alte Zeit« gegenüber der Modernität des Stadtlebens und der rationalen technischen Entwicklung. In der Industrialisierung sah er nicht den Fortschritt für die Menschheit, sondern nur deren, wie er meinte, »negative« Begleiterscheinungen, den »Ma-

---

[12] Die Berliner Juden und das öffentliche Leben, in Adolf Stöcker, Christlich-sozial, Berlin 1890.
[13] Adolf Stöcker, Das moderne Judentum in Deutschland, besonders in Berlin, Berlin 1880, 19.
[14] Stenographische Berichte. Haus der Abgeordneten, Berlin 1881, 295.

terialismus«, den Zusammenbruch alter Wertvorstellungen; er sprach auch von der Verelendung der unteren Volksschichten. Aber an all dem waren, nach Lagarde, die Juden oder schlechthin alles »Jüdische« schuld. Die »Rettung der Menschheit« lag also in der Vernichtung der Urheber des Unglücks: »Es gehört ein Herz von der Härte der Krokodilhaut dazu«, schrieb der Theologe, »um mit den armen ausgesogenen Deutschen nicht Mitleid zu empfinden und ... die Juden nicht zu hassen und ... (jene), die aus ›Humanität‹ diesen Juden das Wort reden, oder die zu feige sind, dies Ungeziefer zu zertreten. Mit Trichinen und Bazillen wird nicht verhandelt, Trichinen und Bacillen werden auch nicht ›erzogen‹, die werden so rasch und gründlich wie möglich unschädlich gemacht[15].«

Einer der wenigen Fürsprecher für die Juden war der Historiker Theodor Mommsen. In seiner Erwiderung auf Treitschkes Angriffe bezeichnete er den Antisemitismus als »Mißgeburt« und als »selbstmörderisches Treiben des nationalen Gefühls«, als den Haß der Rückständigen, derjenigen, die sich dem unaufhaltbaren Fortschritt der Menschheit im allgemeinen und der Deutschen im besonderen entgegenzustemmen versuchten [16]. Aber wie Treitschkes: »die Juden sind unser Unglück«, so sollte in der Folgezeit auch ein Wort des judenfreundlichen Mommsen zur antisemitischen Parole werden. Bereits in seiner »Römischen Geschichte« hatte Mommsen die damaligen Juden ein »Ferment des Cosmopolitismus und der nationalen Decomposition« genannt. Er hatte dies im positiven Sinne gemeint, nämlich daß die Juden zu Cäsars Zeiten mithalfen, Rom zu einem Weltbürgerstaat zu machen [17]. Mommsen scheint den Mißbrauch seiner Darstellung vorausgeahnt zu haben, denn in seiner 1880

---

[15] Paul de Lagarde, Juden und Indogermanen, 1888, 339; hierzu eingehend bei Fritz Stern, Kulturpessimismus als politische Gefahr, Bern 1963, 25 ff.
[16] Theodor Mommsen, Auch ein Wort über unser Judenthum (1880), abgedruckt in Der Berliner Antisemitismusstreit, a.a.O., 211.
[17] Theodor Mommsen, Römische Geschichte, 1854–1856, III, 550; Karl Kupisch, »Theodor Mommsen«, in Theologica Viatorum, Jahrbuch der Kirchlichen Hochschule, Berlin 1963, 136 ff.

erschienenen Streitschrift für die Juden legte er sie nochmals eindeutig dar. Er betonte, daß auch die Juden im Deutschland der Gegenwart ein »Element der Decomposition« der einzelnen Stämme seien. Dieser Auflösungsprozeß schaffe zwar schwierige Probleme, sei aber notwendig und fortschrittlich. »Ein gewisses Abschleifen der Stämme aneinander, die Herstellung einer deutschen Nationalität, welche keiner bestimmten Landsmannschaft entspricht, ist durch die Verhältnisse unbedingt geboten und die großen Städte, Berlin voran, sind deren natürliche Träger. Daß die Juden in dieser Richtung seit Generationen wirksam eingreifen, halte ich keineswegs für ein Unglück und bin überhaupt der Ansicht, daß die Vorsehung weit besser als Herr Stöcker begriffen hat, warum dem germanischen Metall für seine Ausgestaltung einige Prozent Israel beizusetzen waren[18].« Und »was meint Herr Treitschke damit«, fragte Mommsen, »wenn er von unseren israelitischen Mitbürgern fordert, sie sollen Deutsche werden? Sie sind es ja, so gut wie er und ich«, und dies trotz ihres anderen Glaubens und ihrer geschichtlich geprägten »Sondereigenschaften«. Es sei an der Zeit, daß im neuen Deutschen Reich endlich der aggressive und destruktive Partikularismus, »der Erbfeind der Nation«, überwunden werde. Der neuere »Judenkrieg« könne der deutschen Einheit nur schaden; es sei falsch, wie Treitschke dies tut, ihn als »natürliche Reaction des germanischen Volksgefühls gegen ein fremdes Element« zu entschuldigen und professoral »anständig« zu machen. Vielmehr, schrieb Mommsen, »liegt jedem Einzelnen ob zu beweisen, daß wir ein freies Volk sind, fähig, sich selbst und seine Stimmungen zu beherrschen und begangene Fehler zu verbessern«[19].

Im politischen Bereich fanden der aggressive Nationalismus und Antisemitismus zahlreiche Anhänger. Die judenfeindlichen Bewegungen stützten sich auf Angehörige aller Bevölkerungskreise. Zahlenmäßig war aber das Kleinbürgertum und die ländliche Bevölkerung am stärksten vertreten. Stets waren es Menschen,

---

[18] Auch ein Wort über unser Judenthum, 217 f.
[19] Ebenda, 214–219.

die entweder sozial untergeordnete Stellen einnahmen oder deren Existenz und traditionelle Wertvorstellungen durch die industrielle Entwicklung gefährdet waren. Industrie- und Handelsangestellte, Ladenbesitzer, Handwerker und Bauern, aber auch Kreise der grundbesitzenden Aristokratie, des Offizierskorps und der Beamtenschaft gehörten zu den Anhängern antisemitischer Bewegungen. Sie waren teils in Parteien und Interessenverbänden organisiert. In erster Linie waren dies die Christlich-soziale Partei (Adolf Stöcker), die Allgemeine antisemitische Vereinigung (Otto Böckel), die Deutsch-soziale Partei (Bernhard Förster und Liebermann von Sonnenberg) und die Deutsch-soziale Reformpartei (Liebermann von Sonnenberg und Zimmermann). Zu den antisemitischen Interessenverbänden gehörten der Bund der Landwirte, der Deutschnationale Handlungsgehilfenverband, der Verein deutscher Studenten und der Alldeutsche Verband.

Während für einige Organisationen der Antisemitismus als Hauptprogramm galt, war er für die meisten in erster Linie ein Integrations- und Agitationsmittel. Unter dem Antisemitismus fanden sich bei Wahlen die verschiedensten »nationalen«, »christlichen« und »sozialen« Strömungen vereint. Mit dem Antisemitismus hatte es aber auch seine Schwierigkeiten. Seine Irrationalität und Aggressivität waren zweifellos starke Integrationskräfte; da sie aber auf Wahnvorstellungen beruhten, hatten sie keine Permanenz. Sobald sich dem Bewußtsein die tatsächlichen sozialen und wirtschaftlichen Konflikte aufdrängten, mußte die fiktive Einheit zerfallen. Insbesondere wenn es mit der Wirtschaft aufwärts ging, verlor der Antisemitismus seine politische Kraft. Aus diesen Gründen, verstärkt durch die Rivalitäten der Anführer untereinander, kam es zu wiederholten Abspaltungen und Neugründungen antisemitischer Organisationen.

Von den größeren Parteien der Wilhelminischen Zeit wurde der Antisemitismus zumeist offiziell abgelehnt, zeitweilig aber auch aus taktischen Erwägungen unterstützt. Wie vielseitig der Antisemitismus politische Verwendung finden konnte, zeigen schon die wenigen herausgegriffenen Beispiele: im Jahre 1875 die Angriffe der — preußisch-konservative, agrar-wirtschaftliche Interessen vertretenden — »Kreuzzeitung« gegen den »liberalen Judenknecht« Bismarck; die Beschuldigungen der Zentrumszeitung »Germania«, Bismarcks Kulturkampf gegen die Kirche sei eine Folge der »Judenwirtschaft«; und schließlich Bismarcks zeitweilige Unterstützung des Stöcker'schen christlich-sozialen Antisemitismus im Kampf gegen die Fortschrittspartei und die Sozialdemokraten [20].

Dem Führer des Zentrums, Windhorst, war es größtenteils zu verdanken, daß die katholische Partei den Antisemitismus prinzipiell als mit »christlicher Toleranz unvereinbar« ablehnte. Zahlreiche Zentrumsabgeordnete waren aber geneigt, insbesondere Stöckers »sozialen Judenhaß« zu unterstützen [21]. Konservative und liberale Parteien unterstützten des öfteren antisemitische Kandidaten während der Stichwahlen. Die Liberalen lehnten den Antisemitismus offiziell ab. Der rechte Flügel der Konservativen hingegen, vertreten durch die agrarisch-schutzzöllnerische »Deutsch-konservative Partei«, bekannte sich 1892 offen zur antisemitischen Agitation (Tivoli-Programm). Durch Annäherung an die christlich-soziale Bewegung Stöckers hoffte die Partei, ihrem anhaltenden Stimmenschwund zu steuern [22]. Selbst ein Antrag auf Verurteilung der Gewalttätigkeiten, die immer wieder von neuem gegen jüdische Bürger, insbesondere in ländlichen Gegenden verübt wurden, lehnte der Parteitag ab. Vielmehr unterstützten die Konservativen die Demagogie der Antisemiten und riefen selber zum Boykott jüdischer Geschäfte auf.

Kompromißlos gegen den Antisemitismus waren nur die Sozial-

---

[20] Hierzu Wawrzinek, a.a.O., 9 ff.; Massing, a.a.O., 13 ff.; O. Jöhlinger, Bismarck und die Juden, Berlin 1921.
[21] Wawrzinek, a.a.O., 13 f.
[22] »Wir bekämpfen den vielfach sich vordrängenden Einfluß auf unser Volksleben. Wir verlangen für das christliche Volk eine christliche Obrigkeit und christliche Lehrer für christliche Schulen.« Schulthess, Deutscher Geschichtskalender, 1892.

demokraten. Der Judenhaß war, nach August Bebel, der »Sozialismus der dummen Kerle«, die Ideologie der aufgehetzten kleinbürgerlichen und kleinbäuerlichen Schichten. Er hatte scheinbar aufständischen Charakter, diente aber doch nur zum Bestand der gegenwärtigen Herrschaftsordnung [23]. Die Sozialdemokraten erkannten dabei aber nicht in vollem Umfang die demagogische Wirksamkeit und die tieferen Gefahren der Judenfeindschaft. Sie vertrauten darauf, daß, wie es in einer Resolution des Parteitages von 1893 hieß, »der einseitige Kampf des Antisemitismus gegen das jüdische Ausbeutertum notwendig erfolglos sein muß, weil die Ausbeutung der Menschen durch Menschen keine speziell jüdische, sondern eine der bürgerlichen Gesellschaft eigentümliche Erwerbsform ist, die erst mit dem Untergang der bürgerlichen Gesellschaft endet«[24].

1880—1881 brachten der Gymnasiallehrer Bernhard Förster und der Premierleutnant Liebermann von Sonnenberg rund 250 000 Unterschriften für eine antisemitische Petition zusammen, die sie dem Reichskanzler überreichten. Sie sprach von der Schädlichkeit der »jüdischen Race« für Wohlstand, Kultur und Religion des deutschen Volkes und stellte folgende Forderungen: Ausschluß der Juden von verantwortlichen Staatsämtern, Einschränkung ihrer Lehrtätigkeit, Durchführung eines Zensus für die jüdische Bevölkerung, Beschränkung der Einwanderung. Als der Text der Petition in den Zeitungen bekannt wurde, protestierten mehrere Gelehrte, zu denen Theodor Mommsen, Johann Droysen, Rudolph von Gneist und Rudolph Virchow gehörten, ferner Parlamentarier, Stadtverordnete und Industrielle. In ihrer »Erklärung« betonten sie die Verletzung der Rechtsstaatlichkeit und warnten vor den Folgen, wenn im Volk »Racenhaß« geschürt und die »Einheit der Nation« (einen Begriff, den sie im Gegensatz zu den Germanomanen vernünftig und sittlich faßten) zerstört werde. »Wie eine ansteckende Seuche droht die

---

[23] Hierzu E. Bernstein in Neue Zeit, XI, 2 (1893).
[24] Protokoll über die Verhandlungen des Parteitages der Sozialdemokratischen Partei Deutschlands, Berlin 1893, 224.

Wiederbelebung eines alten Wahnes die Verhältnisse zu vergiften, die in Staat und Gemeinde, in Gesellschaft und Familie Christen und Juden auf dem Boden der Toleranz verbunden haben. Wenn jetzt von den Führern dieser Bewegung der Neid und die Mißgunst nur abstrakt gepredigt werden, so wird die Masse nicht säumen, aus jenem Gerede die praktischen Konsequenzen zu ziehen[25].«

75 Namen standen unter dieser Notablen-Erklärung, ein Beweis dafür, daß auch im Zeitalter des Kaiserreichs der aufklärerische und liberale Geist (nach Heinrich von Treitschke aber: »hohle Schlagwörter«, die »an die schlimmsten Tage des Jahres 1848 erinnerten«[26]), wenn auch nur in kleinen Kreisen, noch lebendig war.

Theodor Mommsen bemerkte zu der Antisemiten-Petition, unter deren Befürwortern er auch Treitschke vermutete: »Selbstverständlich ist unsere Nation durch Recht und Ehre verpflichtet, (die Juden) in ihrer Rechtsgleichheit zu schützen, sowohl vor offenem Rechtsbruch wie vor administrativer Prellerei; und diese unsere Pflicht, die wir vor allem uns selbst schulden, hängt keineswegs ab von dem Wohlverhalten der Juden. Aber wovor nicht wir sie schützen können, das ist das Gefühl der Fremdheit und Ungleichheit, mit welchem auch heute noch der christliche Deutsche dem jüdischen vielfach gegenüber steht und das, wie der gegenwärtige Augenblick einmal wieder zeigt, allerdings eine Gefahr in sich trägt für sie wie für uns — der Bürgerkrieg einer Majorität gegen eine Minorität, auch nur als Möglichkeit, ist eine nationale Calamität[27].«

Auf Anfrage der Fortschrittspartei im Abgeordnetenhaus erklärte der Regierungssprecher Graf zu Stolberg, daß die Regierung keineswegs gedächte, die verfassungsmäßige Gleichberechtigung aufzuheben [28]. Das Parlament gab sich damit zufrieden.

---

[25] Text in Der Berliner Antisemitismusstreit, a.a.O., 202 ff.
[26] Ebenda, 228.
[27] Ebenda, 224.
[28] Stenographische Berichte, a.a.O., 231 f.

Nichts wurde unternommen, dem im Volk aufgewühlten »Rassenhaß«, dieser »perfidesten Wendung« der Judengegnerschaft, wie sie Virchow als Sprecher der Fortschrittspartei nannte, Einhalt zu gebieten. In einem Brief an den Völkerpsychologen Moritz Lazarus ahnte der Dichter Gottfried Keller schon Furchtbares. Er sprach darin von der »dünnen Kulturdecke, welche uns von den wühlenden und heulenden Tieren des Abgrundes noch notdürftig zu trennen scheint und die bei jeder gelegentlichen Erschütterung einbrechen kann«[29].

Durch die Wahl Stöckers 1881 erhielten die antisemitischen Bewegungen ihren ersten Fürsprecher im Reichstag. Der zweite Abgeordnete einer antisemitischen Partei war der hessische Bibliotheksassistent und »Bauern-König« Otto Böckel (1887), dem alsbald Liebermann von Sonnenberg folgte. 1890 kamen in den Reichstag 5, 1893 aber 16, ein Jahr später 24, 1907 bereits 25 Judenhasser. Sie forderten unter anderem ein »Judenmatrikelgesetz«, das zunächst einmal bestimmen sollte, wer nach Abstammung »Jude« sei; ferner den Ausschluß der Juden vom Militärdienst; die Aufhebung ihrer Wählbarkeit in die Parlamente, Stadtvertretungen und Handelskammern; die Beschränkung ihrer Tätigkeit als Juristen, Ärzte und Techniker. Überdies sollte eine »sachverständige« Untersuchung des Talmud auf »staatsgefährdende« Stellen eingeleitet werden. Daß ihr eigentliches Ziel sich nicht auf eine Ausnahmegesetzgebung beschränkte, zeigten etwa die 1899 auf dem Parteitag der »Deutsch-sozialen Reformpartei« beschlossenen Leitsätze. Im 20. Jahrhundert, hieß es da, wird die »Judenfrage eine Weltfrage sein« und als solche von den anderen Völkern gemeinsam und endgültig, »durch völlige Absonderung, und, wenn die Notwehr es gebietet, schließlich Vernichtung des Judentums gelöst werden«[30].

Großes Aufsehen erregte 1892 die Hetze des Berliner Schulrektors Hermann Ahlwardt. In seiner Schrift, »Die Judenflinten«,

---

[29] G. Keller an M. Lazarus, 20. Dezember 1881, Juden und Judentum in deutschen Briefen aus drei Jahrhunderten, Hrsg. Franz Kobler, Wien 1935.
[30] Schulthess, a.a.O., 1899, 69 ff.

stellte er die Behauptung auf, die Waffenfabrik Ludwig Löwe habe unter Mitwissen des preußischen Kriegsministeriums schlechte Gewehre geliefert, natürlich mit der Absicht, das Heer gegenüber der Macht des »Weltjudentums« wehrlos zu machen. Alle Regierungserklärungen nützten nichts. Die Broschüre wurde öffentlich auf den Straßen feilgeboten, die Verleumdungen unter dem Beifall der Volksmenge in Versammlungen weiter verkündet. Als »Rektor der Deutschen« wurde Ahlwardt gefeiert und von zwei Wahlkreisen in den Reichstag gewählt [31]. Volkstümlichen Erfolg hatte auch der schlesische »Judenschläger« Graf Pückler aus Klein-Tschirne, der sich selber einen zweiten Rindfleisch (vgl. S. 54 f.) nannte. Mit Dreschflegeln und Ochsenziemern solle die Landbevölkerung gegen die Juden losziehen und alle, die nicht auf der Strecke blieben, aus dem Lande vertreiben. Aber anders als Ahlwardt kam Pückler schließlich nicht in den Reichstag, sondern in ein Irrenhaus.

Oft appellierten die politischen Agitatoren an religiöse Vorurteile und Volksaberglauben. Im Sommer 1891 war in Xanten ein fünfjähriger Knabe tot aufgefunden worden. Das Gerücht wurde verbreitet, es handele sich um einen Ritualmord, der jüdische Metzger Adolf Buschhoff habe das Kind »geschächtet«. Die Agitation Stöckers und seiner Leute ruhte auch dann nicht, als Buschhoff nach einem langen Gerichtsverfahren freigesprochen wurde. Die Existenz vieler Juden am Niederrhein wurde von der aufgewiegelten Bevölkerung bedroht, und sie mußten ihre Heimat verlassen. Die Aufforderung des Weihbischofs von Köln an die Geistlichkeit zur Toleranz und Bekämpfung der Gerüchte kam viel zu spät.

Ein dankbares Agitationsthema war auch das rituale Schächten, das nach Darstellung der Antisemiten brutaler als das gewöhnliche Schlachten sein soll. Im Reichstag fanden die Schächtgegner — die Tiere schützen, Juden aber vernichten wollten — keine Stimmenmehrheit. Insbesondere die katholische Zentrumspartei

---

[31] Hermann Bahr, Der Antisemitismus, Berlin 1894, 28 ff.

trat gegen ihre Anträge auf, da diese offensichtlich darauf hinzielten, die Religionsfreiheit zu beseitigen. Ferner machten sich die Demagogen gewisse »Talmud-Blätter« zunutze. Diese bewiesen, so verkündeten sie, daß es jüdische »Geheimgesetze« gebe, welche Verbrechen gegen Christen gestatteten oder gar zur Pflicht machten. Es nützte wenig, daß evangelische und katholische Gelehrte den Widersinn dieser Behauptungen nachwiesen. Wirkungslos blieb auch die Veröffentlichung der Ergebnisse der von Preußen und anderen Bundesstaaten, auf Verlangen der Antisemiten und Konservativen durchgeführten Überprüfungen jüdischer Schulbücher.

Im Jahre 1892 gründeten über 500 bekannte Persönlichkeiten der Politik und Verwaltung, der Künste und Wissenschaften, der Industrie und des Handels den »Verein zur Abwehr des Antisemitismus«. Sie veranstalteten Massenversammlungen und veröffentlichten eine Wochenschrift. Im großen und ganzen aber konnte sich der Erfolg der aufklärerischen Tätigkeit des Vereins mit der Wirkung der aggressiven Wühlerei der Antisemiten nicht messen.

Politische Agitation, staatliche »Verwaltungsprellerei«, soziale Diskriminierung, wirtschaftlicher Boykott und Exzesse verhinderten im Zweiten deutschen Kaiserreich die »menschliche Emanzipation« der Juden. Der Antisemitismus war aber noch nicht, wie dies später im »Dritten Reich« geschah, zum zentralen, alles ergreifenden politischen Agitationsmittel geworden. Die antisemitischen Parteien waren noch keine Staatsmacht. Ihr Einfluß ging aber schon weit über ihre mehrtausendfache Wählerschaft hinaus (1911 fast eine halbe Million). Breiteste Bevölkerungsschichten verhielten sich gleichgültig gegenüber dem Schicksal der kleinen jüdischen Minderheit. Im Stillen mögen viele den Antisemitismus gebilligt haben, und nur wenige schreckten davor zurück, ihn taktisch für eigene politische und wirtschaftliche Ziele auszunützen.

Selbstbehauptung und Verteidigung

Die meisten Juden glaubten noch, daß Diskriminierung und Antisemitismus Übergangserscheinungen seien. Aufklärung, politischer Fortschritt und soziale Reformen würden bald ein menschlicheres Zeitalter einleiten. Viele, insbesondere Reichgewordene und Intellektuelle, versuchten sich dem Haß durch Verleugnung ihrer jüdischen Identität zu entziehen. Sie bemühten sich, in der »deutschen Kultur« und in den sozialen Bewegungen »aufzugehen«. Manche ließen sich oder ihre Kinder taufen. Andere wiederum fanden den Weg zurück zur Religion, sei es zur Orthodoxie oder zum Reformjudentum. Die lebhaften Auseinandersetzungen innerhalb der Gemeinden zwischen den verschiedenen religiösen Strömungen bezeugen, daß das deutsche Judentum, trotz assimilatorischer Tendenzen, starke Kräfte bewahrt hatte. Obwohl das Austrittsgesetz des Jahres 1876 die Errichtung von »Trennungsgemeinden« gestattete, blieb fast überall die »Einheitsgemeinde« erhalten. Auch gab es Einheitsbestrebungen auf überregionaler Ebene. 1896 schlossen sich orthodoxe Rabbiner, unter gewissen religiösen Kautelen, dem Allgemeinen Rabbinerverband in Deutschland an. Bereits 1872 war der Deutsch-Israelitische Gemeindebund gegründet worden, der allerdings nicht, wie sein Name vermuten läßt, die Gemeinden unter eine einheitliche Führung stellte. Vielmehr erstreckten sich seine Befugnisse auf ganz bestimmte Aufgabenbereiche. Diese umfaßten hauptsächlich die finanzielle Unterstützung der Mitgliedsgemeinden auf den Gebieten des Religionsunterrichts, der Erwachsenenbildung und der Wohltätigkeit. Der DIGB veröffentlichte ein »Statistisches Jahrbuch«, förderte die Vereine für jüdische Geschichte und Literatur, legte die Grundlagen für die Errichtung eines Gesamtarchivs und veröffentlichte Schriften zur Abwehr des Antisemitismus [32].

Ob Anhänger der orthodoxen oder fortschrittlichen Richtung,

---

[32] Kurt Wilhelm, »The Jewish Community in the Post-Emancipation Period«, in Leo Baeck Year Book (1957), Band II, 62 ff.

die überwiegende Mehrzahl der Juden war sich einig darüber, daß ihr Judentum mit dem Deutschtum nicht im Widerspruch stand. Ernstlich zu zweifeln begannen sie erst, als die — nach welcher Definition auch immer — »Deutschen« ihre Zugehörigkeit bestritten; als sie darauf beharrten, das Judesein als »fremdartig« zu bezeichnen, und die Vernichtung oder Selbstaufgabe der Juden forderten. Oft verlangten selbst liberale Kreise, daß die Juden ihr Eigenstes aufopfern, sich selber verleugnen sollten. Nur Christen, so erklärten sie, könnten »echte Deutsche« sein. Zumindest müßten die Juden sich so anpassen, daß man ihnen die Herkunft nicht mehr ansehe [33]. Aus den jüdischen Schriften jener Zeit geht hervor, daß manche dem Druck nachgaben und den hohen Preis der Taufe oder Selbstverleugnung zahlten, und dies, obgleich auch Getaufte nicht die volle Aufnahme fanden, die sie suchten. Der Mehrzahl der Juden aber war und blieb die Behauptung eines Gegensatzes zwischen Deutschtum und Judentum schlechthin unverständlich. Dies gründete auf ihren stark aufklärerisch und liberal geprägten Vorstellungen von »Nation« und »deutscher Nationalität«.

Sie begriffen diese als freie Humanität, als Vernunft, Sittlichkeit, Recht und Fortschritt — alles Eigenschaften, die sie ebensosehr als Merkmale des Judentums verstanden. Aber gerade diese liberalen Grundsätze, an denen das jüdische Bürgertum noch festhielt, waren nicht zum festen Bestandteil der wilhelminischen Gesellschaft und Politik geworden. Unter »deutscher Nation« verstanden viele Deutsche »Germanentum«, eine dunkle, vorgeschichtliche, fast schon biologische Volkseinheit, und nicht »Nation« im Sinne der Aufklärung, nicht eine sittliche und kulturelle Zugehörigkeit, eine Vorstufe der Humanität [34].

Das deutsche Nationalbewußtsein war zu sehr das Produkt der Schwäche, die Kompensation wirtschaftlicher und politischer Ohnmacht, als daß es freiheitlich und human genug hätte sein

---

[33] Vgl. hierzu sogar Theodor Mommsen, »Auch ein Wort über unser Judenthum«, a.a.O., 224 f.
[34] Vgl. Helmuth Plessner, Die verspätete Nation, 2. Auflage, Stuttgart 1959.

können, um Vielfalt und Individualität, um den »Anderen« wirklich zu dulden. Jüdische Intellektuelle ließen diesen Umstand außer acht, wenn sie, wie etwa der Sprachgelehrte Heymann Steinthal, schrieben: »Es ist kein Widerspruch zwischen Judesein und Deutschersein und Menschsein, sondern diese drei schlingen sich so ineinander, daß wir das eine nur sein können, indem wir die beiden anderen sind ... Wir lieben das deutsche Vaterland, und wir sind ihm dankbar«, schrieb Steinthal. »Wir heute können nur dann gute Juden sein, wenn wir gute Deutsche sind, können aber auch nur dann gute Deutsche sein, wenn wir gute Juden sind ... Jenes Wort ›das auserwählte Volk‹ ist für uns eine geschichtliche Erinnerung besonderer religionssittlicher Bedeutung, eine Mahnung ... zur Selbstprüfung und zur Demut; es will sagen, daß wir Deutsche von nicht deutschen Ahnen sind, daß wir aber in dem doppelten und verschmolzenen jüdisch-deutschen Nationalgefühl doppelte Veranlassung zur Menschlichkeit, zu jeder Art sittlicher Betätigung finden [35].«

Der Neukantianer Hermann Cohen ging sogar so weit, von den Juden auf religiöser Grundlage den unbedingten Gehorsam gegenüber dem monarchischen Obrigkeitsstaat zu verlangen. »Seinem Staat dienen zu können, muß als heilig gelten, wie Gottesdienst [36].«

Solche Versicherungen konnten gegen die aggressiven Verleumdungen der Antisemiten nur wenig ausrichten. Was nützte es, wenn im Jahre 1884 ein Kollegium von 103 Rabbinern die Verunglimpfung der jüdischen Sittenlehre zurückwies; wenn der Deutsch-Israelitische Gemeindebund 1889 eine Broschüre über die »Grundsätze der jüdischen Sittenlehre« verbreitete? Vergebens war es auch, wenn die Juden betonten, daß im Krieg von 1866 auf preußischer Seite über 1000 jüdische Soldaten, im Krieg gegen Frankreich 6000 gekämpft hatten, im letzteren 448 gefal-

---

[35] Heymann Steinthal, »Das auserwählte Volk der Juden und Deutsche«, in Allgemeine Zeitung des Judentums, 1890, Nr. 17; vgl. auch Moritz Lazarus, Was heißt national? (1880), Berlin 1925.
[36] Hermann Cohen, Ein Bekenntnis in der Judenfrage, Berlin 1880.

len waren und 327 mit dem Eisernen Kreuz ausgezeichnet wurden. Tatsachen, Aufklärung, Appelle an die Sittlichkeit und Vernunft, all das konnte in einer autoritären und antagonistischen Gesellschaftsordnung nur wenig ausrichten.
Unter der jüngeren jüdischen Generation bildeten sich Vereinigungen, die sich gegen Diskriminierung und Angriffe zur Wehr setzten. 1886 veröffentlichten jüdische Studenten in Breslau ein »Wort an unsere Glaubensgenossen« und riefen zur Gründung einer jüdischen Studentenvereinigung auf. »Daß ... durch die fanatischen Lehren des Antisemitismus das ganze Volksleben vergiftet ist«, erklärten sie, »daß ... wir Juden in weiten Kreisen der Bevölkerung verachtet, gehaßt, mindestens aber als Fremde und nicht als ebenbürtige Mitbürger betrachtet werden, darüber können wir uns keinem Zweifel hingeben; mit Schmerz aber sehen wir diese Gefühle gerade bei den gebildeten Ständen sich kundgeben.« Der Zweck des jüdischen Studentenvereins sollte sein: die Abwehr des Antisemitismus in und außerhalb der Universitäten, zugleich aber auch die Neubelebung des »jüdischen Selbstbewußtseins«, daß »wir einem großen Ganzen von kulturgeschichtlicher und historischer Bedeutung angehören«.
Die Studenten sahen die Einwände vieler ihrer Glaubensbrüder voraus. »Nicht abschließen dürft ihr euch, nicht die Gegensätze hervorkehren; ihr müßt bestrebt sein, die Gegensätze zu verwischen, euch zu assimilieren«, so würde man sagen. »Nun, dieses Mittel ist wahrhaftig nicht unversucht geblieben ... Es hat aber nicht den gewünschten Erfolg gehabt.« Ziel war nach Auffassung der jüdischen Studenten also nicht das »Aufgehen« in einer feindlichen Umwelt, sondern Selbstbehauptung, Erhaltung der geistigen und sittlichen Werte des Judentums. Dies bedeutete ihnen aber keine Abtrennung vom Deutschen: »Wir vertreten dabei ... den Grundsatz, und werden durch unser Verhalten den Beweis dafür liefern, daß wir Juden und zugleich Deutsche im wahren Sinne des Wortes sein können[37].«

---

[37] B. Weil, K-C. Jahrbuch, 1906.

Der Breslauer Studentenvereinigung folgten alsbald ähnliche Verbindungen an anderen deutschen Universitäten. Sie schlossen sich im Kartell-Convent (K.-C.) oder im Kartell jüdischer Verbindungen (K.J.V.) zusammen.

Nach dem Prozeß von Xanten und der Ahlwardt'schen Hetze gründeten deutsche Juden und Christen den Verein zur Abwehr des Antisemitismus (1892). Aber eine wirklich tatkräftige Organisation wurde erst ein Jahr später durch Raphael Löwenfelds Broschüre »Schutzjude oder Staatsbürger?« ins Leben gerufen. Anlaß war die Absicht der Berliner Gemeinde, dem nunmehr parlamentsfähigen Antisemitismus durch eine Bitte an den Kaiser — er möge die Juden unter seinen Schutz nehmen — entgegenzutreten. Löwenfeld betrachtete ein derartiges Vorgehen als einen Rückschritt zum mittelalterlichen Schutzjudentum. Es gelte doch, schrieb er, die im Religionsgesetz vom 3. Juli 1869 verbürgten gleichen politischen Rechte zu verwirklichen. Nicht kaiserlicher Schutz, sondern staatsbürgerliche Selbsthilfe sei erforderlich. Das Ergebnis dieses Aufrufs war die Gründung des »Centralverein deutscher Staatsbürger jüdischen Glaubens« am 26. März 1893. »Der Verein will alle Kräfte zur Selbstverteidigung aufrufen«, hieß es in seiner ersten Erklärung. Er will »in dem einzelnen das Bewußtsein unserer unbedingten Gleichberechtigung stärken ... durch Wort und Schrift, durch öffentliche Versammlungen und Vorträge den einzelnen mit den Waffen ausrüsten, die ihn befähigen, den aufgedrungenen Kampf im Geiste der Wahrheit zu bestehen, damit an der Besserung nach innen und außen alle mitarbeiten, die aus der Not der Zeit die Pflicht der Selbstverteidigung erkannt haben — im Lichte der Öffentlichkeit.«

Am 27. September des gleichen Jahres beschloß eine Versammlung unter anderem folgende Leitsätze: 1. »Wir deutschen Staatsbürger jüdischen Glaubens stehen fest auf dem Boden der deutschen Nationalität. Unsere Gemeinschaft mit den Juden anderer Länder ist keine andere als die Gemeinschaft der Katholiken und Protestanten Deutschlands mit den Katholiken und Protestanten anderer Länder. Wir erfüllen als Staatsbürger freudig unsere

Pflicht und halten fest an unseren verfassungsmäßigen Rechten. 2. Wir gehören als Juden zu keiner politischen Partei. Die politische Meinung ist, wie die religiöse, Sache des einzelnen. 3. Wir wehren uns gegen die leichtfertige und böswillige Verallgemeinerung, mit der Vergehen einzelner Juden der jüdischen Gesamtheit zur Last gelegt werden [38].«

Die Waffen des Centralvereins waren Aufklärung und Rechtsschutz, beides allerdings Mittel, die, wie wir rückblickend heute wissen, in einem Zeitalter, das keinen Sinn für Liberalität mehr hatte, nur vorübergehende und äußerliche Erfolge erzielen konnten. Unter der Führung der Berliner Juristen Maximilian Horwitz und Eugen Fuchs gewann der Verein eine zahlreiche Anhängerschaft im ganzen Reich. Im Jahr 1918 umfaßte er bereits 13 Landesverbände und 174 Ortsgruppen.

Voraussetzung der ganzen Arbeit des Centralvereins war die Überzeugung seiner Führung und Mitgliederschaft: erstens, daß die Juden trotz aller gegenteiligen Behauptungen ihrer Feinde der deutschen Nation angehörten, und zweitens, daß der Antisemitismus eine durch Vernunft »heilbare Krankheit« sei. Beides bestritten nunmehr die Zionisten, die sich wenige Jahre nach dem Centralverein organisierten. Die zionistische Bewegung wurde größtenteils von den Juden Osteuropas getragen; ihre ideologische Entwicklung ist jedoch engstens mit Deutschland verbunden. In seinem Werk »Rom und Jerusalem« hatte der Sozialist Moses Hess bereits im Jahr 1862 eine »Wiedergeburt der Völker« prophezeit, die Entstehung einer neuen Menschheit, in der auch die »jüdische Nation« eine entscheidende Rolle spielen würde. Das Judentum, meinte Hess, stelle eine Nationalität dar, deren »Geschichte, Jahrtausende überdauernd, mit jener der Menschheit Hand in Hand geht«.

Unter allen Völkern seien die Juden »Fremde« geblieben, selbst dann, wenn diese sie »aus Humanität und Rechtsgefühl« politisch

---

[38] Zit. nach Rieger, Ein Vierteljahrhundert im Kampf um das Recht und die Zukunft der deutschen Juden. Ein Rückblick auf die Geschichte des Centralvereins deutscher Staatsbürger jüdischen Glaubens in den Jahren 1893–1918, Berlin 1918, 21 f.

emanzipierten. Sie müßten auch »Fremde« bleiben, solange die ganze Menschheit nicht emanzipiert sei. Die Hoffnung der aufklärerischen Juden, in der Humanität eines neuen Zeitalters aufgehen zu können, sei eine »philanthropische Illusion«, die den wahren Fortschritt verhindere, statt ihn zu fördern. Die Juden sollten endlich dem unwürdigen Zustand ihrer Unterdrückung ein Ende bereiten, sich aufmachen zur »Erkämpfung eines freien nationalen Bodens«. »Der Heilige Geist, der schöpferische Genius, aus dem das jüdische Leben und die jüdische Lehre entstanden sind, ist von Israel gewichen, seit es angefangen hat, sich seiner Nationalität zu schämen. Aber dieser Geist wird unser Volk, nachdem es wieder zum Leben erwacht sein wird, von neuem beseelen und Schöpfungen hervorbringen, von welchen wir heute noch keine Ahnung haben...« Wenn die Judenheit wieder ein jüdisches Vaterland besitze und nationalbewußt »zu sich selber käme«, dann erst könne sie ihre prophetische Aufgabe erfüllen, sich wahrhaftig »an der großen geschichtlichen Bewegung der modernen Menschlichkeit« zu beteiligen [39].

Moses Hess' Aufruf fand unter den Juden in Deutschland kein Echo. Auch die von Rabbiner Hirsch Kalischer in Thorn verfochtene Palästina-Kolonisation galt als fromme Verirrung. Die Kattowitzer Konferenz des Jahres 1884 betrachteten jüdische Gelehrte in Deutschland als Sache »russischer Palästina-Schwärmer«. Unter den deutschen Juden herrschte die Stimmung, der Abraham Geiger schon Jahre zuvor Ausdruck verliehen hatte: »Jerusalem ist eine ehrwürdige Erinnerung aus der Vergangenheit, es ist die Wiege der Religion; es ist keine Hoffnung auf die Zukunft, nicht der Ort, aus dem ein neues Leben sich entwickeln wird ... Ehre sei Jerusalem und seinem Andenken, wie einem jeden großen Toten, aber stören wir nicht seine Ruhe.«

Neue und entscheidende Impulse erhielt die zionistische Bewegung durch den Wiener Publizisten Theodor Herzl (1860—1904), dessen Buch über den »Judenstaat« 1896 erschien. Sein Ziel war,

---

[39] Moses Hess, Rom und Jerusalem, 1935, 11. und 12. Brief.

mit Hilfe der Großmächte eine »öffentlich-rechtlich gesicherte Heimstätte für jene zu schaffen, die sich nicht assimilieren wollen oder können«. Was Herzl unmittelbar bewegte, war die Dreyfus-Affäre in Frankreich. Die Verfolgung des jüdischen Hauptmannes und die damit verbundene Judenhetze hatten ihn überzeugt, daß die politische Emanzipation selbst in fortschrittlichen Ländern die Juden nicht befreit hatte. »Die Judenfrage besteht. Es wäre töricht, sie zu leugnen. Sie ist ein verschlepptes Stück Mittelalter, mit dem die Kulturvölker auch heute beim besten Willen noch nicht fertig werden konnten ... Ich halte die Judenfrage weder für eine soziale noch für eine religiöse, wenn sie sich auch noch so und anders färbt. Sie ist eine nationale Frage, und um sie zu lösen, müssen wir sie vor allem zu einer politischen Weltfrage machen, die im Rate der Kulturvölker zu regeln sein wird ... Wir haben überall ehrlich versucht, in der uns umgebenden Volksgemeinschaft unterzugehen und nur den Glauben unserer Väter zu bewahren. Man läßt es nicht zu. Vergebens sind wir treue und an manchen Orten sogar überschwengliche Patrioten, vergebens bringen wir dieselben Opfer an Gut und Blut wie unsere Mitbürger, vergebens bemühen wir uns, den Ruhm unserer Vaterländer in Künsten und Wissenschaften, ihren Reichtum durch Handel und Verkehr zu erhöhen. In unseren Vaterländern, in denen wir ja auch schon seit Jahrhunderten wohnen, werden wir als Fremdlinge ausgeschrieen — oft von solchen, deren Geschlechter noch nicht im Lande waren, als unsere Väter da schon seufzten. Wer der Fremde im Lande ist, das kann die Mehrheit entscheiden; es ist eine Machtfrage, wie alles im Völkerverkehr... Im jetzigen Zustande der Welt und wohl noch in unabsehbarer Zeit geht Macht vor Recht.« Die einzige Lösung des Problems sei, eine eigene jüdische Staatsgewalt zu schaffen, in der die Juden ihre schöpferischen Kräfte ungestört und in Freiheit entwickeln könnten [40].

Herzls Thesen und seine Bemühungen, diese durch Schaffung

---

[40] Theodor Herzl, Der Judenstaat, Gesammelte Zionistische Werke, Berlin 1933, Band I, 25 ff.

eines jüdischen Siedlungsgebietes zu verwirklichen, fanden in Deutschland nur in kleineren Kreisen Unterstützung. Die überwiegende Mehrzahl der deutschen Juden glaubte weiterhin an den allgemeinen Fortschritt, der den Antisemitismus auslöschen und ihre volle soziale Eingliederung gewährleisten würde.

1896 gründete Max Bodenheimer in Köln die Nationale jüdische Vereinigung und verkündete folgende Thesen: »1. Durch gemeinsame Abstammung und Geschichte verbunden, bilden die Juden eine nationale Gemeinschaft. 2. Die staatsbürgerliche Gleichstellung der Juden hat nicht genügt, die soziale und kulturelle Zukunft des jüdischen Stammes zu sichern. Die endgültige Lösung der Judenfrage kann nur in der Bildung eines Staates bestehen, der imstande ist, die Juden völkerrechtlich zu vertreten und die Juden aufzunehmen, die in ihrem Heimatland nicht bleiben können oder wollen [41].«

Bodenheimers Thesen stießen auf heftige Kritik, und nur wenige schlossen sich der Organisation an. Der Centralverein verkündete: »Geburt, Erziehung, Sprache und Gefühl haben uns zu Deutschen gemacht und keine Zeitströmung kann uns unserm teuren Vaterland entfremden.« Andere bekämpften die zionistischen Thesen aus religiösen Gründen. Als Herzl 1897 den ersten Zionistenkongreß in München abhalten wollte, wurde dies durch den Aufruf des Deutschen Rabbinervorstandes verhindert: »Die Bestrebungen sogenannter Zionisten, in Palästina einen jüdischnationalen Staat zu gründen, widersprechen den messianischen Verheißungen des Judentums, wie sie in der Heiligen Schrift und den späteren Religionsquellen enthalten sind. Das Judentum verpflichtet seine Bekenner, dem Vaterland, dem sie angehören, mit aller Hingebung zu dienen und dessen nationale Interessen mit ganzem Herzen und mit allen Kräften zu fördern ... Religion und Vaterlandsliebe legen uns daher ... die Pflicht auf, alle, denen das Wohl des Judentums am Herzen liegt, zu bitten, daß

---

[41] Max Bodenheimer, So wurde Israel, Frankfurt 1958, 67 f.

sie sich ... von dem trotz aller Abmahnungen noch immer geplanten Kongreß fernhalten [42].«

Die Zionistische Organisation hatte ihren Sitz in Berlin. Nach Herzls frühem Tod wurde sie zunächst von David Wolffsohn, dann von Otto Warburg geführt. 1896 entstand die erste zionistische Zeitung, die »Israelitische Rundschau«, seit 1900 »Jüdische Rundschau« genannt. Die deutschen Zionisten, darunter viele Studenten, spalteten sich bald in »Radikale«, die sich gegen die Assimilation überhaupt stellten und die Übersiedlung nach Palästina zum Ziel hatten, und in »Revisionisten«, die den Aufbau einer »nationalen Kultur« in Palästina, aber nicht in der Diaspora, und am allerwenigsten in Deutschland wünschten. Die letzteren stellten es ihren Mitgliedern anheim, ob sie trotz national-jüdischer Gesinnung im angestammten Heimatland verweilen wollten. Diese Richtung vertrat der Nationalökonom Franz Oppenheimer (1864—1942), als er schrieb: »Ich bin kein Assimilant, aber ich bin dennoch assimiliert. Ich bin Deutscher und bin darauf ebenso stolz wie auf meine jüdische Abstammung. Ich bin glücklich, im Lande Kants und Goethes geboren und erzogen zu sein, ich spreche ihre Sprache, habe ihre Kultur, Kunst und Wissenschaft in mich eingesogen. Mein Deutschtum ist für mich ebenso heilig wie meine jüdische Abkunft ... Ich verbinde in mir das deutsche und das jüdische Nationalsgefühl. Ich und meine Freunde stehen fest auf dem Boden des Baseler Programms, und unser gutes deutsches Weltempfinden hindert uns nicht, gute Zionisten zu sein [43].«

Als 1912 in Posen auf dem internationalen zionistischen Delegiertentag die ostjüdische Mehrheit beschloß, jeder Zionist müsse die Übersiedlung nach Palästina erstreben, distanzierte sich der Centralverein von jedem Versuch, »die deutschen Judenfrage... international zu lösen. Auf dem Boden des deutschen Vaterlandes wollen wir als Deutsche an deutscher Kultur mitarbeiten und

---

[42] Dubnow, Die neueste Geschichte des jüdischen Volkes, Berlin 1920—1923, II, 342.
[43] Vgl. Franz Oppenheimer, Erlebtes, Erstrebtes, Erreichtes. Lebenserinnerungen, Düsseldorf 1963.

unserer Religion und unserer geheiligten Gemeinschaft treu bleiben. Soweit der deutsche Zionismus danach strebt, den entrechteten Juden des Ostens eine gesicherte Heimat zu schaffen oder den Stolz des Juden auf seine Geschichte und Religion zu heben, ist er uns gewiß willkommen. Von dem Zionisten aber, der ein deutsches Nationalgefühl leugnet, sich als Gast des fremden Wirtsvolks und national nur als Jude fühlt, müssen wir uns trennen [44].«

1913 gründeten deutsche Juden ein »Antizionistisches Komitee«, das sich von den Jüdisch-Nationalen »als schlechten Patrioten, Hetzern und Friedensstörern« lossagte. Auch auf orthodoxer Seite entstand 1912 in der »Augudat Israel« ein antizionistischer Weltverband.

Als eine Reaktion auf den Antisemitismus muß auch die Haltung der deutschen Juden gegenüber den Juden aus dem Osten betrachtet werden. Den stark assimilierten deutschen Juden, die größtenteils dem bürgerlichen Mittelstand angehörten, erschienen die verarmten, zumeist orthodoxen Flüchtlinge aus dem Osten geradezu als eine Gefahr. Sie fürchteten, daß die Einwanderer — ob ihrer Fremdheit — den Antisemiten »objektive Gründe« geben würden. In ihrer Angst übernahmen sie nunmehr selber die antisemitischen Vorurteile und wendeten sie gegen ihre Glaubensbrüder. Sie waren bestrebt, jede Identifikation mit diesen zu vermeiden, ohne sich dabei der Wirkungslosigkeit einer solchen Distanzierung bewußt zu sein. Denn für den Antisemitismus ist es ja gerade charakteristisch, daß er kollektiv urteilt und das Objekt nicht differenziert. So stellten deutsche Juden die russischen und polnischen oft als minderwertig hin und beanspruchten zuweilen sogar staatliche Hilfe zur Verhinderung ihrer Einwanderung. Der Literaturhistoriker Ludwig Geiger (1848–1919) etwa plädierte dafür, russische Juden als »schädliche Ausländer« aus den deutschen Gemeinden auszuschließen, zumindest ihnen

---

[44] Hierzu in der Monatsschrift des C.-V. »Im Deutschen Reich«, 1913, 201–247.

das Wahlrecht zu verweigern. Andererseits aber setzte sich die traditionelle jüdische Hilfsbereitschaft durch. Für die Flüchtlinge und für die Betreuung der im Osten zurückgebliebenen wurden in Deutschland Hilfsorganisationen gegründet. 1901 entstand unter der Leitung von James Simon und Paul Nathan der Hilfsverein der deutschen Juden. Mit Unterstützung des Auswärtigen Amtes, das im mittleren Osten politische Interessen verfolgte, baute er in Palästina ein Schulwerk auf. Verfolgten Juden aus Rußland, Polen und Rumänien half er durch Geldspenden und Förderung ihrer Emigration nach den Vereinigten Staaten. Während des Weltkrieges, als die deutsche Regierung tausende von Juden aus den besetzten Ostgebieten für Rüstungsarbeit in Deutschland anwarb, schloß sich der Hilfsverein zu deren Betreuung mit anderen Verbänden zum Arbeiterfürsorgeamt der jüdischen Organisationen Deutschlands zusammen.

Die Juden im Ersten Weltkrieg

Zu den beliebtesten Parolen der Judenhasser seit 1918 gehörte die Behauptung, daß die Juden am Weltkrieg und an der deutschen Niederlage schuld gewesen seien. Wie aber sah die Wirklichkeit aus? Jahrelang, noch am 25. Juli 1914, bemühte sich der jüdische Reeder und Wirtschaftsberater des Kaisers, Albert Ballin (1857–1918), um eine Abwendung des Krieges mit England. Nach seinem Ausbruch gehörte zu den maßgeblichen Förderern der Kriegswirtschaft der jüdische Elektrofabrikant Walter Rathenau (geboren 1867, ermordet von Rechtsradikalen 1922). Der letzte Kanzler des Kaiserreiches, Prinz Max von Baden, berichtet in seinen Erinnerungen, wie der jüdische Bankier Max Warburg (1867–1947) bei den Gesprächen, die dem Waffenstillstand vorangingen, den Vertreter der obersten Heeresleitung durchzuhalten beschwor. Dieser Vertreter war der General von Ludendorff, der gleiche, der später die Legende von der »jüdischen Kriegsschuld« und vom jüdischen »Dolchstoß in den Rücken des deutschen Heeres« verbreitete [45].

In antisemitischen Schriften der Folgezeit hieß es auch, die Juden seien Drückeberger gewesen, und das »jüdische Blutopfer« habe nicht seinen »pflichtmäßigen (sic) Anteil« erreicht [46].

Franz Oppenheimers Arbeit über »Die Judenstatistik des preußischen Kriegsministeriums« [47] und die sorgfältigen Erhebungen des Centralvereins [48] widerlegten die Behauptungen der Antisemiten.

Zu Recht aber schrieb eine orthodoxe jüdische Zeitschrift, »daß es doch traurig sei, sich gegen die Anklage verteidigen zu müssen, nicht genügend Tote geliefert zu haben [49].« Insgesamt rückten etwa 100 000 Juden ein. Davon sind über 12 000 gefallen [50]. 78 Prozent leisteten Frontdienst; über 10 000 waren Freiwillige; fast 30 000 wurden ausgezeichnet, über 19 000 befördert und über 2000 zu Offizieren ernannt. Von den 1100 Mitgliedern des jüdischen Studenten-Kartell-Conventes rückten 991 ein. Jeder Siebte ist gefallen. Der jüngste Freiwillige des deutschen Heeres war der 13jährige Jude Josef Zippes; und der erste freiwillige Reichtagsabgeordnete war der jüdische Sozialdemokrat Ludwig Frank.

Der Centralverein rief seine Anhänger dazu auf, gerade weil sie Juden seien, »mehr als ihre Pflicht fürs Vaterland« zu tun. Desgleichen taten die Zionisten: »Der deutsche Zionist«, hieß es in einer Erklärung, »der gegen Deutschlands Feinde die Waffen führt, handelt nicht nur in Erfüllung einer staatlichen Pflicht, sondern im Bewußtsein, daß er ... damit zugleich für die eigene

---

[45] Max von Baden, Erinnerungen und Dokumente, 1918, 344.
[46] So das Militär-Wochenblatt, 25. April 1934.
[47] München 1922.
[48] Jakob Segall, Die deutschen Juden im Kriege 1914–1918, Berlin 1921; verfälschte Statistik bei Otto Arnim (Pseudnoym für Alfred Roth), Die Juden im Heere, eine statistische Untersuchung nach amtlichen Quellen, Berlin 1919.
[49] Der Israelit, 26. Februar 1931.
[50] Namensliste im Heldengedenkbuch des Reichsbund jüdischer Frontsoldaten, 3. Auflage, Berlin 1933, mit Vorwort von Reichspräsident Paul von Hindenburg.

Persönlichkeit, die unlöslich im deutschen Wesen Wurzel geschlagen hat, kämpft, wie jeder andere Deutsche [51].«

Die Briefe gefallener jüdischer Soldaten veranschaulichen, wie stark das National- und Pflichtgefühl unter den Juden war. Sie zeigen aber auch, daß sie auf den Aufbau eines besseren Deutschland nach dem Kriege hofften.

»Ich habe den sehnlichsten Wunsch«, schrieb Ludwig Frank wenige Tage vor seinem Tode, »den Krieg zu überleben und dann am Innenbau des Reiches mitzuschaffen. Aber jetzt ist für mich der einzig mögliche Platz an der Linie, in Reih und Glied, und ich gehe wie alle anderen freudig und siegessicher [52].«

---

[51] Sigbert Feuchtwanger, Die Judenfrage als wissenschaftliches und politisches Problem, Berlin 1916, 65.
[52] Kriegsbriefe gefallener deutscher Juden (1935), 2. Auflage, Stuttgart 1961, 43 f.

11. KAPITEL

Die Weimarer Republik

Soziale Verhältnisse der Juden

Im Jahre 1925 gab es unter 70 Millionen Deutschen 564 379 Juden. Das waren 0,9 % gegenüber einem prozentualen Anteil von 1,25 % im Jahre 1871. Die bereits im Kaiserreich verzeichnete Entwicklung — Geburtenrückgang, Zunahme der Taufen und »Mischehen« [1], Abwanderung vom Land in die Großstadt [2] hielt an. Gleichzeitig war der Anteil ausländischer Juden (zumeist aus Polen und Rußland) von 7 % im Jahre 1900 auf 19,1 % im Jahre 1925 gestiegen.

In der Zeit der Weimarer Republik gehörten die Juden zwar immer noch überwiegend dem mittleren Bürgertum an; ihr großbürgerlicher Anteil hatte jedoch stark abgenommen; der kleinbürgerliche und proletarische nahm ständig zu. Der große und kleine Konsumgüterhandel (insbesondere Textilien), das Kreditwesen (zumeist kleine Privatbanken) und die freien Berufe (überwiegend Ärzte, Rechtsanwälte, Journalisten) gehörten immer noch zu den wichtigsten Erwerbszweigen der jüdischen Bevölkerung. In der maßgebenden Schwerindustrie aber — in den Handels- und Industriekartellen und in den neu entstandenen Groß- und Aktienbanken — spielten sie kaum eine Rolle. Der wirtschaftliche Erfolg großer Banken (Bleichröder und Warburg) und der Warenhäuser (Tietz, Wertheim) war vereinzelt.

Die bereits unter der jüdischen Bevölkerung in der Wilhelminischen Zeit festgestellte Entwicklung — der Rückgang unabhän-

---

[1] In den Jahren 1920 bis 1930 wählten durchschnittlich 17,5 Prozent aller heiratenden Juden nichtjüdische Partner.

[2] In Berlin lebten etwa ein Drittel aller deutschen Juden, 4,3 Prozent der Gesamtbevölkerung der Stadt.

giger Unternehmer bei gleichzeitigem Anstieg der Zahl der Angestellten und Arbeiter — setzte sich fort und wurde durch die Wirtschaftskrisen noch beschleunigt. Im Jahre 1925 waren fast die Hälfte aller jüdischen Erwerbstätigen Lohnempfänger. So zeigt die Berufsstatistik des Jahres 1925 einerseits, daß die Sonderstellung vergangener Jahrhunderte noch nachwirkte; andererseits, daß trotz anhaltender Diskriminierung im staatlichen und gesellschaftlichen Bereich die wirtschaftliche Angleichung fortgeschritten war. Seit 1882 war der nichtjüdische Anteil am Handel um das Fünffache angestiegen, der jüdische hingegen hatte um den achten Teil abgenommen. Im Kreditwesen war der Prozentsatz der jüdischen Beteiligung von 22 auf 3,84 % gesunken, der der Nichtjuden entsprechend gestiegen. Im akademischen Bereich hatte sich der Anteil der jüdischen Hochschulstudenten von 9,61 % im Jahre 1882 auf 5,08 % vermindert[3].

Auf kulturellem Gebiet war der Anteil der deutschen Juden verhältnismäßig groß. Ob man dies als nachteilig oder günstig betrachtete, war eine Frage der Einstellung nicht nur gegenüber den Juden, sondern auch gegenüber der Wissenschaft und der Kunst überhaupt. Unter den 170 bis zum Jahr 1933 mit dem Nobelpreis Ausgezeichneten befanden sich 20 Menschen jüdischer Abkunft (12 %) davon 15 aus dem deutschen Kulturbereich. Zu den prominenten Wissenschaftlern der Weimarer Zeit gehörten unter anderen: Albert Einstein, Kurt Ehrlich, Max Born; zu den Schriftstellern: Jakob Wassermann, Stefan und Arnold Zweig, Kurt Tucholsky; zu den Musikern: Leo Blech, Bruno Walter und Otto Klemperer; zu den Theaterregisseuren und Schauspielern: Max Reinhardt, Max Pallenberg, Fritz Kortner und Elisabeth Bergner[4].

---

[3] Silbergleit, Die Bevölkerungs- und Berufsverhältnisse der Juden im Deutschen Reich, Berlin 1930; Jakob Lestschinsky, Das wirtschaftliche Schicksal des deutschen Judentums, Berlin 1933; Esra Bennathan, Die demographische und wirtschaftliche Struktur der Juden, in Entscheidungsjahr 1932. Zur Judenfrage in der Endphase der Weimarer Republik, Veröffentlichung des Leo Baeck Institut, London, Hrsg. Werner E. Mosse und Arnold Paucker, Tübingen 1965, 87 ff.

[4] Vgl. hierzu Siegmund Kaznelson (Hrsg.), Juden im deutschen Kulturbereich (1934), Berlin 1959.

Als Verleger oder Redakteure betätigten sich Juden fast ausschließlich im Bereich der demokratischen und sozialistischen Publizistik. In jüdischem Besitz waren die Pressekonzerne von Mosse, Ullstein (»Berliner Tageblatt« und »Vossische Zeitung«) und die Societätsdruckerei (»Frankfurter Zeitung«). Bei den sozialistischen Publikationen gab es einige prominente jüdische Redakteure [5].

Die Juden in der Weimarer Zeit waren eine zahlenmäßig kaum ins Gewicht fallende Bevölkerungsgruppe. Neben ihrer religiösen Eigenart wiesen sie allerdings Anomalien auf: ihre starke Großstadtkonzentration, ihr vorwiegend mittelständischer Charakter, in politischen und sozialen Fragen ihre fast ausschließlich fortschrittliche Einstellung. In einer wirklich demokratischen und humanen Gesellschaft wären diese »Besonderheiten« jedoch kaum aufgefallen, sicher aber wären sie nicht negativ beurteilt worden.

Politisch unterstützten die Juden weiterhin die progressiven Bewegungen. Sie standen auf der Seite der demokratischen Republik, die endlich ihre bürgerliche und soziale Gleichberechtigung zu verwirklichen versprach. Als Angehörige des Mittelstandes war die überwiegende Mehrzahl der Juden alles andere als radikal. Die Mehrheit stimmte für die bürgerlichen Parteien der Mitte, insbesondere die Demokratische Partei, an deren Gründung 1918 Männer wie Theodor Wolff und Hugo Preuß beteiligt waren; nur eine kleine Minderheit entschied sich für die Sozialdemokraten, verschwindend wenige für die Parteien der äußersten Linken. In den ersten Monaten der Republik standen einzelne jüdische Intellektuelle an prominenter Stelle der revolutionären Parteien, so etwa Rosa Luxemburg im Spartakusbund, Hugo Haase bei den Unabhängigen Sozialisten und Kurt Eisner in der Bayerischen Räterepublik. Vom Standpunkt des Judentums waren sie Außenseiter, die sich nicht mehr zur jüdischen Religion bekannten. Auch reichte ihr Einfluß nicht über die revo-

---

[5] E. G. Lowenthal, »Die Juden im öffentlichen Leben«, in Entscheidungsjahr 1932, a.a.O., 59 ff.

lutionäre Situation und die Konsolidierung der Republik hinaus. Viele wurde das Opfer von Mordanschlägen der Rechten. In der Leitung der späteren Kommunistischen Partei waren einzelne Juden vertreten [6].

Unter den prominenten Politikern der demokratischen und sozialistischen Bewegungen befanden sich einige Juden, was freilich nicht, wie antidemokratische Kreise behaupteten, aus dem parlamentarischen Regierungssystem eine »Judenrepublik« machte. In den 19 Kabinetten bis 1932 waren von 387 Reichsministern 5 jüdischer Herkunft: Hugo Preuß (der Autor der Weimarer Verfassung) und Otto Landsberg im Kabinett Scheidemann (13. Februar bis 21. Juni 1919), Walter Rathenau und Georg Gradnauer im ersten Kabinett Wirth (10. Mai bis 26. Oktober 1921), Gradnauer auch im zweiten Kabinett Wirth (aber nur vom 31. Januar bis zum 24. Juni 1922). Rudolf Hilferding, der am 21. Dezember 1929 nach anderthalbjähriger Amtszeit aus dem zweiten Kabinett Müller ausschied, war der letzte Minister jüdischer Abstammung in der Weimarer Republik. Unter den 608 Abgeordneten des am 31. Juli 1932 gewählten Reichstages konnte man 14 jüdischer Herkunft zählen, wobei sich nur ein einziger zum Judentum bekannte. Der Prozentsatz der Juden an der Beamtenschaft lag unter ihrem Bevölkerungsanteil (in Preußen 1925 — 0,45 %). Unter den rund 500 höheren Beamten in den Reichsministerien im Rang vom Oberregierungsrat bis zum Staatssekretär waren insgesamt 15 jüdischer Religionszugehörigkeit [7].

---

[6] Hugo Bieber, Antisemitism in the First Years of the German Republic, in Yivo Annual of Jewish Social Science (1949), Band IV; Walter Groß, Das politische Schicksal der Juden in der Weimarer Republik, in H. Tramer (Hrsg.), In zwei Welten, Tel-Aviv 1962; Werner H. Mosse, Der Niedergang der Republik, in Entscheidungsjahr 1932, a.a.O., 9 ff.; R. Schay, Juden in der deutschen Politik, Leipzig 1929; Immanuel Birnbaum, Juden in der Münchener Räterepublik, in Hans Lamm (Hrsg.), Von Juden in München, München 1958.

[7] Lowenthal, a.a.O., 54 ff.; Jakob Lestschinsky, a.a.O., 106 ff.; Eva G. Reichmann, Die Lage der Juden in der Weimarer Republik, in Die Reichskristallnacht. Der Antisemitismus in der deutschen Geschichte, Bonn 1959.

Die Lage der Juden und das Scheitern der Republik

Das Schicksal der Juden in der Weimarer Republik war unlöslich mit der Schwäche und dem Scheitern der freiheitlichen Demokratie verbunden. Der Übergang zum parlamentarischen Regierungssystem nach dem Ersten Weltkrieg bedeutete keinen radikalen Bruch mit der kaiserlich-obrigkeitlichen Tradition und keine volle Demokratisierung des öffentlichen Lebens. Starke soziale und wirtschaftliche Machtfaktoren des Kaiserreiches blieben erhalten: Die Republik übernahm den gesamten monarchischen Verwaltungs- und Justizapparat, eine Beamtenschaft, die noch stark in obrigkeitlich-konservativen Vorstellungen lebte. Das gleiche traf zu auf die Armee, die sich alsbald anschickte, innerhalb des Staates eine eigene Machtpolitik zu betreiben. Maßgebende Kreise der Schwerindustrie und des Großgrundbesitzes verbündeten sich und bildeten einen Machtblock gegen die repräsentative Volksherrschaft, deren Mehrheitsgewalt, insbesondere die der sozialistischen Arbeiterschaft, sie fürchteten. Gewisse strukturelle Defekte der Verfassung, die Zersplitterung des Parteiensystems und vor allem politische Unerfahrenheit erschwerten in den Jahren der Wirtschaftskrisen die Funktion des parlamentarischen Systems [8]. Schließlich zerstörten verschwörerische antidemokratische Kreise die republikanischen Institutionen, noch ehe sie eine Chance hatten, sich zu befestigen. Deutsch-völkische Gruppen sahen in der parlamentarischen Demokratie und im Parteienstaat eine »ausländische Importware«, die dem »deutschen Wesen« widerspreche. Sie forderten, nach dem Vorbild der Restaurationsphilosophie vom »christlich-germanischen Staat« (vgl. S. 218 ff.), eine Autokratie, die »neutral« über dem Ganzen schwebe und die Gesamtheit »organisch« umfasse [9]. Integrierendes Prinzip dieses autoritären »Staatsorga-

---

[8] K. D. Bracher, Die Auflösung der Weimarer Republik, 2. Auflage, Villingen 1960.
[9] Hierzu Kurt Sontheimer, Antidemokratisches Denken in der Weimarer Republik, München 1961; K. v. Klemperer, Konservative Bewegungen zwischen Kaiserreich und Nationalsozialismus, deutsch, München o. J.

nismus« war die Verherrlichung eines irrationalen deutschen Volksbegriffes und der Haß gegen alles Fremde. Diese »Feinde« waren Franzosen, Slawen und wie ehedem – die Juden. Eine nicht vollständige Bibliographie zählte von 1919 bis 1927 über 700 völkische und antisemitische Schriften[10]. Ihre Verfasser gehörten unter anderem den folgenden deutschnationalen Gruppen an: Frontkriegerbund, Stahlhelm, Jungdeutscher Orden, Hochschulring deutscher Art, Deutsch-völkischer Schutz- und Trutzbund und Deutschnationaler Handlungsgehilfenverband. Den Juden wurde die Schuld am Krieg und an der Niederlage zugeschoben. Verantwortlich hielt man sie auch für den Versailler Vertrag, für die »schändlichen« Abkommen mit den Siegermächten und für die Wirtschaftskrisen.

Im Parteiprogramm der sogenannten Nationalsozialistischen Arbeiterpartei spielte der Antisemitismus eine zentrale Rolle: »Kein Jude«, sondern nur »der Volksgenosse deutschen Blutes« dürfe Staatsbürger sein, hieß es da. Neben antiparlamentarischen Punkten enthielt das Programm auch verschwommene antikapitalistische Forderungen, die sich insbesondere gegen den jüdischen Mittelstand richten ließen und darauf hinzielten, den »deutsch-bewußten« kleinbürgerlichen städtischen und ländlichen Mittelstand anzusprechen: »Brechung der (jüdischen) Zinsknechtschaft«, »Kommunalisierung der (jüdischen) Groß-Warenhäuser« und eine »den nationalen Bedürfnissen angepaßte Bodenreform«[11].

Nach dem Fiasko des Münchener Bürgerbräu-Putsches 1923 änderte die NSDAP ihre Staatsstreich-Taktik und beteuerte jetzt, die Machtübernahme nur mit »legalen« und »demokratischen« Mitteln zu erstreben. Ihr Führer, Adolf Hitler, bemühte sich, seine Bewegung durch gezielte Propaganda zu einer Massenorganisation auszubauen. Gerade hier spielte der Antisemitismus eine zentrale Rolle. Um die Masse für die Bewegung zu gewinnen,

---

[10] Fritz Marburg, Der Antisemitismus in der Deutschen Republik, Wien 1931, 57.
[11] Alfred Rosenberg (Hrsg.), Das Parteiprogramm, Wesen, Grundsätze und Ziele der NSDAP, 21. Auflage, München 1941, 15 ff.

schrieb Hitler in seinem Buch »Mein Kampf«, müsse man sich auf Weniges und möglichst Einfaches beschränken, dies dafür aber um so schlagwortartiger einhämmern »bis auch bestimmt der Letzte unter einem solchen Worte das Gewollte sich vorzustellen vermag ... Wer die breite Masse gewinnen will, muß den Schlüssel kennen, der das Tor zu ihrem Herzen öffnet. Es heißt nicht Objektivität, also Schwäche, sondern Wille und Kraft.« Denn die »Triebfeder zu den gewaltigsten Umwälzungen dieser Erde« seien nicht Vernunft und Erkenntnis, sondern ein die Massen »beseelender Fanatismus«, eine »sie vorwärtstreibende Hysterie« [12].

Die »Triebkraft« dieser »vorwärtstreibenden Hysterie« war, wie Hitler in der Literatur deutscher und österreichischer Antisemiten der Gegenwart und des vorigen Jahrhunderts nachlesen konnte, der Antisemitismus. Er war das integrierende Element, das alle tatsächlichen sozialen und ökonomischen Interessenverschiedenheiten überwand. Hitler zufolge war er der »Zement« der deutsch-völkischen Einheit. Am Haß gegen den »jüdischen Erzfeind« sollte sich die »Artgleichkeit« und »Volksgemeinschaft« der »Germanen« erweisen. Im Gegensatz zu den früheren Varianten des »christlich-sozialen« und »deutsch-nationalen« Judenhasses, so brüstete sich Hitler, besitze sein »Rasse-Antisemitismus« auf rein biologischer Grundlage eine das deutsche Volk »total einigende Potenz« [13].

Nationalsozialistische Gelehrte beeilten sich, den »Lebenskampf« zwischen der deutschen »Herrenrasse« und dem jüdischen »Untermenschentum« pseudowissenschaftlich zu belegen [14].

Die meisten anderen Parteien duldeten den Antisemitismus in ihren Reihen oder unterstützten ihn, besonders als sie die Er-

---

[12] Adolf Hitler, Mein Kampf, München 1936, u. a. 44 ff., 196 ff., 371.
[13] Ebenda. Vgl. hierzu Eleonore Sterling, Der unvollkommene Staat. Studien über Diktatur und Demokratie, Frankfurt 1965, Kapitel 8. Dieselbe, »Die nationalsozialistische Rassenideologie«, in Littera Judaica, Frankfurt o. J. (1964).
[14] U. a. Hans F. K. Günther, Rassenkunde des jüdischen Volkes, München 1930; Übersicht bei Max Weinreich, Hitler's Professors. The Part of Scholarship in Germany's Crimes against the Jewish People. New York 1946.

folge der NSDAP während der Wirtschaftskrise zur Kenntnis nehmen mußten. In der Wahlpropaganda der Rechtsparteien, insbesondere der großindustriellen Deutschnationalen Volkspartei, spielte der Judenhaß eine entscheidende Rolle. »Kampf gegen den jüdischen Einfluß an allen Fronten«, hieß es schon im Jahr 1924 auf einem Wahlplakat. Parteiveröffentlichungen priesen die Judenhasser Stöcker, Lagarde und Chamberlain [15].

Die Stellung der Parteien der Mitte zur »Judenfrage« war unsicher. Selbst die liberale Deutsche Demokratische Partei, die offiziell die Judenhetze bekämpfte, ging 1930 ein Wahlbündnis mit dem antisemitischen Jungdeutschen Orden ein [16]. Die Deutsche Volkspartei überging die Frage mit Schweigen, aber in ihr gab es aktive antisemitische Gruppen [17]. Ähnlich war die Haltung des katholischen Zentrums und der Bayerischen Volkspartei. Sie bekämpften den nazistischen Rassismus, machten aber zugleich den »jüdischen Einfluß« verantwortlich für den »Materialismus« und Antiklerikalismus liberaler und sozialistischer Kreise [18].

Die Linksparteien — Sozialdemokraten und Kommunisten — lehnten den Antisemitismus eindeutig ab. Der marxistischen Lehre folgend betrachteten sie Nationalismus und jede Unterscheidung von Religionen und Rassen als »Irrlehren«. Es sei »die List der ausbeutenden Klasse«, meinten sie, durch derartige ideologische Manöver die Masse des Volkes gefangenzuhalten und von ihrer wahren Aufgabe, dem Klassenkampf, abzulenken. Eine wirksame Abwehr der Linken wurde aber durch die Überzeugung, daß sich die »Judenfrage« von selbst mit dem Sieg des Sozialismus lösen würde, vereitelt [19].

In den nazistischen und sonstigen völkischen Schriften las man von Vertreibung und Ausrottung der Juden. Auf den Straßen

---

[15] G. L. Mosse, »Die deutsche Rechte«, in Entscheidungsjahr 1932, a.a.O., 230 ff.
[16] P. B. Wiener, »Die Parteien der Mitte«, in Entscheidungsjahr 1932, a.a.O., 292 ff.
[17] Ebenda, 314 ff.
[18] Ebenda, 307 ff.
[19] Hans-Helmuth Knütter, »Die Linksparteien«, in Entscheidungsjahr 1932, a.a.O., 323 ff.

und in den Wirtshäusern hallte das Gebrüll der Freikorps, der Sturmabteilungen (SA) und anderer deutsch-völkischer Schlägerbanden:

»Schlagt dem Judenpack die Schädel ein
und dann wird die Zukunft gewonnen sein;
Stolz weht die Fahne im Wind
wenn Judenblut vom Säbel rinnt.«

Erste jüdische Opfer dieses völkischen Wahnes, der sich eine bessere Zukunft vom Mord versprach, waren die Spartakistenführerin Rosa Luxemburg (1919) und der Außenminister Walter Rathenau (1922). Während der viertägigen Regierung Kapp-Lüttwitz kam es zu Exzessen gegen die Juden. Anfang 1930 erschlugen Nationalsozialisten 8 jüdische Bürger in Berlin. Wenige Monate später wurden 78 schwer verletzt. Im September 1931 überfielen SA-Leute jüdische Gottesdienstbesucher. An den Universitäten in Berlin und Breslau kam es zu zahlreichen Ausschreitungen gegen jüdische Studenten und Hochschullehrer. In den Jahren 1923 bis 1931 registrierte der Centralverein 106 Friedhofs- und 40 Synagogenschändungen [20].
Die Behörden gingen nur zögernd gegen die Täter und die offenen Umsturzvorbereitungen der äußeren Rechten vor. Selbst als die Völkischen ihre Morddrohungen wahrmachten, ließen die Gerichte sie glimpflich davonkommen [21].

Selbstbehauptung und Verteidigung

Im Gegensatz zu den Behauptungen der Judenfeinde bildete die kleine jüdische Bevölkerung Deutschlands keine Einheit. Die Stärke des deutschen Judentums gründete weder auf einem Ge-

---

[20] Friedhofsschändungen in Deutschland 1923–1931, Dokumente der politischen und kulturellen Verwilderung unserer Zeit, 4. Auflage, Berlin 1932.
[21] Gotthard Jasper, Der Republikschutz. Studien zur staatlichen Sicherung der Demokratie in der Weimarer Republik 1922–1930, Tübingen 1963; Otto Kirchheimer, Politische Justiz, deutsch, Neuwied 1965.

heimnis noch auf Verschwörung. Seine Grundpfeiler waren, wie Rabbiner Leo Baeck einmal sagte, die »Einheitsgemeinde, die Wohltätigkeit und die Wissenschaft«.

Die einzelnen Gemeinden waren nach wie vor bestrebt, ihre Autonomie zu wahren, mußten sie doch befürchten, daß auf Landes- oder Reichsebene die Großgemeinden ein Übergewicht erhalten würden. Erst praktische Erwägungen — so die Notwendigkeit der Koordination auf den Gebieten der Steuereinziehung, der Fürsorge und der Besoldung der Gemeindeangestellten — bewog sie zum Zusammenschluß. Als die Weimarer Republik gegründet wurde, waren nur Baden, Württemberg und Hessen in Landesverbänden organisiert. 1921 wurde der Verband Bayerischer Israelitischer Gemeinden gegründet. In Preußen, dem Land mit der stärksten jüdischen Bevölkerung (76 %), gelang erst 1922 die Gründung des Preußischen Landesverbandes jüdischer Gemeinden. Auch er bedeutete keine Einheit: In seinem demokratisch gewählten Verbandstag saßen Vertreter verschiedener Richtungen, die Religiös-Liberalen und die Religiös-Konservativen, dazwischen die Mittelpartei, daneben die zionistische Jüdische Volkspartei. Die wenigen orthodoxen Trennungsgemeinden gründeten 1920 ihren eigenen Verband, den Reichsbund gesetzestreuer jüdischer Gemeinden mit Landesverbänden in Bayern, Hessen und Preußen. Erst im Jahr 1928 kam es zur Gründung einer fast alle Gemeinden umfassenden provisorischen Reichsorganisation, der Arbeitsgemeinschaft jüdischer Landesverbände des Deutschen Reiches [22].

Die lebhaften Auseinandersetzungen zwischen den Liberalen und Orthodoxen setzten sich fort. In der Glaubensfrage selber war man sich grundsätzlich einig, und nur selten kam es zu Abspaltungen von der »Einheitsgemeinde«. Der Streit ging vielmehr um Fragen des Rituals und der Ausübung, die freilich — da

---

[22] Führer durch die jüdische Gemeindeverwaltung und Wohlfahrtspflege in Deutschland 1932–1933, Hrsg.: Zentralwohlfahrtsstelle deutscher Juden, Berlin o. J. (1932), 430; Ahron Sandler, »The Struggle for Unification, und Kurt Wilhelm, The Jewish Community in the Post-Emancipation Period«, in Leo Baeck Year Book (1957), Band II.

im Judentum Glaube und Leben engstens miteinander verbunden sind — nicht isoliert werden konnten.

Einig war man sich auch auf dem Gebiet der Wohltätigkeit. Jede Gemeinde besaß ihre traditionelle Chewra Kaddischah (Heilige Bruderschaft für die Toten). Auch die kleinsten hatten einen Armenverein und eine Durchwandererfürsorge. 1932 gab es in Deutschland 58 jüdische Altersheime, 15 Schwesternheime und Ausbildungsstätten, 54 Sanatorien für Erwachsene und Kinder, 21 Krankenhäuser, 9 Anstalten für Blinde, Taubstumme und Geisteskranke und noch viele andere Wohlfahrts-Institutionen. Diese waren zumeist nicht Einrichtungen der Gemeinden, sondern Gründungen privater Fürsorgevereine und Stiftungen. Seit 1917 gab es die Zentralwohlfahrtsstelle der Juden in Deutschland. Ihre Aufgabe war die Koordination der autonomen Einrichtungen und die Pflege des Kontaktes mit anderen konfessionellen, staatlichen und internationalen Wohlfahrtsorganisationen. Besonders in den Jahren der Wirtschaftskrisen, als die einzelnen Einrichtungen in finanzielle Not gerieten, konnte die ZWSt wertvolle Dienste leisten [23].

Die überwiegende Mehrheit der jüdischen Kinder besuchte die allgemeinen deutschen Schulen. Ihr Religionsunterricht fand entweder außerhalb der Schulstunden oder während der Zeit des christlichen Unterrichtes statt. Im Jahre 1933 gab es aber noch 153 jüdische Schulen in Preußen, Bayern und Württemberg, zumeist in Gebieten, wo auch die christlichen Konfessionen Schulen unterhielten.

Die Ausbildung der Rabbiner und Lehrer oblag der Hochschule für die Wissenschaft des Judentums (gegründet 1872), dem orthodoxen Rabbiner Seminar (gegründet 1873), beide in Berlin, und dem konservativen Jüdisch-Theologischen Seminar in Breslau (gegründet 1854). Wichtig war aber auch die allgemeine Erwachsenenbildung. In Frankfurt entstand 1920 das Freie Jü-

---

[23] »40 Jahre zentralisierte Wohlfahrtspflege«, in Jüdische Sozialarbeit (Hrsg. E. G. Lowenthal), Jg. 2, Nr. 5/6 (1957); Giora Lotan, »The Zentralwohlfahrtsstelle«, in Leo Baeck Year Book (1959), Band IV, 194 ff.

dische Lehrhaus unter der Leitung des Religionsphilosophen Franz Rosenzweig. Hier fanden Lehrgänge statt über biblische Themen, Talmud und Midrasch, jüdische Geschichte, Philosophie, Literatur und Liturgie, über soziale, wirtschaftliche und politische Fragen. Zu den Dozenten zählten unter anderem Franz Oppenheimer, Martin Buber und Ernst Simon [24]. Ähnliche Institutionen entstanden in Stuttgart (1925), in Mannheim (1928), Berlin (1929) und in anderen Städten.

Äußerst rege war die Tätigkeit auf publizistischem Gebiet. Im Januar 1930 zählte man 103 jüdische Zeitschriften. Die wichtigsten waren die »C.-V. Zeitung« (Auflage 1926 — 73 000) des Centralvereins, die »Jüdische Rundschau« der Zionistischen Vereinigung (Auflage 10 000), das neutrale Hamburger »Israelitische Familienblatt« (Auflage 24 000) und »Der Schild« des Reichsbundes jüdischer Frontkämpfer (Auflage 1931 — 12 000)[25]. Ferner gab es zahlreiche Gemeindeblätter und Veröffentlichungen der einzelnen Organisationen, darunter die »Zeitschrift für Demographie und Statistik der Juden« sowie die »Jüdische Wohlfahrtspflege und Sozialpolitik«, welche von der Zentralwohlfahrtsstelle herausgegeben wurde. Zu den wissenschaftlichen Publikationen gehörten die »Monatsschrift für Geschichte und Wissenschaft des Judentums« (1851—1939) und die »Zeitschrift für die Geschichte der Juden in Deutschland« (1929—1937). Große Forschungsarbeiten wurden von der Gesellschaft zur Förderung der Wissenschaft des Judentums (gegründet 1903) und von der Akademie für die Wissenschaft des Judentums (gegründet 1919) unterstützt und veröffentlicht (u. a. »Grundriß der Gesamtwissenschaft des Judentums«).

Die überwiegende Mehrheit der Juden bekannte sich zum assimilatorischen Centralverein. Dieser zählte 1930 etwa 60 000 Einzelmitglieder, die sich auf 555 Ortsgruppen und 21 Landes-

---

[24] Nahum N. Glatzer, »The Frankfort Lehrhaus«, in Leo Baeck Year Book (1956), Band I, 119.
[25] Margaret T. Edelheim-Mühsam, »The Jewish Press in Germany«, in Leo Baeck Year Book (1956), Band I, 172 f.

verbände verteilten. Da ihm eine Reihe von Vereinen und Körperschaften angeschlossen waren, einschließlich des 1919 gegründeten Reichsbundes jüdischer Frontsoldaten (30 000 Mitglieder), vertrat er etwa 300 000 Juden, mehr als die Hälfte der gesamtjüdischen Bevölkerung[26]. Die jüdisch-nationale »Zionistische Vereinigung für Deutschland« hingegen zählte im Jahre 1929 rund 20 000 Mitglieder, also nur etwa 3,5 % der jüdischen Bevölkerung[27]. Der jüdische Nationalismus der Zionisten war stark aufklärerisch und sittlich geprägt. Auf dem Delegiertentag 1932 distanzierte sich die Zionistische Vereinigung eindeutig von einem aggressiven »völkischen« Nationalismus wie demjenigen des Nationalsozialismus. »Der Zionismus«, hieß es in der Resolution, »verwirft einen Nationalismus, zu dessen Grundlagen die Überzeugung von der Minderwertigkeit anderer nationaler Gruppen gehört. Diesem Nationalismus, der mit den Mitteln der Staatsgewalt Menschen anderer Art oder anderer Meinung Freiheit und Lebensmöglichkeit nehmen will, setzt der Zionismus als die nationale Erneuerungsbewegung des jüdischen Volkes das Bekenntnis zur wahren nationalen Idee entgegen: aufbauende Arbeit und Entfaltung der schöpferischen Kräfte der Nation, nicht Kampf verschiedener Menschengruppen gegeneinander[28].«

Seit 1920 gab es auch eine »völkische« deutsch-jüdische Bewegung, die bemüht war, sich zwar nicht den Nationalsozialisten, doch aber deutsch-konservativen Kräften anzugleichen. Der »Verband nationaldeutscher Juden« hatte jedoch nur wenige Mitglieder. Sein Zweck war, mit den Worten ihres Führers Max Naumann, »der Zusammenschluß aller derjenigen Deutschen jüdischen Stammes, die bei offenem Bekennen ihrer Abstammung sich mit deutschem Wesen und deutscher Kultur so unauflöslich verwachsen fühlen, daß sie nicht anders als deutsch empfinden und denken können ...«[29].

---

[26] Eva Reichmann, »Der Centralverein«, in Süddeutsche Monatshefte 1930, Heft 12.
[27] Richard Lichtheim, Die Geschichte des deutschen Zionismus, Jerusalem 1954, 266.
[28] Jüdische Rundschau, 16. September 1932.
[29] Max Naumann, »Nationaldeutsches Judentum«, in Süddeutsche Monatshefte (1930), Heft 12.

Für die meisten Juden in Deutschland war die Identität, Deutscher und Jude zu sein, eine Selbstverständlichkeit. Aber auch die Weimarer Republik war nicht human und demokratisch genug, um dialektische Spannungen ertragen zu können. Ein auf Gegenseitigkeit beruhendes »deutsch-jüdisches Gespräch«, von dem heute so oft die Rede ist, hat in Wirklichkeit gar nicht stattgefunden. Jedenfalls ist es über seine ersten Ansätze nicht hinausgekommen. Gewiß, die Juden haben sich nach Kräften, oft sogar unter Preisgabe ihrer Individualität, um ein Gespräch mit den »Deutschen« bemüht, in zahlreichen Bekenntnissen [30] sich der Umwelt zu erklären versucht und auch diese auf die Fruchtbarkeit der Spannungen aufmerksam gemacht. Die Umwelt war aber nur in den seltensten Fällen bereit, die Juden überhaupt anzuhören, geschweige denn sie zu verstehen und zu achten. Auch da, wo man sich mit ihnen auf eine Auseinandersetzung im humanen Geist einließ, beruhte diese auf der ausgesprochenen oder stillschweigenden Voraussetzung der Selbstaufgabe der Juden [31]. Jüdische Beteuerungen über die »geistige Gemeinsamkeit des deutschen Wesens mit dem jüdischen Wesen« stießen in breitesten Kreisen auf heftige Ablehnung [32]. »Es ist vergeblich«, schrieb Jakob Wassermann, »das Gift zu entgiften. Sie brauen frisches. Es ist vergeblich für sie zu leben und zu sterben. Sie sagen: er ist ein Jude. Ich bin ein Deutscher, und ich bin ein Jude, eines so sehr und so völlig wie das andere, keines ist vom anderen zu lösen [33].«

Die Problematik, die eine feindliche Umwelt den Juden auferlegte, hat wohl am tiefsten der Religionsphilosoph Franz Rosenzweig (1886–1929) empfunden: »Ich glaube, die Verju-

---

[30] Vgl. hierzu Achim von Borries (Hrsg.), Selbstzeugnisse des deutschen Judentums 1870–1945, Frankfurt 1962.
[31] Vgl. hierzu Gershom Scholem, »Wider den Mythos vom deutsch-jüdischen Gespräch«, in Bulletin des Leo Baeck Institute, 7. Jg. (1964), 27; Ernst Ludwig Ehrlich, Judenfeindschaft in Deutschland, in K. Thieme (Hrsg.), Judenfeindschaft, Darstellung und Analyse, Frankfurt 1963.
[32] Vgl. hierzu Eva G. Reichmann, Diskussionen über die Judenfrage 1930–1932, in Entscheidungsjahr 1932, a.a.O.
[33] Jakob Wassermann, Mein Weg als Deutscher und Jude, 1922, 122 f., 126.

dung hat aus mir keinen schlechteren, sondern einen besseren Deutschen gemacht... Unsere Arbeit wird uns von Deutschland höchstens posthum honoriert, aber darum tun wir sie doch, solange wir sie in Deutschland tun, für Deutschland... Also ich, was mich angeht, fürchte mich weder vor hebräischen Liedern, noch glaube ich durch meinen Verzicht auf Schweinefleisch das Deutschtum, woran ich Anteil habe, verloren zu haben... Wenn das Leben mich einmal auf die Folter spannen und mich in zwei Stücke reißen würde, so wüßte ich freilich, mit welcher der beiden Hälften das Herz, das ja unsymmetrisch gelagert ist, mitgehen würde; ich wüßte auch, daß ich diese Operation nicht lebend überstehen würde [34].«

Während sich die Zionistische Vereinigung nur wenig um die Bekämpfung des Antisemitismus kümmerte, entfaltete der Centralverein auf diesem Gebiet eine rege Tätigkeit. Seine Rechtsschutzabteilung erhob zahlreiche Klagen vor den Gerichten gegen antisemitische Fälschungen, Verleumdungen, materiellen Schaden wegen Boykotts, Beleidigung des jüdischen Religionsbekenntnisses, Schändung von Friedhöfen und Synagogen. Aber die Justiz, schrieb ein Zeitgenosse, blickte selber »mit antisemitischen Augen auf die Prozesse«. Den Angeklagten wurde gestattet, die Verhandlungen für weitere antisemitische Propaganda auszunutzen und die Urteile waren stets milde. So fällte das Reichsgericht ein freisprechendes Urteil gegen den verantwortlichen Schriftleiter des »Westdeutschen Beobachters«, der behauptet hatte, daß die Juden gemäß den Vorschriften des Talmud »zu rituellen Zwecken Christenblut verwenden«[35]. 1923 hob der Erste Strafsenat eine Verurteilung des Ausdrucks »Judenrepublik« auf, weil in der Begründung der Vorinstanz die eindeutige Klarstellung fehle, daß das Schimpfwort überhaupt auf die republikanische Staatsform bezogen sei. Es wäre denkbar, dozierten die Reichsrichter, daß mit »Judenrepublik« ge-

---

[34] Franz Rosenzweig, Briefe, 1935, 474 f.
[35] Marburg, a.a.O., 59.

meint sei: »die übermäßige Macht und der übermäßige Einfluß, den die im Verhältnis zur Gesamtbevölkerung kleine Anzahl der Juden nach Ansicht weiter Volkskreise in Deutschland tatsächlich ausübt«[36].

Der Centralverein registrierte die Exzesse und brachte sie der Öffentlichkeit zur Kenntnis. Zahlreiche Broschüren und Flugblätter wurden verbreitet, in denen man auf die größeren Gefahren der Judenhetze verwies und an den Anstand der Bevölkerung appellierte. Die »C.-V.-Zeitung« erschien in zwei Ausgaben: einer wöchentlichen für Mitglieder und einer monatlichen, die sich besonders an nichtjüdische Leser — Beamte, Erzieher, Pfarrer etc. — richtete. Ferner gab der C.-V. ein Handbuch unter dem Titel »Anti-Anti« heraus, das mit jeder Auflage erweitert wurde. Bis Ende 1932 waren fast 30 000 Exemplare verteilt worden [37]. 1931 erschien eine Dokumentation über Friedhofs- und Synagogenschändungen [38], ein Jahr später ein »Weißbuch« über nazistische Ausschreitungen [39]. Das Hauptziel dieser Dokumentationen, die Regierung zu einer eindeutigen Stellungnahme gegen den Antisemitismus zu bewegen, wurde nicht erreicht.

1929 errichtete der Centralverein in Berlin das »Büro Wilhelmstraße« zur Bekämpfung des Nazismus. Es entstand ein wertvolles Archiv, das demokratische Parteien, Gewerkschaften und republikanische Schutzorganisationen, wie das Reichsbanner und die Eiserne Front, mit Informationen über die NSDAP belieferte. Zahlreiche Flugschriften und Plakate wurden vom »Büro Wilhelmstraße« während der Wahlkämpfe in Auftrag gegeben.

---

[36] Zit. nach Jasper, a.a.O., 107 ff.
[37] Hierzu Hans Reichmann, Der drohende Sturm, in H. Tramer (Hrsg.) In zwei Welten, Tel-Aviv 1962, 568 f.; vgl. auch Margaret T. Edelheim-Mühsam, »Reactions of the Jewish Press to the Nazi Challenge«, in Leo Baeck Year Book (1960), Band IV, 309 ff.; Arnold Paucker, »Der jüdische Abwehrkampf«, in Entscheidungsjahr 1932, a.a.O., 405 ff.
[38] Friedhofsschändungen in Deutschland 1923–1931, Dokumente der politischen Verwilderung unserer Zeit, 4. Auflage, Berlin 1932.
[39] Die Stellung der Nationalsozialistischen Arbeiterpartei zur Judenfrage. Eine Materialsammlung vorgelegt vom C.-V., Berlin 1932.

Zu seinen wichtigsten Veröffentlichungen zählte der »Anti-Nazi«, in dem die Widersprüche des sogenannten Nationalsozialismus, seine kriegerischen Ziele und die kriminelle Vergangenheit seiner Anführer enthüllt wurden [40].

Dem Erfolg dieser aufklärerischen Tätigkeit und des Appells an das Rechtsbewußtsein der Bürger waren jedoch von Anfang an enge Grenzen gesetzt. Antisemiten und Juden kämpften mit ungleichen Waffen. Wirtschaftsnot und Mangel an politischer Erfahrung begünstigten die Demagogie der Nationalsozialisten. Wieder einmal in der deutschen Geschichte erwies sich der Antisemitismus als das bequemste Mittel, von den Ursachen der Not abzulenken und Aggressionen abzuladen. Wie ungleich dieser Kampf war, zeigt schon der Umstand, daß der Centralverein viele seiner Schriften unter Decknamen veröffentlichte. Seine Leiter waren sich bewußt, daß schon der jüdische Ursprung die Warnungen in den Augen der Bevölkerung im vornherein entwerten würde.

Die Schriften des Centralvereins zeigen, daß manche Mitarbeiter die destruktive Rolle des Antisemitismus im größeren Zusammenhang klar durchschauten: Er war Bestandteil eines krankhaften Angriffes auf die Kultur überhaupt, auf Sittlichkeit, Vernunft und Humanität. Er war eine tödliche Waffe im Kampf gegen Freiheit und Demokratie [41]. Über die Technik und Form der Abwehr war man sich nicht einig. Die führenden Männer des Centralvereins sahen die Probleme zumeist aus der Sicht des mittelständischen Bürgertums. Sie glaubten, daß es Hauptaufgabe der Abwehr sei, den Verleumdungen Wahrheiten über die Juden entgegenzustellen. Ihnen widersprach nur eine Minderheit

---

[40] Anti-Nazi. Redner- und Pressematerial über die NSDAP. Herausgegeben vom Deutschen Volksgemeinschaftsdienst, Berlin 1930.
[41] Vgl. u. a. Eva Reichmann-Jungmann, »Der Centralverein deutscher Staatsbürger jüdischen Glaubens«, in Süddeutsche Monatshefte, September 1930; dieselbe Verfasserin in ihrer späteren Analyse: Die Flucht in den Haß. Die Ursachen der deutschen Judenkatastrophe, Frankfurt o. J. (1956); von zionistischer Seite: Kurt Blumenfeld, »Die zionistischen Aufgaben im heutigen Deutschland«, in Jüdische Rundschau, 16. September 1932. Weiteres bei Kurt Löwenstein, »Die innerjüdische Reaktion«, in Entscheidungsjahr 1932, a.a.O., 349 ff.

von jüngeren, sozialistisch eingestellten Menschen. Sie vertraten die Ansicht, daß der Judenhaß tiefere Wurzeln habe, die nur wenig mit den Juden selber zu tun hätten. Ursächlich sei vielmehr die allgemeine wirtschaftliche und politische Lage. Umstritten war stets, inwieweit der Verein als überparteiliche Organisation während der Wahlkämpfe die demokratischen Parteien unterstützen sollte. Umstritten war auch die Frage, ob sich die Aufklärungspropaganda auf die Masse des Volkes, auf das »gebildete Bürgertum« oder auf wenige Personen in Führungsstellungen richten sollte. Überdies unterschieden sich die Auffassungen des Centralvereins und der Zionistischen Vereinigung. Während der C. V. den Antisemitismus als »Krankheit der deutschen Politik« bekämpfte und in ihm eine Gefahr nicht nur für die Juden, sondern auch für die Demokratie sah, betrachteten die Zionisten die Bedrohung der Republik als ein Problem, das sie nicht mehr betraf. Zumeist schien ihnen der Kampf gegen den Judenhaß von vornherein hoffnungslos. Jedenfalls, so meinten sie, könnten die Juden selber durch »apologetische« Aufklärungsarbeit nichts daran ändern. Statt Abwehr befürworteten sie die Stärkung der jüdischen Gemeinschaft von innen, die »Normalisierung« der jüdischen Lage durch Einrichtung eines eigenen Staates [42].

Der Abwehrkampf der Juden fand nur wenig Unterstützung von außen. Nur einzelne Parteiführer der demokratischen Parteien nahmen die unpopuläre Frage auf, und wenige scheinen erkannt zu haben, daß mit dem Angriff auf die Juden auch die Menschen- und Bürgerrechte aller Deutschen bedroht waren [43]. Auch bei den christlichen Konfessionen gab es von offizieller Seite keinen ernsthaften Versuch, dem Judenhaß entgegenzutreten. Die Evangelische Kirche war selbst weitestgehend von der völkischen Ideologie der Rechtsparteien infiziert, und weite Kreise huldigten dem Gedankengut eines Adolf Stöcker und Paul

---

[42] Vgl. z. B. Reaktion auf den Wahlerfolg der Nationalsozialisten, Jüdische Rundschau, 16. September 1930; hierzu ausführlich Pauker, a.a.O., 414–424.
[43] Paucker, a.a.O., 411 ff.

de Lagarde. Die Einstellung vieler Katholiken, gestützt auf die Lehre von einem besonderen »christlichen Naturrecht«, einer »christlichen Gesellschaft« und einem »organischen Ständestaat«, war durchweg antiliberal und daher zumindest potentiell judenfeindlich. Nur einzelne Gruppen innerhalb der Kirchen bemühten sich unter anderem durch »Religionsgespräche« um ein besseres Verhältnis zur jüdischen Bruderreligion [44].

Mit der Sozialdemokratischen Partei, der stärksten Opposition gegen den nationalsozialistischen Aufstieg, kam erst allmählich eine engere Zusammenarbeit zustande. Diese wurde jedoch durch den Umstand erschwert, daß das jüdische Bürgertum kaum die sozialistischen Ziele der Partei unterstützen wollte und die SPD ihrerseits im Centralverein den Träger einer rückständigen bürgerlichen Ideologie erblickte. Nichtdestoweniger unterstützte der Centralverein die Tätigkeit des Reichsbanners, der von Demokraten, dem Zentrum und der SPD zum Schutz der Republik ins Leben gerufen wurde [45].

Die meisten Juden hielten den Nationalsozialismus für eine vorübergehende Verirrung, die gleich früheren antisemitischen und pseudosozialen Bewegungen, mit der Normalisierung der Wirtschaftslage der Vernunft weichen würde.

---

[44] Hans-Joachim Kraus, Die evangelische Kirche, und Karl Thieme, »Deutsche Katholiken«, in Entscheidungsjahr 1932, a.a.O., 249 ff., 271 ff.; Heinrich Lutz, Demokratie im Zwielicht. Der Weg der deutschen Katholiken aus dem Kaiserreich in die Republik 1914–1925, München 1963, 67 ff., 91 ff.; Dieter Goldschmidt und Hans-Joachim Kraus (Hrsg.), Der ungekündigte Bund, Stuttgart 1962.
[45] Paucker, a.a.O., 448 ff.

12. KAPITEL

Die Vernichtung des deutschen Judentums

Der totale Führerstaat

Am 30. Januar 1933 wurde Adolf Hitler vom Reichspräsidenten zum Kanzler ernannt. Von diesem Zeitpunkt an begann die systematische und stufenweise »Gleichschaltung«, beziehungsweise Auflösung aller freiheitlichen politischen Einrichtungen, die »Ergreifung« der Gesellschaft und Wirtschaft und schließlich die totale Mobilmachung für den Eroberungskrieg. Der »Führer« war alsbald Reichspräsident, Kanzler, Parteiführer und Oberbefehlshaber des Heeres in einer Person. Er beanspruchte aber nicht nur auf Grund dieser kumulierten, sondern auch auf Basis einer vor- und überstaatlichen Legitimität zu regieren. Der nazistischen Staatslehre zufolge verkörperte der »Führer« den »deutschen Volkswillen« und die »NS-Bewegung«. Hitlers Führergewalt wurde »total«, erstreckte sich alsbald auf alle Verwaltungs- und Justizorganisationen, »erfaßte alle Volksgenossen, die dem Führer durch Treue und Gehorsam verpflichtet sind«[1]. Die Parole des totalen Führerstaates war: »Ein Volk, ein Reich, ein Führer.« Seine »lebensnotwendige Voraussetzung« war der Mythos von der »Artgleichkeit zwischen Führer und Gefolgschaft«[2]. In der Gedankenwelt der nazistischen Staatstheoretiker war die »Artgleichheit« ein »in die tiefsten unbewußtesten Regungen des Gemüts, aber auch bis in die kleinste Gehirnfaser«

---
[1] Ernst Rudolf Huber, Verfassungsrecht des Großdeutschen Reiches, Hamburg 1937/1939, 213. Vgl. die Analyse in Eleonore Sterling, Der unvollkommene Staat. Studien über Diktatur und Demokratie, Frankfurt 1965, Kapitel 8.
[2] Carl Schmitt, Staat, Bewegung, Volk, Hamburg 1935, 35, 42; Ernst Forsthoff, Der totale Staat, Hamburg 1935, 36 ff.

hineinragendes Naturphänomen [3]. Im Kampf gegen alles »Andersartige« sollte sie sich bestätigen. »Das Bewußtsein der Artgleichheit und völkischen Zusammengehörigkeit aktualisiert sich vor allem in der Fähigkeit, die Artverschiedenheit zu erkennen und den Freund vom Feind zu unterscheiden[4].«
Der »Urfeind« in dieser primitiven Staatslehre war »der Jude«. Der Haß gegen die kleine jüdische Minderheit sollte das »Bewußtsein der Artgleichheit«, ihre Verfolgung die »Aktualisierung« der deutschen Volkseinheit bewerkstelligen. Der Mythos der sich am Antisemitismus erweisenden »artmäßigen Gleichartigkeit« erfüllte den Zweck, die terroristische Staatsgewalt zu »legitimieren«. Volk und Führer waren eins durch den Haß gegen den »Anderen«.

Die legalisierte Verfolgung

In den ersten Wochen der nazistischen Herrschaft kam es zu zahlreichen Aktionen der SA (Sturmabteilungen) und anderer Parteiorganisationen gegen Juden und politische Gegner, zu Boykotten, Überfällen und willkürlichen Verhaftungen. Die Polizei blieb dabei meist untätig, da sie Anweisung hatte, Hilfesuchenden keinen Schutz zu gewähren. Ende März verbot die Parteiführung die »wilden« Aktionen und organisierte statt dessen einen planmäßigen »Judenboykott«. Nach den Anweisungen der Parteileitung vom 28. März richtete sich die Maßnahme gegen jüdische Geschäfte, Ärzte und Anwälte, gegen den Besuch von Schulen und Universitäten durch Juden.
Der »Boykott-Aktion« vom 1. April folgten »gesetzliche« Maßnahmen. Was hier als »Gesetz« galt, stützte sich auf »arteigenes völkisches Recht«, das die Nationalsozialisten als ihren besonderen Beitrag zur deutschen Gerechtigkeit betrachteten. Demnach sollte sich das Recht nicht mehr auf Vernunft und Sittlichkeit stützen, sondern nach dem »gesunden Volksempfinden« richten.

---
[3] Schmitt, a.a.O., 42.
[4] Forsthoff, a.a.O., 36 ff.

Dieser »arteigenen deutschen Gerechtigkeit« gemäß wurden die Juden als »volksfremde Schädlinge« »legal« außerhalb des Rechts gestellt. Mit dem Gesetz vom 7. April 1933, das euphemistisch das Gesetz »Zur Wiederherstellung des Berufsbeamtentums« genannt wurde, wurden politische Gegner und ein Teil der jüdischen Beamten ihrer Ämter enthoben. Dem Einwirken des Reichspräsidenten von Hindenburg war es zu verdanken, daß die Frontkämpfer des Ersten Weltkrieges vorläufig in ihren Stellen belassen wurden [5]. Weitere Gesetze verboten das rituelle Schächten, die Bildung jüdischer Studentenvereinigungen, schränkten den Hochschulbesuch ein und schalteten die Juden und alles »Jüdische« aus dem »deutschen Kulturleben« aus. Im Mai 1933 fanden Bücherverbrennungen statt. Die »deutsche Kultur« wurde von den Werken jüdischer Autoren und Komponisten (u. a. Heinrich Heine, Felix Mendelssohn, Stefan Zweig) »gesäubert«, die Presse gleichgeschaltet [6].

Die Wochenzeitung »Der Stürmer«, herausgegeben vom Gauleiter für Franken, Julius Streicher, verbreitete eine üble Hetze gegen die Juden. Ein längst als Fälschung erwiesenes Dokument, »Die Protokolle der Weisen von Zion«, wurde als der Beweis »jüdischer Weltverschwörung« ausgegeben. Pornographische Artikel und Karikaturen prangerten die Juden wegen »Rassenschande« an. Die Ritualmordlegende wurde neu propagiert. Besonders in den ländlichen Gegenden war die jüdische Bevölkerung — auch nach der offiziellen Einstellung der »wilden Aktionen« — fortwährend Boykotten und Terrormaßnahmen durch SA-Schlägerbanden ausgesetzt. Viele flohen in die Städte in der Hoffnung, in der Anonymität Sicherheit zu finden. Ein großer Teil der deutschen Juden glaubte noch im Jahr 1934, daß die Tage des Gewaltregimes gezählt seien, oder wenigstens, daß sich die Lage beruhigen würde. Auch die Errichtung von Konzentrationslagern verdrängte diesen Optimismus nicht, waren doch zumeist nur politisch tätige Juden inhaftiert worden. Im

[5] Reichsgesetzblatt I, 175 ff.
[6] Reichsgesetzblatt I, 661 f., 713 ff.

Februar des Jahres 1934 erklärte ein Mitglied des Präsidialausschusses der neugegründeten Reichsvertretung der deutschen Juden (vgl. S. 308 f.), er betrachte die Auswanderung »als einen in gewissem Umfang notwendigen und wichtigen Ausweg, aber nicht als *den* Weg«[7].

1933 waren nach den »wilden Aktionen« 37 000 Juden ins Ausland geflüchtet; als 1934 die Verfolgung in »geordnete« und »gesetzliche« Bahnen geleitet worden war, flüchteten 23 000 und im nächsten Jahr 21 000. In der ersten Zeit rieten nur die zionistischen Organisationen konsequent zur Auswanderung. Der Anteil der Palästina-Flüchtlinge an der Gesamtzahl der Flüchtlinge zeigt folgende Ziffern: 1933 waren es 19, 1934 schon 37 und 1935 wieder 36 Prozent [8]. Der Reichsbund jüdischer Frontsoldaten aber ließ 1934 verlauten, daß er die »Grundlage seiner Arbeit in einem restlosen Bekenntnis zur deutschen Heimat« sehe. Er habe »kein Ziel und kein Streben außerhalb dieser deutschen Heimat«. Der Landesverband Groß-Berlin des Centralvereins schrieb 1935 seinen Beratungsstellen: »Wir müssen weiter arbeiten, damit der lebenden und der nach uns kommenden Generation Arbeit und Lebensraum in Deutschland erhalten bleiben. Wir müssen die deutsche jüdische Jugendbewegung, auf der unsere Zukunft beruht, unterstützen und aufbauen [9].«

Indessen bemühten sich Parteistellen und Staatsbehörden um eine Koordinierung der antijüdischen Maßnahmen. Am 15. September 1935 wurden auf dem Parteitag in Nürnberg zwei Rassegesetze verkündet, die gleichsam das »Grundgesetz« der systematischen Verfolgung bildeten. Dem Reichsbürgergesetz zufolge waren die Juden keine »Reichsbürger«, sondern lediglich »Staatsangehörige«, daher auch Sonderregelungen unterworfen. Das

---

[7] Der Morgen, Jg. 9, Nr. 8 (Otto Hirsch).
[8] Zahlen nach Analyse von Werner Rosenstock, »Exodus 1933–1939. A Survey of Jewish Emigration from Germany«, in Leo Baeck Year Book (1956), Bd. I, 377 ff.; deutsch in Robert Weltsch (Hrsg.), Deutsches Judentum. Aufstieg und Krise, Stuttgart 1963.
[9] Zit. nach Kurt R. Grossmann, Die letzte Phase, in Karl Thieme (Hrsg.), Judenfeindschaft. Darstellung und Analyse, Frankfurt 1963, S. 260.

»Gesetz zum Schutze des deutschen Blutes und der deutschen Ehre« verbot unter anderem die Eheschließung zwischen Juden und Bürgern »deutschen oder artverwandten Blutes«[10].

Die erste Durchführungsverordnung zum »Reichsbürgergesetz« (14. November 1935) legte fest, was überhaupt unter dem Begriff »Jude« gemeint war. Bezeichnenderweise mußten die Rassegesetzgeber, mangels Verifizierbarkeit ihres Biologismus, auf die Religionszugehörigkeit zurückgreifen: »Jude ist, wer von mindestens drei der Rasse nach volljüdischen Großeltern abstammt ... Als Jude gilt auch der von zwei volljüdischen Großeltern abstammende staatsangehörige Mischling, a) der beim Erlaß des Gesetzes der jüdischen Religionsgemeinschaft angehört hat oder danach in sie aufgenommen wird, b) der beim Erlaß des Gesetzes mit einem Juden verheiratet war oder sich danach mit einem solchen verheiratet, c) der aus einer Ehe mit einem Juden in Sinne des Absatzes 1 stammt, die nach dem Inkrafttreten des Gesetzes zum Schutze des deutschen Blutes und der deutschen Ehre vom 15. September 1935 geschlossen ist[11].«

In der Folgezeit wurden zahlreiche Ausführungsbestimmungen erlassen, welche den »Juden«, wie sie der sogenannten Arierparagraph der Ersten Verordnung definiert hatte, die Ausübung fast aller Berufe verwehrten und ihnen schließlich jegliche Erwerbstätigkeit verboten. Auch die bisher bevorzugte Stellung der Frontkämpfer war mit dem Rassegesetz hinfällig geworden [12].

In der Privatwirtschaft vollzog sich die Ausschaltung zunächst allmählich, seit 1937 aber um so schneller. Die »Arisierung« jüdischer Unternehmen wurde meist unter Drohungen und Erpressungen durch örtliche Parteifunktionäre durchgeführt. Dies bedeutete, daß man jüdische Eigentümer zwang, ihre Geschäfte zu gedrückten Preisen an »Arier« zu verkaufen, wobei des öfteren führende Parteigenossen in Betracht kamen.

---

[10] RGBl. I, S. 1146 f.
[11] Text in Bruno Blau. Das Ausnahmerecht für die Juden in Deutschland, 1933–1945, 3. Auflage, Düsseldorf 1965, 31 ff.
[12] Blau, ebenda, 33 ff.

Seit Anfang 1936 stieg die Flüchtlingswelle wieder an. Bis Mitte 1938 verließen etwa 143 000 Juden Deutschland. Schätzungsweise fanden rund 44 000 in Palästina Zuflucht, 27 000 in den Vereinigten Staaten, 26 150 in Südamerika, 9 400 im Britischen Empire, 7 600 in Afrika, etwa 37 000 in europäischen Ländern[13].

Die Selbsthilfe der Juden

Gegen Ende der Weimarer Republik war die Arbeitsgemeinschaft jüdischer Landesverbände des Deutschen Reiches gegründet worden. Aus dieser provisorischen Einrichtung entstand am 12. Februar 1933 das Präsidium der Reichsvertretung der jüdischen Landesverbände Deutschlands, das sich schließlich am 17. September des gleichen Jahres als die Reichsvertretung der deutschen Juden konstituierte. Der Sitz dieses Dachverbandes war Berlin. An seiner Spitze stand Rabbiner Leo Baeck, dem ein Präsidialausschuß beigegeben war. Die Reichsvertretung koordinierte die verschiedenen religiösen und inner-politischen Richtungen: die Religiös-Konservativen und Liberalen, den Centralverein, den Reichsbund jüdischer Frontsoldaten, die Zionistische Vereinigung und andere Organisationen [14].

Der Tätigkeitsbereich der Reichsvertretung war durch den staatlichen Druck und Terror im vornherein stark begrenzt. Anfangs konnte sie noch öffentlich gegen die Angriffe Stellung nehmen. So erließ ihr Vorläufer, das Präsidium, am 29. Mai 1933 folgende Erklärung: »Die deutsche Judenfrage verlangt ein klares Wort der deutschen Juden. Vor dem deutschen Judentum steht das Schicksal, zum Entrechteten in der deutschen Heimat zu werden. In ihrer Ehre getroffen, können die deutschen Juden als kleine Minderheit im deutchen Volk sich nicht verteidigen. Aber es darf ihnen nicht verwehrt sein, ihre Haltung offen und auf-

---

[13] Rosenstock, a.a.O., 387 ff.
[14] Max Grünewald, »The Beginnings of the Reichsvertretung«, in Leo Baeck Year Book (1956), Band I, 57 ff.; deutsch in Deutsches Judentum, a.a.O., 315 ff.

richtig kundzutun. Die deutschen Juden weisen es von sich, als Anhänger oder Urheber irgendeines ›Systems‹ angeprangert zu werden, während sie in Wahrheit es immer bewiesen haben, daß sie sich jeder staatlichen Ordnung willig und freudig unterordnen, wenn sie ihnen Würde, Arbeit und Freiheit läßt. Die deutschen Juden lehnen es ab, immer wieder auf ihre jahrhundertealte deutsche Kultur zu verweisen, auf ihre geschichtliche Verbundenheit mit deutschem Land und deutschem Geist; sie lehnen es ab, ihre für Deutschlands Ehre gefallenen jüdischen Bürger immer wieder als Zeugen aufzurufen. Die Wirklichkeit der Geschichte spricht für sie, spricht von ihrer Arbeit, ihrem Willen und ihrer Treue[15].«

Die wichtigste Tätigkeit der Reichsvertretung war einerseits die Koordination und Unterstützung der Hilfsmaßnahmen jüdischer Organisationen, andererseits die politische Vertretung der jüdischen Gemeinden gegenüber dem Staat. Anfangs war die Vereinigung noch der Überzeugung, »es erwarten zu dürfen, daß auch die Auseinandersetzung mit uns auf dem Boden des Rechtes und mit Waffen der Vornehmheit geführt werde, daß eine ehrliche Klarheit über unseren Platz und unseren Weg in dem Raume des Lebens geschaffen werde [16].« Ihre Bemühungen galten daher zunächst hauptsächlich dem Erziehungswesen und der Kulturarbeit, der Wirtschaftshilfe, Wohlfahrtspflege und Berufsausbildung. Aber im Laufe der Jahre, bei zunehmendem Druck und Terror, mußte sie sich immer stärker der Vorbereitung und Organisation der Auswanderung widmen [17].

Unmittelbar zuständig für die Auswanderung nach Palästina war das von der Zionistischen Vereinigung geleitete »Palästina-Amt«, für die Rückführung von Juden aus Osteuropa die Hauptstelle für jüdische Wanderfürsorge und für sämtliche andere Staaten der Hilfsverein der deutschen Juden. Die Auswanderer-Organisationen stießen auf große Schwierigkeiten, zumal fast

---

[15] Zit. nach Jüdische Rundschau, 30. Mai 1933.
[16] Ebenda.
[17] Grünewald, a.a.O., 61 ff.

alle Länder noch unter den Auswirkungen der Weltwirtschaftskrise zu leiden hatten und daher wenig geneigt waren, eine große Zahl von meist mittellosen Flüchtlingen aufzunehmen. Fast alle Staaten gestatteten nur eine stark beschränkte Einwanderung, und selbst die aufgenommenen Flüchtlinge erhielten oft keine Arbeitserlaubnis. Auch die Zahl der Palästina-Flüchtlinge war durch die Einwanderungsquote der englischen Mandatsregierung begrenzt. Nach Protesten von arabischer Seite wurde zunächst das Prinzip der »Absorptions-Kapazität« angewandt, 1939 schließlich die Jahresquote auf 25 000 Menschen festgesetzt [18].

Nach dem Boykott vom 1. April 1933 schufen die jüdischen Wohlfahrtsvereinigungen den Zentralausschuß für Hilfe und Aufbau sowie die Zentralstelle für jüdische Wirtschaftshilfe, um Hilfsmaßnahmen zu koordinieren. Die Aufgaben ihrer untergeordneten Institutionen erstreckten sich teils auf die Vorbereitung der Auswanderung, teils auf die Wirtschaftshilfe in Deutschland selber. Beratungsstellen für Auswanderer wurden geschaffen, Stätten errichtet, die sich dem Sprachunterricht, der handwerklichen und landwirtschaftlichen Ausbildung junger Menschen sowie der Umschulung der älteren widmeten. Es entstanden Darlehenskassen, welche die kleineren Betriebe unterstützten, die durch die Boykottmaßnahmen in Schwierigkeiten geraten waren; Beratungs- und Hilfsämter, welche den Menschen, die ihre Berufe nicht mehr ausüben durften oder vom Land in die Stadt ziehen mußten, bei der neuen Existenzgründung behilflich waren [19].

Der Wohlfahrtpflege kam immer größere Bedeutung zu. Durch die starke Auswanderung besonders der jüngeren Jahrgänge gewannen die älteren ein Übergewicht. So waren 1939 über 77 % aller deutschen Juden über 40 Jahre alt und von diesen mehr als zwei Drittel über 65. Die »Jüdische Wirtschaftshilfe« betreute 1936/37 insgesamt 82 818 Personen, d. h. 21,4 % der noch in

---

[18] Arieh Tartakower, Kurt Grossmann, The Jewish Refugee, New York 1944, 52 ff., 70 ff.

[19] A. Zsanto, »Economic Aid in the Nazi Era. The Work of the Berlin Wirtschaftshilfe«, in Leo Baeck Year Book (1959), Bd. IV, 208 ff.

Deutschland verbliebenen Juden. Als staatliche Maßnahmen die Zuständigkeit der öffentlichen Fürsorge für jüdische Alte und Kranke immer mehr einschränkten, übernahm deren Betreuung die Zentralwohlfahrtsstelle der Juden. Stiftungen und sonstige freiwillige Beitragszahlungen der jüdischen Bevölkerung unterstützten diese Arbeit [20].

Wichtig war schließlich auch die informative und kulturelle Tätigkeit jüdischer Organisationen. Der Centralverein setzte die Herausgabe seiner »C.-V.-Zeitung« und der Monatsschrift »Der Morgen« fort; die Zionistische Vereinigung veröffentlichte weiterhin die »Jüdische Rundschau«. Trotz aller Drohungen prangerten diese Publikationen die Unmenschlichkeit an. Zahlreich waren die Appelle an das Rechtsbewußtsein der deutschen Bevölkerung [21]. Überdies bemühten sich die Veröffentlichungen, die Würde der Verfolgten aufrechtzuhalten. Berühmt geworden ist jener Artikel, den Robert Weltsch, der Chefredakteur der »Jüdischen Rundschau«, nach dem April-Boykott 1933 unter der Überschrift »Tragt ihn mit Stolz, den gelben Fleck!« schrieb. »Neben anderen Zeichen und Inschriften sah man auf den Scheiben der Schaufenster vielfach einen großen Magen David, den Schild König Davids. Dies sollte eine Entehrung sein. Juden, nehmt ihn auf, den Davidsschild, und tragt ihn in Ehren [22]!«

Tatsächlich gehörte die »jüdische Presse« zu den wenigen noch nicht völlig »gleichgeschalteten« Publikationen, mit dem Ergebnis, daß sie auch von nicht-jüdischen Gegnern des Regimes gelesen wurde. 1935 wurde der öffentliche Verkauf jüdischer Zeitschriften verboten. Den Redakteuren wurde zur Auflage gemacht, die Erörterung aller akuten politischen Fragen, die nicht unmittelbar das Judentum betreffen, zu unterlassen.

Zu den wichtigsten Aufgaben der jüdischen Reichsvertretung gehörte auch die Erziehung. Im Jahre 1936 trug das Reichserzie-

---

[20] Giora Lotau, »The Zentralwohlfahrtsstelle«, in Leo Baeck Year Book (1959), Bd. IV, 205 f.
[21] Vgl. u. a. Otto Hirsch, in »Der Morgen«, Jg. 9, Nr. 8, Februar 1934.
[22] Jüdische Rundschau, 4. 4. 1933.

hungsministerium den Kommunalbehörden auf, die »Rassentrennung« auch in den Schulen durchzuführen. Jüdische Sonderklassen wurden in den Volksschulen der größeren Städte errichtet. Im Jahre 1938 zählten sie 20 029 Schüler. An ihnen unterrichteten jüdische Lehrer sowie zwangspensionierte Studienräte und Professoren. In Berlin errichtete die Reichsvertretung eine Lehrerbildungsanstalt, die neben den pädagogischen Unterweisungen auch Lehrgänge über jüdische Themen veranstaltete [23].

Gegenüber den allgemeinen Schulen im totalitären Staat besaßen die jüdischen verhältnismäßig größere innere Lehrfreiheit [24]. Zwar wurde ihnen die Verleihung von gleichwertigen Abschlußzeugnissen untersagt, aber sie konnten weitgehend ihre eigenen Lehrpläne bestimmen. Die im Jahr 1934 von der jüdischen Reichsvertretung erlassenen allgemeinen Richtlinien, deren Ausübung im einzelnen den Schulen selbst überlassen blieb, enthielten noch folgenden Passus: »Die jüdische Schule erfährt ihre besondere Prägung aus dem doppelten Urerlebnis, das jedes in Deutschland lebende jüdische Kind in sich trägt: dem jüdischen und dem deutschen. Diese beiden Grunderlebnisse sind gleichmäßig zu entwickeln und ins Bewußtsein zu heben; sie sind in ihrem Neben- und Miteinander wie auch in ihrer Spannung fruchtbar zu machen und zu entfalten [25].« In der Ausgabe des Jahres 1936 fehlte dieser Abschnitt, wohl auf Anweisung des Erziehungsministeriums. Dafür betonten die Richtlinien umso stärker den Unterricht von Hebräisch und anderen Sprachen sowie die Ausbildung in Vorbereitungsfächern zur Auswanderung der Jugend [26].

Eine rege Tätigkeit entfalteten der 1933 gegründete »Kulturbund der deutschen Juden« und die »Mittelstelle für jüdische

---

[23] Yad Washem Studies on the European Jewish Catastrophe and Restistance, III, Jerusalem 1959, 185.
[24] Hierzu Rolf Eilers, Die nationalsozialistische Schulpolitik, Köln 1963; Hans Jochen Gamm, Führung und Verführung. Pädagogik des Nationalsozialismus, München 1964; Hans Gaertner, »Probleme der jüdischen Schule während der Hitlerjahre«, in Deutsches Judentum, a.a.O., 326 ff.
[25] Zit. nach Fritz Friedländer, »Trials and Tribulations of Jewish Education in Nazi Germany«, in Leo Baeck Year Book (1958), Band III, 192.
[26] Ebenda, 198 f.

Erwachsenenbildung«. Zahlreiche Veranstaltungen fanden in den Gemeinden statt, an denen sich bedeutende Wissenschaftler und Künstler, die »aus dem deutschen Kulturleben ausgeschaltet« worden waren, beteiligten. Das Reichspropagandaministerium verbot nicht-jüdischen Bürgern die Teilnahme. Die Programme waren einer strengen Zensur unterworfen, und alle Veranstaltungen standen unter der Aufsicht der Geheimen Staatspolizei. Das jüdische Publikum verstand aber die subtilen Anspielungen auf das nazistische Regime, mochte es sich um eine Vorlesung über den Midrasch, eine Aufführung von Lessings »Nathan« oder von Verdis »Nabucco« handeln. Sicherlich hat diese intensive Kulturarbeit wesentlich dazu beigetragen, die Widerstandskraft der Verfolgten zu stärken und zu verhindern, daß dem »äußeren Zusammenbruch auch die innere Auflösung folgte«[27]. Eine wichtige Rolle in der Erwachsenenbildung spielten die 1933 von Martin Buber wiedereröffnete Frankfurter Freie Jüdische Lehranstalt (Sie war 1929 nach dem frühen Tod Franz Rosenzweigs geschlossen worden.), die Hochschule für die Wissenschaft des Judentums in Berlin und bis zu ihrem Verbot die beiden Rabbinerseminare in Berlin und Breslau. Noch im Juni 1942, als die Deportationszüge schon seit Monaten nach dem »Osten« fuhren, unterrichtete Rabbiner Leo Baeck die drei letzten Schüler der Hochschule [28].

---

[27] Hans Reichmann im Vorwort zu: Bewährung im Untergang. Ein Gedenkbuch (Hrsg. E. G. Lowenthal), Stuttgart 1965; Herbert Freeden, Jüdisches Theater in Nazi-Deutschland, Tübingen 1963; Ernst Simon, »Jewish Adult Education in Nazi Germany«, in Leo Baeck Year Book (1965), Band I, 68 ff.; ders., Aufbau im Untergang. Jüdische Erwachsenenbildung im nationalsozialistischen Deutschland, Tübingen 1959.
[28] Simon, a.a.O., 84 ff.

Der November-Pogrom 1938

Mit den Ereignissen des Jahres 1938 ging die Geschichte des deutschen Judentums zu Ende. Bis dahin war den Verfolgten noch eine, wenn auch sehr enge Sphäre eigener Entscheidungsmöglichkeit belassen. Im Laufe des Jahres 1938 wurde dieser Bereich immer stärker eingeschränkt. Danach blieb den Juden zur Rettung ihres Lebens nichts als die Flucht, und dies nur für wenige; den meisten aber blieb nur noch die allerletzte Entscheidung — mit Würde in den Tod zu gehen.

Die Gewaltmaßnahmen des Jahres 1938 gipfelten im November in der sogenannten »Kristallnacht«. Dieser gingen Maßnahmen voraus, die die Absichten der Verfolger ahnen ließen: die Beraubung, die völlige Ausschaltung aus dem Wirtschaftsleben, schließlich die »Ausschaltung« aus der Gesellschaft überhaupt. Am 28. März 1938 trat das Gesetz über die Rechtsverhältnisse der jüdischen Kultusvereinigungen in Kraft, womit die jüdischen Körperschaften des öffentlichen Rechts zu »eingetragenen Vereinen« degradiert wurden [29]. Die Verordnungen vom 26. April und 14. Juni befahlen die Anmeldung des Vermögens und der Gewerbebetriebe der Juden [30]. Sie sollten den Behörden einen genauen Überblick, zwecks baldiger »Erfassung«, verschaffen. Im Sommer wurde die Nürnberger Synagoge zerstört.

Ende Oktober kam es zur »Abschiebung« von 17 000 ehemals in Polen beheimateten Juden über die östliche Grenze. Unter diesen unglücklichen Menschen, die tagelang an der Grenze umherirrten, befanden sich auch die Eltern des Herschel Grünspan, jenes siebzehnjährigen Jungen, der am 7. November in Paris ein Attentat auf einen deutschen Gesandtschaftsrat verübte. Das Regime nahm dieses Ereignis zum Anlaß, die längst geplante Ausschaltung der Juden aus der Gesellschaft durch eine »Volksaktion« einzuleiten. Diese angebliche »Vergeltungsmaßnahme des deutschen Volkes« war von den obersten Parteistellen sorgfältig vor-

---

[29] Reichsgesetzblatt I, 627 f.
[30] Reichsgesetzblatt I, 414, 627 f.

bereitet worden. Das Startzeichen gab der Propagandaminister Josef Goebbels während einer Gedenkfeier »Alter Kämpfer« in München. Befehle der anwesenden Parteiführer gingen per Fernschreiben an Partei- und SA-Stellen. Der Chef der Sicherheitspolizei, Reinhard Heydrich, wies alle staatlichen Polizei- und Gestapobehörden an, auf den »geordneten Verlauf« der bevorstehenden Aktion zu achten. In der Nacht vom 9. auf den 10. November zündeten SA-Männer und Parteiformationen überall im Reich jüdische Gotteshäuser an, demolierten jüdische Geschäfte und Wohnungen [31].

Das genaue Ausmaß dieser »Volksaktion« ist nicht bekannt. Ersten Erfolgsmeldungen des Gestapochefs Heydrich zufolge betrug allein der Sachschaden mehrere hundert Millionen Mark. Demnach wurden 191 Synagogen in Brand gesteckt, weitere 76 »vollständig demoliert«, 144 Gemeindehäuser, Friedhofskapellen und dergleichen vernichtet, 7500 Geschäfte zerstört. Heydrich meldete den Tod von 36, die schwere Verletzung von ebenfalls 36 Menschen. Über 26 000 Juden wurden festgenommen und in Konzentrationslager gebracht [32].

Am 11. November wurden auf einer Sitzung im Reichsluftfahrtministerium, unter Vorsitz von Hermann Göring, die Ausschaltungsmaßnahmen im einzelnen beraten. Zunächst wurde den Juden eine »Sühneleistung« von einer Milliarde Reichsmark »für die feindliche Haltung gegenüber dem Deutschen Volk und Reich« auferlegt. Für die durch »die Empörung des Volkes« während des Pogroms enstandenen Schäden sollten sie selber aufkommen; die Entschädigungen der Versicherungsgesellschaften waren an das Reich abzugeben. Ferner wurde die Zwangs-Arisierung aller noch in jüdischen Händen befindlichen Unternehmen, Geschäfte und Handwerksbetriebe angeordnet [33]. Es folgte eine Fülle von Maßnahmen: unter anderem die Sperrung

---

[31] Hierzu Hermann Graml, Der 9. November 1938, Bonn 1953.

[32] IMT, PS-3058, Der Prozeß gegen die Hauptkriegsverbrecher vor dem internationalen Militärgerichtshof, Nürnberg 1949.

[33] Reichsgesetzblatt I, 1938, 1579–1581.

jüdischer Vermögen, die Zwangsabgabe von Schmuck und Kunstgegenständen, die Einführung erhöhter Steuersätze. Jüdische Organisationen wurden aufgelöst, ihre Funktionäre verhaftet, jüdische Publikationen verboten [34].
In der Zeit vom 1. Januar 1938 bis zum Auswanderungsverbot am 1. Oktober 1941 konnten noch etwa 170 000 Menschen fliehen, wobei nicht festzustellen ist, wie viele ein sicheres Asyl außerhalb des europäischen Kontinents erreichten. Bekannt ist, daß einige Tausend über Sibirien nach Schanghai entkamen, eine nicht feststellbare Zahl in Palästina »legal« oder infolge der Quotenbestimmungen »illegal« Zuflucht fand. Noch kurz vor Kriegsausbruch (1. September 1939) erhielten zahlreiche Flüchtlinge Asylrecht in England, dem einzigen Land, das nun seine Grenzen unbeschränkt geöffnet hatte [35].

Die »Endlösung«

Es ist nicht bekannt, wann genau das Regime die »Endlösung der Judenfrage«, das heißt die physische Vernichtung beschlossen hat. Aber bereits in einer Rede vor dem Reichstag am 30. Januar 1939 drohte der »Führer« Adolf Hitler, ein Weltkrieg würde »die Vernichtung der jüdischen Rasse in Europa« bedeuten. Als dieser Krieg mit dem Angriff auf Polen im September ausbrach, wurden jüdische Familien in sogenannte »Judenhäuser« zusammengelegt. Sperrgebiete wurden abgesteckt, die sie nicht betreten durften; ihre Ausgangszeiten wurden genauestens festgelegt. Die Benutzung öffentlicher Verkehrsmittel war ihnen untersagt. Ihre Lebensmittelrationen wurden auf ein Minimum beschränkt. Nur in bestimmten Geschäften und zu gewissen Tageszeiten durften sie einkaufen. Arbeitsfähige Juden wurden zur Zwangsarbeit rekrutiert.
Die Reichsvertretung der Juden wurde am 4. Juni 1939 durch

---
[34] Reichsgesetzblatt I, 1938, 1676, 1709 ff.; 1939, I, 282.
[35] Rosenstock, a.a.O., 377.

die 10. Verordnung zum Reichsbürgergesetz aufgelöst. An ihre Stelle trat die »Reichsvereinigung der Juden«, die der direkten Aufsicht der Geheimen Staatspolizei unterstellt wurde. Zu ihrem Aufgabenbereich gehörten weiterhin Auswanderervorbereitung, das jüdische Schulwesen und Wohlfahrtspflege. Schließlich wurde sie gezwungen, der Gestapo Hilfsdienste zu leisten. So mußte sie den jüdischen Wohnraum registrieren, Wohnungszusammenlegungen durchführen und regelmäßige Bevölkerungszählungen vornehmen [36].

Bereits vor Ausbruch des Krieges war in der nationalsozialistischen Führung ein Projekt »Zur Lösung der Judenfrage« erörtert worden: die Zwangsansiedlung auf der Insel Madagaskar. Nach der Niederlage Polens faßte der Chef der Geheimen Staatspolizei, Heydrich, den Plan, ein »jüdisches Reservat in Ostpolen« zu schaffen. Im Winter 1939/40 gingen die ersten »Umsiedlungstransporte« aus Österreich und dem Protektorat Böhmen und Mähren nach Polen. Im Februar 1940 wurden die Juden aus Stettin in die Gegend von Lublin verschleppt. Im Herbst des gleichen Jahres erfolgte die Deportation der Juden aus Elsaß-Lothringen, dem Saargebiet und Baden nach Südfrankreich, wo sie in Lagern interniert wurden. Ungezählte Menschenleben fielen diesen ersten, größtenteils von einzelnen, miteinander rivalisierenden Führern der NS-Hierarchie durchgeführten Aktionen zum Opfer. Ein Schreiben des von Hitler mit der »Lösung der Judenfrage« beauftragten Reichsmarschalls Göring vom 31. Juli 1941 leitete sodann »geordnete« Aktionen ein. Hiermit wurde der Gestapochef Heydrich, seit 1939 auch Leiter der sogenannten »Auswandererzentrale«, beauftragt, »alle erforderlichen Vorbereitungen in organisatorischer, sachlicher und materieller Hinsicht zu treffen für eine Gesamtlösung der Judenfrage im deutschen Einflußgebiet in Europa [37].«

Unter der Tarnbezeichnung »Auswanderung und Evakuierung«

---

[36] Hierzu Dietrich Andernacht und Eleonore Sterling (Hrsg.), Dokumente zur Geschichte der Frankfurter Juden 1933–1945, Frankfurt 1963, Kapitel XI–XIV.
[37] IMT, PS-710, a.a.O.

traf Heydrich die gewünschten Vorbereitungen: In den besetzten Ostgebieten wurden Vernichtungsstätten ausgesucht und Tötungsarten erprobt. Daraufhin fand am 20. Januar 1942 in Berlin-Wannsee eine Besprechung statt mit Vertretern des Innen- und Justizministeriums, des Auswärtigen Amtes, des Ministeriums für die besetzten Ostgebiete, der Partei- und Reichskanzlei. Die Anwesenden einigten sich über die allgemeinen Richtlinien zur Organisation und Durchführung dessen, was sie »Endlösung« nannten. Nach näheren Angaben des Protokolls war damit gemeint: sofortige Ausrottung oder »vorläufige Konzentration in Ghettos«. Auch von »natürlicher Verminderung« durch Arbeitseinsatz war die Rede [38].

Bei den Deportationen aus dem Reichsgebiet arbeiteten staatliche Stellen im engen Einvernehmen mit der Gestapo. Das Finanzamt registrierte und konfiszierte das Eigentum der »Abgeschobenen« oder »Abgewanderten«, wie es in der Amtssprache hieß, trieb sämtliche Schulden ein und kassierte die Lebensversicherungen. Auf dem »Sammelplatz« nahm ihnen das Ernährungsamt »ordnungsgemäß« die Lebensmittelkarten ab; das Wohnungsamt sammelte die Haustürschlüssel ein. Polizeiformationen begleiteten den Weg zum Bahnhof. Die Reichsbahn organisierte die Todesfahrt [39].

In diesem teuflisch-bürokratisch durchorganisierten Plan mußte auch die Reichsvereinigung der Juden Hilfe leisten. Sie erhielt den Auftrag, in einigen Städten Sammellager einzurichten, die Versorgung der auf die »Evakuierung« Wartenden zu organisieren, Deportationslisten, nach Anweisung der Gestapo, zusammenzustellen, Boten- und Abholdienste zu leisten. Es ist heute kaum noch möglich, sich in die damalige verzweifelte Lage zurückzuversetzen. Das schreckliche Ende überschattet jede menschliche Einsicht. Wir wissen nur, daß auch ohne die untergeordnete Mitwirkung der jüdischen Vereinigung der nazistische Mordapparat sein Soll erreicht hätte. Die Tätigkeit der jüdischen Organisatio-

---

[38] IMT, NG-2586, a.a.O.
[39] Andernacht, Sterling, a.a.O., Kap. XI–XIV.

nen, die selbst im Rahmen des nationalsozialistischen Verbrechens noch »human« handelten, mag, so unfaßlich dies auch scheinen mag, manchen den letzten Weg vielleicht erleichtert haben. Tatsache ist jedenfalls, daß viele führende Mitarbeiter der Reichsvertretung und der späteren Reichsvereinigung Möglichkeiten ausschlugen, sich selber durch die Flucht zu retten; daß sie in Deutschland blieben, in der Hoffnung, wie auch nur möglich, der jüdischen Gemeinschaft zu helfen. Vielen Menschen konnten sie noch den Weg ins Ausland bahnen, aber fast alle Mitglieder der Reichsvereinigung mußten ihr eigenes Leben lassen [40].

Die ersten Deportationszüge aus dem »Altreich« fuhren Mitte Oktober 1941 nach dem Osten: zunächst nach Lodz, Warschau, Riga, Kowno und Minsk. Viele Menschen starben während des Transports. Manche wurden sofort nach Ankunft ermordet, wenn sie gerade zum Zeitpunkt einer »allgemeinen Ghetto-Liquidation« eintrafen. Andere wurden vorerst zur »Zwangsarbeit zwecks natürlicher Verminderung« interniert. Die Überlebenden wurden schließlich in die Vernichtungslager (Auschwitz, Treblinka, Belzec, Chelmno und Sobibor) gebracht. Später gingen die »Osttransporte« aus dem deutschen »Altreich« zumeist unmittelbar in das Hauptvernichtungslager Auschwitz. Andere fuhren nach Theresienstadt, ein angebliches »Vorzugslager« für Alte und Privilegierte, die man vermutlich zunächst als mögliche Handelsobjekte lebendig erhalten wollte. Das Lager diente hauptsächlich der Tarnung und wurde nach sorgfältigen Vorbereitungen ausländischen Delegationen als Musterlager vorgeführt. Tatsächlich bedeutete Theresienstadt den Hungertod oder eine Durchgangsstation auf dem Wege in die Gaskammern von Auschwitz [41].

Die Statistik der Opfer spricht für sich selbst, wobei zu berücksichtigen ist, daß in diesen Zahlen die in den besetzten europäischen Ländern »erfaßten« deutschen Juden nicht sichtbar werden:

---

[40] E. G. Lowenthal (Hrsg.), Bewährung im Untergang. Ein Gedenkbuch. Stuttgart 1965.
[41] H. G. Adler, Theresienstadt. Das Antlitz einer Zwangsgemeinschaft, Tübingen 1955.

Im Juni 1933 lebten 499 682 »Glaubensjuden« in Deutschland. Am 1. Januar 1937 zählte die Deutsche Reichsstatistik noch 233 646 Juden im Sinne der Nürnberger Gesetze, nämlich Personen, welche von mindestens drei der »Rasse« nach jüdischen Großeltern abstammten. Nach den vom Reichssicherheitshauptamt angeordneten monatlichen statistischen Erhebungen der Reichsvereinigung der Juden lebten im »Altreich« Juden im Sinne der Nürnberger Gesetze[42].

am 1. Mai 1941	168 972
am 1. Oktober 1941	163 696
am 1. Januar 1942	131 823
am 1. Januar 1943	51 257
am 1. April 1943	31 807
am 1. September 1944	14 574

---

[42] Bruno Blau, Das Ausnahmerecht für die Juden in Deutschland 1933–1945, 3. Auflage, Düsseldorf 1965, 10 f.; ders., »The Jewish Population in Germany 1933–1945«, in Jewish Social Studies (1950), XII.

Literaturverzeichnis

Die folgende Liste ist unvollständig. Sie enthält lediglich die wichtigsten Werke, die in dieser Arbeit verwendet wurden, einschließlich einiger heute leicht zugänglicher Werke, die dem Leser zum weiteren Studium behilflich sein mögen.

Bibliographien

Kisch, Guido und Röpke, Kurt	Schriften zur Geschichte der Juden. Eine Bibliographie der in Deutschland und in der Schweiz 1922-1955 erschienenen Dissertationen, Tübingen 1959
Melzer, Joseph (Hrsg.)	Deutsch-jüdisches Schicksal. Wegweiser durch das Schrifttum der letzten 15 Jahre, 1945-1960 Köln 1960
Wolff, Ilse R.	German Jewry. Its History, Life and Culture, Wiener Library Catalogue Series No. 3, London 1958

Allgemeine Werke

Adler, H. G.	Die Juden in Deutschland. Von der Aufklärung bis zum Nationalsozialismus, München 1960
Agus, Jakob Bernard	The Meaning of Jewish History, London, New York 1962, 2 Bände
Baeck, Leo	Dieses Volk. Jüdische Existenz, Frankfurt 1955-1957, 2 Bände
	Aus drei Jahrtausenden. Wissenschaftliche Untersuchungen und Abhandlungen zur Geschichte des jüdischen Glaubens, Tübingen 1958
	Das Wesen des Judentums, Köln 1960
Baron, Salo	A Social and Religious History of the Jews, New York 1937 ff
Böhm, F.; Dirks, W.	Judentum. Schicksal, Wesen und Gegenwart, Wiesbaden 1965, 2 Bände
Buber, Martin	Zwei Glaubensweisen, Zürich 1950
Dubnow, Simon	Die neueste Geschichte des jüdischen Volkes, Berlin 1920-1923, 3 Bände
Eckert, W. P.; Ehrlich, E. L. (Hrsg.)	Judenhaß, Schuld der Christen?, Essen 1965

Ehrlich, Ernst Ludwig	Geschichte der Juden in Deutschland, Quellenheft, Düsseldorf 1957
Elbogen, Ismar	Der jüdische Gottesdienst in seiner geschichtlichen Entwicklung, 4. Aufl., Hildesheim 1962
Encyclopaedia Judaica	Berlin 1928-1934
Gamm, Hans Jochen	Judentumskunde. Eine Einführung, Frankfurt 1962
Geis, Robert Raphael	Vom unbekannten Judentum, Freiburg 1961
Goldschmidt, Dietrich und Kraus, Hans-Joachim (Hrsg.)	Der ungekündigte Bund, Stuttgart 1962
Goldschmidt, H. L.	Das Vermächtnis des deutschen Judentums, 2. Aufl., Frankfurt 1965
Gollwitzer, Helmut; Sterling, Eleonore (Hrsg.)	Das gespaltene Gottesvolk, Stuttgart 1966
Graetz, Heinrich	Geschichte der Juden von den ältesten Zeiten bis auf die Gegenwart, Leipzig 1873-1900, 11 Bände
Grayzel, Solomon	A History of the Jews, Philadelphia 1964
Guttmann, Julius	Die Philosophie des Judentums, München 1933
Huss, H.; Schröder, A. (Hrsg.)	Antisemitismus, Zur Pathologie der bürgerlichen Gesellschaft, Frankfurt 1965
Jüdisches Lexikon	Berlin 1927-1930
Kampmann, Wanda	Deutsche und Juden. Studien zur Geschichte des deutschen Judentums, Heidelberg 1963
Kaznelson, Siegmund	Juden im deutschen Kulturbereich (1935), Berlin 1959
Kobler, Franz (Hrsg.)	Juden und Judentum, in deutschen Briefen aus drei Jahrhunderten, Wien 1935
Koch, Thilo (Hrsg.)	Porträts deutsch-jüdischer Geistesgeschichte, Köln 1961
Krippendorff, Eckehart und Bielenstein, Dieter	Erziehungswesen und Judentum, München 1960
Leschnitzer, Adolf	Saul und David. Die Problematik der deutsch-jüdischen Lebensgemeinschaft, Heidelberg 1954
Lexikon des Judentums,	Gütersloh 1966
Lowenthal, Marvin	The Jews of Germany. A Story of Sixteen Centuries, New York 1936
Marcus, Jacob R.	The Rise and Destiny of the German Jew, Cincinnati 1934
Philippson, Martin	Neueste Geschichte des jüdischen Volkes, Leipzig 1910-1911, 3 Bände
Philo-Lexikon	Berlin 1935
Robinsohn, Saul B. und Schatzker, U. Chaim	Jüdische Geschichte in deutschen Geschichtslehrbüchern, Braunschweig 1963

Roth, Cecil	Geschichte der Juden von den Anfängen bis zum neuen Staat Israel, deutsch, Köln 1964
Sacher, Howard Mosley	The Course of Modern Jewish History, New York 1963
Schilling, Konrad (Hrsg.)	Monumenta Judaica. 2000 Jahre Geschichte und Kultur der Juden am Rhein, Handbuch, Köln 1963
Schwab, Hermann	The History of Orthodox Jewry in Germany, London 1951
Straus, Raphael	Die Juden in Wirtschaft und Gesellschaft, Frankfurt 1964
Thieme, Karl (Hrsg.)	Judenfeindschaft. Darstellung und Analyse, Frankfurt 1963
Veit, Otto	Christlich-jüdische Koexistenz, Frankfurt 1965
Wilhelm, Kurt	Jüdischer Glaube. Eine Auswahl aus zwei Jahrtausenden, Bremen 1961

Frühzeit und Mittelalter

Altman, A.	Das früheste Vorkommen der Juden in Deutschland, Berlin 1932
Aronius, Julius	Regesten zur Geschichte der Juden im fränkischen und deutschen Reiche bis zum Jahre 1273, Berlin 1902
Barbeck, Hugo (Hrsg.)	Geschichte der Juden in Nürnberg und Fürth, Nürnberg 1878
Blumenkranz, Bernhard	Juifs et chrétiens dans le monde occidental 430-1096, Paris 1960
Brann, M.; Elbogen, I.; Freimann, A.; Tykocinski, H. (Hrsg.)	Germania Judaica, Band I: Von den ältesten Zeiten bis 1238 (1934). Fortgeführt von Z. Avneri, Tübingen 1963
Brisch, Carl	Geschichte der Juden in Coeln und Umgebung aus ältester Zeit bis auf die Gegenwart, Mühlheim 1879-1882
Browe, Peter	Die Judenmission im Mittelalter und die Päpste, Rom 1942
Caro, Georg	Sozial- und Wirtschaftsgeschichte der Juden im Mittelalter und in der Neuzeit, Frankfurt 1924
Clairvaux, Bernhard von	Von Kreuzzug, Krieg und den Juden. Zwei Briefe, München 1948
Ha-Cohen, R. Joseph	Emeq hab-bacha, übersetzt von M. Wiener, Berlin 1858

Dietrich, E. L.	»Das Judentum im Zeitalter der Kreuzzüge« in Saeculum (1952), Heft 4
Eckert, Willehad	»Das Verhältnis von Christen und Juden im Mittelalter und Humanismus« in Monumenta Judaica, Köln 1963
Finkelstein, Louis	Jewish Self-Government in the Middle Ages, Philadelphia 1924
Geiger, Abraham	Das Judentum und seine Geschichte, Breslau 1910
Grayzel, Solomon	The Church and the Jews in the 13th Century. A Study of their Relations during the Years 1198-1254, Philadelphia 1933
Güdemann, Moritz	Geschichte des Erziehungswesens und der Cultur der Juden in Deutschland während des 14. und 15. Jahrhunderts, Wien 1888
Guttmann, Julius	»Die wirtschaftliche und soziale Bedeutung der Juden im Mittelalter« in Monatsschrift für Geschichte und Wissenschaft des Judentums (1907) Band II
Hoeniger, L.	Der Schwarze Tod in Deutschland, Berlin 1882
Kisch, Guido	Jewry-Law in Medieval Germany, New York 1949
	The Jews in Medieval Germany. A Study of their Legal and Social Status, Chicago 1949
	Forschungen zur Rechts- und Sozialgeschichte der Juden in Deutschland während des Mittelalters, Stuttgart 1955
	The Yellow Badge in History, in Historia Judaica (1942), Heft 4
Kober, Adolf	Aus der Geschichte der Juden im Rheinland, Düsseldorf 1931
Königshoven, Jakob von	Die Alteste Teutsche sowol Allgemeine Als insonderheit Elsassische und Strassburgische Chronicke, Strassburg 1698
Kracauer, Isidor	Urkundenbuch zur Geschichte der Juden in Frankfurt am Main, Frankfurt 1911
	Geschichte der Juden in Frankfurt am Main, Frankfurt 1925-1927
Levi, S.	Frühgeschichtliche Spuren der Juden in Deutschland, in Zeitschrift für Geschichte der Juden in Deutschland (1929), Band I
Littmann, Ellen	Die Wiederaufnahme der Juden durch die deutschen Städte nach dem Schwarzen Tod, Breslau 1928
Marcus, Jacob R.	The Jew in the Medieval World, Philadelphia 1960
Menczel, J. S.	Beiträge zur Geschichte der Juden in Mainz, Berlin o. J.
Mommsen, Th.; Meyer, P. M. (Hrsg.)	Theodosiani libri XVI, cum constitutioni Simondianis, Berlin 1905

Neubauer, A.; Stern, M. Hebräische Berichte über die Judenverfolgungen während der Kreuzzüge, Berlin 1892

Neumann, Max Geschichte des Wuchers in Deutschland bis zur Begründung der heutigen Zinsgesetze, Halle 1865

Parkes, James The Jew in the Medieval Community. A Study of his Political and Economic Situation, London 1938

Runciman, Steven Geschichte der Kreuzzüge, München 1957-1960

Schudt, J. J. Jüdische Merckwürdigkeiten, Frankfurt 1714

Stern, Selma Der Preußische Staat und die Juden, Tübingen 1962

Stern, Moritz König Ruprecht von der Pfalz in seinen Beziehungen zu den Juden, Kiel 1898

Die päpstlichen Bullen über die Blutbeschuldigungen, München 1900

Urkundliche Beiträge über die Stellung der Päpste zu den Juden, Kiel 1893 ff

Strack, Hermann L. Das Blut im Glauben und Aberglauben der Menschheit, 8. Auflage, Leipzig 1900

Straus, Raphael Urkunden und Aktenstücke zur Geschichte der Juden in Regensburg 1453-1738, München 1960

Die Juden in Wirtschaft und Gesellschaft, Frankfurt 1964

Trachtenberg, Joshua The Devil and the Jews. The Medieval Conception of the Jew and its Relation to Modern Antisemitism, New Haven 1945

Weyden, E. Geschichte der Juden in Köln, Köln 1867

Würfel, Andreä Historische Nachrichten von der Juden-Gemeinde Nürnberg welche ehehin in der Reichsstadt Nürnberg angerichtet gewesen aber Anno 1499 ausgeschaffet worden, Nürnberg 1755

Zimmels, H. J. Beiträge zur Geschichte der Juden in Deutschland im 13. Jahrhundert, insbesondere aufgrund der Gutachten des R. Meir von Rothenburg, Frankfurt 1926

Humanismus und Reformation

Ackermann, A. Münzmeister Lippold, in Jahrbuch für jüdische Literatur und Geschichte (1910), VII

Eckert, Willehad Das Verhältnis von Christen und Juden im Mittelalter und Humanismus, in Monumenta Judaica, Köln 1963

Finkelstein, Louis Jewish Self-Government in the Middle Ages, Philadelphia 1924

Geiger, Ludwig Johann Reuchlin. Sein Leben und seine Werke, Leipzig 1871

Kisch, Guido	Zasius und Reuchlin. Eine rechtsgeschichtlich vergleichende Studie zum Toleranzproblem im 16. Jahrhundert, Konstanz und Stuttgart 1961
Kober, Adolf	Aus der Geschichte der Juden im Rheinland, Düsseldorf 1931
Kracauer, Isidor	»Die Konfiskation der hebräischen Schriften in Frankfurt am Main in den Jahren 1509 und 1510« in Zeitschrift für Geschichte der Juden in Deutschland (1886), Heft 1
Krebs, M. (Hrsg.)	Johannes Reuchlin 1455-1522. Festgabe seiner Vaterstadt Pforzheim zur 500. Wiederkehr seines Geburtstages, Pforzheim 1955
Lewin, Reinhold	Luthers Stellung zu den Juden, 1911
Luther, Martin	Werke, Weimar 1883 ff
Maurer, Wilhelm	»Martin Butzer und die Judenfrage in Hessen« in Zeitschrift des Vereins für hessische Geschichte und Landeskunde (1953), Band 64
	Kirche und Synagoge, Stuttgart 1953
Newmann, Louis I.	Jewish Influence on Christian Reform Movements, New York 1925
Priebatsch, Felix	Die Judenpolitik des fürstlichen Absolutismus im 17. und 18. Jahrhundert, Jena 1915
Schudt, J. J.	Jüdische Merckwürdigkeiten, Frankfurt 1714
Stern, Selma	Josel von Rosheim, Stuttgart 1959
	Der Preußische Staat und die Juden, Tübingen 1962
Stöhr, Martin	Luther und die Juden, in Evangelische Theologie (1960), Heft 4
Wilhelm, Kurt	Von jüdischer Gemeinde und Gemeinschaft, Berlin 1938
Wolf, G.	Zur Geschichte der Juden in Worms und des deutschen Städtewesens, 1862

Zeitalter des Absolutismus

Barbeck, Hugo (Hrsg.)	Geschichte der Juden in Nürnberg und Fürth, Nürnberg 1878
Eisenmenger, J. A.	Entdecktes Judentum, Königsberg 1711
Feilchenfeld, L.	Rabbi Josel von Rosheim, Straßburg 1898
Grunwald, Max	Hamburgs deutsche Juden bis zur Auflösung der Dreigemeinden, 1811, Hamburg 1904
Dietz, Alexander	Frankfurter Handelsgeschichte, Frankfurt 1921 ff
Freund, Ismar	Die Emanzipation der Juden in Preußen, Berlin 1912
Glückel von Hameln	Denkwürdigkeiten. Hrsg. L. Feilchenfeld, Berlin 1923

Geiger, Ludwig	Geschichte der Juden in Berlin, Berlin 1871
Haenle, S.	Geschichte der Juden im ehemaligen Fürstentum Ansbach, Frankfurt 1867
Liebe, G.	Das Judentum in der deutschen Vergangenheit, Jena 1924
Hubatsch, Walter	Das Zeitalter des Absolutismus 1600-1789, Braunschweig 1962
Kellenbenz, Hermann	Sephardim an der unteren Elbe. Ihre wirtschaftliche und politische Bedeutung bis zum Beginn des 18. Jahrhunderts, Wiesbaden 1958
Kracauer, Isidor	Geschichte der Juden in Frankfurt am Main, Frankfurt 1925-1927
Meinecke, Friedrich	Die Idee der Staatsräson, 2. Auflage, München 1962
Priebatsch, Felix	Die Judenpolitik des fürstlichen Absolutismus im 17. und 18. Jahrhundert, Jena 1915
Rosenthal, Berthold	Heimatgeschichte der badischen Juden, Bühl 1927
Rabin, Israel	Der Rechtskampf der Juden in Schlesien (1582-1713), Breslau 1927
Schudt, J. J.	Jüdische Merckwürdigkeiten, Frankfurt 1714-1717
Sombart, Werner	Die Juden und das Wirtschaftsleben, Leipzig 1911
Schnee, Heinrich	Die Hoffinanz und der moderne Staat, Berlin 1955 ff
Straus, Raphael	Die Juden in Wirtschaft und Gesellschaft, Frankfurt 1964
	Urkunden und Aktenstücke zur Geschichte der Juden in Regensburg 1453-1738, München 1960
Stern-Täubler, Selma	Jud Süß. Ein Beitrag zur deutschen und zur jüdischen Geschichte, Berlin 1929
	The Court Jew, Philadelphia 1950
	Der Preußische Staat und die Juden, Tübingen 1962

Aufklärung bis zur Reichsgründung

Arndt, Ernst Moritz	Blick aus der Zeit auf die Zeit, Germanien 1814
	Ansichten und Aussichten der deutschen Geschichte, Leipzig 1814
Arnsberg, Paul	Von Podolien nach Offenbach. Die jüdische Heilsarmee des Jakob Frank, Offenbach 1965
Ascher, Saul	Die Germanomanie, Berlin 1815
Baron, Salo	»The Impact of the Revolution of 1848 on Jewish Emancipation« in Jewish Social Studies (1948), No. 3
Barré, E.	»Napoleon und die Juden« in Preußische Jahrbücher (1891), Band 67
Bieber, Hugo (Hrsg.)	Heinrich Heine. Confessio Judaica, Berlin 1925
Börne, Ludwig	Sämtliche Werke, New York 1858

Dohm, Christian Wilhelm	Über die bürgerliche Verbesserung der Juden, Berlin 1783
Eckstein, Adolf	Der Kampf der Juden um ihre Emanzipation in Bayern, Fürth 1905
Elbogen, Ismar	Ein Jahrhundert Wissenschaft des Judentums, Berlin 1922
Epiphanes	Unumstößlicher Beweis, daß ohne die schleunige Niedermetzelung aller Juden und den Verkauf aller Jüdinnen zur Sklaverei die Welt, die Menschheit, das Christentum und alle Staaten notwendig untergehen müssen, Berlin 1804
Fichte. J. G.	Beiträge zur Berichtigung der Urteile des Publikums über die Französische Revolution, Leipzig 1844
Fränkel, E.	»David Friedländer und seine Zeit« in Zeitschrift für die Geschichte der Juden in Deutschland (1935), Band VI
Freund, Ismar	Die Emanzipation der Juden in Preußen, Berlin 1912
Friedländer, David	Sendschreiben an seine Hochwürden, Herrn Oberconsistorialrath und Probst Teller zu Berlin, 2. Auflage, Berlin 1799
	Briefe über die Moral des Handels, Berlin 1785
Fries, Jakob Friedrich	Über die Gefährdung des Wohlstandes und Charakters der Deutschen durch die Juden, Heidelberg 1816
Grattenauer, C. W. F.	Wider die Juden, Berlin 1803
Grégoire, Henri	Essai sur la régénération physique, morale et politique des Juifs, Metz 1789
Hegel, G. W. F.	Rechtsphilosophie (1821), in Sämtliche Werke, Hrsg. G. Lasson und J. Hofmeister, 1905 ff
Hess, Moses	Rom und Jerusalem, Leipzig 1862
Hundt-Radowksy	Der Judenspiegel, Würzburg 1819
Jost, J. M.	Neuere Geschichte der Israeliten von 1815-1845, Berlin 1846-1847
Kant, Immanuel	Anthropologie in pragmatischer Hinsicht, Leipzig 1880
	Religion innerhalb der Grenzen der Vernunft, Königsberg 1793
Kober, Adolf	»Jewish Communities in Germany from the Age of Enlightenment to their Destruction by the Nazis« in Jewish Social Studies (1947), Band IX
	»The Jews in the Revolution of 1848 in Germany« in Jewish Social Studies (1948) Band X
Kracauer, Isidor	Geschichte der Juden in Frankfurt am Main, Frankfurt 1927

Lessing, G. E.	Die Juden, Berlin 1754
	Nathan der Weise, Berlin 1779
Lewin, Adolf	Geschichte der badischen Juden seit der Regierung Karl Friedrichs, Karlsruhe 1909
Lips, Alexander	Über die künftige Stellung der Juden in den deutschen Bundesstaaten, Erlangen 1819
Marcard, H. E.	Über die Möglichkeit der Juden-Emancipation im christlich-germanischen Staat, Minden 1843
Marx, Karl	»Zur Judenfrage« (1843) in Karl Marx / Friedrich Engels, Werke, Berlin 1961, Band I
Mendelssohn, Moses	Gesammelte Schriften, Leipzig 1843
Michaelis, J. D.	Mosaisches Recht, Frankfurt 1770
Paalzow, C. L.	Über das Bürgerrecht der Juden, Berlin 1803
Paulus, H. E. G.	Die jüdische Nationalabsonderung nach Ursprung, Folgen und Besserungsmitteln, Heidelberg 1831
Riesser, Gabriel	Gesammelte Schriften, Leipzig und Frankfurt 1868
Rosenthal, Berthold	Heimatgeschichte der badischen Juden, Bühl 1927
Rühs, Jakob Friedrich	Über die Ansprüche der Juden an das deutsche Bürgerrecht, Heidelberg 1816
Schleiermacher Friedrich	Briefe bei Gelegenheit der politisch theologischen Aufgabe und des Sendschreibens jüdischer Hausväter, Berlin 1799
Scholem, Gershom	Die jüdische Mystik in ihren Hauptströmungen, deutsch, Frankfurt 1957
Silberner, Edmund	Sozialisten zur Judenfrage, Berlin 1962
Sterling, Eleonore	»The Hep-Hep Riots in Germany 1819. A Displacement of Social Protest«, in Historia Judaica (1950), Heft 2
	Er ist wie du. Aus der Frühgeschichte des Antisemitismus in Deutschland 1815-1850, München 1956
	»Der Kampf um die Emanzipation der Juden im Rheinland. Vom Zeitalter der Aufklärung bis zur Reichsgründung«, in Monumenta Judaica, Köln 1963.
	»Jewish Reaction to Jew-Hatred in the First Half of the 19th Century«, in Leo Baeck Year Book (1958), Band III
Teller, Wilhelm Abraham	Beantwortung des Sendschreibens einiger Hausväter jüdischer Religion an mich, Berlin 1799
Toury, Jakob	Die politischen Orientierungen der Juden in Deutschland (von Jena bis Weimar), Tübingen 1966

Verhandlungen des Ersten Preußischen Vereinigten Landtages über die Emanzipation der Juden, Berlin 1847

Wiener, Max	Jüdische Religion im Zeitalter der Emanzipation, Berlin 1933

Das Zweite Kaiserreich

Adler-Rudel, S.	Ostjuden in Deutschland 1880-1940, Tübingen 1940
Ahlwardt, Hermann	Judenflinten, 5. Auflage, Dresden 1892
Max von Baden	Erinnerungen und Dokumente, 1918
Bodenheimer, Max	So wurde Israel, Frankfurt 1958
Boehlich, Walter (Hrsg.)	Der Berliner Antisemitismusstreit, Frankfurt 1965
Borries, Achim von (Hrsg.)	Selbstzeugnisse des deutschen Judentums, 1870-1945, Frankfurt 1962
Chamberlain, Houston Stewart	Die Grundlagen des 19. Jahrhunderts, 1898
Das deutsche Judentum	Seine Parteien und Organisationen, Berlin 1919
Dühring, Eugen	Die Judenfrage als Frage der Racenschädlichkeit für Existenz, Sitte und Kultur der Völker, 3. Auflage 1886
Ehrlich, Ernst Ludwig	»Judenfeindschaft in Deutschland« in Judenfeindschaft, Hrsg. Karl Thieme, Frankfurt 1963
Elbogen, Ismar	A Century of Jewish Life, Philadelphia 1944
Feuchtwanger, Sigbert	Die Judenfrage als wissenschaftliches und politisches Problem, Berlin 1916
Gelber, Nathan Michael	Zur Vorgeschichte des Zionismus. Judenstaatsprojekte 1695-1845, Wien 1927
Herzl, Theodor	Gesammelte zionistische Werke, Tel Aviv 1934-1935, 5 Bände
Hintze, Otto	»Rasse und Nationalität und ihre Bedeutung für die Geschichte« (1903) in Gesammelte Abhandlungen zur Soziologie, Politik und Theorie der Geschichte, Hrsg. Gerhard Östreich, Göttingen 1964
Jöhlinger, Otto	Bismarck und die Juden, Berlin 1921
Die jüdischen Gefallenen des deutschen Heeres, der deutschen Marine und der deutschen Schutztruppen 1914-1918. Ein Gedenkbuch. Hrsg. Reichsbund jüdischer Frontsoldaten, Berlin 1932	
Kobler, Franz (Hrsg.)	Juden und Judentum in deutschen Briefen aus drei Jahrhunderten, Wien 1935
Kriegsbriefe gefallener deutscher Juden (1935), Stuttgart 1961	
Kupisch, Karl	»Theodor Mommsen« in Theologica Viatorium, Jahrbuch der Kirchlichen Hochschule, Berlin 1963
Lagarde, Paul de	Juden und Indogermanen (1888), Deutsche Schriften, München 1937
Lestschinsky, Jakob	Das wirtschaftliche Schicksal des deutschen Judentums, Berlin 1933
Lichtheim, Richard	Die Geschichte des deutschen Zionismus, Jerusalem 1954
Löwenfeld, Richard	Schutzjuden oder Staatsbürger, Berlin 1893

Marr, Wilhelm	Der Judenspiegel, Hamburg 1963
	Der Sieg des Judentums über das Germanentum. Vom nichtconfessionellen Standpunkt aus betrachtet. Vae Victis! 10. Auflage, Berlin 1879
Massing, Paul	Vorgeschichte des politischen Antisemitismus, deutsch, Frankfurt 1959
Mommsen, Theodor	Römische Geschichte, Leipzig 1854-1856
	»Auch ein Wort über unser Judentum« (1880) in Reden und Aufsätze, Berlin 1905
Oppenheimer, Franz	Die Judenstatistik des preußischen Kriegsministeriums, München 1922
Pross, Harry	Die Zerstörung der deutschen Politik. Dokumente 1871-1933, Frankfurt 1959
Pulzer, Peter G. J.	The Rise of Political Antisemitism in Germany and Austria, London 1964

Protokoll über die Verhandlungen des Parteitages der Sozialdemokratischen Partei Deutschlands, Köln 1893

Rieger, Paul	Ein Vierteljahrhundert im Kampf um das Recht und die Zukunft der deutschen Juden. Ein Rückblick auf die Geschichte des Central-Vereins deutscher Staatsbürger jüdischen Glaubens in den Jahren 1893-1918, Berlin 1918
Ruppin, Arthur	Soziologie der Juden, Berlin 1930
Schay, Rudolf	Juden in der deutschen Politik, Leipzig 1929
Silbergleit, Heinrich	Die Bevölkerungs- und Berufsverhältnisse der Juden im Deutschen Reich, Berlin 1930
Stöcker, Adolf	Christlich-sozial. Reden und Aufsätze, 2. Auflage 1890
Schulthess	Deutscher Geschichtskalender, 1899
Steinthal, H.	»Das auserwählte Volk oder Juden und Deutsche« in Allgemeine Zeitung des Judentums, 1890, Nr. 17
Segall, Jakob	»Taufen und Austritte aus dem Judentum« in Im deutschen Reich, Jg. 19, 338-343
	Die deutschen Juden als Soldaten im Kriege 1914-1918, Berlin 1922
	Die beruflichen und sozialen Verhältnisse der Juden in Deutschland, Berlin 1912

Statistisches Jahrbuch deutscher Juden, (Hrsg.) Bureau für Statistik der Juden, Berlin 1905

Stern, Fritz	Kulturpessimismus als politische Gefahr. Eine Analyse nationaler Ideologie in Deutschland, Bern 1964.

Stenographische Berichte. Haus der Abgeordneten, Berlin 1881
Berlin 1881

Treitschke, Heinrich v.	»Ein Wort über unser Judentum«, in Preußische Jahrbücher (1789), Bände 44/45

Wagner, Richard	Das Judentum in der Musik, Leipzig 1869
Wawrzink, Kurt	Die Entstehung der deutschen Antisemitenparteien (1873-1890), Berlin 1927
Weil, B.	K-C Jahrbuch 1906
Wilhelm, Kurt	»The Jewish Community in the Post-Emancipation Period« in Leo Baeck Year Book (1957), Band II

Die Weimarer Republik

Anti-Anti: Blätter zur Abwehr. Tatsachen zur Judenfrage, (Hrsg.) Centralverein deutscher Staatsangehöriger jüdischen Glaubens, Berlin 1932, 6. und 7. Auflage

Der Anti-Nazi. Redner- und Pressematerial über die NSDAP (Hrsg.) Deutscher Volksgemeinschaftsdienst (C.-V.), Berlin 1930

Bieber, Hugo	»Antisemitism in the First Years of the German Republic« in Yivo Annual of Jewish Social Science, New York 1949
Blumenfeld, Kurt	Erlebte Judenfrage. Ein Vierteljahrhundert deutscher Zionismus, Stuttgart 1962
Bracher, K. D.	Die Auflösung der Weimarer Republik, 2. Auflage, Villingen 1960
Bracher, K. D.; Sauer, W.; Schuld, G.	Die nationalsozialistische Machtergreifung, Köln 1960

Friedhofsschändungen in Deutschland 1923-1931, Dokumente der politischen und kulturellen Verwilderung unserer Zeit, 4. Auflage, Berlin 1932

Günther, Hans F. K.	Rassenkunde des jüdischen Volkes, München 1930
Hitler, Adolf	Mein Kampf, 220.-224. Auflage, München 1936
Jasper, Gotthard	Der Republikschutz. Studien zur staatlichen Sicherung der Demokratie in der Weimarer Republik 1922-1930, Tübingen 1963
Kirchheimer, Otto	Politische Justiz, deutsch, Neuwied 1965
Klemperer, K. v.	Konservative Bewegungen zwischen Kaiserreich und Nationalsozialismus, München o. J.
Lamm, Hans (Hrsg.)	Von Juden in München, München 1958
Landauer, Georg	Der Zionismus im Wandel dreier Jahrzehnte (Hrsg.) Max Kreutzberger, Tel Aviv 1957
Lichtheim, Richard	Die Geschichte des deutschen Zionismus, Jerusalem 1954
Lutz, Heinrich	Demokratie im Zwielicht, Der Weg der deutschen Katholiken aus dem Kaiserreich in die Republik 1914-1925, München 1963
Marburg, Fritz	Der Antisemitismus in der Deutschen Republik, Wien 1931

Matthias, E. und Morsay, R. (Hrsg.)	Das Ende der Parteien 1933, Düsseldorf 1960.
Mosse, Werner und Paucker, Arnold (Hrsg.)	Entscheidungsjahr 1932. Zur Judenfrage in der Endphase der Weimarer Republik, Tübingen 1965
Reichmann, Eva G.	Flucht in den Haß. Die Ursachen der deutschen Judenkatastrophe, Frankfurt 1956
	»Die Lage der Juden in der Weimarer Republik« in Die Kristallnacht. Der Antisemitismus in der deutschen Geschichte, Bonn 1959
Rosenberg, Arthur	Entstehung und Geschichte der Weimarer Republik, Frankfurt 1955
Rosenberg, Alfred (Hrsg.)	Das Parteiprogramm, Wesen, Grundsätze und Ziele der NSDAP, 21. Auflage, München 1941
Ruppin, Arthur	Soziologie der Juden, Berlin 1930
Schay, Rudolf	Juden in der deutschen Politik, Leipzig 1929
Silbergleit, Heinrich	Die Bevölkerungs- und Berufsverhältnisse der Juden im Deutschen Reich, Berlin 1930
Sontheimer, Kurt	Antidemokratisches Denken in der Weimarer Republik, München 1962
Tramer, H. (Hrsg.)	In zwei Welten. Siegfried Moses zum 75. Geburtstag, Tel Aviv 1962
Wassermann, Jakob	Mein Weg als Deutscher und Jude, Berlin 1921
Zentralwohlfahrtsstelle der deutschen Juden (Hrsg.)	Führer durch die jüdische Gemeindeverwaltung und Wohlfahrtspflege in Deutschland 1932–1933, Berlin 1932

Der Nationalsozialismus

Adler, H. G.	Theresienstadt 1941-1945. Das Antlitz einer Zwangsgemeinschaft, 2. Auflage, Tübingen 1960
Andernacht, D. und Sterling, E. (Hrsg.)	Dokumentation zur Geschichte der Frankfurter Juden 1933-1945, Frankfurt 1963

American Jewish Committee. Year Books 1933-1945, New York 1934-1946
Leo Baeck Institute of Jews from Germany. Year Books I-X, London 1956-1965

Ball-Kaduri, Kurt J.	Das Leben der Juden in Deutschland 1933, Frankfurt 1963
Blau, Bruno	»The Jewish Population in Germany 1939-1945« in Jewish Social Studies (1950), XII
	»The Last Days of German Jewry in the Third

	Reich« in YIVO Annual of Jewish Social Science (1953), VIII
	Das Ausnahmerecht der Juden in Deutschland, Düsseldorf 1965
Freeden, Herbert	Jüdisches Theater in Nazi-Deutschland, Tübingen 1963
Fortshoff, Ernst	Der totale Staat, Hamburg 1935
Gamm, Hans Jochen	Führung und Verführung, Pädagogik des Nationalsozialismus, München 1964
Graml, Hermann	Der 9. November 1938, Bonn 1958
Grossmann, Kurt	Die unbesungenen Helden. Menschen in Deutschlands dunkelsten Tagen, Berlin 1957
	»Die letzte Phase« in Judenfeindschaft, Hrsg. Karl Thieme, Frankfurt 1963

Hilfe und Aufbau. Zentralausschuß der deutschen Juden für Hilfe und Aufbau, Berlin 1933

Hitler, Adolf	Mein Kampf, 220.-224. Auflage, München 1936
Huber, E. R.	Verfassungsrecht des Großdeutschen Reiches, Hamburg 1937/1939

The Jews in Nazi Germany. A Handbook of Facts Regarding their Present Situation, Hrsg. American Jewish Committee, New York 1935

Lamm, Hans	Über die innere und äußere Entwicklung des deutschen Judentums im Dritten Reich (Dissertation), Erlangen 1952
Lowenthal, E. G. (Hrsg.)	Bewährung im Untergang. Ein Gedenkbuch, Stuttgart 1965
Neumann, Franz	Behemoth. Structure and Practice of National Socialism, New York 1944

Der Prozeß gegen die Hauptkriegsverbrecher vor dem Internationalen Militärgericht (IMT), Nürnberg 1949

Poliakov, Leon und Wulf, Josef	Das Dritte Reich und die Juden, Berlin 1955
Raas und Brunschvig	Vernichtung einer Fälschung. Der Prozeß um die erfundenen »Weisen von Zion«, Zürich 1938

Rechenschaftsbericht der Jüdischen Winterhilfe 1936-1937, Berlin 1937

Reichmann, Eva G.	Flucht in den Haß. Die Ursachen der deutschen Judenkatastrophe, Frankfurt 1956
Reitlinger, Gerald	Die Endlösung. Hitlers Versuch der Ausrottung der Juden Europas 1939-1945, Berlin 1953
Robinsohn, J. und Friedmann, Ph.	Guide to Jewish History under Nazi Impact, New York 1960
Saller, Karl	Die Rassenlehre des Nationalsozialismus in Wissenschaft und Propaganda, Darmstadt 1961
Scheffler, Wolfgang	Judenverfolgung im Dritten Reich 1933-1945, Berlin 1960

Schmitt, Carl	Staat, Bewegung, Volk, Hamburg 1935
Schoenberner, Gerhard	Der gelbe Stern. Die Judenverfolgung in Europa 1933-1945, Hamburg 1961
Simon, Ernst	Aufbau im Untergang. Jüdische Erwachsenenbildung im nationalsozialistischen Deutschland, Tübingen 1959
Sterling, Eleonore	»Ideologie und Judenmord« in Neue Gesellschaft, Juli-August 1962
	»Die nationalsozialistische Rassenlehre« in Littera Judaica, Frankfurt 1964
	Der unvollkommene Staat. Studien über Diktatur und Demokratie, Frankfurt 1965
Tartakower, A. und Grossmann, K.	The Jewish Refugee, New York 1944
Vierteljahreshefte für Zeitgeschichte, Institut für Zeitgeschichte, München	
Weinreich, Max	Hitler's Professors. The Part of Scholarship in Germany's Crimes against the Jewish People, New York 1946
Weltsch, Robert (Hrsg.)	Deutsches Judentum, Aufstieg und Krise, Stuttgart 1963

Yad Washem Studies on the European Catastrophe and Resistance, Jerusalem

Personen- und Sachregister

Aachen 16, 36
Ahlwardt, H., 267 f, 274
Amiens, Peter von 26
Ämter, 13, 37, 174 f, 226, 238 ff, 250, 265
Andernach 23, 36
Antisemitismus 96, 150, 252–269, 274, 280, 289–292, 298, 304–308
Armleder 56 f
Ärzte 37, 69, 138
Ascher b. Jechiel 65
Auerbach, Berthold 243 f
Aufklärung 151, 156 ff, 161 ff, 220
Augsburg 24, 36, 55
Auschwitz 319
Auswanderung 83, 200, 238, 281, 305 f, 308 ff, 316

Baden, 177, 195, 227 ff, 239
Baeck, Leo 239, 308, 313
Bamberg 17
Bayern 54, 177 f, 194, 231, 238, 242, 293
Bebel, August 265
Befreiungskriege 163, 182 f
Bendavid, Lazarus 167, 170
Berlin 151 ff, 161 f, 242
Bernays, Isaak 204, 210
Bernhard von Clairvaux 32
Berufe (s. a. Handwerk; Warenhandel; Zinsgeschäft) 15, 37, 69, 102 f, 146, 159, 177, 179, 250 f, 284 ff

Betteljuden 125, 153
Bildung und Erziehung 153 f, 158, 182, 198, 206 f, 245 ff, 294 f, 311 ff (s. a. Lehrhäuser)
Bismarck, Fürst 264
Blutbeschuldigung 39, 52
Bodenheimer, Max 278
Börne, Ludwig 163, 189, 222, 231, 239
Bouillon, Gottfried von 26
Brandenburg 101, 117, 138 ff
Braunschweig 214, 232, 254
Bremen 185
Breslau 128 f, 215, 242
Brunnenvergiftung 57, 95
Buber, Martin 313
Bürgerrecht 13, 67 f, 172, 179, 181, 184 ff, 195 ff, 234
Butzer, Martin 95 f

Centralverein 9, 274 f, 278 ff, 282, 292, 295 f, 298–302, 306, 308, 311
Chamberlain, H. St. 258, 291
Christlich-germanischer Staat 187, 218 ff, 254, 259 ff, 288, 290
Christlich-soziale Partei 259 ff, 263 f

Deggendorf 57
Demokratische Partei 286
Deportation 316 ff
Deutsch-Israelitischer Gemeindebund 247, 270, 272

Deutschnationale Volkspartei 291
Dohm, Chr. W. 159 f, 172
Dortmund 36, 67
Dreißigjähriger Krieg 117 ff, 125, 129, 138
Dühring, Eugen 257
Dunkelmännerbriefe 89

Eibeschütz, Jonathan 156
Eisenmenger 148 f, 186
Elasar Rokeach 44
Elieser b. Nathan 43
Elsaß 97, 117
Emanzipation, s. Gleichberechtigung
Endlösung 192, 316–320
Ephraim, Nathan Veitel 147 f
Erfurt 17, 67

Fettmilch, Vincenz 114
Fichte, J. G. 163 f, 187
Flagellanten 59
Fortschrittspartei 264 ff
Frankel, Zacharias 214 f, 245
Frankfurt 36, 60, 67, 108, 110 ff, 125 f, 185, 214 f, 239, 242
Fremdenrecht 17, 145
Friedberg 23
Friedhöfe 12, 24, 42, 108, 137
Friedländer, David 153, 161, 169 ff, 182, 202
Friedrich II., Kaiser 40 ff
Friedrich der Große 130, 145 ff
Friedrich III. 76, 143
Friedrich Wilhelm I. 143 ff
Friedrich Wilhelm III. 181
Friedrich Wilhelm IV. 218
Fries, J. F. 188
Fuchs, Eugen 275
Fürth 137 f

Gans, Eduard 206
Geiger, Abraham 208, 245, 276
Gemeinde 23 f, 36, 42 f, 82, 107, 129 f, 174, 216, 242 f, 270, 293 ff

Gerichtsbarkeit, jüd. 18, 22, 25, 157, 182
Gerschom, b. Jehuda 25
Gewerbe, s. Handwerk; Berufe
Ghetto, s. Judengasse
Glaubensgespräche 38, 51, 85 ff, 169, 302
Gleichberechtigung 151 f, 167 ff, 172 ff, 176 ff, 181 f, 185 ff, 194 ff, 216, 218, 221–234, 235–241, 252 ff, 269
Glagau, O. 255 f
Glückel von Hameln 121, 124, 132, 155
Goebbels, Josef 315
Goethe, J. W. v. 167, 195
Goldene Bulle 45
Goldener Opferpfennig 47
Göring, Hermann 315, 317
Graetz, Heinrich 245 f
Grattenauer 165
Güldenpfennig 47

Hamburg 131 ff, 185, 204, 239, 242
Handwerk (s. a. Berufe; Zünfte) 15, 33, 50, 69, 76, 102 ff, 113, 129, 134, 137, 144 ff, 177 ff, 194, 199 f, 238 f, 249
Hannover 232
Hardenberg, Fürst 179 ff
Hausier- und Nothandel 106, 136, 153, 177, 199
Hegel, G. F. 189
Hehlerrecht 22, 105
Heilbronn 13
Heine, Heinrich 168, 205 f
Heinrich IV. 22 f, 26 f, 31
Herz, Henriette 157, 167
Herzl, Theodor 276 f
Hess, Moses 220, 225, 275
Hessen 103, 231, 238
Heydrich, Reinhard 315, 317
Hildesheimer, Israel 48
Hilfsverein deutscher Juden 281
Hirsch, S. R. 208, 245, 248

Hitler, Adolf 258, 289, 303 f, 316
Hofjuden 120, 124, 128, 132
Holdheim, S. 212 f, 217
Holland 117
Horwitz, Jesaia 154
Horwitz, M 275
Hostienfrevel 53 ff, 57, 77
Humboldt, W. v. 167, 179 ff

Itzig, Daniel 147
Itzig, Isaak Daniel 153

Jakobson, Israel 203
Jehuda der Fromme 43 f
Josel von Rosheim 88 f, 94, 97 ff
Judenbischof 23 f
-eid 18, 239
-gasse (Ghetto) 19, 52, 68 f, 111 f, 126, 156 ff, 167, 172, 201, 316 ff
-kommission 157
-landtag 109, 136
-ordnung 68, 96, 105, 108 f, 126, 137, 143 ff
-porzellan 147 f
-rat 11, 22
-schutz 17, 31, 40, 46 f, 73, 138
-steuern 41 f, 47 f, 70 ff, 136, 140, 142 ff, 147, 157
-zeichen s. Kleiderordnung

K. C. 274, 282
Kabbala 155
Kalonymus b. Meschullam 26
Kammerknechte 32, 40 ff, 46 ff, 99, 108
Kant, I. 163
Karl der Große 16 f, 24
Karl IV. 48
Karl V. 98 f
Kirchen 51, 301
Kleiderordnung 35, 38, 51, 69, 111
Köln 13 f, 16 f, 23, 25, 29 f, 37, 60 f, 67, 108, 172, 242
Konservative Partei 264
Konzentrationslager 305, 315, 318 f

Kreuzfahrer 25 ff, 31 f, 35 f, 38 f
Kurfürst, der Große 138 f

Lagarde, Paul de 260, 291, 301
Landeshoheit 45 f, 99
Landfrieden 48
Landjudenschaft 109
Lasker, Eduard 240, 248, 251
Lassalle, Ferdinand 220, 240, 243, 251
Laterankonzil 37, 41, 51
Lazarus, Moritz 240, 246, 267
Lehrhäuser (s. a. Bildung und Erziehung) 24, 31, 43, 64 ff, 138
Leibzoll, s. Judensteuern
Leiningen, Emicho von 27 f
Leipzig 127 f
Lessing, G. E. 151, 162
Levin, Rahel 162
Liberalismus 209, 221, 235 ff, 243, 293
Lipmann aus Mühlhausen 83
Lippold 100 f
Lips, Alexander 190
Lothringen 27, 117
Löwenfeld, Raphael 274
Lübeck 185
Ludwig der Bayer 47, 57
Ludwig der Fromme 17 ff
Luther, Martin 77, 89-94, 141
Luxemburg, Rosa 292

Magedeburg 17
Mainz 11 f, 14, 16 f, 20, 24-29, 31, 61 f, 77, 108, 172
Mannheim 133 ff
Marranen 91, 118, 131
Marr, Wilhelm 255
Marx, Karl 225, 231, 243, 256 f
Mecklenburg 232
Meir b. Isaak 25
Meir v. Rothenburg 64
Mendelssohn, Moses 148, 151 ff, 157 ff, 167 f, 203
Merseburg 17

Merkantilismus 117–148
Messe 25, 33, 109, 126 ff
Metz 14, 16, 27
Michaelis, J. D. 150, 160
Michel v. Derenburg 100
Mommsen, Th. 254, 261, 265
Mordechai b. Hillel 55, 65
München 178, 242
Münzmeister 37, 100, 123, 147
Mystik 43 ff, 155

Napoleon 173 ff
Nationalität, jüd. 229, 277 ff, 296
Nationalsozialistische Arbeiterpartei 289–292, 299 ff
Naumann, Max 296
Nürnberg 54, 62, 67, 76, 79

Oppenheimer, Jud Süß 122 f
Oppenheimer, Franz 279, 282
Orthodoxie 176, 209, 248, 293
Österreich 54
Otto der Große 17
Otto II. 20

Paalzow, C. L. 165
Palästina-Amt 309
Päpste 31, 34 f, 38, 45, 51, 58 ff, 73
Parteien 162 ff, 175, 286 f, 290 f, 301
Pfalz 102, 133 ff
Pfandleihe (s. a. Zinsgeschäft) 34 f, 69
Pfefferkorn, J. 87, 89
Philippson, Ludwig 214, 246
Polen 83
Pommern 139 f, 268
Portugiesen, s. Marranen
Posen 83, 197 ff, 242
Prag 16, 24, 74, 83
Preußen 178 ff, 186, 196 ff, 233, 293
Privilegien 17, 20, 40, 97, 120, 134, 139 ff, 145 ff
Proselyten 19, 53, 55, 85

Rabbiner 28, 81, 101, 108, 138, 154, 157 f, 202, 210, 245 f, 272, 294

Rabbinerversammlungen 110, 214 ff, 217, 246
Rathenau, Walter 281, 292
Raschi 24, 43
Rasse 127, 166, 227, 256 ff, 265, 290, 304–308
Reformbewegung 170, 182, 201–218, 246 f
Reformgemeinde 217
Regensburg 11, 14, 16, 23, 48, 62, 79
Reichsvereinigung 108, 317 ff
Reichsvertretung 308 f, 316, 319
Reuchlin, Johannes 87 ff
Rhein 12, 24, 36
Rheinprovinz 220 ff
Riesser, Gabriel 154, 210, 222, 230, 240 ff
Rindfleisch 54, 268
Ritualmord 77 f
Römerzeit 12 ff
Rosenzweig, Franz 297 f
Rothenburg 36, 54
Rothschild 231
Rudolf von Habsburg 45

Sabbat 107, 159, 204, 216, 243
Sabbatai Zwi 155, 158
Sachsen 102, 178, 192, 232
Sachsen-Weimar 195
Sachsenspiegel 46
Samuel der Fromme 43 f
Sephardim 131 f (s. a. Marranen)
Schleiermacher, F. 167, 170
Sch'loh 154
Schulchan Aruch 66, 247
Schulen 153 f (s. a. Bildung und Erziehung; Lehrhäuser)
Schutzjuden 119 f, 142 ff, 146, 196, 274
Schwaben 11, 36
Schwabenspiegel 46
Schwäbisch Hall 36
Schwarzer Tod 57 ff
Simon b. Isaak 25
Sozialdemokratische Partei 259, 264, 268, 291, 301

Sozialstruktur, s. Berufe
Speyer 20 f, 23, 28, 36, 67, 108
Städte 19, 59 f, 61, 67, 110 ff, 125, 131 ff, 179, 185, 242
Stahl, Julius 219
Stern, Sigismund 211 f
Stöcker, Adolf 259 f, 291, 301
Straßburg 36, 41, 60
Süßkind von Trimberg 42
Synagoge 13 f, 23 f, 40, 84, 134, 137, 203
Synhedrion, das Große 176
Synoden 15, 19, 34 f, 51

Takkanot 109
Talmud 24, 39, 43, 65, 85, 89, 186, 190, 210, 267, 269, 298
Taufe 20 f, 27 f, 73, 90 f, 131, 149, 168, 180, 205, 243, 271, 284
Territorialstaaten 45 f, 71 f, 84, 99, 102 ff, 108, 118 ff, 117–148
Thüringen 67
Toleranz 129, 167 f
Tosaphisten 43
Treitschke, Heinrich von 256, 262
Trier 13 f, 16, 67

Ulm 11, 36, 67
Unterricht, s. Bildung und Erziehung

Verbände 109, 269, 273 f, 281, 293 ff, 306
Verfolgungen 21, 25–30, 38 ff, 48 f, 53 ff, 56–66, 74 ff, 77 ff, 114 f, 191 ff, 303–320
Virschow, Rudolf 260, 265 ff

Wagenseil, J. Chr. 148
Wagner, Richard 236, 257
Warenhandel 12, 15, 18, 20, 33 f, 49, 77, 102 f, 106, 113, 124 f, 131, 134, 146, 161, 178 f
Weltkrieg I 281 ff
Wien 37
Wiener Kongreß 184 f
Wissenschaft des Judentums 206 f (s. a. Bildung und Erziehung)
Worms 11 ff, 14, 22 ff, 28, 36, 60, 67, 108, 110, 155 ff
Württemberg 177, 195, 232, 239, 293
Würzburg 17, 32, 37, 54

Zentralwohlfahrtsstelle 294 f, 310 ff
Zentrumspartei 264, 291, 302
Zeremonialgesetz 156 ff, 169
Zimberli, J. 56
Zinsgeschäft 32 ff, 49, 67 ff, 76, 85, 99, 106, 113, 126, 175, 179, 222
Zionismus 275 ff, 278 ff, 282, 293, 296, 306
Zionistische Vereinigung 296, 298, 301, 308 f, 311
Zünfte 49, 59, 69, 76, 113, 119, 121, 125, 129, 134 f, 139 ff, 146, 178, 228
Zunz, Leopold 206

Inhalt

Vorwort   5

1. KAPITEL
Jüdische Siedlungen in Deutschland   11

2. KAPITEL
Jüdisches Leben im Mittelalter   16
Der Aufstieg der Gemeinden – Die Kreuzzüge – Die kaiserliche Kammerknechtschaft – Unterdrückung, Hetze und Verfolgung – Vertreibung und Ausbeutung

3. KAPITEL
Humanismus und Reformation   85
Johannes Reuchlin und die Kölner Dominikaner – Martin Luther – Fürsprecher und Amtswalter der Judenschaften – Die Juden im Territorialstaat – Das Ghetto in Frankfurt und Worms

4. KAPITEL
Die Judenschaften im Zeitalter des Absolutismus   117
Die Hoffaktoren – Die Juden in den Messestädten (Frankfurt, Leipzig, Breslau) – Die Hamburger Judengemeinde – Die Juden in der Pfalz – Die Juden in Ansbach und Bamberg – Die Juden in Brandenburg-Preußen – Das »entdeckte Judentum« (Eisenmenger)

5. KAPITEL
Das Zeitalter der Aufklärung   151
Mendelssohn und Lessing – Innere Entwicklung im Judentum – Die Sabbatianer – Auflösung des Ghettolebens – Die Aufklärung und ihre Schattenseite – Das Sendschreiben an Propst Teller

6. KAPITEL
Die Französische Revolution und ihre Auswirkung
auf die Lage der Juden in Deutschland   172
Die napoleonische Gesetzgebung – Reformbestrebungen in Preußen – Das
Judenedikt vom 11. März 1812

7. KAPITEL
Die Restauration   184
Der Wiener Kongreß – Die »christlich-germanische« Judenhetze – Die Hep-
Hep-Krawalle

8. KAPITEL
Der Kampf um die Emanzipation   194
Innere Probleme und Reformbewegungen im Judentum – Der christlich-
germanische Staat – Großbürgerlicher Liberalismus im Rheinland – Klein-
bürgerlicher Liberalismus in Baden – Emanzipationsbestrebungen in anderen
Staaten – Der Erste Vereinigte Preußische Provinziallandtag

9. KAPITEL
Revolution und Reaktion 1848–1871   235
Die Revolution 1848 – Die Reaktion – Die Juden und die deutschen Einheits-
bestrebungen – Innere soziale und religiöse Entwicklung

10. KAPITEL
Das Zweite Kaiserreich   249
Die soziale Lage der Juden – Der politische Antisemitismus – Selbstbehauptung
und Verteidigung – Die Juden im Ersten Weltkrieg

11. KAPITEL
Die Weimarer Republik   284
Soziale Verhältnisse der Juden – Die Lage der Juden und das Scheitern der
Republik – Selbstbehauptung und Verteidigung

12. KAPITEL
Die Vernichtung des deutschen Judentums   303
Der totale Führerstaat – Die legalisierte Verfolgung – Die Selbsthilfe der
Juden – Der November-Pogrom 1938 – Die »Endlösung«

Literaturverzeichnis   321

Personen- und Sachregister   337

LEBENSBILDER

Harry Zohn
Karl Kraus

»Ich gab mein Herz dahin im Hassen,
Sie wußten nicht, was Liebe sei.«

Karl Kraus

Wilhelm von Sternburg
Arnold Zweig

»Ich sitze in Palästina, weil ich die jüdischen
Dinge in mir dadurch für geordnet halte und mich in
der Lage fühle, von dieser Basis aus freier in die Welt
hinein zu wirken…«

Arnold Zweig an Kurt Tucholsky

Hartwig von Wiedebach
Hermann Cohen

»Er war im Grunde ganz einfach. Er war ein frommer
Mensch.«

Franz Rosenzweig über Hermann Cohen

Weitere Bände in Planung, z. B. über Moritz
Heimann, Gershom Sholem, Ernst Weiss, Magnus
Hirschfeld, Max Brod, Aron Bernstein, Else Lasker-
Schüler, Siegfried Kracauer, Georg Simmel, Max
Liebermann und Egon Erwin Kisch.

Jüdischer Verlag

athenäums taschenbücher

Adler/Langbein/Lingens-Reiner, Auschwitz 30
Altwegg (Hg.), Die Heidegger Kontroverse 114
Anders (Hg.), Autonome Frauen 120
Anselm, Angst und Solidarität 47

Basnizki, Der jüdische Kalender 134
Benedict, Ziviler Ungehorsam als christliche Tugend 126
Bergson, Denken und schöpferisches Werden 50
Bergson, Zeit und Freiheit 135
v. Bethmann, Die Deflationsspirale 102
Bosse, Diebe, Lügner, Faulenzer 39
Brumlik, Jüdisches Leben in Deutschland seit 1945 104

Chasseguet-Smirgel (Hg.), Wege des Anti-Ödipus 79
Cocteau, Taschentheater 132
Colli, Nach Nietzsche 17

Dannecker, Der Homosexuelle und die Homosexualität 74
Daudet, Pariser Sittenbild 97
Deleuze, Nietzsche und die Philosophie 70
Devereux, Baubo 63
Döll, Philosoph in Haar 16
Dörner, Bürger und Irre 27
Doyle, Das Congoverbrechen 51
Dreyfus, Was Computer nicht können 123
Duerr (Hg.), alcheringa oder die beginnende Zeit 124
Duerr (Hg.), Der Wissenschaftler und das Irrationale I 56
Duerr (Hg.), Der Wissenschaftler und das Irrationale II 57
Duerr (Hg.), Der Wissenschaftler und das Irrationale III 58
Duerr (Hg.), Der Wissenschaftler und das Irrationale IV 59
Duerr (Hg.), Der Wissenschaftler und das Irrationale, 4 Bände in Kassette 60

Ebeling, Der Tod in der Moderne 36
Ebeling/Lütkehaus (Hg.), Schopenhauer und Marx 64
Elbogen/Sterling, Die Geschichte der Juden in Deutschland 111
Erdheim, Prestige und Kulturwandel 67

Fletcher, Inseln der Illusion 82
Florenz, Ein Reisebuch durch die Stadtgeschichte 131
Franzos, Der Pojaz 112
Frauensichten, hrsg. vom Psychoanalytischen Seminar Zürich 98
Fried, Höre Israel 19

Gerstner, Der Künstler und die Mehrheit 73
Gesellschaft auf der Couch, hrsg. vom Psychoanalytischen Seminar Zürich 122
Giedion, Befreites Wohnen 48
Ginzburg, Der Käse und die Würmer 10
Denkwürdigkeiten der Glückel von Hameln 99
Goldmann, Das Jüdische Paradox 13
Gorsen, Salvador Dali 5
Gorz, Abschied vom Proletariat 106
Grassi, Die Macht der Phantasie 28

Hallgarten/Radkau, Deutsche Industrie und Politik 81
Heinrichs (Hg.), Der Körper und seine Sprachen 136
Hirsch, Der Sicherheitsstaat 87
Hofmann/Helman/Warnke, Goya 93
Honegger/Heintz (Hg.), Listen der Ohnmacht 38
Horkheimer/Adorno, Sociologica 41

Jervis, Kritisches Handbuch der Psychiatrie 4
Jones, Die Theorie der Symbolik 90

Kerker, Im Schatten der Paläste 88
Kierkegaard, Der Begriff Angst 21
Kierkegaard, Die Wiederholung, Die Krise 22
Kierkegaard, Furcht und Zittern 23
Kierkegaard, Die Krankheit zum Tode 24
Kierkegaard, Philosophische Brocken 25
Kiltz, Das erotische Mahl 86
Kluge, Der Angriff der Gegenwart auf die übrige Zeit 46
Koltès, Quai West, In der Einsamkeit der Baumwollfelder 84
Koltès, Rückkehr in die Wüste 121
Kramer/Sigrist, Gesellschaften ohne Staat I 6
Kramer/Sigrist, Gesellschaften ohne Staat II 20
Kremer, Kafka 125

Laube, Ella fällt 68
Lindner/Wiebe (Hg.), Verborgen im Licht 65
zur Lippe, Autonomie als Selbstzerstörung 33

Lülfing, Über ein Spiel mehr von sich selbst erfahren 54
Luxemburg, Briefe an Freunde 77
Luxemburg, Politische Schriften 95

Malinowski, Argonauten des westlichen Pazifik 26
Malinowski, Das Geschlechtsleben der Wilden in Nordwest-Melanesien 12
Mandel, Ein schöner Mord 103
Mannoni, Der Psychiater, sein Patient und die Psychoanalyse 8
Mannoni, »Scheißerziehung« 92
Massing, Vorgeschichte des politischen Antisemitismus 78
Mattenklott, Bilderdienst 62
Memmi, Die Salzsäule 66
Memmi, Rassismus 96
Merton, Auf den Schultern von Riesen 128
Mies, Indische Frauen und das Patriarchat 85
Mill, Über Freiheit 101
Mitscherlich, Der Kranke in der modernen Gesellschaft 29
Morgenthaler, Technik 72
Müller, Architektur und Avantgarde 32
Müller, Schöner Schein 89

Die neuen Narzißmustheorien: zurück ins Paradies? 18
Neuss, Wir Kellerkinder 15
Neuss, Neuss Testament 55
Nordhofen (Hg.), Philosophen des 20. Jahrhunderts in Portraits 71

Oettermann, Läufer und Vorläufer 40
Oettermann, Zeichen auf der Haut 61

Parin, Der Widerspruch im Subjekt 9
Parin/Parin-Matthèy, Subjekt im Widerspruch 118
Perrin, Japans Weg zurück zum Schwert 127
Petersen, Böse Blicke 94
Piaget, Probleme der Entwicklungspsychologie 44

Rosenberg, Demokratie und Sozialismus 116
Rosenberg, Die Entstehung und Geschichte der Weimarer Republik 2
Rosenberg, Geschichte des Bolschewismus 100
Roussel, In Havanna 31

Schreber, Denkwürdigkeiten eines Nervenkranken 52
Schulte, Sperrbezirke 45
Schwendters Kochbuch 119
Sciascia, Die Affäre Moro 129

Shahar, Die Frau im Mittelalter 115
Sexualität, hrsg. vom Psychoanalytischen Seminar Zürich 83
Sonnemann, Die Einübung des Ungehorsams in Deutschland 35
Sonnemann, Gangarten einer nervösen Natter bei Neumond 91
Sonnemann, Das Land der unbegrenzten Zumutbarkeiten 49
Soziologische Exkurse 14
Spazier, Der Tod des Psychiaters 69
Stscherbak, Protokolle einer Katastrophe 105
Sweezy/Dobb u.a., Der Übergang vom Feudalismus zum Kapitalismus 42

Tschajanow, Reise ins Land der bäuerlichen Utopie 37
Thalmann/Feinermann, Die Kristallnacht 108

Voltaire, Recht und Politik 75
Voltaire, Republikanische Ideen 76
Voltaire, Recht und Politik, Republikanische Ideen, 2 Bände in Kassette 133

Williams, Descartes 117
Wolfe, Mit dem Bauhaus leben 43
Worbs, Nervenkunst 107

Ziehe, Pubertät und Narzißmus 34
Zimmermann (Hg.), Schreckensmythen – Hoffnungsbilder 130

athenäum
Savignystr. 53
6000 Frankfurt a.M. 1

JÜDISCHER VERLAG

**Auf der Suche nach einer
jüdischen Theologie**
Der Briefwechsel zwischen Schalom Ben-Chorin
und Hans-Joachim Schoeps
Herausgegeben und eingeleitet von
Julius H. Schoeps

Obwohl in politischen Fragen Antipoden, verband
beide die Erkenntnis der Notwendigkeit jüdischer Theologie in unserer Zeit.

**Hermann Zvi Guttmann
Vom Tempel zum Gemeindezentrum**
Synagogen im Nachkriegsdeutschland

Dieser Bildband versammelt die Entwürfe und das
Bildmaterial zu Guttmanns Bauten in Oltenbach, Hannover, Osnabrück, Düsseldorf, Würzburg und in vielen
anderen Städten in der Bundesrepublik, erläutert
durch seine eigenen konzeptionellen Texte über den
Synagogenbau.

**Ludwig Basnizki
Der jüdische Kalender**
Entstehung und Aufbau
athenäum[s] taschenbücher Band 134

Jüdischer   Verlag